청소년복지론 제3판

INTRODUCTION TO YOUTH WELFARE

청소년복지론 제3판

오봉욱 전동일 장정연 하태선 유우경 김병년 주선영 공저

dm 동문사

PREFACE

청소년복지론은 청소년복지와 관련한 제반 이론과 실천영역(사업과 서비스 기관 등)을 학습하여 청소년복지 전문가로서의 이해와 역량을 증진시키는 것을 목적으로 한다. 이에 청소년의 특성과 발달을 학습하고 현대사회에서 청소년이 직면하고 있는 다양한 복지욕구와 청소년과 관련된 사회문제를 학습하고자 한다. 그리고 청소년을 권리와 책임의 주체로서 인식하고 청소년을 위한 다양한 사회복지서비스, 정책 및 제도 등을 포괄적으로 학습하여 청소년복지 전문가의 역할을 습득할 수 있도록 함으로써 실천적 방안을 탐구하고자 한다.

본 교재의 저자들은 2016년에 초판 1쇄를 발간하고, 청소년 분야에 대한 연구와 실천현장에서의 조사 및 전문가로서 활동하면서 다양한 역량을 갖추게 되었다. 이후 청소년 분야의 변화를 인식하면서 한국사회복지교육협의회의 『2022년 사회복지학 교과목 지침서』와 청소년지도사 양성 교과목을 비교하면서 본 교재를 정비하게 되었다.

특히 「2023년 청소년통계」 자료를 활용하여 예비 전문가에게 청소년 분야에 대한 정보를 제공하고자 하였으며, 청소년복지의 실천영역이 매우 다양함을 보여주고 싶었다. 청소년 복지정책이 단순 복지정책이 아닌 청소년의 특성과 욕구, 인구구조적 특성 등을 고려하여 맞춤형 청소년 성장지원 정책과 실질적인 방향 설정이 필요한 시점에 함께 청소년복지에 관심을 갖는 모든 이들과 고민을 나누고 싶다.

본 교재를 교정 작업하면서 처음부터 끝까지 자료의 최신화와 교정 작업을 함께 해준 주선영 교수와 아동, 청소년의 생각을 이해하기 위해 함께 대화를 나눠준 오윤서, 오윤아 학생에게도 감사함을 전하고자 한다.

머리말

청소년복지론 교재의 초판에서부터 저자들을 응원하고 고견을 전해주시는 동문사 신명선 부장님과 불철주야 개정에 힘써주신 편집부에 감사하며, 이번에도 전폭적인 지원으로 저자들의 사기를 높여주신 동문사 이중수 사장님께도 감사의 마음을 전합니다.

청소년이 더 이상 한국사회에서 어른들의 생각이 아닌 자신들의 생각이 중심이 되어 올바른 가치를 갖고 만들어가는 세상이 되었으면 한다. 이를 위해 어른은 파트너가 되어 함께 대화할 수 있는 친구가 되어주길 기대해본다.

청소년이 행복한 사회, 청소년이 주인공이 되는 사회를 꿈꾸며

2024년 3월

저자 일동

CONTENTS

차 례

CONTENTS

PART 01

청소년과 청소년복지의 이해

chapter 01

청소년기의 개념과 발달 특성

학습목표

1. 청소년기의 개념을 설명할 수 있다.
2. 청소년기의 발달 특성을 설명할 수 있다.

청소년복지의 대상이 되는 청소년은 인간의 생애주기 가운데 아동기와 성인기의 중간 단계라고 할 수 있다. 이러한 시기의 청소년은 어떠한 발달 특성을 지니고 있는지를 이해함으로써 바람직한 청소년에 대한 시각을 가질 수 있도록 해야 한다.

따라서 이번 장은 청소년기의 개념과 발달 특성에 대해 살펴보고자 한다.

01 청소년기의 개념

1) 청소년기의 이해

청소년기는 흔히 질풍노도의 시기(a period of storm and stress)이다. 청소년기의 정서와 행동이 이제껏 경험하지 않았던 혼란스러운 모습들을 보이고 있다는 측면에서 이야기하고 있는 것이다. 종잡을 수 없는 행동과 기존의 가치관에서 이해될 수 없는 반항적인 행위가 주로 보이는 시기라고만 청소년기를 이해할 수 있을 것인가? 물론 많은 청소년들이 청소년기를 거치는 동안 혼란과 갈등 등의 모습을 보이기는 하지만, 그렇다고 모든 청소년이 혼란과 갈등의 시기로만 청소년기를 보내고 있는 것은 아니라는 측면에서 보다 과학적인 접근을 하는 것이 바람직하다.

그렇다면 청소년기를 어떻게 이해할 수 있는가? 생애주기라는 측면에서 살펴보면, 청소년기는 인간의 생애주기에서 아동기와 성인기의 중간단계로서, 아동기를 마치고 성인기에 이르지 않은 이들에 해당하는 연령 혹은 집단을 지칭한다. 반면 발달적 측면에서 살펴보면, 청소년기는 생물학적 발달, 인지적 발달 등이 급격하게 이루어지는 시기이면서, 부모로부터 독립을 준비하는 시기이다. 한상철(2004)은 네 가지 측면에서 청소년기를 이해할 수 있다고 설명한다. 첫째, 청소년은 아동의 특성과 성인의 특성을 동시에 부분적으로 가지고 있으면서, 양자의 어디에도 속하지 않는 과도기적인 존재이다. 둘째, 청소년은 생식능력을 갖고 있지 못한 소년(소녀)과는 구별된다. 셋째, 청소년은 성장이 완료된 청년과도 의미상 구별된다. 마지막으로 청소년은 생애발달과정의 어떤 시기와도 다른 독특성을 지님과 동시에 한 인간으로서의 인격적 존엄성을 지닌 존재이다.

이러한 청소년을 지칭하는 영어 표현은 Youth와 Adolescence가 있다. Youth는 고대사회로부터 사용된 단어이며, 그 의미는 주로 미성숙이라는 부정적인 의미를 갖고 있다. 반면 Adolescence는 근대 이후에 사용되기 시작하였으며, 어원인 라틴어 동사의 adolescere에서 유래되어 그 의미는 성장하다, 성숙에 이르다는 뜻을 지니고 있다. 청소년학은 청소년을 영문으로 표기할 때 Adolescence로 표기하고 있으며, 청소년은 성장과 성숙에 이르는 시기에 해당하는 연령 혹은 집단을 의미한다고 할 수 있다.

2) 청소년의 연령

한국청소년정책연구원(2007)은 대개 청소년은 중학교에서 대학 졸업 시기까지의 연령대로 구분된다고 하였으며, 청소년기를 엄밀히 어느 연령대로 볼 것인가에 대해서는 학자들의 시각에 따라, 그리고 각 나라의 사회문화에 따라 다르다.

일반적으로 청소년이라고 하면, 중·고등학교에 재학 중인 이들이라고 생각하는 이들이 많다. 이용교(2012)의 설명에 의하면, 한국 사회에서 주된 관심 대상인 청소년은 중·고등학생의 연령층에 있는 인구집단이다. 대체로 13~18세까지로 1318세대로 불리는 중·고등학생은 부모에게 거의 전적으로 의존하는 초등학생과 다르고, 부모로부터 점차 독립하면서 경제적·정서적·사회적으로 성숙한 사회인이 되려는 대학생과 구분되며, 생활시간을 주로 학습활동에 보내는 집단이라고 볼 수 있다고 한다. 따라서 일반인들이 청소년이라고 할 때 대체적으로 중·고등학교에 재학 중인 이들을 지칭한다고 할 수 있다.

학문적 관점에 따라 청소년기를 다양하게 구별하고 있다(임선영 외, 2010). 생물학적인 관점은 청소년기란 육체적으로 균형 있게 발달하는 시기를 의미한다. 즉 생물학에서는 사춘기에서부터 생식능력을 완전히 갖춘 시기까지를 청소년기로 파악하고 있다. 성적 성숙은 여자의 경우 12~13세에 시작되고 남자는 14~15세에 시작되며, 이러한 육체적 성장은 일반적으로 여자의 경우 18~20세에, 남자의 경우 20~22세에 끝난다고 본다. 심리학적 관점은 청소년을 14~15세경부터 22~23세경까지로 규정한다. 특히 정신분석학은 청소년기를 아동기에 해결하지 못한 억압된 갈등을 해결하고 성적·공격적 충동을 통제하는 방법을 배우며, 부모와의 정서적 분리를 통한 개별화과정이 일어나는 시기로 설명한다. 사회복지학은 청소년의 연령을 12~22세로 구분하여 12~18세를 청소년 전기, 18~22세를 청소년 후기로 구분한다. 교육학적 관점은 중학교와 고등학교의 시기를 청소년기로 파악하고 있다.

국내의 법률은 청소년의 연령을 법률의 입법 취지에 따라 다양하게 이해하고 있다. 청소년 관련 법률 중 상위 법률인 청소년 기본법은 청소년의 연령을 9세에서 24세까지로 규정하고 있다. 청소년의 시작연령을 9세로 본 것은 한국에서 청소년단체의 단원이 되기 위해서는 초등학교 3~4학년 이상이 되어야 하는데, 취학연령을 고려할 때 9세가 가장 낮은 연령이다. 청소년의 종료연령을 24세로 본 것은 국제연합(UN)에서 청소년을 15세에서 24세까지로 규정한 것을 따랐다. 청소년 기본법에서의 청소년의 연령을 9세에서 24세로 규정한 것은 이 법이 주로 관심을 갖고 있는 청소년단체의 육성, 청소년 수련활동의 장려, 청소년지도자의 양성 등에 비춰볼 때 정책적인 필요성 때문이었다(이용교, 2012). 반면 청소년을 유해한 환경으로부터 보호·구제하는 것을 목적으로 하는 청소년 보호법에서는 청소년의 연령을 만 19세 미만으로 규정하고 있다.

또한 아동·청소년을 성범죄로부터 보호하기 위한 것을 목적으로 하는 아동·청소년의 성보호에 관한 법률은 청소년의 연령을 19세 미만으로 규정하고 있다. 청소년 기본법과 같은 청소년의 성장을 장려하는 법률은 청소년의 연령을 성인 이후까지 연장함으로써 학령기가 확대되고 있는 현대에서 보다 많은 이들에게 정책적인 지원을 제공하기 위함이며, 반면 청소년 보호법과 같은 청소년을 유해한 환경으로부터 보호하기 위한 법률은 청소년의 연령을 고등학교 학령기 이전으로 제한함으로써 보다 정책적인 효율성을 높이고자 함이라고 할 수 있다. 이처럼 법률 적용의 주된 대상이 청소년인 청소년 관련 법률에서조차 청소년의 연령을 각각 다르게 규정하고 있는 것을 볼 수 있다. 또한 법률의 적용 대상 중 청소년이 포함되는 영화 및 비디오물의 진흥에 관한 법률과 게임 산업진흥에 관한 법률은 청소년의 연령을 18세 미만의 자로 규정하고 있다. 이처럼 청소년의 연령 규정이 다른 이유는 법률의 입법 취지에 따른 것이기는 하지만, 다소 혼란스러운 부분은 존재한다. 더욱이 아동복지법의 아동 연령과 청소년 관련 법률의 청소년 연령이 겹치는 경우가 존재하고, 어떤 시기의 연령대에 있는 이들이 아동이기도 하면서도 청소년이기도 하는 경우가 발생하고 있다. 즉 아동과 청소년의 연령이 모호하다.

국제적으로 청소년의 연령을 규정한 것을 살펴보면, 1985년 UN에서 공식적으로 규정한 청소년의 연령은 15세부터 24세 사이의 집단이며, UN 기구 중의 국제식량기구(FAO)에서는 10세부터 24세 사이의 결혼 여부를 불문한 남녀 인구부문을 청소년으로 규정하고 있다(홍봉선·남미애, 2007).

이제까지 일반적인 논의와 학문적 논의 그리고 국내·국제적인 논의를 살펴보았다. 본 논의는 청소년의 연령을 「청소년 기본법」에 근거하여 9세에서 24세까지의 연령에 해당하는 이들로 규정한다. 특히 주된 관심 대상은 중·고등학교에 재학 중인 이들과 그 해당하는 연령대의 이들이다.

표 1-1 청소년 관련 법률에서 규정한 청소년 연령

법률	호칭	연령 구분
청소년 기본법	청소년	9~24세
청소년활동진흥법	청소년	9~24세
청소년복지 지원법	청소년	9~24세
청소년 보호법	청소년	만 19세 미만의 자(단, 만 19세가 되는 해의 1월 1일을 맞이하는 자는 제외)
아동·청소년의 성보호에 관한 법률	아동·청소년	19세 미만의 자
영화 및 비디오물의 진흥에 관한 법률	청소년	18세 미만의 자
게임산업진흥에 관한 법률	청소년	만 19세 미만의 자
아동복지법	아동	18세 미만의 자

또한, 청소년의 범위는 「청소년 기본법」(9~24세)을 기본으로 작성되며, 작성 통계별 성격과 정책적 관심에 따라 조사 대상이 선정되어 각 지표별 청소년의 대상 연령에 차이가 있다.

※ 각 지표의 '청소년' 대상 연령

- 통계청, 「장래인구추계」, 「사망원인통계」 : 9~24세
- 통계청, 「사회조사」 : 13~24세
  - 원격수업 및 효과성 통계 : 13~18세 / - 학습동기, 자아존중감 : 중 · 고등학생
- 통계청, 「초중고 사교육비조사」 : 초 · 중 · 고등학생
- 통계청, 「경제활동인구조사」 : 15~29세
  - 직업별 취업자 통계 : 20~29세
- 고용노동부, 「고용형태별 근로실태조사보고서」 : 20~29세
- 교육부, 「교육기본통계조사」 : 초 · 중 · 고등학생
- 교육부 · 질병관리청, 「청소년건강행태조사」 : 중 · 고등학생
- 과학기술정보통신부 · 한국지능정보사회진흥원, 「인터넷이용실태조사」 : 초 · 중 · 고등 · 대학생, 10~20대
- 과학기술정보통신부 · 한국지능정보사회진흥원, 「스마트폰과의존실태조사」 : 10~19세
- 대검찰청, 「범죄분석통계」 : '17년까지 10~18세, '18년부터 14~18세
- 한국청소년정책연구원, 「아동 · 청소년 인권실태조사」 : 초(4~6학년) · 중 · 고등학생
- 여성가족부, 「청소년 상담(1388) 실적」 : 9~24세 청소년 및 부모

3) 청소년의 인구

여성가족부(2023)의 「2023 청소년 통계」에 의하면 2023년 청소년 인구(9~24세)는 791만 3천 명으로 총인구의 15.3%로, 성별 구성비를 보면 남자가 51.8%, 여자가 48.2%로 남자가 3.6%p 더 많고, 2022년 청소년 인구(814만 7천 명, 총 인구의 15.8%) 비중 대비 0.5%p 감소하였다. 1983년 1,419만 6천 명이었던 청소년 인구는 2060년에는 총인구의 10.7%인 454만 5천 명으로 감소할 것으로 전망된다.

그리고, 2023년 학령인구(6~21세)는 725만 9천 명으로 총인구의 14.1%이며, 전년 대비 총인구 대비 비중이 0.4%p 감소하였다. 학령인구와 총인구 대비 비중은 감소 추세로 2060년에는 현재의 57% 수준인 416만 7천 명으로 총인구의 9.8%로 전망되고, 학교급별 학령인구 비중은 초등학교(6~11세) 5.1%, 중학교(12~14세) 2.6%, 고등학교(15~17세) 2.6%, 대학교(18~21세) 3.7%로 조사되었다.

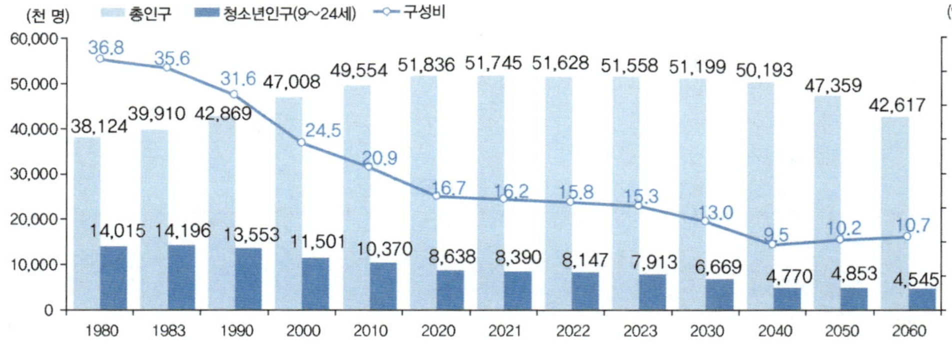

출처 : 통계청, 「장례인구추계」

그림 1-1 청소년(9~24세) 인구 및 구성비

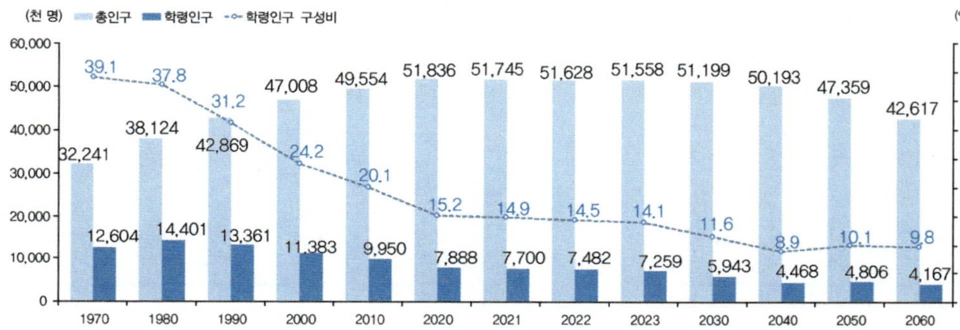

출처 : 통계청, 「장래인구추계」

그림 1-2 학령인구(6~21세) 및 구성비

02 청소년기의 발달 특성

1) 생물학적 발달 특성

청소년기 때 신장과 체중이 전에 비해 급격하게 증가하는 모습을 보면서 자랑스러우면서도 당황해하면서 그 시절을 보낸 이들이 있을 것이다. 이처럼 청소년기는 생물학적 측면에서 급격한 발달이 이루어지는 시기이다. 청소년기의 신체 및 생리적 발달이라는 생물학적 측면에 대하여 천정웅 외(2013)는 다음과 같이 설명하고 있다. 청소년기의 가장 현저한 특징인 신체적 변화는 사춘기(puberty)로부터 시작되며, 신장과 체중의 급격한 증가와 호르몬의 변화로 청소년들은 영아기 이후 두 번째 성장급등(growth spurt)을 경험하게 된다. 여자청소년은 10~11세경, 남자청소년은 12~13세경에 신장을 비롯하여 체중, 골격, 근육, 호흡기, 생식기관 등의 급격한 성장을 경험하며, 이러한 성장급등 현상은 18~20세경에 완료된다. 성장급등 현상이 끝날 무렵 청소년의 신체적 외모와 운동능력은 거의 성인과 같은 수준이 된다. 청소년기의 신체 및 생리적 변화는 유전이나 영양상태, 성별, 인종 등에 따라 개인차는 있으나 모든 인류에게 보편적으로 일어나는 현상이다.

(1) 신체 발달 특성

청소년기의 발달 특성 중 가장 현저하게 나타나는 것은 신체 발달 측면에서 신장과 체중의 증가를 들 수 있다. 사춘기의 시작과 함께 신장뿐 아니라 체중 또한 급격히 증가한다. 신장의 경우를 살펴보면, 일반적으로 여자청소년의 성장은 남자청소년보다 2년 정도 더 일찍 시작되므로 대부분의 여자청소년은 10~11세에 성장급등 현상이 나타나는 반면 남자청소년은 12~13세 이후에 시작되는 편이다. 최근 통계 자료에 의하면 여자청소년은 약 9~12세 사이에, 남자청소년은 약 11~13세 사이에 상대적으로 성장률이 더 높다. 체중의 경우를 살펴보면, 여자청소년은 10~11세경 그리고 남자청소년은 약 2년 정도 늦은 12~13세경에 절정을 이른다(장성화 외, 2012).

여기에서 사춘기(puberty)에 주목할 필요가 있다. 사춘기는 라틴어의 'pubertas'

즉, '성장하다', '발모하다'에서 유래되었다. 생물학적 변화로 인해 한 개인이 생식능력을 갖게 되는 시기이면서 한 개인이 아동기에서 성인기로 넘어가는 기간 동안 발생하는 모든 신체적 변화를 의미한다. 사춘기는 신체적·생리적 측면에서의 성장이 강조되는 반면 청소년기는 신체적·생리적 성장보다 더 포괄적인 의미에서의 성장, 즉 인지적 성장과 사회적 성장까지를 포함한다.

청소년기 동안의 신장과 체중의 급성장은 신체구조상의 변화를 수반한다. 신체부위의 상대적 비율이 아동기와 달라져서 머리 크기가 신체에서 차지하는 비중이 작아지고, 팔과 다리가 길어지며, 엉덩이, 가슴, 어깨 등의 신체 형태에 변화가 생긴다(천정웅 외, 2013). 즉 머리와 손발이 성인과 비슷해지는 형태로 발달이 이루어지면서 팔과 다리가 길어지고, 다음으로 몸통과 어깨가 성장하는 형태의 순서를 보인다. 이러한 신체구조의 각기 다른 성장률과 성장순서는 청소년들로 하여금 자신의 신체적 이상을 생각하는 문제를 발생시킬 수 있다. 즉 자신의 신체에 대한 정상성을 의심할 수 있는 측면으로 고민거리가 될 수 있다.

(2) 생리적 발달 특성

❶ 성적 변화

청소년기에 신체적 성장급등과 함께 성적인 성숙이 나타난다. 이러한 사춘기적 변화는 사춘기 시작과 함께 약 4년 동안 일어나며, 일반적으로 여자가 남자보다 약 2년 정도 먼저 경험하게 된다(장성화 외, 2012). 성적인 성숙은 2차 성징들이 나타나기 시작하면서 드러난다. 남녀를 구분하는 1차 성징은 청소년기 이전에 부분적으로 완성되지만 청소년기는 성인과 같은 생식능력을 갖게 될 뿐 아니라 생식과는 직접적인 관련이 없지만 남녀를 구분하는 데 중요한 요인인 2차 성징들이 발달하게 된다. 따라서 남자의 경우 음낭이 나타나고 고환이 자라면서 체모가 나타나고 정자의 사정을 하게 되며, 여자의 경우 내부의 성기관(2개의 난소, 나팔관, 자궁, 질)이 성장하면서 월경이 시작되고, 유두가 발달되고, 음모가 자라게 된다(홍봉선·남미애, 2007).

❷ 호르몬의 역할

사춘기 발달의 주요한 호르몬은 남성 호르몬의 안드로겐과 여성 호르몬의 에

스트로겐을 들 수 있다. 안드로겐은 음경의 발달, 정액, 2차 성 특징을 담당하며, 에스트로겐은 자궁, 질, 나팔관, 유방, 성의 2차 성 특징의 발달, 월경주기, 정상적인 자궁 수축 등을 담당한다. 그 외 테스토스테론과 에스트라디올은 각각 남녀의 생리적 발달을 담당한다. 테스토스테론은 남자청소년의 신체발달뿐만 아니라 성, 공격성과 관련이 있다. 즉 남자청소년들의 성에 대한 관심과 욕구의 증가는 테스토스테론과 밀접한 관계가 있으며, 이러한 호르몬의 증가는 남자청소년의 신체발달과 매우 밀접한 관계가 있다. 특히 외부 생식기, 신장의 증가, 목소리의 변화 등에 영향을 미친다. 또한 테스토스테론의 증가는 상대적으로 적은 분비를 보이는 또래 동성친구들보다 이성관계에서의 우위를 통한 자신감 향상이라는 측면에서 긍정적인 면도 있다. 한편 에스트라디올은 일종의 에스트로겐으로 사춘기 때 여자청소년의 발달에 중요한 역할을 한다. 즉 가슴과 자궁의 발달, 뼈대의 변화를 유발한다. 높은 에스트라디올 수준을 보인 여자청소년은 좀 더 화를 많이 내고 공격적인 성향을 보이기도 한다.

(3) 신체 및 생리적 발달에 따른 심리적 영향

청소년기의 신체 및 생리적 발달은 성차와 개인차가 존재한다. 특히 개인차에 있어서 빠른 성숙을 보이는 조숙과 늦은 성숙을 보이는 만숙에 따른 심리적 차이가 나타난다. 남자청소년의 조숙은 만숙에 비해 자아존중감과 사회성 발달에 유리하게 작용하는 반면 조숙한 여자들은 만숙아에 비해 불리하거나 영향력이 없다고도 한다(장성화 외, 2012). 즉 남자청소년은 이른 성숙이 일반적으로 유리한 반면 여자청소년은 남자청소년에 비해 그 차이가 거의 없다는 것이다. 조숙한 남아는 또래집단의 여아들과 신체적으로 큰 차이가 없으므로, 여아들과 더 빨리 쉽게 친해질 수 있다. 신체발달이 빠른 남아는 운동과 같은 신체활동이 필요한 분야에서 유리하며, 사회가 기대하고 인정하는 방향으로 자기가 변하고 있다는 확신을 갖게 된다. 반대로 늦게 성숙하는 남아는 더 오랫동안 아동 취급을 받고, 그 기대에 맞게 더 오랫동안 어린아이 같이 행동하게 될 수도 있으며, 자신이 정말 성적으로 성숙할 수 있을까 하는 걱정을 하게 되기도 한다. 반면 이러한 성숙의 시기는 개인차가 크며, 조숙과 만숙의 영향은 청소년기에 큰 의미를 갖지만, 대부분 그 영향은 일시적인 것이다. 이는 한 개인의 전체적 발달이 신체적 성장뿐만 아니라

인지적·사회적·환경적 요인 등에 의해 많은 영향을 받기 때문이다(장성화 외, 2012). 한편 조숙한 남자청소년은 가출이나 사소한 비행, 학교 부적응, 약물남용의 위험에 노출되기도 하는 문제가 발생하기도 하며, 늦은 성숙을 보이는 남자청소년은 이성과의 관계에 대한 어려움 및 부정적인 신체상을 갖는 경향이 있다. 이러한 조숙과 만숙에 따른 심리적 영향에 대한 이해를 토대로 하여 늦은 성숙을 보이는 청소년들은 정상적인 성장 과정에 있다는 것을 이해시킴으로써 부정적인 신체상을 갖지 않도록 해야 하며, 빠른 성숙을 보이는 청소년들은 문제행동에 이르지 않도록 주의를 기울이는 것이 필요하다.

한편 사춘기의 시작과 더불어 성적 성숙이 이루어지면서 청소년은 이중적 경험을 하게 된다. 여자청소년은 월경과 관련해서 성적 성숙을 자랑스러워하면서도 불편함과 당황함을 함께 경험할 수 있으며, 남자청소년은 신체·생리적 변화 가운데 사정이나 몽정 등의 경험이 심리적 갈등과 혼란을 초래하는 주요 요인이 된다. 따라서 사춘기와 더불어 성적 성숙이 이루어지는 청소년을 대상으로 자신의 변화된 성적 변화에 대해 긍정적으로 받아들일 수 있도록 지도하는 것이 필요하다.

2) 인지적 발달 특성

청소년기 때 우정이 무엇인지, 사랑이 무엇인지 등과 같은 추상적인 사고에 관심을 기울이면서 해답을 찾으려고 노력해 본 경험이 그 시절을 보낸 이들이라고 하면 누구나 갖고 있다. 이처럼 청소년기는 눈앞의 현실 세계를 뛰어넘어 자신이 경험해 보지 못한 이상이나 가능성의 세계, 추상적인 것에 대한 사고가 발달하게 되고, 조합적 사고가 발달하며 어떤 문제에 직면하였을 때 여러 가지 요인들을 고려하여 논리적이고 체계적인 문제해결을 시도하게 된다(장성화 외, 2012; 홍봉선·남미애, 2007).

청소년기에 생물학적 발달뿐만 아니라 인지적 발달이 이루어진다고 할 때, 인지는 인간의 두뇌 속에서 발생하는 일련의 과정들을 포함하는 개념이다(강차연 외, 2010). 보다 구체적으로 살펴보면, 인지란 지식의 구성, 획득, 유지와 활용 등을 포함하여, 이외에 사고, 상상력, 창의력, 추리력, 문제해결력, 개념화, 범주화와 같은 고등 정신과정으로 정의할 수 있다(이용교, 2012). 이를 일상적인 형태로서 쉽게 이해하자면, 인지는 앎의 과정이라고 할 수 있다.

(1) 피아제의 인지발달이론

피아제(Piaget)는 인지발달단계를 감각운동기, 전조작기, 구체적 조작기, 형식적 조작기의 4단계로 구분하여 제시하였다(박경애 외, 2010; 한국청소년개발원 편, 2004).

❶ 감각운동기

이 시기는 0세부터 2세까지의 연령에 해당하는 시기로서, 반사 활동을 통하여 외부 세계와 접촉하면서 실용적 지능을 발달시키는 단계이다. 감각운동기 동안 주로 유아의 몸짓, 감각, 또는 행동에 의해 본인 스스로가 획득하게 된 정보를 바탕으로 발달이 이루어진다.

❷ 전조작기

이 시기는 2세에서 7세까지의 연령에 해당하는 시기로서, 아동은 단지 여러 가지 조작을 숙달하기 위한 초보단계에 있기 때문에 이 시기를 전조작기라고 한다. 전조작기 동안 행동을 내면화하며(예를 들면, 빈 잔을 가지고 마시는 흉내는 내는 등의 가상놀이를 통한 물건의 용도를 이해함), 언어의 급격한 발달을 보인다.

❸ 구체적 조작기

이 시기는 6, 7세에서 12세의 연령에 해당하는 시기로서, 전조작적 사고단계에서 아직 발달되지 않았던 대부분의 사고가 발현되는 시기이다. 구체적 조작기 동안 논리적 추리력이 발달하며, 양의 보존개념(겉모습이 바뀌어도 양은 일정하게 보존된다는 개념)과 가역적 사고(A 사상과 B 사상이 같거나 연관이 있고, B 사상과 C 사상이 같으면, 반드시 A 사상과 C 사상도 같거나 연관성이 있음)가 발달한다. 또한 유목화(classification)의 개념이 발달한다(사물의 어떤 공통된 특징과 속성에 따라 어떤 대상물을 구분해내는 능력을 습득함).

❹ 형식적 조작기

이 시기는 12세 이후의 연령에 해당하는 시기로서, 청소년기의 인지 특성이 나타나는 시기이다. 형식적 조작기 동안 추상적·가설적 수준의 개념에 대한 조작이 가능함(고차원적 사고 능력을 가짐)과 성인과 같은 완전한 사고를 할 수 있음으로써 학습과 문제해결, 지적 성장, 사회적 태도가 현저하게 발달한다. 타인의 정치적·철학적 이론을 분석할 수 있으며, 자기 자신의 이론을 구성할 수 있게 된다.

이를 정리하면 다음과 같다.

표 1-2 피아제의 인지발달단계

단계	연령	특징
감각운동기	0~2세	환경과 상호작용하기 위해 자신의 신체감각, 지각 및 신체활동에 의존
전조작기	2~6, 7세	언어와 같은 상징적 기호를 사용하면서 사고능력의 진보가 이루어지나 세상을 직관적으로 이해하고, 자아 중심적이며, 전조작적이기 때문에 논리적 사고가 결여
구체적 조작기	6, 7~11, 12세	논리적인 사고가 가능하지만 현재 존재하는 것에 국한되며, 보존개념을 획득하고, 사물들 간의 관계를 이해하기 때문에 분류하고 위계 설정 가능
형식적 조작기	12세 이후	추상적이고 가상적인 상황에 대해서도 논리적으로 사고할 수 있고, 상대적·다차원적 사고도 가능

출처: 박경애 외(2010). 청소년심리 및 상담.

청소년기 운동 가이드, 신체활동 많지 않은 청소년들 건강관리는?

쉼터

[청소년기 운동 가이드가 온라인상에서 이슈가 되고 있다.]

대부분 청소년들은 학교생활 및 기타 레저 활동을 통해 신체활동을 하고 있다. 그러나 일부 청소년들은 좌식 생활습관과 환경의 영향으로 신체활동이 부족한 경향을 보인다. 특히 수험생과 같은 청소년들은 신체활동이 충분하지 않기 때문에 성장 및 발육에 문제를 보이기도 한다. 따라서 신체의 균형적인 발달을 위해 청소년들에게도 적합한 신체활동이 필요한 실정이다. 청소년기 운동 가이드, 점심시간엔 운동장 돌며 햇볕 쬐기. 칼슘은 흡수율이 낮아 비타민D의 도움이 필요하다. 비타민D가 부족할 때 체내에서는 칼슘의 10~15%만 흡수한다. 반면에 비타민D가 충분할 땐 30~40%까지 높아진다. 햇빛은 선샤인 비타민으로 불릴 만큼 비타민D의 합성을 돕는다. 매일 20~30분 햇볕을 쬐면 비타민D를 체내에서 만들 수 있다. 비타민D는 장에서 칼슘 흡수를 도와 골밀도를 증가시킨다. 또 근력을 키우는 것을 도와 골절을 예방하는 데 도움을 준다. 점심시간을 이용해 운동장을 걸으며 햇볕을 쬐는 것을 권한다. 이때 팔·다리는 노출하는 것이 좋다.

[청소년기 운동 가이드, 식습관도 중요… 특히 에너지·탄산음료 섭취를 줄여야]

칼슘 흡수를 방해하는 대표적인 성분이 카페인과 인이다. 안 그래도 낮은 칼슘 흡수율을 더 떨어뜨린다. 뼛속 칼슘을 소변으로 배출하기 때문이다. 카페인과 인은 청소년이 많이 마시는 에너지드링크와 탄산음료에 많다. 식품의약품안전처에 따르면 청소년의 하루 권장 카페인 섭취는 체중 1kg당 2.5mg이다. 60kg의 청소년은 150mg이 된다. 그런데 커피 음료 1캔(88.4mg)과 에너지 음료 1캔(62.1mg)을 마시면 하루 섭취량을 넘어선다. 커피 맛 빙과류, 초콜릿, 콜라, 에너지 음료와 커피 섭취를 줄인다.

[청소년기 운동 가이드, 주말에 TV·컴퓨터 앞에서 6시간 이상 앉아 있지 않기]

TV와 컴퓨터 앞에 오래 앉아 있는 시간이 많은 청소년일수록 뼈 건강이 약하다는 연구(노르웨이 UIT 더 아크틱 대학 연구팀)가 있다. 15~17세 청소년 961명을 2년에 걸쳐 추적 조사한 결과다. 주말에 TV나 컴퓨터 앞에 앉아 6시간 이상 보낸 학생은 2시간 미만인 학생에 비해 고관절 골밀도가 확 떨어졌다. 주말만이라도 밖에서 뛰어노는 연습이 필요하다.

[청소년기 운동 가이드, 키 성장 후에도 영양 공급 충분히]

고등학교 때 성장판을 촬영하고 나서 키 성장이 끝났다는 판정을 받으면 다이어트에 바로 돌입하는 경우가 많다. 그러나 골밀도는 20대 후반까지 꾸준히 축적된다. 성장판이 닫히고 난 뒤에 뼈 성장이 멈추는 것이다. 뼛속을 채우는 골량은 계속 늘어난다. 청소년기보다 골밀도 형성 속도는 완만하지만 여전히 중요한 시기다. 30세 전까지 얼마나 뼈 밀도를 채워놓느냐에 따라 중년 이후의 뼈 건강이 좌우된다.

출처: 일간스포츠(http://isplus.joins.com/).

(2) 사회인지 발달

사회인지란 타인의 사고, 감정, 동기, 사회적 행동들에 대한 이해능력으로 사회적 관계에 대한 것을 의미한다(강차연 외, 2010). 인간의 사회 인지능력은 연령에 따라 점진적인 발달양상을 보이며, 청소년기에 들어 어느 정도 안정된 인지능력 체제를 형성한다. 그러나 청소년들은 자신과 타인을 더욱 정교하게 묘사할 수 있지만, 타인의 생각, 감정, 의도, 상호작용의 질을 정확하게 지각하는 데 종종 실패한다. 실패의 원인은 대부분 청소년기의 자아중심성 때문이다(한상철 외, 2001).

❶ 청소년기의 자아중심성

청소년기 자아중심성은 형식적 조작사고가 발달하는 11, 12세경에 시작되며, 15, 16세경에 정점을 이루다가 청소년들이 다양한 대인관계의 경험을 통해 자신과 타인에 대한 객관적인 이해를 증가시켜 나가면서 점차 사라지게 된다(한상철, 2004). 엘킨드(Elkind, 1984)는 청소년기의 자아중심적 사고를 다음과 같이 설명하고 있다(한상철, 2004).

첫째, 청소년기의 자아중심성은 개인적 우화(personal fable)의 형태로 나타난다. 자신은 특별하고 독특한 존재이므로 자신의 감정이나 경험세계는 다른 사람과 근본적으로 다르다고 믿는 청소년기 자아중심성의 특징이다. 개인적 우화는 자신감과 위안을 주는 측면도 있지만 정도가 심해지면 자기 존재의 영속성과 불멸성을 믿게 됨으로써 과격한 행동에 빠져들 위험이 있다(예: 폭주족, 음주운전, 마약, 성문란 등).

둘째, 청소년기의 자아중심성은 상상의 청중(imaginary audience)의 형태로 나타난다. 이는 과장된 자의식으로 인해 자신이 타인으로부터 관심의 대상이 되고 있다고 믿는 형태이다(예: 공주병, 왕자병). 청소년들은 상상 속의 청중을 만족시켜 주기 위해 많은 에너지를 쏟으며 남이 눈치조차 채지 못하는 작은 실수에 대해 심한 고민과 걱정에 빠진다.

❷ 청소년기의 자아중심적 사고를 극복하는 방법

청소년기의 자아중심적 사고를 극복하는 방법은 다양한 만남을 통하여 사람마다 관심사가 다르다는 점을 깨닫게 해 주어야 한다. 또한 친밀한 인간관계를 통하여 나도 남과 비슷한 면이 있다고 느끼게 해 주어야 한다.

3) 자아 발달 특성

청소년기는 아동기와 비교할 때 자신을 더 민감하게 지각하고 받아들인다. 즉 자신은 누구인지, 어떤 존재인지 등에 대해 질문하고 답을 찾기 위해 노력하는 모습을 보인다. 이렇듯 청소년기에 자신의 모습을 어떻게 인식하느냐에 따라서 자아상 및 자아개념이 긍정적 혹은 부정적으로 발달할 수 있다는 측면에서 청소년기의 긍정적인 자아개념의 확립은 매우 중요하다.

(1) 청소년기의 자아개념

자아개념은 신체적 특징, 개인적 기술, 특성, 가치관, 희망 등을 포함한 '나'는 누구이며, 어떠한 존재인가에 대한 인식 및 깨달음을 의미한다(천정웅 외, 2013). 정옥분(2005)은 연령 증가와 더불어 변화하는 자아개념의 발달단계를 다음과 같이 설명하고 있다. 유아기의 자아개념은 매우 피상적이며, 유아들에게 자신에 대해 묘사해 보라고 하면 자신이 하고 싶은 행동으로 스스로를 묘사한다. 아동기가 되면 자신이 지닌 개인적 특성으로 스스로를 묘사하기 시작하는데, 아동기 초기에는 자신의 신체적 특성, 소유물, 활동, 능력과 관련시켜 자신을 규정한다. 반면 아동기 후기가 되면 심리적 특성, 다른 사람과의 관계 등을 중심으로 자신을 묘사한다. 청소년기에는 형식적 조작기 사고의 특징인 추상적 사고의 발달로 자신에 대해서도 보다 더 추상적이고 분화된 개념으로 묘사한다. 청소년 초기는 자아개념이 모순되는 등 혼란스러운 특성을 보이나 청소년기 중기가 되면 이러한 모순을 해결하려는 노력을 하며, 청소년기 후기가 되면 보다 통합된 자아 개념을 발달시키게 된다(강차연 외, 2010).

(2) 청소년기의 자아존중감

자아존중감은 자기가치(self-worth)나 자기상(self-image)에 해당하는 것으로 자신의 존재와 특성에 대한 긍정적 또는 부정적 느낌 및 평가를 의미한다(천정웅 외, 2013). 즉 자아존중감은 스스로 자신이 지녔다고 생각하는 특성에 대한 느낌 또는 평가라고 할 수 있다(강차연 외, 2010). 자아개념이 자아에 대한 인지적 측면인 반면, 자아존중감은 감정적인 측면이라 할 수 있다(천정웅 외, 2013).

청소년기는 자신이 중요성을 부여하는 타인들의 자신에 대한 평가가 자아존중감 형성에 큰 영향을 미친다. 청소년기의 자아존중감에 가장 크게 영향을 미치는 타인은 일반적으로 또래집단이나 급우들이며, 이들의 영향은 부모의 영향보다 더 크다. 또한 외모나 신체적 매력도 자아존중감 형성에 영향을 미친다. 또한 청소년기의 자아존중감 정도는 청소년기 적응에 직접적 영향을 미치며, 자아존중감이 낮은 경우 비행 등 문제를 지니게 될 가능성이 높아지기도 한다(강차연 외, 2010).

(3) 청소년기의 자아정체감 발달

자아정체감(ego-identity)은 자신의 독특성에 대한 비교적 안정된 느낌을 갖는 것으로 행동, 사고, 감정의 변화에도 불구하고 자신에게 갖는 일관성을 의미한다(천정웅 외, 2013). 박아청(2006)은 자아정체감이란 건강한 성격을 유지 및 발전시켜가기 위해 반드시 필요한 요소로써 자신이 누군가에 대한 의식이라고 설명하고 있다.

에릭슨(Erikson)은 자아정체감의 형성이란 청소년기 동안에 이루어야 하는 가장 중요한 발달과업이며, 일련의 의문들(예를 들어, 나는 누구인가? 앞으로 무엇을 할 것인가? 미래의 나는 어떻게 될 것인가?)에 대한 답을 찾아가는 과정에서 자아정체감을 형성해 나간다고 하였다. 청소년기 동안 정체감 획득이 이루어지면 성인기의 역할 수행이 용이해지는 반면, 정체감 확립이 이루어지지 않아 역할혼란을 경험하는 청소년들은 청소년기의 비행이나 일탈행동에 관여하게 되는 경우가 많다(천정웅 외, 2013).

요약

- 대표적인 청소년 관련 법률인 청소년 기본법은 청소년의 연령을 9세에서 24세까지로 규정하고 있다.
- 청소년기의 가장 현저한 특징인 신체적 변화는 사춘기(puberty)로부터 시작되며, 신장과 체중의 급격한 증가와 호르몬의 변화로 청소년들은 영아기 이후 두 번째 성장급등(growth spurt)을 경험하게 된다.
- 청소년기는 눈앞의 현실 세계를 뛰어넘어 자신이 경험해 보지 못한 이상이나 가능성의 세계, 추상적인 것에 대한 사고가 발달하게 되고, 조합적 사고가 발달하며 어떤 문제에 직면하였을 때 여러 가지 요인들을 고려하여 논리적이고 체계적인 문제해결을 시도하게 된다. 청소년기의 자아중심적 사고는 개인적 우화와 상상의 청중으로 나타난다.
- 청소년 초기는 자아개념이 모순되는 등 혼란스러운 특성을 보이나 청소년기 중기가 되면 이러한 모순을 해결하려는 노력을 하며, 청소년기 후기가 되면 보다 통합된 자아 개념을 발달시키게 된다.
- 에릭슨(Erikson)은 자아정체감의 형성이란 청소년기 동안에 이루어야 하는 가장 중요한 발달과업이라고 설명하였다.

핵심어

청소년기, 사춘기, 조숙, 만숙, 인지, 사회인지, 자아개념, 자아정체감

연습문제

Exercise

1 국내 청소년 기본법에서의 청소년 연령 규정은?

① 만 19세 미만의 자
② 19세 미만의 자
③ 18세 미만의 자
④ 9~20세
⑤ 9~24세

정답 ⑤

해 설 청소년 기본법에서의 청소년의 연령은 9~24세로 규정하고 있다.

2 남자청소년의 신체발달뿐만 아니라 성, 공격성과 관련이 있는 호르몬은?

① 엔도르핀
② 안드로겐
③ 에스트로겐
④ 테스토스테론
⑤ 에스트라디올

정답 ④

해 설 남자청소년의 성에 대한 관심과 욕구의 증가는 테스토스테론과 관계가 있다. 테스토스테론은 남성 호르몬으로 화학식 $C_{19}H_{28}O_2$이다.

3 청소년기의 인지 특성이 나타나는 시기는?

① 감각운동기
② 전조작기
③ 후조작기
④ 구체적 조작기
⑤ 형식적 조작기

정답 ⑤

해 설 청소년기의 인지 특성은 형식적 조작기에 나타난다.

4 청소년기의 자아중심성 중 자신은 특별하고 독특한 존재이므로 자신의 감정이나 경험세계는 다른 사람과 근본적으로 다르다고 믿는 것은?

정답 개인적 우화

해설 개인적 우화에 관한 설명이다.

5 청소년기의 중요한 발달과업으로 자아정체감 형성을 주장한 이는?

① 홀
② 미드
③ 피아제
④ 에릭슨
⑤ 프로이트

정답 ④

해설 청소년의 자아정체감 형성에 대해 에릭슨이 주장하였다.

chapter

02

청소년복지의 개념과 실천방법

학습목표

1. 청소년복지의 개념과 필요성을 이해할 수 있다.
2. 한국에서 청소년에 대한 시선과 청소년복지의 역사를 이해할 수 있다.
3. 청소년복지의 실천방법을 이해할 수 있다.

청소년복지는 청소년은 물론 청소년을 둘러싼 가족, 또래, 학교, 지역사회를 대상으로 그들의 복지증진을 위해 국가 및 사회구성원 전체가 실행하는 체계적인 실천 활동이다. 실천 활동으로서 청소년복지는 사회복지의 한 분야이다. 청소년복지가 청소년과 복지라는 단어의 합성어라는 것은 바로 이러한 의미에서이다. 그만큼 청소년복지라는 개념은 무수히 많은 층들을 함축하고 있다. 따라서 청소년복지 전체를 본다는 것은 곧 사회복지의 준거틀을 종합하고 입체화함으로써 가능하다.

01 청소년복지의 개념

우리가 사회복지를 '모든 국민들의 인간다운 생활을 보장하고 건강과 번영을 증진시키기 위하여 인간과 사회제도 및 사회체계 간의 상호작용에서 파생되는 제반문제나 사회적 요구에 보다 효과적으로 대처해 나가도록 계획적인 사회정책과 사회적 서비스를 마련하여 제공하려는 정부나 민간기관들의 조직적인 노력'이라고 말한다면, 청소년복지의 정의는 사회복지의 한 분야로서 가능하다. 마찬가지로 사회사업을 '개인의 자아실현과 사회질서 및 정의를 구현하기 위해 개인이나 집단 및 지역사회 수준에서의 사회적 기능을 적절히 수행할 수 있도록 공공 또는 민간기관을 통해 도움을 제공하려는 전문적인 활동이다'라고 본다면, 청소년복지의 정의는 실천 활동으로서 사회복지의 한 분야에 자리한다.

청소년복지가 청소년과 복지라는 단어의 합성어라는 것은 바로 이러한 의미에서이다. 그만큼 청소년복지라는 개념은 무수히 많은 것들을 함축하고 있다. 청소년복지 전체를 본다는 것은 곧 사회복지의 준거틀을 종합하고 입체화함으로써 가능하다. 사회복지에서 정책과 실천 그리고 역사를 말하듯이 청소년복지 개념은 무수히 많은 층을 가진 정책과 실천 속에서 어떠한 역사적 배경으로 이루어지고 형성되었는지 보았을 때 비로소 도출된다. 다시 말해 청소년복지는 사회복지 전체에서 여러 상이한 층위들, 즉 사회복지사, 클라이언트, 정책, 실천 등과의 관계 속에서 구체적인 의미를 가진다. 따라서 지금부터는 청소년복지의 개념, 역사, 실천방법들이 어떻게 전개되는지 살펴보자.

1) 법으로서 청소년복지의 개념

청소년복지를 인식하기 위해서는 반드시 개념들을 사용해야 한다. 왜냐하면 개념들을 전제하지 않을 때 다양한 청소년복지의 개념적 차이들이 혼용될 수 있기 때문이다. 그 결과 청소년복지는 아동복지의 연장선으로 간주되어 관련된 아동복지제도 등에 의존해서 서비스와 프로그램이 제공되어 왔다. 다양한 층위의 개념들 중 우리나라 「청소년 기본법」에서 말하는 청소년복지의 법적 개념을 살펴보면 다음과 같다.

(1) 「청소년 기본법」에서 청소년복지의 개념

우리나라 「청소년 기본법」 제3조 제4호에서 다음과 같이 정의하고 있다. "청소년복지"란 '청소년이 정상적인 삶을 누릴 수 있는 기본적인 여건을 조성하고 조화롭게 성장·발달할 수 있도록 제공되는 사회적·경제적 지원'을 말한다. 또한 주요 대상이 되는 "청소년"이란 '9세 이상 24세 이하인 사람을 말한다. 다만, 다른 법률에서 청소년에 대한 적용을 다르게 할 필요가 있는 경우에는 따로 정할 수 있다'고 명시한다. 청소년의 성장과 발달에 초점을 둔 지원과 제도권 안의 청소년들만이 아닌 모든 청소년들을 전제한 법률적 개념이라고 할 수 있다. 여기서 우리는 아동복지법과의 상이함을 발견한다. 연령의 차이에서부터 복지라는 개념보다는 지원에 초점을 두고 있다는 점이다. 여러 번에 걸쳐 아동복지법과의 통합을 시도했으나 아직 경과 중에 있다는 것이 이를 잘 보여준다. 차후 다른 차원의 아동복지법과의 통합적 논의가 필요하다.

(2) 청소년복지의 법적 개념에서 관련 개념(「청소년 기본법」)

① "청소년육성"이란 청소년활동을 지원하고 청소년의 복지를 증진하며 근로 청소년을 보호하는 한편, 사회 여건과 환경을 청소년에게 유익하도록 개선하고 청소년을 보호하여 청소년에 대한 교육을 보완함으로써 청소년의 균형 있는 성장을 돕는 것을 말한다.

② "청소년활동"이란 청소년의 균형 있는 성장을 위하여 필요한 활동과 이러한 활동을 소재로 하는 수련활동·교류활동·문화활동 등 다양한 형태의 활동을 말한다.

③ "청소년보호"란 청소년의 건전한 성장에 유해한 물질·물건·장소·행위 등 각종 청소년 유해 환경을 규제하거나 청소년의 접촉 또는 접근을 제한하는 것을 말한다.

그동안 청소년복지는 아동의 연장선에서 실천과 정책이 이루어져 왔지만 아동과 청소년은 여러 측면에서 다르다는 점을 고려하였을 때 이러한 법적인 청소년복지의 개념은 우리에게 여러 가지를 시사한다. 사회복지라는 영역의 범위도 물론 포함되지만 다학문적 접근이 가능한 분야로서 청소년복지의 가능성을 엿볼 수 있는 대목이다. 시대의 흐름에 맞게 다학문적인 만큼 많은 협업이 청소년복지 실천 현장에서 이루어지고 있다는 점을 미뤄 짐작할 수 있다. 예컨대 복지관, 학교, 보호관찰소, 쉼터, 수련관 등의 다양한 개입의 현장이 펼쳐진다는 사실이다. 이에 대한 내용은 계속 이어지는 개념들에서 확인할 수 있다.

2) 사회복지 분야로서의 청소년복지의 개념

앞서 사회복지를 '모든 국민들의 인간다운 생활을 보장하고 건강과 번영을 증진시키기 위하여 인간과 사회제도 및 사회체계 간의 상호작용에서 파생되는 제반문제나 사회적 요구에 보다 효과적으로 대처해 나가도록 계획적인 사회정책과 사회적 서비스를 마련하여 제공하려는 정부나 민간기관들의 조직적인 노력'이라고 말하면서 청소년복지를 사회복지의 한 분야라고 정리했다. 바로 이것은 사회복지를 개입 수준별로 보았을 때 하나의 분야로서 청소년복지를 정리할 수 있는 개념이다. 청소년복지를 분야로서 정의 내리기 위해서는 개입 수준별 이해가 필요하다. 이를 표로 정리하면 다음과 같다.

표 2-1 **사회복지 분야로서의 청소년복지의 개념**

개입 수준				
대상과 장(場)		미시(Micro)	중도(Mezzo)	거시(Macro)
대상	노인, 장애인, 여성, 저소득층, **청소년**, 아동, 범죄인 등	개인/집단/가족	지역/조사/행정	정책/법/제도
장(場) setting	병원, 교도소, **보호관찰소**, **학교**, 기업, **수련관**, **복지관** 등	직접서비스 (direct service)	간접서비스 (indirect service)	

청소년복지는 사회복지에서 수많은 대상과 장으로 구분해서 보았을 때 특정한 대상과 장(場)을 가지는 분야이다. 또한 개입 수준으로 보았을 때 미시적 측면에만 해당되는 것이 아닌 미시적 개입, 중도적 개입, 거시적 개입이 동시에 이루어지는 사회복지의 한 분야로서 청소년복지의 위치를 차지한다. 위 표는 필자가 청소년복지 실천과 정책 현장에서 동시에 학교 강단에 있으면서 청소년복지를 하나의 평면도로 그려본 것이다. 이는 청소년복지라는 개념을 사회복지의 큰 틀 안에서 조망할 수 있게 한다. 따라서 청소년복지를 전공하는 학생이라면 이러한 조망적 평면도에서 하나의 지침을 발견할 수 있을 것이다.

3) 다양한 학자들에 의한 청소년복지의 개념

청소년들은 심리적·신체적 특징도 엄격히 다를 뿐만 아니라 욕구나 필요로 하는 서비스가 다르고 그들이 당면한 문제나 수행해야 할 과업도 상이하다. 가령, 무단가출, 무단결석, 약물남용, 학교폭력, 청소년 성매매, 유해환경, 자살, 입시, 정신장애 등의 다양한 청소년 문제들은 청소년기의 일반적 특성뿐만 아니라 청소년의 개별적인 욕구와 그들이 처한 상황을 총체적으로 고려한 보다 과학적이고 체계적이며 전문적인 관점과 접근을 필요로 하고 있다.

그렇다면 이제부터는 이전의 다양한 학자들에 의해 정리된 청소년복지의 개념을 살펴보도록 하자.

① 장인협·오정수(2004)는 청소년복지를 아동복지와 구분하지 않고 아동·청소년복지라고 혼합해서 사용하고 있다. 그들에 따르면 아동·청소년복지란 사회 구성원으로서 아동과 청소년의 기본적인 욕구를 충족시키고 건전한 성장과 발달을 도모하기 위하여 여러 가지 활동을 가능케 하는 공적인 방법과 절차라고 정의하고 있다.

② 조흥식(1992)은 청소년복지 정책을 청소년 및 그 가족의 복지를 위하여 국가가 행하는 사회복지정책으로 정의하고 있다.

③ 김성이(2004)는 청소년복지는 가정이나 사회로부터 버려지거나 적응하지 못하는 청소년뿐만 아니라, 모든 청소년들이 안녕에 관심을 가져야 한다고 전제하고 청소년복지 활동을 청소년들의 기본적 욕구를 충족게 하고 정신적·정서적·신체적으로 최상의 발달을 위해서 청소년 자신들에게 직접적으로 또는 가정이나 사회를 통해 간접적으로 제공되는 모든 사회적 제도적·전문적 활동이라고 정의하였다.

④ 송정부(1999)는 청소년복지란 청소년의 생존권이 보장되어 사회적으로 편안히 잘 지내는 상태가 될 수 있어야 한다고 설명하면서 청소년복지의 개념을 청소년이 사회생활을 유지, 발전시킬 수 있도록 작용하는 제도, 정책, 행위의 체계라고 정의하고 있다.

다양한 학자들에 의한 청소년복지의 개념을 볼 때, 청소년복지의 어떤 특정한 흐름이 파악된다. 예컨대 아동·청소년복지를 동시에 사용하는 개념이라든지, 혹은 국가의 개입, 민간기관의 개입 등 다양한 차원에서 설명되는 층위를 발견하게 된다. 결국 청소년복지라는 것은 단 하나의 개념으로 정리될 수 있는 것이 아닌 층위를 가진 매우 복잡한 그리고 입체적이고 종합적인 사회복지의 한 분야인 것이다. 따라서 청소년복지는 대상 집단이 어떤 하나의 집단에 국한되는 것이 아니라 모든 청소년 및 가족, 지역사회, 학교 등도 포함하고 있으며 또한 청소년에 대한 직접적 서비스뿐 아니라 간접적으로 제공되는 모든 정책과 제도를 포함하는 광범위한 개념임을 알 수 있다.

4) 정리된 청소년복지의 개념

청소년복지는 사회복지 분야 중의 하나로서 다양한 층위를 가지며, 청소년의 기본적인 욕구의 충족과 건강한 성장 및 발달 그리고 청소년이 사회구성원으로서 행복하고 인간다운 생활을 보장하고 건강과 번영을 증진시키기 위하여 청소년을 둘러싼 환경이 청소년의 성장을 돕기 위해 최적의 기능을 발휘할 수 있도록 청소년과 가족, 또래, 학교, 지역사회의 개입 수준을 통해 직접적으로 혹은 간접적으로 제공되는 노력의 일환이고, 모든 조직적이고 체계적인 사회정책과 관련 제도 및 전문적 활동이다.

02 청소년복지의 필요성

1) 인간 삶의 층위에서 청소년기 발달의 의미로 본 필요성

하나의 인간이 삶을 산다는 것은 결국 나, 우리라는 집단, 그리고 내가 접하고 있는 무수히 많은 관계를 둘러싸고 성립된다. 나와 타인, 나와 가족, 나와 국가, 나와 세계, 인간과 세계 등등 무수한 관계가 성립하는데 그 관계가 성립하는 과정 중에 청소년기는 또 다른 관계 형성이라는 매우 중요한 의미가 부여된다. 청소년기의 삶의 조건들은 결국 청소년 개인의 큰 자연과 사회 그리고 역사를 이루며 더 나아가 한 국가의 사회와 역사를 형성해낸다. 청소년기 삶의 조건을 이해하기 위해 두 학자가 언급한 인간의 삶을 언급하고자 한다. 우리나라의 이정우(2009; 239)[1]와 독일의 한나 아렌트가 『인간의 조건』(1958)[2]에서 그 삶의 길을 안내한다.

먼저 이정우(2009)는 말한다. 인간의 삶을 3층 집과 같은 존재로 본다. 즉 인간의 삶은 ① 생물학적 층위에서, 다시 ② 사회-역사적 층위를 만들어가고, 그러나, 일반적이고 평균적인 사회-역사적 층위와 구분해서 말한다면, 다시, 세 번째는 ③ 창조하는 인간, 문화를 만들어 나가는 인간을 생각할 수 있다. 구체적으

1) 이정우(2009). 개념의 뿌리들 2. 산해. p. 239.
2) 한나 아렌트(1958). 인간의 조건. 이진우 역(1996). 한길사.

로 말하자면 인간은 3층 집과 같은 존재이다. ① 가장 아래층은 생물학적인 삶이다. 즉 인간은 태어나서 성장하고 늙고 죽는다. 밥 먹고, 병에 걸리고, 결혼해서 자식 낳고, 다음으로 ② 사회-역사적 삶이다. 예컨대 특정한 시대, 특정한 지역에서 태어나 교육을 받고, 취직을 하고, 사람들과 대화를 하고, 싸우기도 하고 화해하기도 하면서 산다. 또한 ③ 문화와 창조의 삶이다. 시를 쓰고, 철학 공부를 하고, 조각을 하고 과학적 연구를 하고, 전공공부를 하며, 그림을 그리고, 음악을 하고, 기타 활동 등의 3층을 골고루 봐야 인간이 종합적으로 이해된다.

다음으로 한나 아렌트(1958)는 말한다. 인간 삶의 조건으로 ① 노동(labor), ② 작업(work), ③ 행동(action)을 언급하며, 노동(labor)을 통해 신체적 필요를 드러내고, 작업(work)을 통해 솜씨(craftsmanship)를 드러내며, 행동(action)을 통해 자신(himself)을 드러낼 수 있다고 말한다. 즉 인간은 삶을 탐구하고 새로운 것을 주도하고(initiate) 시작하는(begin) 활동을 통해 만들어진다는 것을 강조한다.

이정우(2009)와 한나 아렌트(1958)는 인간 삶의 복수성과 다원성을 통해 다양한 층위의 조건들을 언급한다. 정리하자면 우리는 청소년복지의 필요성을 단지 그 시기를 관통한 특정한 이론과 사상보다는 인간 삶의 한 연장선에서 문화변동의 역사적 조건을 함께 고려함으로써 발생되는 청소년기 발달의 의미를 파악하고 이에 대한 사회복지 정책과 실천을 추진해나가는 것이 중요하다고 볼 수 있을 것이다. 이를 풀어 보자면, 사회복지사가 '인간'으로 인식한 청소년들의 '인간적인 요소들'을 청소년들과 청소년을 둘러싼 환경에 적용할 청소년복지 실천과 정책을 적절하게 반영할 때 비로소 청소년복지의 효과를 기대할 수 있는 것이다. 중요한 것은 청소년 고유의 인간성을 이해하려고 노력해야지 사회복지사가 청소년에게 투영하는 방식이거나 청소년들로부터 어떤 특정한 유형의 인간성을 기대하거나 바라는 방식은 지양해야 할 것이다.

2) 사회적 기능 향상과 조건의 변화 속에서 청소년복지의 필요성

사회복지실천은 사회구성원인 개개인의 사회적 기능 향상을 도모하고 이를 조성할 수 있는 정의로운 사회환경을 구축할 수 있도록 '개인'과 '환경' 모두에 초점을 두고 전문적인 원조활동을 수행한다(김융일, 2003).[3] 여기서 말하는 사회적 기

3) 김융일 외(2003). 사회복지학개론. 동인.

능은 특정한 "지위"나 "역할"과 관련된 "역할기대를 충족"시킬 수 있는 "개인 능력"이다. 즉 사람들이 일상생활에서 필요한 활동을 수행해낼 수 있는 능력이며, 특정한 문화나 공동체에서 요구하는 사회적 역할을 수행해낼 수 있는 능력이다(성민선, 2005: 99).[4] 그렇다면 청소년복지의 필요성은 청소년들의 사회적 기능 향상과 조건의 변화 속에서 이루어질 수 있다. 이를 청소년복지의 필요성과 연결해 정리해보면 다음과 같다. ① 먼저, 청소년들을 위한 사회적 보호(social care)의 효과이다. 청소년들을 사회로부터 보호할 수 있다. 구체적으로 청소년들과 그를 둘러싼 환경을 보살펴주어 사회적 기능을 수행할 수 있는 기회와 능력을 가지지 못한 사람들에게 제공하는 사회적 보호를 통해서이다. 이는 의식주와 위험으로부터 보호 등 기본적인 욕구와 소속감, 수용, 스트레스 상황의 해소 등과 같은 사회 심리적 욕구를 충족시킬 필요가 있는 사람들에게 제공되는 활동과 노력에 해당된다. 예컨대 신체적·정신적 장애를 가진 청소년, 사회로부터 소외받고 있는 청소년들이 혜택을 받게 될 것이다. ② 다음으로, 청소년들을 위한 사회적 치료의 효과(social treatment)이다. ③ 마지막으로, 청소년들을 위한 사회적 강화서비스(social enhancement service)의 효과이다. 즉 잠재적 클라이언트에 해당되는 모든 청소년들의 삶을 강화하여 특정한 영역에서의 사회적 기능 향상을 위해 사람들의 성장과 발달을 지원해주는 효과이다. 이것이 바로 청소년복지의 필요성이 된다. 예를 들어 청소년 여가활동지원 프로그램, 부모자녀관계 활성화 훈련, 학교폭력 예방 프로그램 등을 통해 이루어질 수 있을 것이다.

03 청소년에 대한 사회인식과 청소년복지의 역사

1) 청소년에 대한 사회인식

인류 역사에서 청소년기를 생애주기로서 독자적인 범주로 인식하게 된 것은 근대에 들어서이다. 여기서 말하는 근대는 자본주의화 과정에서의 근대를 말한다. 즉 자본주의 도래와 국가가 형성되기 시작한 서구 17세기를 말하며 그 시기

4) 성민선 외(2005). 사회복지개론. EM 실천.

에 비로소 사회라는 말도 등장했으며 사회복지라는 단어도 등장하는 시점이다. 우리가 사회복지 발달사에서 구빈법 등의 역사를 이해하는 이유도 바로 자본주의화와 사회복지가 나란히 함께 가기 때문이다. 본 교재에 초점을 두고 이야기를 한다면 다음과 같이 정리할 수 있다. 자본주의에서 생산과 노동은 핵심 단어이며 그 맥락에서 성인기, 청소년기, 아동기로 나누어 범주화하기 시작하였다고 볼 수 있다. 그야말로 '일터'와 '가정'을 분리하고, 가문 중심의 가족을 휴식과 애정의 공간으로 변화하다 보니 자연스럽게 직장이라는 곳에서 노동이라는 것을 하는 성인과 학교를 다녀야 하는 청소년기는 구분될 수밖에 없었고, 이러한 구분 속에 청소년기의 발달과정은 매우 중요한 의미를 부여받게 된다. 이젠 '작은 어른'이 아닌 '청소년'이라는 독자적인 범주가 탄생하게 된 것이다. 이러한 탄생의 배경과 청소년에 대한 시선은 그 맥을 같이 한다. 가령 청소년을 위한 영화, 청소년을 위한 패션, 청소년을 위한 문학, 청소년을 위한 문화 공간 등이 그 예가 된다. 좀 더 구체적으로 이해하기 위해 조한혜정(2000)[5]이 언급한 내용을 참고로 살펴보자.

(1) 한국의 근대화 속 '아동'에서 '청소년'으로 전환의 역사

❶ 일제강점기

이 시기는 근대적인 제도가 만들어졌고, 극단적 경제 위주의 산업화가 진행된다. 그러나 아직 청소년이라는 단어가 아닌 아동이라는 단어가 사용되었던 시기이다. 따라서 근대적 '청소년'은 '아동'으로 보고 이해해야 할 것이다. '아동'은 일본 식민 정부에 의해 국민학교가 생기면서 본격적으로 제도화되었으며 1920년 조선 총독부는 <조선 교육령>을 개정하면서 보통학교를 4년제에서 6년제로 바꾸고 '일본 제국의 국민'을 가르치는 작업을 시작하였다. 1920년대부터 사회 문화적으로도 '아동'과 같은 청소년을 만들어내는 각종 영역들이 열리기 시작했다. 우량아 선발대회, 아동교육에 대한 과학적 논의들이 대표적인 예이다. 일제강점기와 해방 전후의 상황에서는 행복한 아동기를 제공할 조건을 가진 부모의 수는 그리 많지 않았다. 그저 자녀를 굶기지 않으면 좋은 부모였으며, 보통 부모의 바람은 가능한 한 아이들을 국민학교라도 마칠 수 있게 하는 것이다. 훌륭한 부모란 자녀를 대학까지 보낼 수 있는 능력을 뜻했는데, 자녀를 대학에 보내는 것은 모

---

5) 조한혜정(2000). 학교를 찾는 아이 아이를 찾는 사회, 또 하나의 문화. p.145.

든 한국 국민들의 가망 없는 염원이었다. 그러나 다행히도 급격한 경제 성장으로 인해 그 꿈은 실현 가능해졌고, 이로써 한국의 모든 아동들은 학교에서 대부분의 시간을 보내게 되었다. 한국의 특수성은 바로 이점, 자녀가 독립적 인격과 인권을 가진 '아동'이기 전에 '학생'이라는 점일 것이다. 한국의 아동이나 청소년들은 그들 나름의 아동기나 청소년기를 보장받고 즐기기보다 오로지 공부하는 학생으로서, 부모의 희망으로서, 국민 교육 헌장을 외우는 미래의 국민으로서 살아야 했다.

❷ 유신시대

현재의 청소년들이 만들어지는 것에 결정적인 역할을 한 것은 유신시대이다. 유신체제는 한국의 근대화를 오로지 경제발전의 차원에서 규정하면서 그 외의 모든 영역을 억압하였다. 1960년대 들어서면서 나름대로 청소년들의 자유로운 표현과 작업들이 이루어지기 시작했는데, 유신정권은 이를 극단적으로 억압했다. 장발과 미니스커트 단속은 그 탄압의 초기 과정에서 생긴 것이다. 유신정권은 오로지 국가 경제발전을 위해 헌신하는 '국민'만을 필요로 했다. '국민' 외에 '시민'이라든가 '지역'이라든가 '여성'이라든가 '청소년'이라는 범주는 허용되지 않았다. 유신 이후로 줄곧 이어진 개발 독재 경제 체제에서 '청소년'은 사라지고 '입시생'만 남게 되었다. 1968년 12월에 선포한 <국민 교육 헌장>은 그러한 변화를 보여주는 기념비적인 선언문이다. 당시 이 세대들에게 '문화'란 사치스런 것이며 반역적인 것이었다.

❸ 1988년 6월 이후

1988년 6월 체육부에서 '청소년국'이 설치되면서 청소년이라는 단어를 공식화되지만 사실상 문제를 일으키는 청소년을 보호 관리하기 위한, 즉 일명 '날라리'에 대한 임시적 조치의 차원에서 이루어졌는데 그 점은 청소년 관련 기구의 설립과 이전의 양상에서 명백히 드러난다. 그러나 청소년의 명칭은 계속해서 사용되고 정책 또한 발전되어 1991년 청소년정책조정실로 확대 개편되는 시기를 맞이한다. 중요한 것은 '학생/입시생'으로서의 시선에서 다른 방향으로의 시선 전환이 이루어진다.

근대화를 넘어서서 청소년은 단지 10대라든가 중고등학생, 입시생 등으로 범주화하였는데, 신자유주의 시대가 한창인 지금의 시점에서 이와 다른 균열이 발생된다. 그 균열이란 바로 '학생/청소년' 혹은 '학생/소비자'의 이분법이다. 이에 대해 좀 더 자세히 알아보자.

(2) 한국의 '학생/청소년' 혹은 '학생/소비자'의 이분법의 역사[6)]

❶ 국가 주도적 경제 성장기의 '학생/근로청소년', '학생/불량 청소년'의 이분법

세 번의 전환기는 다음과 같다. ① 대가족의 '소인'일 뿐이었던 청소년들이 가족을 빠져나와 '학생'이라는 독자적인 정체성을 갖기 시작하는 단계이다. ② 청소년의 정체성이 학생의 정체성과 동일시되는 시점이다. 고도 경제 성장기를 거치면서 대다수의 청소년이 '학생'의 신분을 갖게 되었고 시기적으로 1970년대부터 1990년대 초반까지가 이 단계에 속한다. ③ 대량 생산 체제를 지나 소비 자본주의 단계로 접어들면서 시작된다. 청소년들은 서서히 '학생'의 정체성을 벗어난다. 대신 '청소년', '신세대' 또는 '소비자' 등의 다양한 이름을 얻게 된다. 가령 영화 <내 마음의 풍금>에서 보면 학교는 근대적 아동/청소년에게 선망의 공간이었다. 학교는 자기 집보다 깨끗하고 학교 선생님은 자기 부모보다 멋있고, 학교에 가고 싶어 했다. 이 시대의 행운은 상급학교를 보내줄 만한 경제력이 있는 아버지나 잡다한 집안일을 시키지 않고 숙제를 하도록 배려하는 어머니를 가진 아이였다. 즉 학생이 되는 것은 축복이었다. 이 시점에서 '학생'에 속하지 않는 청소년은 주변적인 범주인 '근로청소년'에 속한다. '근로청소년'은 '학교'에 갈 여건이 되지 못하는 불우한 청소년이며 '소외 계층'이다. 교복을 입은 '학생'을 선망의 눈길로 바라보는 계층인 이들을 위해 1970년대 국가는 '산업 역군'이라는 이름을 붙여주고, '근로청소년회관'을 지어서 검정고시반을 운영하거나 취미교실을 운영하여 '위로'하기도 했다. 그러나 1980년대 들어서면서 더 이상 학생과 '근로청소년'의 이분법은 성립되지 않는다. 근대화가 진행되어 대다수의 아이들이 고등학교에 갈 수 있게 되면서 판도가 바뀐 것이다.

또한 당시 한국은 초등학교까지만 의무 교육이지만 1979년에 93.4%가 중학교에, 90.7%가 고등학교에 진학하게 된다. 한국은 구태여 고등학교 의무 교육을 할 필요가 없을 정도로 향학열이 높은 사회였다. 대다수가 학교에 다니는 것이

---

6) 조한혜정(2000). 학교를 찾는 아이 아이를 찾는 사회, 또 하나의 문화.

기정사실이 된 시점에서 학교에 다니지 않는 이들은 더 이상 불우한 청소년이 아니다. 대신 그들은 부적응자이거나 일탈자로 범주화된다. 이 시점에서 '학생'과 '비학생'으로 이분되고, 학생은 '좋은 청소년'을, 비학생은 '불량 청소년'을 의미하게 된다. 1980년대까지 청소년이란 용어는 중고등학생을 지칭하는 것으로 변한다.

❷ 소비 자본에 부상하는 후기 근대의 '학생/청소년', '학생/소비자'의 이분법

여기서 두 번째 전환기로 설명하자. ① '학생/청소년'의 이분법이다. 1990년대 들어 여론은 전인교육과 열린교육을 이야기하기 시작했다. 교복은 더 이상 선망의 대상이 아니다. 정부는 학교에 묶인 아이들을 '풀어주기' 위한 방안으로 '청소년 정책'을 세우기 시작한다. 1987년 청소년 육성하자는 취지에서 체육부에서 청소년육성법을 제정한다. 1988년에 체육부 안에 '체육청소년국'이 설치되고, 1990년 청소년 헌장이 선포되며, '체육부'가 '체육청소년부'로 명칭을 변경할 정도로 당시 청소년에 대한 관심은 높아지고 있었다. 처음으로 국가 청소년의 하나로 인정받게 되고, '선도·보호·규제' 중심의 청소년 대책에서 전체 청소년의 잠재력 개발로 정책의 무게를 옮기자는 논의가 활발하게 일었다. 더 나아가 '국민의 정부'는 1997년 이래로 다시 청소년 5개년 계획을 수립하고 청소년 헌장을 개정하는 등 '학생'이 아닌 '전인적 청소년'을 살려내기 위한 노력을 기울이고 있다. ② '학생/소비자'의 이분법이다. 청소년 육성 5개년 계획을 계기로 다양한 청소년수련관이 만들어지고 다른 한편에서는 10대만을 위한 그 어떤 상품이 등장한다. 사실 소비라는 영어 [consumption]은 폐병이라는 뜻을 가지는데(Rifkin, 2000: 207),[7] 1990년대 초까지만 해도 부정적인 뜻이었지만 지금은 소비라는 것을 부추기는 자본주의 사회에서는 매우 친숙한 표현이 되었다. 우리는 청소년복지에서 이러한 청소년을 바라보는 시선의 전환을 주목할 필요가 있다. 왜냐하면 청소년복지에서 청소년들의 문제들을 보았을 때, 근로자, 학생, 청소년, 소비자로의 전환 속에서 발생하는 여러 층의 문제와 개입이 존재하기 때문이다. 이는 학교, 지역사회 중심의 그 어떤 프로그램이 시장에서의 그 어떤 프로그램에 밀려나는 학교 붕괴가 일어나고 이는 곧 공론화가 되고 있다는 것을 말해준다. 이에 대한 청소년복지에서

7) Rifkin, Jeremy(2000). Age of access. 이희재 역(2009). 「소유의 종말」. 민음사. p. 207.

의 또 다른 정책과 실천이 요구되는 시점이다.

2) 청소년복지의 역사

청소년복지의 역사는 시간 자체이자 청소년복지의 존재사건 자체이다. 왜냐하면 앞서 설명했듯이 역사는 텍스트(text)라는 이론과 사상이 설명할 수 없는 큰 맥락(context)을 우리에게 제공해주기 때문이다. 따라서 청소년복지의 역사를 이해하는 일은 한국에서 청소년에 대한 시선을 이해하는 하나의 시간 선으로서 우리를 이행하게 해준다. 우리나라 역사 속에서 청소년복지의 흐름은 어떻게 되는가? 특히나 사회복지는 정치, 경제, 사회적 맥락과 뗄 수 없는 관계 속에서 흐르기 때문에 이를 더욱 주목해야 할 것이다. 즉 청소년복지는 정치나 경제, 사회의 사정과 같은 외적 사건들로부터 이루어지기 때문에 새로운 정치, 경제, 사회적 상황에 따라 새로운 청소년복지는 탄생하게 된다. 그야말로 정치, 경제, 사회라는 큰 맥락(context)과 청소년복지의 마주침을 통해 청소년복지의 역사를 지금부터 알아보자.

(1) 전반적인 청소년복지의 역사의 흐름

1947년 「미성년자 노동 보호법」이 공포됨으로써 12세 미만의 아동의 노동금지와 18세 미만 아동의 위험직종 노동금지 등으로 실제화되었고, 1949년 「교육법」, 1958년 「소년법」, 1953년 「근로기준법」 등의 제정으로 청소년의 기본권리가 신장되는 계기를 맞이한다. 예를 들어 전태일 - 근로기준법 준수를 외친 노동운동가(1970년), 또한 1988년(올림픽) 이후 새로운 전기를 맞는다.

1989년 유니세프 한국위원회는 「아동권리에 관한 국제협약」의 정부 비준을 촉구하는 등 아동권리 보호 사업을 전개, 이 이듬해 1990년에는 「아동권리에 관한 국제협약」을 서명하였고, 1991년에는 비준하였다. 아동의 수준에서 수용되어 온 청소년은 1990년 청소년 헌장이 선포되면서 청소년만의 독립적인 영역이 확장되기 시작한다. 1991년에 「청소년 기본법」이 제정되고, 1992년에 시행되어 청소년의 독자적인 권리에 대한 법적 제도적 장치가 마련된다(노혁, 2002).[8] 이를 시작으로 청소년에 대해 생명과 생존에 관한 권리, 학습과 문화에 관한 권리, 시민적 권

8) 노혁(2002). 청소년복지론. 대학출판사. p. 192.

리와 자유, 양육과 보호를 받을 권리, 신체의 자유 등이 주요 논의 점으로 대두되기 시작한다. 구체적으로 청소년국은 1991년 청소년정책 조정실로 확대 개편되고, 1991년 '청소년육성법'이 '청소년 기본법'으로 되면서 문화체육부 청소년정책실로 이전된다. 유해환경에서 청소년들을 보호하려는 '청소년 보호법'이 1997년에 제정되고 청소년보호위원회가 활동을 시작한다. 한편 청소년조직은 김대중 정권 속 청소년정책실에서 청소년국으로 축소되어 문화관광부로, 청소년보호위원회는 국무총리실 소속으로 변경된다. 현재는 여성가족부에서 청소년의 업무를 총괄하고 있다.

(2) 3단계로 본 청소년복지의 역사[9)]

이용교(2012)는 청소년복지의 역사를 크게 세 단계로 나누어 설명한다. 먼저, ① 청소년복지의 맹아기(광복 이후~1961), ② 청소년복지의 도입기(1962~1987), ③ 청소년복지의 전개기(1988~현재)이다. 구체적인 내용은 다음과 같다.

❶ 청소년복지의 맹아기(광복 이후 ~ 1961)

광복 이후부터 아동복리법, 미성년자보호법이 제정된 1961년까지에 해당한다. 당시 사회복지는 조선구호령, 몇 개의 미군정 법령 및 그 처무준칙에 따라서 사회복지 영역이나 대상에 대한 구분 없이 절박한 상황에서 생존만을 목적으로 긴급구호적 성격을 강하게 띠었다. 대상도 65세 이상의 무의탁노인, 6세 이하의 아동을 부양하는 여자(모, 母), 13세 이하의 아동, 불치의 병으로 신음하는 사람, 요보호 임산부, 심신장애인 등에 한정되었으며, 그 중에서 청소년은 배제되어 있었다. 그러나 아동시설의 인가, 18세 미만 아동노동의 보호, 20세 미만 비행청소년의 보호 등이 행해졌는데, 이러한 조치는 장차 청소년복지의 형성에 기초가 되었다. 내용은 다음과 같다.

① 아동시설의 인가이다. 전쟁 후 긴급구호 대상자의 증가에 대한 대책으로 정부는 아동시설을 인가시설로 하고 지원과 감독을 강화하였다. 이로 인해 아동시설의 영아원, 육아원, 감화원 등으로 구분되어 정체감을 형성하게 되었으며 청소

9) 이용교(2012). 디지털 청소년복지. 인간과 복지.

년은 아동의 연장선에서 보호되었다.

② 18세 미만의 아동노동의 보호이다. 미군정의 '아동노동법규'(1946)의 제정에 따라 상공업체 고용금지(14세 미만), 중공업체 또는 유해업체 종사 금지(16세 미만), 위험 직종 또는 유해 직종 종사금지(18세 미만), 그리고 1일 노동시간의 제한(16세 미만 8시간 이내) 등이 규정되었다. 이것은 비록 아동이란 용어를 사용하고 있지만 18세 미만 근로청소년을 보호하기 위한 최초의 규정이란 점에서 의의가 있다.

③ 20세 미만 비행청소년의 보호이다. 반사회적인 성향을 가진 20세 미만 소년의 생활환경 조정과 성행 교정을 위해 보호처분을 행하고, 형사처분에 있어 특별조치를 하기 위한 소년법(1958)이 제정되었다.

요약하면 보호의 대상으로 아동에만 한정하면서, 청소년은 제외되었고, 통제수단으로서 소년법에서는 청소년이 적용대상이 되었다. 청소년의 권리나 복지라는 인식보다는 긴급구호의 방편이나 사회 안정이라는 목표에 더 많은 초점이 주어졌음을 알 수 있다.

❷ 청소년복지의 도입기(1962 ~ 1987)

청소년복지의 도입기는 아동복리법이 시행된 1962년부터 청소년육성법이 제정된 1987년까지에 해당된다. 미성년자보호법과 아동복리법(1961)의 제정은 우리나라에서 청소년복지의 도입을 시작하게 되는 계기를 마련하였고, 근로청소년, 장애청소년의 복지 등 요보호청소년이 주요 대상이 된다. 내용을 보면 다음과 같다.

① 아동복리법 제정으로 18세 미만 요보호아동의 보호가 행해졌다. 아동복리법은 요보호아동의 연령을 기존의 13세 이하에서 18세 미만으로 조정하여 일부 청소년까지 대상을 확대시켰을 뿐만 아니라 아동복지에 대한 국가의 책임을 명시했다. 청소년복지의 측면에서 보면 일부 청소년이 그 대상에 포함될 수 있었으나 대다수의 청소년들은 서비스에서 제외되었기 때문에 특정 범주에 한정됨을 알 수 있다. 청소년의 특성이나 욕구보다는 아동의 연장선에서 서비스나 정책이 행해졌기 때문에 기본적인 생존권의 보장에 급급하였다.

② 장애청소년에 대한 복지사업의 실시이다. 장애청소년에 대한 복지는 장애아

동 혹은 성인 장애인에 대한 복지와 구분되지 않았지만 조금의 진전은 보인 시점이다. 1977년에 제정된 특수교육진흥법은 장애인에 대한 특수교육을 증진하여 그들에게 필요한 생활지식과 기능을 전수함으로써 일반 사회생활에 참여하는 데 기여하였다. 심신장애자복지법이 제정되고 보건사회부에 전담부서인 재활과가 설치되었지만, 서비스의 내용 및 질적인 측면에서는 장애 청소년의 욕구를 충족시키는 데 매우 미흡하였다.

③ 미성년자보호법을 통해 미성년자의 보호와 선도가 행해졌다. 이 법은 미성년자(만 20세 미만)의 흡연, 음주, 기타 선량한 풍속을 해하는 행위를 금지하고 미성년자의 보호에 필요한 사항을 규정함으로써 미성년자의 건강보호와 선도를 도모하고자 하는 목적으로 제정되었다. 청소년의 자리는 통제, 처벌 위주의 법집행의 공간이 되었고 이로 인해 청소년의 보호와 선도보다는 성인과 다른 불이득을 받고 비행청소년으로 낙인찍히는 등 청소년의 인권이 침해되는 부작용이 초래되기도 하였다.

또한 ④ 근로청소년을 위한 복지사업이다. 일반학교에 야간 특별학급을 설치하거나 산업체 부설학교의 개설 등은 여러 가지 이유로 인해 학업 기회를 박탈당한 근로청소년에게 교육 기회가 확대되었다. 이에 근로청소년을 위하여 근로청소년회관의 건립, 근로청소년 임대아파트의 건립 등이 시작되었다. 근로청소년에 대한 이러한 지원은 저렴하면서도 교육받은 노동력의 양성과 확보라는 면에 더 강조되어 청소년의 교육권이나 여가권, 주거권 등에 대한 인식은 상대적으로 낮았다.

또 하나의 역사적 사건으로 ⑤ 청소년보호를 위한 중앙기구인 청소년보호대책위원회가 설치되었다. 그러나 본격적인 청소년복지의 전개는 1988년도부터 시작된다. 바로 청소년육성법의 제정 이후 현재까지에 해당된다. 청소년복지의 전개기는 다음과 같다.

❸ 청소년복지의 전개기(1988 ~ 현재)

1987년 청소년 정책을 위한 본격적인 근거법으로 「청소년육성법」이 제정되었고, 1991년에는 청소년육성법을 전면 개정한 「청소년 기본법」이 제정되면서 청소년을 위한 기본법제와 조직을 갖추게 되었다. 청소년헌장의 제정(1990), 개정

(1998), 청소년 보호법 실시 등 다양한 법과 제도가 정비되기 시작하였는데 구체적인 내용은 다음과 같다.

① 청소년정책을 명확히 하고 청소년복지가 국가의 책임이라는 것을 분명히 하고 정책적 차원에서 다루게 되었다는 것이다. 「청소년육성법」과 「청소년 기본법」의 제정으로 청소년을 9~24세로 분명히 하고 청소년이 사회구성원으로서 정당하게 대우받고 권익을 보장받으며 스스로 생각하고 자유롭게 활동할 수 있도록 하는 한편 미래 사회의 주역으로서 국가와 사회가 필요로 하는 건전한 민주시민으로 자랄 수 있도록 청소년의 성장을 위한 가정과 사회가 그 책임을 수행할 수 있게 하는 필요한 법적·제도적 장치와 재원을 마련하는 책임을 국가와 지방자치단체에 부여하고 있다.

② 청소년정책을 수행할 조직과 기구를 정비하였다. 청소년정책에 대한 국가의무를 수행하기 위한 정책을 심의하고 청소년 육성에 관한 국가 및 지방자치단체의 업무를 총괄하는 부서를 둠으로써 청소년 서비스 전달체계를 갖추고 책임행정이 이루어지도록 시도하였다.

③ 청소년 헌장을 통해 청소년의 권리와 책임을 규정하였다. 의무사항이 아닌 선언적인 의미에서 청소년헌장이 마련되었지만 청소년에 대한 관련된 정책과 제도의 방향성, 청소년에 대한 인권의 보장, 청소년이 사회에 대해 갖는 책임과 권리 등을 명시함으로써 청소년의 권익을 옹호하고 보장하는 데 근거를 제시해 주고 있다.

④ 청소년복지를 청소년정책 중의 한 분야로 인정하게 되었다. 「청소년 기본법」을 통해 청소년육성을 청소년복지를 포함한 청소년수련활동, 청소년교류활동, 청소년복지, 청소년환경, 청소년문화, 청소년비행선도, 청소년상담 등 7가지 영역으로 나누고 있다. 청소년 기본법에 따르면 청소년육성은 청소년복지의 증진을 통해 이루어진다는 것을 명시하고는 있지만, 청소년복지에 관한 규정이 매우 미약하게 규정되어 있어 청소년복지를 실현할 수 있는 구체적인 토대를 형성하지 못하고 있다. 특히 요보호청소년을 일시적·장기적으로 수용보호하고 치료하는 청소년쉼터, 가출 청소년보호시설, 학대받는 아동일시보호시설, 약물오남용 치료시설, 청소년 중간의 집 등을 설치, 운영하고 이러한 복지시설에 대한 정부지원 등에 관한 규정이 없었다. 무엇보다도 청소년복지사업의 문제점은 청소년 기본법 속에 사회복지사업법과의 연계성을 규정하고 있지 않아 청소년복지의 수행을 위

해서 불가피하게 필요한 사회복지법인의 등록, 사회복지사의 채용, 사회복지시설에 대한 국가의 책임 등이 모두 배제되어 대부분의 청소년복지시설은 법적·행정적 지원을 받지 못하고 있으며 사회복지체계와 연계되지 못하고 있다는 점이다.

⑤ 성장과정에 있는 청소년을 각종 유해한 사회환경으로부터 보호 및 구제하기 위해 법과 조직이 설치되었다. 청소년 보호법은 인권, 민생 등 국민의 기본적인 자유와 권리는 최대한 보장하지만 청소년의 삶을 저해하는 유해환경에 대해서는 엄격히 규제하고자 하는 의도에서 만들어졌다. 또한 청소년을 보호하기 위한 각종 시책을 독립적으로 추진하기 위하여 문화관광부 장관 소속하에 행정기관으로서 청소년보호위원회를 설치하여 청소년보호위원회의 행정처분 권한으로 검사 및 조사권, 수거, 파기명령권, 시정명령권 등을 부여되었다.

다음으로 ⑥ 교육보호의 제도화이다. 생활보호법의 개정(1982)으로 기존의 생계보호, 의료보호, 장제보호에 교육보호와 자활보호가 추가됨으로써 빈곤 청소년들이 실질적인 혜택을 받았다. 기존의 의무교육이 실시되고 있다고는 하지만 실제 그 수준이 미흡하여 실제적인 도움을 제공하는 데 한계가 있었는데 교육보호를 위한 지원을 제도화함으로써 빈곤청소년들의 교육권을 확대시켰다고 할 수 있다.

04 청소년복지의 실천방법

1) 실천하는 사회복지사를 위한 청소년복지의 실천방법의 이해

실천이라는 것은 열매 실(實)과 밟을 천(踐)이라는 의미를 품고 있다. 달리 말해 실천은 인간의 활동을 통해 객관적 실재, 즉 자연과 사회를 변형하는 사회적 과정의 총체이다. 따라서 사회복지라는 실천학문에서 궁극적 목적은 머리로서의 '앎'이 아니라, 대지에 땅을 밟음으로써 비로소 '됨'이 되는 것이다. 따라서 청소년복지는 청소년을 위한 정책과 실천을 매개하는 구체적인 끈으로서 사회복지사가 사회복지실천 지식과 기술 그리고 가치를 바탕으로 개입 계획을 세워 활동하는 것을 말한다. 즉 청소년과 그들을 둘러싼 환경에 사회적인 적응을 잘 할 수 있도록 사회복지사가 전문적인 개입을 통해 청소년복지의 다양한 프로그램을 실시하는 과정이라고 할 수 있다.

특히 청소년이라는 인간은 생명체이며, 생명체란 기본적으로 열린 존재이다. 생명체는 정적인 동일성의 원리를 벗어나며 살아 있는 한 끝없이 변화해 나간다. 성장, 생식/유전, 진화 등이 그 예이다. 그러나 열림을 인위적으로 정지시켰을 때에만 이에 대한 분석적 지식이 성립된다. 생명체는 자신 속에 내재해 있는 경향들(tendency)이나 갈래들(branch)을 한 번에 표현하지 못한다. 그래서 늘 기로에 서게 되고 선택해야 하며, 그 결과를 감내해야 한다. 생명체는 언제나 외적 조건들, '환경'들에 맞닥뜨린다. 환경은 생명체에게 늘 어떤 '문제'를 던지고, 생명체는 그 문제에 해(解)를 냄으로써만 생명을 이어갈 수 있다(이정우, 2008; 269)[10] 그렇다면 청소년복지의 실천은 다음과 같다고 할 수 있다. 청소년, 청소년의 가족, 집단, 지역사회가 사회적 기능을 수행하고, 그러한 목적의 달성에 유리한 사회적 조건을 창출하기 위해 이들의 능력을 향상하거나 회복하는 것을 도와주는 전문적인 활동이 청소년복지의 실천이다. 이를 위해 청소년들의 사회적 조건을 변화시키며 일차 예방에서부터 삼차 예방에 이르기까지의 실천 개입을 통해 이미 발생하여 심각한 수준에 다다른 청소년 문제가 있다 하더라도 더 이상 확산되거나 악화되지 않도록 막아야 할 것이다.

2) 청소년복지의 실천방법의 핵심인 환경 속의 인간

청소년복지의 실천방법과 환경 속 인간의 관계를 다음과 같이 그림과 글로 표현하면 다음과 같다.

10) 이정우(2008). 신족과 거인족의 투쟁. 한길사.

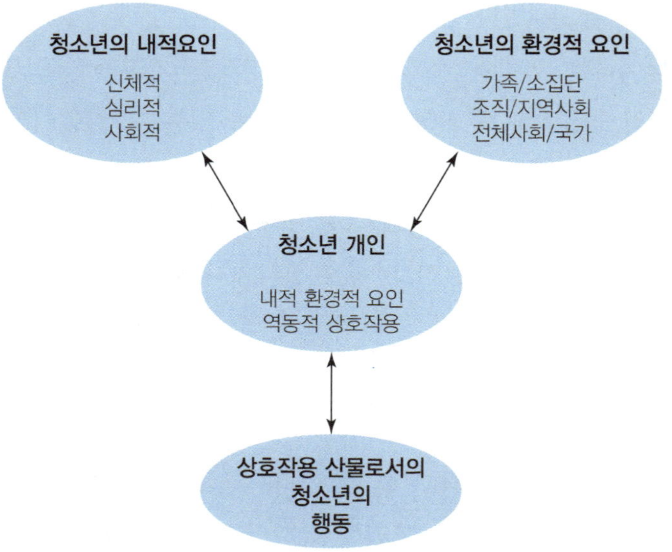

그림 2-1 '환경 속의 개인'의 관점에서 본 인간행동 재구성[11)]

"청소년은 육체적·심리적·사회적 체계로 구성된 체계"로서 다양한 하위체계와의 지속적인 상호작용을 통해 삶을 영위하고, 사회환경 내에서 가족, 또래, 이웃과 지역사회 및 학교, 직장과 같은 사회조직 등의 체계와 지속적으로 상호작용을 수행하면서 영향력을 교환한다는 것으로 청소년과 인간과 환경 간의 '역동적 상호작용'이 이루어진다는 점을 기억해야 한다.

3) 청소년복지의 실천방법에서 청소년과 환경과의 마주침 활동

청소년복지에서 사회복지사에게 가장 중요한 것은 전문적인 원조관계의 형성이다. 바로 청소년복지의 실천방법의 시작을 알리는 것이다. 전문적인 원조관계를 통해 청소년복지실천의 전체 과정은 진행되고 어느 정도의 시간 제한적이고 목적 지향적인 그야말로 공식적인 관계로의 이행이다. 그러나 앞서 설명했듯이 원조관계의 시작이 전부는 아니다. 공식적으로 전문적인 원조관계를 형성하기 위해서는 지식으로만 가능하지 않다. 지식과 기술 그리고 이에 대한 가치가 동시에 적용되어야 한다. 예컨대 사회복지의 전문적인 가치, 전문적 활동에 필요한 지식, 가치와 지식을 현장에 이행하는 과정에서 요구되는 기술과 기법이 필요하다. 그

11) 성민선 외(2005). 사회복지개론. EM커뮤니티.

것이 바로 마주침 혹은 상담 활동이라고 할 수 있다. 즉 청소년복지실천 현장에서 사회복지사는 다양한 문제를 가진 청소년들을 만나고 다양한 환경들과 대면하면서 바로 실제적인 삶의 현장에서 발생하는 그들의 문제에 개입한다. 다양한 실천 현장이 있는 만큼 매우 많은 분량의 지면과 시간을 요하는 일이다. 청소년복지의 실천현장에 오래 일해 본 현장 경험으로서 보자면 더욱 그러하다.

그렇다면 청소년복지의 실천 활동들을 요약하면 다음과 같다.

표 2-2 청소년복지의 실천방법에서 청소년과 환경과의 마주침 활동

① 청소년과 환경과의 면담(面談) 활동 : 의사소통 및 관여 기술
② 사정(査定) 활동 : 개인과 환경의 상호작용 맥락에서 문제나 어려움 발견
③ 개입(介入) 활동 : 문제나 어려움 해결 기술
④ 팀워크 활동 : 문제해결을 위해 다른 전문직과 합동으로 노력하는 기술
⑤ 지지망 구축(構築) 활동 : 개입효과가 지속성을 유지함으로써 클라이언트의 자립유도
⑥ 협상(協商) 활동 : 청소년들의 복지와 관련된 주변 체계와의 가감 없는 협상기술
⑦ 평가(評價) 및 종결(終結) 활동 : 청소년 및 그들의 환경과 사회복지사의 협력적 노력의 결과를 평가하고 클라이언트의 자립생활을 위해 종결하는 활동이다.

먼저 ① 청소년들과 환경과의 면담 활동이다. 이때 의사소통 및 관여(engagement) 기술이 요구된다. 여기서 관여는 사전적 의미로 보면, 약속, 계약의 의미를 가진다. 즉 앞서 말한 전문적인 원조관계의 이행을 위해 필수적인 활동이 되는 것으로 청소년들과의 제한된 그리고 목적 지향적인 실천 활동을 위해 반드시 필요한 작업이다.

② 사정(査定) 활동이다. 사정(査定) 활동은 한정된 범위 내에서 다양한 차원을 조사하는 것이다. 일명 자료수집(data collection)이라고도 할 수 있다. 자료 수집은 청소년 개인과 환경의 상호작용 맥락에서 문제나 어려움을 발견하는 것으로서 청소년의 심리적이고 사회적인 그리고 신체적인 차원을 골고루 탐색하여 어떤 개입활동을 해 나갈 것인지를 사전에 상세히 알아보는 작업이다. 청소년복지 실천 현장에서 이러한 사정 활동은 그리 쉽지는 않다. 왜냐하면 자료 수집을 위해 많은 자료를 사회복지사에게 건네주는 교과서적인 청소년은 없기 때문이다. 따라서 자료 수집을 위한 전문적인 원조관계 형성을 위해 부단히 노력해야 하는 것은 필수적이다.

또 다른 활동으로는 사정활동이 어느 정도 진행되고 나면 청소년들을 대상으

로 하는 ③ 개입(介入) 활동이 있다. 지금까지의 사정활동을 통해 나온 자료들을 모아 본격적인 개입 프로그램이 진행되는 단계에서 이루어지는 활동이다. 즉 문제나 어려움을 해결하는 작업으로서의 실제 활동이 시작된다. 예컨대 낄 개(介)와 들어갈 입(入)이라는 사전적 의미에서도 알 수 있듯이 어떠한 청소년의 사건(事件)에 관계(關係)하게 되는 것으로서 사회복지사는 본격적으로 많이 바빠지면서 새로운 사실들을 청소년을 통해 그리고 청소년들의 가족, 지역사회, 학교를 통해 발견하게 되는 시점이기도 하다. 무한히 많은 정보들이 쏟아지면서 개입활동을 해야 하기에 사회복지사는 이 순간 진퇴양난에 빠지기도 하고 과잉 업무에 시달리기도 한다.

다음으로 ④ 팀워크 활동이다. 이 활동은 여기에서 사회복지사를 구원해주기도 한다. 즉 개입활동을 통해 혹은 개입 활동 중에 활용할 수 있는 것으로 팀워크 활동은 청소년들의 문제해결을 위해 다른 전문직과 합동으로 노력하는 활동이다. 가령 「학교폭력예방 및 대책에 관한 법률」(이하 학교폭력대책법)의 적용을 위해 사회복지사가 청소년을 대상으로 개입활동을 할 때, 학교폭력대책법에 근거하여 학교폭력대책자치위원회(제12조)를 둘 수 있다. 이때 변호사, 혹은 의사, 교사 등의 다양한 전공 분야의 위원회들과 팀워크 활동을 수행할 수 있다. 하나의 의무 규정(교육감의 임무(제11조), 전문상담교사 배치(제14조), 학교폭력예방교육(제15조), 가해학생에 대한 조치(제17조)로서 사회복지사의 활동이 가동된다.

이렇게 팀워크 활동을 통해 청소년을 위한 실천 활동이 구축되기 시작하면 이를 유지하기 위한 탄탄한 ⑤ 지지망 구축(構築) 활동이 시작된다. 하나씩 만들어온 사회복지사의 노력과 시간들이 쌓이게 되면서 청소년들도 나름대로 만들어놓은 다양한 잠재력을 차곡차곡 채워갈 수 있도록 도와주는 것이다. 바로 지금까지의 개입효과가 청소년에게 지속성을 유지함으로써 청소년은 물론 청소년을 둘러싼 환경들과의 관계에서 청소년 스스로의 자립을 유도할 수 있는 절호의 기회를 활용하는 것이다. 사실 매우 환상적인 성공의 단계라고도 할 수 있는데, 실제로 사회복지의 개념 혹은 청소년복지의 개념이 안정된 생활과 삶의 질을 보장하는 것이라면 이와 같은 지지망 구축 활동은 빠지지 않고 필수적으로 수행해야 하는 중요한 활동이다.

다음으로는 상세하고도 세세하게 헤아리면서 개입실천의 종합을 이루어야 하는 ⑥ 협상(協商) 활동이다. 청소년들의 복지와 관련된 주변 체계와의 가감 없는 협상기술이 요구되는 실천 활동이다. 이러한 협상활동을 위해서는 사회복지사가 어느 정도 그 지역사회의 활동이 전제되어야 하고 그 활동 속에서 협상활동은 비로소 가능하다. 그렇지 않다면 사실상 진정한 의미의 협상활동이 이루어지기는 어렵다. 가령 필자와 같이 '약물남용청소년을 위한 강남구지역협의회' 활동을 한 경우에는 한 명의 혹은 여러 명의 약물남용 청소년을 위한 협상활동은 매우 순조롭게 이루어질 수 있다.

그렇다면 지금까지의 정리하면 여섯 가지의 활동이 이루어지면 이제는 전체 과정에 대한 **⑦ 평가(評價) 및 종결(終結) 활동**이 필요하다. 평가는 지금까지의 실천 활동들의 전체 과정의 성과를 논하고 평가하면서 마무리를 위해 어떻게 과정의 열매를 맺을 것인지, 즉 목적달성의 열매가 잘 열렸는지를 살피면서 마무리하는 활동이다. 즉 청소년 및 그들의 환경과 사회복지사의 협력적 노력의 결과를 평가하고 클라이언트의 자립생활을 위해 종결하는 활동이다.

위의 활동들이 청소년복지실천현장에서 잘 활용하게 되면

⇒ 긍정적인 원조관계를 형성할 수 있으며,
⇒ 청소년복지 실천의 결과에 긍정적인 영향을 주며,
⇒ 특히 원조관계형성은 청소년복지실천의 전체 단계의 중요한 과제이자 활동이다.

요약

- 청소년복지는 청소년은 물론 청소년을 둘러싼 가족, 또래, 학교, 지역사회를 대상으로 또한 그들의 복지증진을 목적으로 국가를 비롯한 사회구성원 전체가 실행하는 체계적인 실천 활동이다.
- 청소년복지의 필요성은 나와 타인, 나와 가족, 나와 국가, 나와 세계, 인간과 세계 등등 무수한 관계가 성립하는데 그 관계가 성립하는 과정 중에 청소년기는 또 다른 관계형성이라는 의미에서 매우 중요하다.
- 청소년복지의 역사는 시간 자체이자 청소년복지의 존재사건 자체이다. 구체적으로 청소년복지의 역사는 다음과 같이 정리해볼 수 있다. 청소년국은 1991년 청소년정책 조정실로 확대 개편되고, 1993년 「청소년육성법」이 「청소년 기본법」으로 되면서 문화체육부 청소년 정책실로 이전된다. 유해환경에서 청소년들을 보호하려는 「청소년 보호법」이 1997년에 제정되고 청소년보호위원회가 활동을 시작한다. 한편 청소년조직은 김대중 정권 속 청소년정책실에서 청소년국으로 축소되어 문화관광부로, 청소년보호위원회는 국무총리실 소속으로 변경된다. 현재는 여성가족부에서 청소년의 업무를 총괄하고 있다.

핵심어

청소년복지, 청소년복지의 역사, 청소년복지의 필요성, 청소년복지의 개념

Exercise

연습문제

1 청소년복지의 개념에 해당하는 사항을 모두 고르시오.

보기

가) 청소년복지는 청소년은 물론 청소년을 둘러싼 가족, 또래, 학교, 지역사회를 대상으로 또한 그들의 복지증진을 목적으로 국가를 비롯한 사회구성원 전체가 실행하는 체계적인 실천 활동이다.
나) 청소년복지는 실천 활동으로서 사회복지의 한 분야에 자리한다.
다) 청소년복지가 청소년과 복지라는 단어의 합성어이다.
라) 청소년복지라는 개념이 무수히 많은 층들을 함축하고 있다.

① 가, 나, 다 ② 가, 다 ③ 나, 라 ④ 라 ⑤ 가, 나, 다, 라

정답 ⑤

해설 청소년복지란 청소년은 물론 청소년을 둘러싼 가족, 또래, 학교, 지역사회를 대상으로 또한 그들의 복지증진을 목적으로 국가를 비롯한 사회구성원 전체가 실행하는 체계적인 실천 활동이다. 청소년복지는 실천 활동으로서 사회복지의 한 분야에 자리한다. 청소년복지가 청소년과 복지라는 단어의 합성어라는 것은 바로 이러한 의미에서이다. 그만큼 청소년복지라는 개념이 무수히 많은 층들을 함축하고 있다고도 볼 수 있다.

2 청소년복지의 필요성은 다음과 같다. ( ) 안에 적합한 말은?

보기

① 청소년들을 위한 사회적 보호의 효과
② 청소년들을 위한 사회적 치료의 효과
③ 청소년들을 위한 ( )의 효과. 즉 잠재적 클라이언트에 해당되는 모든 청소년들의 삶을 강화하여 특정한 영역에서의 사회적 기능 향상을 위해 사람들의 성장과 발달을 지원해주는 효과이다.

① 강화 ② 서비스 ③ 무관심 ④ 비행행동 ⑤ 사회적 강화서비스

정답 ⑤

해설 청소년들을 위한 사회적 강화서비스(social enhancement service)의 효과. 즉 잠재적 클라이언트에 해당되는 모든 청소년들의 삶을 강화하여 특정한 영역에서의 사회적 기능 향상을 위해 사람들의 성장과 발달을 지원해주는 효과이다.

3 청소년복지의 역사에 대한 설명으로 옳지 않은 것은?

① 고도 경제 성장기를 거치면서 대다수의 청소년이 '학생'의 신분을 갖게 되었고 시기적으로 1970년대부터 1990년대 초반까지가 이 단계에 속한다.

② 1980년대까지 청소년이란 용어는 중고등학생을 지칭하는 것으로 알려져 있다.

③ 1988년에 체육부 안에 '체육 청소년국'이 설치되고, 1990년 청소년 헌장이 선포되며, '체육부'가 '체육 청소년부'로 명칭을 변경할 정도로 당시 청소년에 대한 관심은 높아지고 있었다.

④ 유해환경에서 청소년들을 보호하려는 「청소년 보호법」이 2000년에 제정되고 청소년보호위원회가 활동을 시작한다.

정답 ④

해 설 유해환경에서 청소년들을 보호하려는 '청소년 보호법'이 1997년에 제정되고 청소년보호위원회가 활동을 시작한다.

chapter 03

청소년복지 관련법과 서비스 전달체계

학습목표

1. 청소년복지 관련법을 구별할 수 있다.
2. 청소년복지 서비스 전달체계를 설명할 수 있다.

청소년의 복지를 증진시키기 위한 관련법과 서비스 전달체계는 청소년복지를 실천하는 데 있어 중요한 정책적 지원이라고 할 수 있다. 이러한 청소년복지 관련법과 청소년복지 서비스 전달체계를 이해함으로써 바람직한 청소년복지의 실현이 이루어질 수 있도록 해야 한다. 따라서 본 장은 청소년복지 관련법과 서비스 전달체계에 대해 살펴보고자 한다.

01 청소년복지 관련법

1) 청소년 기본법

(1) 의의

「청소년 기본법」은 청소년 관련 법률 중 상위의 법률적 성격을 지니고 있다. 즉 「청소년복지 지원법」, 「청소년활동 진흥법」, 「청소년 보호법」 등은 「청소년 기본법」의 정신과 목적을 실현하기 위한 법률이라고 할 수 있다.

청소년복지에 관한 법 중에서 가장 대표적인 법 역시 「청소년 기본법」이다. 청소년복지 지원법이 없었던 상황에서 「청소년 기본법」은 청소년복지 증진을 위한 국가의 의무를 규정하고, 청소년복지의 대상인 청소년의 범위를 정의하며, 청소년복지 증진을 위해서 국가가 어떤 기관을 통해서 어떤 일을 해야 하는지를 규정하고 있기 때문이다(이용교, 2012). 즉 「청소년 기본법」은 청소년복지의 증진과 실현을 위한 기본적인 틀을 제공하고 있으며, 청소년복지에 관한 사항을 보다 구체적인 형태로서 실현시키기 위한 법률이 청소년복지 지원법이라고 할 수 있다.

「청소년 기본법」은 1987년 제정된 「청소년육성법」을 대체 입법한 법률로서 1991년에 제정되었다. 청소년 장기육성계획인 한국청소년기본계획을 효과적으로 추진할 수 있는 제도적 장치를 마련하기 위해 1987년에 제정된 「청소년육성법」을 전면 개정·보완하여 새롭게 제정한 법률이 「청소년 기본법」이다(강병연·황수주, 2011). 기존의 「청소년육성법」이 주로 청소년육성에 치중한 면이 있어 이를 보완하기 위한 것이 「청소년 기본법」이라고 할 수 있다. 보다 구체적으로 살펴보면, 「청소년육성법」은 청소년단체에 대한 국가와 지방자치단체의 지원을 통해서 청소년육성을 도모하려는 것이었다면, 「청소년 기본법」은 청소년수련시설의 대대적인 건립과 청소년수련활동의 장려를 통해서 청소년을 육성하고자 하였다(이용교, 2012).

(2) 주된 내용

「청소년 기본법」은 총 10장 66조로 구성되어 있다. 제1장 총칙에서는 법 제정의 목적, 기본이념, 법률에서 사용하는 용어의 정의, 다른 법률과의 관계, 청소년의 권리와 책임, 청소년의 자치권 확대, 가정의 책임, 사회의 책임, 국가 및 지방자치단체의 책임 등이 제시되어 있다. 제2장 청소년정책의 총괄·조정에서는 청소년정책의 총괄·조정, 청소년정책위원회, 지방청소년육성위원회의 설치, 청소년특별회의의 개최, 청소년육성에 관한 기본계획의 수립, 연도별 시행계획의 수립 등, 계획 수립의 협조, 청소년의 달 등이 제시되어 있다. 제3장은 국가청소년위원회의 설치 및 운영 등에 관한 사항을 기존에 담고 있었으나 국가청소년위원회가 여성가족부로 편입되면서 삭제되었다. 제4장 청소년시설에서는 청소년시설의 종류, 청소년시설의 설치운영, 청소년시설의 지도·감독 등이 제시되어 있다. 제5장 청소년지도자에서는 청소년지도자의 양성, 청소년지도사, 청소년상담사, 청소년지도사·청소년상담사의 배치 등, 청소년지도사·청소년상담사의 채용 등, 청소년육성 전담기구의 설치, 청소년지도위원 등이 제시되어 있다. 제6장 청소년단체에서는 청소년단체의 역할, 청소년단체에 대한 지원 등, 수익사업, 한국청소년단체협의회, 지방청소년단체협의회 등이 제시되어 있다. 제7장 청소년활동 및 청소년복지 등에서는 청소년활동의 지원, 학교교육 등과의 연계, 청소년복지의 향상, 청소년유익환경의 조성, 청소년 유해환경의 규제 등이 제시되어 있다. 제8장 청소년육성기금에서는 기금의 설치 등, 기금의 조성, 기금의 사용 등, 지방청소년육성기금의 조성 등이 제시되어 있다. 제9장에서는 보칙과 제10장에서는 벌칙이 제시되어 있다.

제1장의 총칙에서 「청소년 기본법」의 목적과 기본이념을 살펴보면, 청소년 기본법은 청소년의 권리 및 책임과 가정·사회·국가·지방자치단체의 청소년에 대한 책임을 정하고 청소년정책에 관한 기본적인 사항을 규정함을 목적으로 하고 있다는 것을 제1조에서 명시하고 있다. 또한 「청소년 기본법」은 청소년이 사회구성원으로서 정당한 대우와 권익을 보장받음과 아울러 스스로 생각하고 자유롭게 활동할 수 있도록 하며 보다 나은 삶을 누리고 유해한 환경으로부터 보호될 수 있도록 함으로써 국가와 사회가 필요로 하는 건전한 민주시민으로 자랄 수 있도록 하는 것을 기본이념으로 하고 있다는 것을 제2조에서 제시하고 있다. 제3조의 정의에서는 청소년에 대한 연령 규정과 청소년육성, 청소년활동, 청소년복지, 청소년보호 등에 대한 법률 용어를 명시하고 있다. 이를 구체적으로 살펴보면, 다음과 같다. 「청소년 기본법」에 제시된 정의를 토대로 하여, 기타 청소년 관련법, 즉 「청소년복지 지원법」, 「청소년활동 진흥법」, 「청소년 보호법」 등에서 사용되는 용어 등이 적용된다. 특히 청소년복지와 관련하여 제시된 정의를 살펴보면, 청소년복지란 청소년이 정상적인 삶을 누릴 수 있는 기본적인 여건을 조성하고 조화롭게 성장·발달할 수 있도록 제공되는 사회적·경제적 지원을 말한다고 명시하고 있다.

1. "청소년"이란 9세 이상 24세 이하인 사람을 말한다. 다만, 다른 법률에서 청소년에 대한 적용을 다르게 할 필요가 있는 경우에는 따로 정할 수 있다.
2. "청소년육성"이란 청소년활동을 지원하고 청소년의 복지를 증진하며 근로청소년을 보호하는 한편, 사회 여건과 환경을 청소년에게 유익하도록 개선하고 청소년을 보호하여 청소년에 대한 교육을 보완함으로써 청소년의 균형 있는 성장을 돕는 것을 말한다.
3. "청소년활동"이란 청소년의 균형 있는 성장을 위하여 필요한 활동과 이러한 활동을 소재로 하는 수련활동·교류활동·문화활동 등 다양한 형태의 활동을 말한다.
4. "청소년복지"란 청소년이 정상적인 삶을 누릴 수 있는 기본적인 여건을 조성하고 조화롭게 성

장·발달할 수 있도록 제공되는 사회적·경제적 지원을 말한다.
5. "청소년보호"란 청소년의 건전한 성장에 유해한 물질·물건·장소·행위 등 각종 청소년 유해 환경을 규제하거나 청소년의 접촉 또는 접근을 제한하는 것을 말한다.
6. "청소년시설"이란 청소년활동·청소년복지 및 청소년보호에 제공되는 시설을 말한다.
7. "청소년지도자"란 다음 각 목의 사람을 말한다.
   가. 제21조에 따른 청소년지도사
   나. 제22조에 따른 청소년상담사
   다. 청소년시설, 청소년단체 및 청소년 관련 기관에서 청소년육성에 필요한 업무에 종사하는 사람
8. "청소년단체"란 청소년육성을 주된 목적으로 설립된 법인이나 대통령령으로 정하는 단체를 말한다.

제2장의 청소년정책의 총괄·조정에서는 여성가족부장관이 관계 행정기관의 장과 협의하여 청소년정책을 총괄·조정한다는 것과 청소년정책에 관한 주요 사항을 심의·조정하기 위하여 여성가족부에 청소년정책위원회를 둔다는 내용 그리고 청소년육성에 관한 지방자치단체의 주요 시책을 심의하기 위하여 특별시장·광역시장·특별자치시장·도지사·특별자치도지사(이하 "시·도지사"라 한다) 및 시장·군수·구청장(자치구의 구청장을 말한다. 이하 같다)의 소속으로 지방청소년육성위원회를 둔다는 내용과 청소년특별회의의 개최 등이 명시되어 있다. 특히 제12조에서는 국가는 범정부적 차원의 청소년정책과제의 설정·추진 및 점검을 위하여 청소년 분야의 전문가와 청소년이 참여하는 청소년특별회의를 해마다 개최하여야 한다는 것을 명시함으로써 청소년정책에서의 청소년 참여를 보장하고 있다. 또한 제13조에서는 청소년육성에 관한 기본계획을 5년마다 수립해야 한다는 것을 제시함으로써 국가 차원의 청소년육성에 대한 의지를 담고 있다고 할 수 있다.

제4장의 청소년시설에서는 청소년시설의 종류, 설치 및 운영 등에 대한 사항을 명시하고 있다. 특히 제17조에서 청소년활동에 제공되는 시설, 청소년복지에 제공되는 시설, 청소년보호에 제공되는 시설에 관한 사항은 따로 법률로 정한다고 하여 「청소년활동 진흥법」, 「청소년복지 지원법」, 「청소년 보호법」에서 각각 청소년시설에 대해 제시되어 있다. 또한 청소년지도사와 청소년상담사의 자격, 배치 및 채용 등에 대한 사항을 명시하고 있다.

제5장의 청소년지도자에서는 청소년지도사와 청소년상담사의 자격, 배치 및 채용, 보수교육 등에 대한 사항을 명시하였으며, 또한 청소년육성 전담공무원을 둘 수 있다고 명시하고 있다.

제7장의 청소년활동 및 청소년복지 등에서 청소년복지의 향상을 위하여 제49조 제1항을 통해 국가는 청소년들의 의식·태도·생활 등에 관한 사항을 정기적으로 조사하고, 이를 개선하기 위하여 청소년의 복지향상 정책을 수립·시행하여야 한다고 명시하고 있다.

2) 청소년복지 지원법

(1) 의의

2003년 12월 30일 국회 본회의는 「청소년 기본법」 개정 법률과 함께 「청소년활동 진흥법」, 「청소년복지 지원법」이 제정되었다. 「청소년 기본법」을 기본법답게 만들고, 청소년활동의 진흥을 위하여 「청소년활동 진흥법」을 제정하며, 청소년복지의 향상을 위하여 「청소년복지 지원법」을 제정하고자 한 청소년계의 요구가 법제화된 것이다(이용교, 2012). 기존의 「청소년 기본법」이 청소년복지의 향상을 실현하는 데 다소 한계가 있다는 측면에서 청소년복지 향상을 위한 「청소년복지 지원법」이 제정되어 청소년복지를 담당하는 법률로서의 의의가 있다고 할 수 있다. 기존의 청소년육성을 대표하는 「청소년 기본법」과 청소년보호를 중심으로 하는 「청소년 보호법」으로 양분되어 있던 체계에서 청소년복지 부분만을 담당하는 「청소년복지 지원법」이 제정되었다는 그 의의라고 할 수 있다.

「청소년복지 지원법」은 청소년증을 통한 학교 밖 청소년에 대한 지원과 위기청소년 지원 등을 명시하고 있어 상대적으로 복지 사각지대에 놓여 있는 청소년을 대상으로 보다 적극적인 의지를 담고 있다고 할 수 있다. 다만 최초 발의된 청소년복지 지원 법안에 비하여 그 내용이 상당 부분 축소되어 제정된 것이 다소 문제의 소지가 있는 것은 사실이다.

(2) 주된 내용

「청소년복지 지원법」은 총 10장 45조로 구성되어 있다. 제1장 총칙에서는 법 제정의 목적, 정의 등이 제시되어 있다. 제2장 청소년의 우대 등에서는 청소년의 우대, 청소년증 등이 제시되어 있다. 제3장 청소년의 건강보장에서는 건강한 성장지원, 체력검사와 건강진단, 건강진단 결과의 분석 등 건강진단 결과의 공개 금지 등이 제시되어 있다. 제4장 지역사회 청소년통합지원체계 등에서는 지역사회 청소년통합지원체계의 구축·운영, 운영위원회, 주민의 지원 활동 지원, 상담과 전화 설치 등이 제시되어 있다. 제5장 위기청소년 지원에서는 상담 및 교육, 위기청소년 특별지원, 특별지원의 신청 및 선정, 청소년 가출 예방 및 보호·지원, 이주배경청소년에 대한 지원, 청소년 부모지원 등이 제시되어 있다. 제6장 예방적·회복적 보호지원에서는 예방적·회복적 보호지원의 실시 등, 예방적·회복적 보호지원 시설의 설치·운영 등, 보호지원후견인 등이 제시되어 있다. 제7장 청소년복지 지원기관에서는 한국청소년상담복지개발원, 정관, 사업계획서의 제출 등, 보조금 및 출연 등, 임원, 원장, 청소년상담복지센터, 이주배경청소년지원센터 등이 제시되어 있다. 제8장 청소년복지시설에서는 청소년복지시설의 종류, 청소년복지시설의 설치, 휴업·폐업 등의 신고, 청소년복지시설의 종사자, 시설개선, 사업정지, 폐쇄 등, 청문 등이 제시되어 있다. 제9장에서는 보칙과 제10장에서는 벌칙이 제시되어 있다.

제1장의 총칙에서 「청소년복지 지원법」의 목적과 법률에서 사용하는 용어의 정의를 살펴보면, 제1조에서 「청소년복지 지원법」은 「청소년 기본법」의 제49조 제4항에 따라 청소년복지 향상에 관한 사항을 규정함을 목적으로 한다고 명시하고 있다. 「청소년 기본법」의 제49조의 내용을 살펴보면 다음과 같다. 즉 「청소년복지 지원법」은 청소년복지의 향상을 목적을 위해 제정되었다. 보다 구체적으로 살펴보면, 국가 차원의 청소년복지향상 정책을 수립·시행하기 위한 측면과 국가 및 지방자치단체 차원의 특별한 지원이 필요한 청소년을 우선적으로 배려하기 위한 측면 그리고 국가 및 지방자치단체 차원의 청소년 삶의 질을 향상시키기 위하여 제정되었던 것을 알 수 있다. 제2조에서 법률에서 사용하는 용어 중 청소년과 청소년복지는 「청소년 기본법」의 용어의 정의를 따른다고 명시하고 있으며, 위기청소년에 대한 용어의 정의를 제시하고 있다. 위기청소년이란 가정 문제가 있거나 학업 수행 또는 사회 적응에 어려움을 겪는 등 조화롭고 건강한 성장과 생활에 필요한 여건을 갖추지 못한 청소년을 말한다고 정의하고 있다.

청소년복지 지원법(약칭: 청소년복지법) 제1장 총칙

제2조(정의) 이 법에서 사용하는 용어의 뜻은 다음과 같다(개정: 2021.3.23.).
1. "청소년"이란 「청소년기본법」 제3조 제1호 본문에 해당하는 사람을 말한다.
2. "청소년복지"란 「청소년기본법」 제3조 제4호에 따른 청소년복지를 말한다.
3. "보호자"란 친권자, 법정대리인 또는 사실상 청소년을 양육하는 사람을 말한다.
4. "위기청소년"이란 가정 문제가 있거나 학업 수행 또는 사회 적응에 어려움을 겪는 등 조화롭고 건강한 성장과 생활에 필요한 여건을 갖추지 못한 청소년을 말한다.
5. "가정 밖 청소년"이란 가정 내 갈등·학대·폭력·방임, 가정해체, 가출 등의 사유로 보호자로부터 이탈된 청소년으로서 사회적 보호 및 지원이 필요한 청소년을 말한다.
6. "청소년부모"란 자녀를 양육하는 부모가 모두 청소년인 사람을 말한다.

[시행일: 2021.9.24.] 제2조

제2장의 청소년의 우대 등에서 국가 또는 지방자치단체는 청소년이 이용하는 시설에 대해 이용료를 면제하거나 할인할 수 있다고 명시하는 등 청소년의 우대에 대해 제시하고 있다. 특히 9세 이상 18세 이하의 청소년에게 청소년증을 발급할 수 있다는 제4조의 제1항은 학생 밖 청소년을 대상으로 한 지원이 중심이라고 할 수 있다.

제3장의 청소년의 건강보장에서는 국가 및 지방자치단체는 청소년의 건강증진 및 체력 향상을 위한 질병 예방, 건강 교육 등의 필요한 시책을 수립하여야 하며, 보호자는 양육하는 청소년의 건강 증진 및 체력 향상에 노력하여야 한다는 제5조 제1항과 국가 및 지방자치단체는 청소년의 체력검사와 건강진단을 실시할 수 있다는 제6조 제1항 등은 청소년의 건강보장에 대한 내용을 주로 명시하고 있다. 또한 여성청소년의 건강한 성장을 위해 '여성청소년에게 보건위생에 필수적인 물품을 지원할 수 있다'에서 '여성청소년이 생리용품을 신청하는 경우 이를 지원한다'라고 수정하였다.

> **제5조(건강한 성장지원)**
>
> ① 국가 및 지방자치단체는 성별 특성을 고려하여 청소년의 건강 증진 및 체력 향상을 위한 질병 예방, 건강 교육 등의 필요한 시책을 수립하여야 하며, 보호자는 양육하는 청소년의 건강 증진 및 체력 향상에 노력하여야 한다(개정 2016.12.20).
> ② 국가 및 지방자치단체는 관련 기관과 협의하여 성별 특성을 반영한 청소년의 건강·체력 기준을 설정하여 보급할 수 있다(개정 2016.12.20).
> ③ 국가 및 지방자치단체는 여성청소년의 건강한 성장을 위하여 여성청소년이 생리용품을 신청하는 경우 이를 지원한다(신설 2017.12.12., 2021.4.20).
> ④ 제1항에 따른 시책의 마련, 제2항에 따른 건강·체력 기준의 설정·보급 및 제3항에 따른 생리용품 지원의 기준·범위, 방법, 신청 및 지급절차 등에 필요한 사항은 대통령령으로 정한다(개정 2017.12.12., 2021.4.20).
>
> [제목개정 2017.12.12.] [시행일: 2022.4.21.] 제5조

제4장의 지역사회 청소년통합지원체계 등에서는 지방자치단체의 장은 관할구역의 위기청소년을 조기에 발견하여 보호하고, 청소년복지 및 청소년보호를 효율적으로 수행하기 위하여 지방자치단체, 공공기관, 청소년단체 등이 협력하여 업무를 수행하는 지역사회 청소년통합지원체계(이하 "통합지원체계"라 한다)를 구축·운영하여야 한다는 제9조의 제1항이 명시되어 있다. 지역사회 내의 위기청소년에 대한 보다 적극적인 차원의 복지를 위해 지방자치단체장의 역할이 강조하고 있음을 알 수 있다.

> **제9조의2(통합지원체계 전담기구)**
>
> ① 특별시·광역시·특별자치시·도·특별자치도 및 시·군·구(자치구를 말한다. 이하 같다)는 통합지원체계에 관한 업무를 효율적으로 추진하기 위하여 통합지원체계 전담기구를 설치할 수 있다.
> ② 제1항에 따른 통합지원체계 전담기구에 여성가족부령으로 정하는 바에 따라 전담공무원 및 민간 전문인력을 배치할 수 있다.
> ③ 관계 행정기관, 「청소년 기본법」 제3조 제8호에 따른 청소년단체(이하 "청소년단체"라 한다) 및 같은 법 제3조제6호에 따른 청소년시설을 설치·운영하는 자는 전담공무원 및 민간 전문인력의 업무 수행에 협조하여야 한다.
> ④ 제1항에 따른 통합지원체계 전담기구의 사무 범위, 조직 및 운영, 제2항에 따른 전담공무원의 임용 등에 필요한 사항은 해당 지방자치단체의 조례로 정한다.
>
> [본조신설 2021.3.23.] [시행일: 2021.9.24.] 제9조의2

제5장의 위기청소년 지원에서는 국가 및 지방자치단체는 위기청소년에게 필요한 사회적·경제적 지원(이하 "특별지원"이라 한다)을 할 수 있다는 제14조의 제1항의 명시와 특별지원은 생활지원, 학업지원, 의료지원, 직업훈련지원, 청소년활동지원

등 대통령령으로 정하는(즉, 청소년복지 지원법 시행령) 내용에 따라 물품 또는 서비스의 형태로 제공하며, 다만, 위기청소년의 지원에 반드시 필요하다고 인정되는 경우에는 금전의 형태로 제공할 수 있다는 제14조의 제2항이 제시되어 있다. 제16조는 청소년 가출 예방 및 보호·지원의 내용을 담고 있으며, 제18조는 이주배경청소년에 대한 지원을 담고 있다. 다문화가족의 청소년 혹은 국내로 이주하여 사회적응 및 학업 수행에 어려움을 겪는 청소년을 대상으로 지원해야 한다는 것이다.

제6장의 예방적·회복적 보호지원의 실시 등에서는 특별자치시장·특별자치도지사 또는 시장·군수·구청장은 청소년의 비행·일탈을 예방하고 가정·학교·사회 생활에 복귀 및 적응하는 것을 돕기 위하여 예방적·회복적 보호지원을 실시할 수 있다고 명시하고 있다. 이 경우 해당 청소년의 보호자 또는 청소년이 취학하고 있는 학교의 장이 신청할 수 있으며, 신청하는 때에는 청소년 본인의 동의를 받아야 한다는 제19조의 내용을 확인할 수 있다. 다음으로 제21조에서는 보호지원후견인을 지정할 수 있다는 내용이 제시되어 있다.

제7장의 청소년복지 지원기관에서는 정부 차원의 한국청소년상담복지개발원의 설립 및 사업 내용이 제시되어 있는 제22조와 지방자치단체 차원의 청소년상담복지센터의 설치 및 운영에 대한 제29조 그리고 이주배경청소년을 지원하기 위한 이주배경청소년지원센터의 설치 및 운영에 대한 제30조가 명시되어 있다.

제8장의 청소년복지시설에서는 청소년복지시설의 종류에 대해 제31조를 통해 명시하고 있다. 청소년복지시설이란 「청소년 기본법」 제17조에 근거하여 청소년복지에 제공되는 시설을 의미하며, 청소년복지시설의 종류는 다음과 같다.

1. **청소년쉼터**: 가출 청소년에 대하여 가정·학교·사회로 복귀하여 생활할 수 있도록 일정기간 보호하면서 상담·주거·학업·자립 등을 지원하는 시설
2. **청소년자립지원관**: 일정 기간 청소년쉼터의 지원을 받았는데도 가정·학교·사회로 복귀하여 생활할 수 없는 청소년에게 자립하여 생활할 수 있는 능력과 여건을 갖추도록 지원하는 시설
3. **청소년치료재활센터**: 학습·정서·행동상의 장애를 가진 청소년을 대상으로 정상적인 성장과 생활을 할 수 있도록 해당 청소년에게 적합한 치료·교육 및 재활을 종합적으로 지원하는 거주형 시설
4. **청소년회복시설**: 감호 위탁 처분을 받은 청소년에 대하여 보호자를 대신하여 그 청소년을 보호할 수 있는 자가 상담·주거·학업·자립 등 서비스를 제공하는 시설

제32조에서는 국가 및 지방자치단체의 청소년복지시설 설치 및 운영에 대한

의무 사항을 담고 있으며, 제34조에서는 청소년복지시설의 종사자에 대한 사항을 명시하고 있다.

청소년 정책은 청소년이 직접 결정

쉼터

대전청소년활동진흥센터, 제12회 청소년특별회의 청소년정책 영역 투표

청소년특별회의는 청소년들의 의견에 좀 더 귀 기울이고자 청소년정책 영역 선정 투표를 실시한다. 2016년 청소년정책 영역 선정 투표는 1월 21일(목)부터 2월 4일(목)까지 온라인상으로 투표 실시 중이며, 투표를 통해 올해의 정책영역이 결정이 된다. 결정된 정책영역은 청소년(청소년특별회의)과 전문가의 검토를 통해 청소년들이 원하는 정책 과제를 발굴하여 정부에 제안할 계획이다. 투표는 구글독스(goo.gl/forms/ed5QH0pAaa)로 진행되며, 청소년이면 누구나 참여 가능하다. 자세한 사항은 대전광역시청소년활동진흥센터 홈페이지에서 확인할 수 있다. 청소년특별회의란 청소년 기본법 제12조에 의거하여 청소년의 시각에서 바라는 정책과제를 발굴하여 정부에 제안하는 정책참여 기구이다.

문의 : 대전광역시 청소년활동진흥센터(www.tjyvc.net, 488-0732~3)

출처: 디트 NEWS 24(http://www.dtnews24.com/).

3) 청소년 보호법

(1) 의의

「청소년 보호법」은 청소년에게 유해한 매체물과 약물 등이 청소년에게 유통되는 것과 청소년이 유해한 업소에 출입하는 것 등을 규제하고 청소년을 유해한 환경으로부터 보호·구제함으로써 청소년이 건전한 인격체로 성장할 수 있도록 하기 위하여 1997년에 제정되었다. 제정취지를 살펴보면, 우리 사회의 자율화와 물질만능주의 경향에 따라 날로 심각해지고 있는 음란·폭력성의 청소년유해매체물과 유해약물 등의 청소년에 대한 유통과 유해한 업소에의 청소년출입 등을 규제함으로써, 성장과정에 있는 청소년을 각종 유해한 사회환경으로부터 보호·구제하고 나아가 건전한 인격체로 성장할 수 있도록 하기 위함이라고 밝혔다.

「청소년 보호법」의 가장 중요한 특징은 청소년유해환경의 규제에 관한 형사처분에 있어서 다른 법률에 우선하여 이 법을 적용한다는 점이다. 또한 「청소년 보호법」 제3조부터 제5조에서는 가정과 사회, 국가·지방자치단체의 책임에 관해 상세하게 규정함으로써 우리나라의 성인 모두가 청소년유해환경 규제와 청소년 선도에 관해 책임의식을 갖도록 하고 있다(한국청소년개발원, 2006).

「청소년 보호법」의 제정취지와 제정목적에서 알 수 있듯이 청소년을 유해한 환경으로부터 보호하기 위한 측면이 있으며, 이는 건전한 성장을 위한 국가 차원의 의지가 담게 있다. 특히 「청소년 보호법」의 제정으로 말미암아 청소년정책이 크게 청소년육성과 청소년보호로 양분되었다(이용교, 2012). 반면 영업의 자유라는 자본주의 논리와 맞지 않다는 비판과 문화예술 종사자들의 표현의 자유를 침해할 수 있다는 문제제기 등이 끊이지 않고 있는 게 사실이다.

(2) 주된 내용

「청소년 보호법」은 총 8장 64조로 구성되어 있다. 제1장 총칙에서는 법 제정의 목적, 정의, 가정의 역할과 책임, 사회의 책임, 국가와 지방자치단체의 책무 등이 제시되어 있다. 제2장 청소년유해매체물의 결정 및 유통 규제에서는 청소년유해매체물의 심의·결정, 등급 구분 등, 청소년유해매체물의 심의 기준, 심의 결과의 조정, 청소년유해매체물의 자율 규제, 청소년유해매체물의 재심의 청소년유해표시 의무, 포장 의무, 표시·포장의 훼손 금지, 판매 금지 등, 구분·격리 등, 방송시간 제한, 광고 선전 제한, 청소년유해매체물의 결정 취소, 청소년유해매체물 결정 등의 통보·고시, 외국 매체물에 대한 특례, 정보통신망을 통한 청소년유해매체물 제공자 등의 공표 등이 제시되어 있다. 제3장 청소년의 인터넷게임중독·과몰입 예방에서는 인터넷게임 이용자의 친권자 등의 동의, 인터넷게임 제공자의 고지 의무, 심야시간대의 인터넷게임 제공시간 제한, 인터넷게임중독·과몰입 등의 예방 및 피해 청소년 지원 등이 제시되어 있다. 제4장 청소년유해약물 등, 청소년유해행위 및 청소년유해업소 등의 규제에서는 청소년유해약물 등의 판매·대여 등의 금지, 청소년 고용 금지 및 출입 제한 등, 청소년유해행위의 금지, 청소년 통행금지·제한구역의 지정 등, 청소년에 대하여 가지는 채권의 효력 제한 등이 제시되어 있다. 제5장 청소년 보호 사업의 추진에서는 청소년보호종합대책의 수립 등, 청소년의 유해환경에 대한 대응능력 제고 등, 환각물질 중독치료 등, 청소년 보호·재활센터의 설치 운영 등이 제시되어 있다. 제6장 청소년보호위원회에서는 청소년보호위원회의 설치, 위원회의 구성, 위원장의 직무 및 회의, 위원의 임기, 위원의 직무상 독립과 신분 보장, 회의 및 운영 등이 제시되어 있다. 제7장의 보칙과 제8장의 벌칙이 제시되어 있다.

제1장 총칙에서는 「청소년 보호법」의 제정 목적과 함께 본 법률에서의 청소년의 연령에 대한 규정이 제시되어 있다. 「청소년 보호법」에서의 청소년 연령은 만 19세 미만인 사람을 말한다고 명시하고 있어 「청소년 기본법」에서의 청소년 연령과 구별된다. 또한 법률 용어에 대한 규정에서 매체물, 청소년유해매체물, 청소년유해약물 등, 청소년유해업소, 유통, 청소년 폭력·학대, 청소년유해환경 등이 명시되어 있다. 다음으로 청소년을 유해한 환경으로부터 보호하기 위한 가정, 사회, 국가와 지방자치단체의 책임 및 책무에 대해 제3조에서부터 제5조에 이르기까지 제시되어 있다.

제2장 청소년유해매체물의 결정 및 유통 규제에서는 청소년유해매체물의 심의 및 결정을 청소년보호위원회에서 담당한다는 것을 밝히고 있다. 다만 다른 법령에 따라 해당 매체물의 윤리성·건전성을 심의할 수 있는 기관이 있는 경우에는 예외로 한다고 명시하고 있다. 다음으로 청소년유해매체물의 심의 기준 시 유해매체물의 결정 기준은 제9조 제1항의 제1호부터 제6호에 이르기까지 제시하고 있으며, 이를 살펴보면 다음과 같다.

1. 청소년에게 성적인 욕구를 자극하는 선정적인 것이거나 음란한 것
2. 청소년에게 포악성이나 범죄의 충동을 일으킬 수 있는 것
3. 성폭력을 포함한 각종 형태의 폭력 행위와 약물의 남용을 자극하거나 미화하는 것
4. 도박과 사행심을 조장하는 등 청소년의 건전한 생활을 현저히 해칠 우려가 있는 것
5. 청소년의 건전한 인격과 시민의식의 형성을 저해(沮害)하는 반사회적·비윤리적인 것
6. 그 밖에 청소년의 정신적·신체적 건강에 명백히 해를 끼칠 우려가 있는 것

제3장 청소년의 인터넷게임중독·과몰입 예방에서는 제27조의 인터넷게임중독·과몰입 등의 예방 및 피해 청소년 지원에서는 여성가족부장관은 관계 중앙행정기관의 장과 협의하여 인터넷게임중독(인터넷게임의 지나친 이용으로 인하여 인터넷게임 이용자가 일상생활에서 쉽게 회복할 수 없는 신체적·정신적·사회적 기능 손상을 입은 것을 말한다) 등 매체물의 오용·남용으로 신체적·정신적·사회적 피해를 입은 청소년에 대하여 예방·상담 및 치료와 재활 등의 서비스를 지원할 수 있다고 명시하고 있으나, 의무조항이 아니라는 측면에서 아쉬운 측면이 있다.

제4장 청소년유해약물 등, 청소년유해행위 및 청소년유해업소 등의 규제에서는 청소년이 술, 담배와 같은 유해약물 등에 대한 규제와 청소년의 고용 금지 및 출입 제한 그리고 성적 행위를 중심으로 한 유해행위 등에 대한 규제를 중심으로 제시되어 있다.

제5장 청소년 보호 사업의 추진에서는 제33조 제1항에서 밝히고 있듯이, 여성가족부장관은 3년마다 관계 중앙행정기관의 장 및 지방자치단체의 장과 협의하여 청소년유해환경으로부터 청소년을 보호하기 위한 종합대책을 수립·시행하여야 한다고 명시하고 있다. 국가 및 지방자치단체의 청소년보호에 대한 책무의 일환으로서 청소년을 청소년유해환경으로부터 보호하기 위한 정책의 실천을 의무화하고 있음을 알 수 있다. 다음으로 제35조 제1항에서는 여성가족부장관은 청소년유해환경으로부터 청소년을 보호하고 피해 청소년의 치료와 재활을 지원하기 위하여 청소년 보호·재활센터를 설치·운영할 수 있다고 명시하고 있다. 국가 및 지방자치단체의 청소년보호정책으로서의 종합대책과 함께 피해 청소년의 치료와 재활을 지원하기 위한 기관의 설치 및 운영을 할 수 있음을 명시하고 있다. 다만 의무조항이 아니라는 측면에서 다소 아쉬움이 있다.

제6장 청소년보호위원회에서는 청소년보호위원회의 설치, 위원회의 구성 등에 대한 사항을 다루고 있다. 제36조의 제1호에서 제4호를 통해 청소년보호위원회의 역할은 다음과 같다.

1. 청소년유해매체물, 청소년유해약물 등, 청소년유해업소 등의 심의·결정 등에 관한 사항
2. 제54조 제1항에 따른 과징금 부과에 관한 사항
3. 여성가족부장관이 청소년보호를 위하여 필요하다고 인정하여 심의를 요청한 사항
4. 그 밖에 다른 법률에서 위원회가 심의·결정하도록 정한 사항

4) 아동·청소년의 성보호에 관한 법률

(1) 의의

「아동·청소년의 성보호에 관한 법률」(약칭: 청소년성보호법)은 「청소년의 성보호에 관한 법률」로 2000년에 제정되었다가 그 적용을 아동으로까지 확대함으로써 지금의 아동·청소년의 성보호에 관한 법률로 2009년에 명칭이 변경되었다. 본 법

은 이른바 '원조교제' 등 청소년의 성을 매매하는 행위가 심각한 사회문제가 되면서 「청소년 보호법」만으로는 처리하기 어려웠기 때문에 청소년의 성을 보호하기 위해서 제정되었다(이용교, 2012).

「아동·청소년의 성보호에 관한 법률」 이전에는 「청소년 보호법」이나 「윤락행위등방지법」에 의해 성매매 청소년을 윤락행위자로 지칭하고 처벌하였는 데 반해 본 법에서는 성매수자는 형사처분하지만 성매매 청소년은 형사처분하는 대신 필요한 경우 「소년법」 등의 보호처분을 부과한다는 데에 특징이 있다(홍봉선·남미애, 2007). 특히 성매매 청소년을 대상으로 형사처분을 중심으로 하기보다 보호처분을 하다 보니 이를 악용하는 청소년들이 있을 수 있다는 측면에서 문제의 소지가 있을 수 있다.

청소년의 성을 사는 사람에 대해서는 벌금과 징역뿐만 아니라 신상공개를 하여 징벌의 효과를 거두고 주변 사람들에게 정보를 제공하고자 한 것은 입법과정에서 논란이 많았다. 입법과정에서 대체로 청소년계와 여성계는 신상공개 등에 대해서 환영하였고, 검찰 등 법조인들은 성을 파는 청소년에게 보호처분만을 하고 형사처분을 면제하는 것은 처벌이 너무 약하다고 비판하였다(이용교, 2012). 즉 이중처벌에 대한 논란이 초기에 있었으나, 점점 잔혹해져 가는 아동·청소년을 대상으로 한 성범죄의 증가로 인하여 초기보다는 논란이 다소 잠잠해졌다.

(2) 주된 내용

아동·청소년의 성보호에 관한 법률은 총 6장 67조로 구성되어 있다. 제1장 총칙은 법 제정의 목적, 정의, 해석상·적용상의 주의, 국가와 지방자치단체의 의무, 사회의 책임, 홍보영상의 제작·배포·송출 등이 제시되어 있다. 제2장 아동·청소년 대상 성범죄의 처벌과 절차에 관한 특례는 아동·청소년에 대한 강간·강제추행 등, 장애인인 아동·청소년에 대한 간음 등, 강간 등 상해·치상, 강간 등 살인·치사, 아동·청소년이용음란물의 제작·배포 등, 아동·청소년 매매행위, 아동·청소년의 성을 사는 행위 등, 아동·청소년에 대한 강요행위 등, 알선영업행위 등, 피해자 등에 대한 강요행위, 온라인서비스제공자의 의무, 신고의무자의 성범죄에 대한 가중처벌 등이 제시되어 있다. 제3장 아동·청소년 대상 성범죄의 신고·응급조치와 피해아동·청소년의 보호·지원에서는 아동·청소년 대상 성범죄의 신고, 신고의무자에 대한 교육, 피해아동·청소년의 보호, 피해아동·청소년 등의 상담 및 치료 등이 제시되어 있다. 아동·청소년의 선도보호 등에서는 대상아동·청소년에 대한 수사 등, 소년부 송치, 대상아동·청소년 등에 대한 보호처분, 피해아동·청소년 등을 위한 조치의 청구, 피해아동·청소년 등에 대한 보호처분의 판결 등, 피해아동·청소년 등에 대한 보호처분의 변경과 종결, 가해아동·청소년의 처리, 보호시설, 상담시설, 아동·청소년 대상 성교육 전문기관의 설치·운영, 교육프로그램 운영 등이 제시되어 있다. 제4장 성범죄로 유죄판결이 확정된 자의 신상정보 공개와 취업제한 등에서는 등록정보의 공개, 등록정보의 고지, 고지명령의 집행, 공개명령의 집행, 계도 및 범죄정보의 공표, 비밀준수, 공개정보의 악용금지, 아동·청소년 관련기관 등에의 취업제한 등이 제시되어 있다. 제5장 보호관찰에서는 보호관찰, 보호관찰 대상자의 보호관찰 기간 연장 등, 보호관찰 대상자의 신고 의무, 보호관찰의 종료 등이 제시되어 있다. 제6장에서는 벌칙이 제시되어 있다.

제1장 총칙에서는 아동·청소년의 성보호에 관한 법률의 제정 목적과 함께 본 법률에서의 청소년의 연령에 대한 규정이 제시되어 있다. 본 법률 제정의 목적을 제1조에서 살펴보면, 이 법은 아동·청소년 대상 성범죄의 처벌과 절차에 관한 특례를 규정하고 피해아동·청소년을 위한 구제 및 지원 절차를 마련하며 아동·청소년 대상 성범죄자를 체계적으로 관리함으로써 아동·청소년을 성범죄로부터 보호하고 아동·청소년이 건강한 사회구성원으로 성장할 수 있도록 함을 목적으로 한다고 명시하고 있다. 다음으로 제2조의 정의에서 제1호를 통해 아동·청소년은 19세 미만의 자로 명시하고 있어서 청소년 기본법 그리고 청소년 보호법과 다른 연령 규정이 제시되어 있다는 것을 알 수 있다. 그 외에 제4조와 제5조를 통해 아동·청소년을 성범죄로부터 보호하기 위한 국가와 지방자치단체, 사회의 의무 및 책임에 대해 명시하고 있다.

제2장 아동·청소년 대상 성범죄의 처벌과 절차에 관한 특례에서는 아동·청소년을 대상으로 하는 각각의 성범죄에 대한 처벌과 절차에 대한 구체적인 사항 등을 제시하고 있다. 특히 제13조의 제1항과 제2항을 통해 아동·청소년 매매행위를 통해 아동·청소년의 성을 사는 행위와 성을 사기 위하여 하는 행동에 대해 각각의 처벌을 다루고 있으며, 구체적인 사항은 다음과 같다.

제8조(장애인인 아동 · 청소년에 대한 간음 등)

① 19세 이상의 사람이 13세 이상의 장애 아동 · 청소년(「장애인복지법」 제2조 제1항에 따른 장애인으로서 신체적인 또는 정신적인 장애로 사물을 변별하거나 의사를 결정할 능력이 미약한 아동 · 청소년을 말한다. 이하 같다)을 간음하거나 13세 이상의 장애 아동 · 청소년으로 하여금 다른 사람을 간음하게 하는 경우에는 3년 이상의 유기징역에 처한다(개정 2020.5.19., 2020.12.8).

② 19세 이상의 사람이 13세 이상의 장애 아동 · 청소년을 추행한 경우 또는 13세 이상의 장애 아동 · 청소년으로 하여금 다른 사람을 추행하게 하는 경우에는 10년 이하의 징역 또는 5천만 원 이하의 벌금에 처한다(개정 2020.12.8., 2021.3.23)

[시행일: 2021.9.24.] 제8조

제8조의2(13세 이상 16세 미만 아동 · 청소년에 대한 간음 등)

① 19세 이상의 사람이 13세 이상 16세 미만인 아동 · 청소년(제8조에 따른 장애 아동 · 청소년으로서 16세 미만인 자는 제외한다. 이하 이 조에서 같다)의 궁박(窮迫)한 상태를 이용하여 해당 아동 · 청소년을 간음하거나 해당 아동 · 청소년으로 하여금 다른 사람을 간음하게 하는 경우에는 3년 이상의 유기징역에 처한다.

② 19세 이상의 사람이 13세 이상 16세 미만인 아동 · 청소년의 궁박한 상태를 이용하여 해당 아동 · 청소년을 추행한 경우 또는 해당 아동 · 청소년으로 하여금 다른 사람을 추행하게 하는 경우에는 10년 이하의 징역 또는 5천만 원 이하의 벌금에 처한다(개정 2021.3.23).

[본조신설 2019.1.15.] [시행일: 2021.9.24.] 제8조의2

제13조(아동 · 청소년의 성을 사는 행위 등)

① 아동 · 청소년의 성을 사는 행위를 한 자는 1년 이상 10년 이하의 징역 또는 2천만원 이상 5천만 원 이하의 벌금에 처한다.

② 아동 · 청소년의 성을 사기 위하여 아동 · 청소년을 유인하거나 성을 팔도록 권유한 자는 3년 이하의 징역 또는 3천만 원 이하의 벌금에 처한다(개정 2021.3.23).

③ 16세 미만의 아동 · 청소년 및 장애 아동 · 청소년을 대상으로 제1항 또는 제2항의 죄를 범한 경우에는 그 죄에 정한 형의 2분의 1까지 가중처벌한다(신설 2020.5.19., 2020.12.8).

[시행일: 2021.9.24.] 제13조

제1장 총칙에서는 「청소년 보호법」의 제정 목적과 함께 본 법률에서의 청소년의 연령에 대한 규정이 제시되어 있다. 「청소년 보호법」에서의 청소년 연령은 만 19세 미만인 사람을 말한다고 명시하고 있어 「청소년 기본법」의 청소년 연령과 구별된다. 또한 법률 용어에 대한 규정에서 매체물, 청소년유해매체물, 청소년유해약물 등, 청소년유해업소, 유통, 청소년 폭력 · 학대, 청소년유해환경 등이 명시되어 있다. 다음으로 청소년을 유해한 환경으로부터 보호하기 위한 가정, 사회, 국가와 지방자치단체의 책임 및 책무에 대해 제3조에서부터 제5조에 이르기까지 제시되어 있다.

제4장 성범죄로 유죄판결이 확정된 자의 신상정보 공개와 취업제한 등에서는

등록정보의 공개, 고지, 아동·청소년 관련기관 등에의 취업제한 등이 제시되어 있다. 제49조를 통해 성범죄로 유죄판결이 확정된 자의 신상정보의 공개 범위를 알 수 있다. 신상정보의 공개 범위는 다음과 같다.

1. 성명
2. 나이
3. 주소 및 실제거주지(「도로명주소법」 제2조 제5호의 도로명 및 같은 조 제7호의 건물번호까지로 한다)
4. 신체정보(키와 몸무게)
5. 사진
6. 등록대상 성범죄 요지(판결일자, 죄명, 선고형량을 포함한다)
7. 성폭력범죄 전과사실(죄명 및 횟수)
8. 「특정 범죄자에 대한 보호관찰 및 전자장치 부착 등에 관한 법률」에 따른 전자장치 부착 여부

다음으로 제56조를 통해 아동·청소년 대상 성범죄 또는 성인대상 성범죄로 형 또는 치료감호를 선고받아 확정된 자는 그 형 또는 치료감호의 전부 또는 일부의 집행을 종료하거나 집행이 유예·면제된 날부터 일정 기간 가정을 방문하여 아동·청소년에게 직접교육서비스를 제공하는 업무에 종사할 수 없다고 명시하고 있다. 이는 성범죄의 특성상 재범률이 높다는 측면에서 아동·청소년을 접촉할 수 있는 기회가 상대적으로 많은 업무에 종사할 수 없도록 한 취지이다.

5) 학교 밖 청소년 지원에 관한 법률

(1) 의의

「학교 밖 청소년 지원에 관한 법률」(시행 2015.5.29., 법률 제12700호, 2014.5.28., 제정)은 그동안 제도권 청소년에 대한 관심이 초점이 되어 해결하지 못했던 비제도권 내 청소년에 대한 지원의 필요성과 청소년 가출 및 위기청소년에 대한 지원이 요구되어 학교 밖 청소년지원이 관심이 높아졌다. 이는 결국 학교 밖 청소년 지원에 관한 법률을 만들게 되었다.

「학교 밖 청소년 지원에 관한 법률」은 학교 밖 청소년이 건강한 사회구성원으로 성장할 수 있도록 함을 목적으로 국가와 지방자치단체의 책무를 법률로 명시하여 학교 밖 청소년에 대한 실태조사를 3년마다 실시하여 그 결과에 따라 지원

을 체계적으로 하고, 학교 밖 청소년에 대한 상담지원, 교육지원, 직업체험 및 취업지원, 자립지원을 할 수 있도록 법률적 기반을 만들게 되었다.

(2) 주된 내용

「학교 밖 청소년 지원에 관한 법률」은 21조로 구성되어 있으며, 제1조(목적)에는 「청소년 기본법」 제49조 제4항에 따라 학교 밖 청소년 지원에 관한 사항을 규정함으로써 학교 밖 청소년이 건강한 사회구성원으로 성장할 수 있도록 함을 명시하고 있다. 그리고 제2조(정의)에서는 "학교 밖 청소년"이란 다음 각 목의 어느 하나에 해당하는 청소년을 대상으로 「초·중등교육법」 제2조의 초등학교·중학교 또는 이와 동일한 과정을 교육하는 학교에 입학한 후 3개월 이상 결석하거나 같은 법 제14조 제1항에 따라 취학의무를 유예한 청소년과 「초·중등교육법」 제2조의 고등학교 또는 이와 동일한 과정을 교육하는 학교에서 같은 법 제18조에 따른 제적·퇴학처분을 받거나 자퇴한 청소년, 「초·중등교육법」 제2조의 고등학교 또는 이와 동일한 과정을 교육하는 학교에 진학하지 아니한 청소년이라고 정의하였으며, 그리고 "학교 밖 청소년 지원 프로그램"이란 학교 밖 청소년의 개인적 특성과 수요를 고려한 상담지원, 교육지원, 직업체험 및 취업지원, 자립지원 등의 프로그램이라고 명시하였다.

제3조(국가와 지방자치단체의 책무), 제4조(다른 법률과의 관계), 제5조(학교 밖 청소년 지원계획), 제6조(실태조사), 제7조(학교 밖 청소년 지원 위원회), 제8조(상담지원), 제9조(교육지원), 제10조(직업체험 및 취업지원), 제11조(자립지원), 제12조(학교 밖 청소년 지원센터), 제13조(지원센터의 지정 취소 등), 제14조(지역사회 청소년통합지원체계와의 연계), 제15조(지원센터에의 연계), 제16조(비밀유지 의무), 제17조(관계 기관의 협조), 제18조(권한의 위임과 위탁), 제19조(유사 명칭의 사용 금지), 제20조(벌칙), 제21조(과태료) 등으로 구성되었다. 그러나 학교 밖 청소년 지원에 관한 다양한 사업이 운영되어 보다 현실에 맞는 사회복지서비스를 제공하기 위해서는 법률에 대한 보다 구체적인 명시와 보완이 요구된다.

학교 밖 청소년 지원에 관한 법률에서 제12조(학교 밖 청소년 지원센터)에 대해 자세히 살펴보면 다음과 같다.

학교 밖 청소년에 대한 지역사회 자원의 발굴 및 연계와 협력, 프로그램 개발 및 보급, 정보제공 및 홍보, 지원사업의 우수 사례 발굴, 사회적 인식 개선과 그 밖에 필요하다고 판단되는 사업에 대한 지원을 하며, 이 분야에 대해 경험과 지식을 갖춘 전문 인력을 두어야 한다고 명시함으로써 청소년 전문가의 참여가 필요함을 명시하고 있다.

제12조(학교 밖 청소년 지원센터) ① 국가와 지방자치단체는 학교 밖 청소년 지원을 위하여 필요한 경우 학교 밖 청소년 지원센터(이하 "지원센터"라 한다)를 설치하거나 다음 각 호에 해당하는 기관이나 단체를 지원센터로 지정할 수 있다.
1. 「청소년복지 지원법」 제29조의 청소년상담복지센터
2. 「청소년 기본법」 제3조 제8호의 청소년단체
3. 학교 밖 청소년을 지원하기 위하여 필요한 전문 인력과 시설을 갖춘 기관 또는 단체

② 지원센터는 다음 각 호의 업무를 수행한다.
1. 제8조부터 제11조까지의 학교 밖 청소년 지원
2. 학교 밖 청소년 지원을 위한 지역사회 자원의 발굴 및 연계·협력
3. 학교 밖 청소년 지원 프로그램의 개발 및 보급
4. 학교 밖 청소년 지원 프로그램에 대한 정보제공 및 홍보
5. 학교 밖 청소년 지원 우수사례의 발굴 및 확산
6. 학교 밖 청소년에 대한 사회적 인식 개선
7. 그 밖에 학교 밖 청소년 지원을 위하여 필요한 사업

③ 지원센터에는 학교 밖 청소년 지원 업무를 수행하기 위하여 관련 분야에 대한 학식과 경험을 가진 전문 인력을 두어야 한다.
④ 국가 및 지방자치단체의 장은 제2항 각 호의 업무 수행에 필요한 비용을 지원할 수 있다.
⑤ 제1항의 지원센터의 설치기준 및 지정기준, 지정기간, 지정절차, 제3항의 전문 인력의 기준 등에 필요한 사항은 대통령령으로 정한다.

최근에 학교 내에서의 집단 따돌림, 학교폭력, 성적과 또래관계에 의한 자살 등의 사회적 문제뿐만 아니라 학교 밖에서의 청소년에 의한 비행과 범죄, 성인에 의한 청소년 피해 등이 급증하면서 청소년에 대한 다양한 접근이 필요함을 인식하게 되었다. 이것은 그동안 사회복지를 비롯한 청소년 관련기관에서 진행한 아웃리치 서비스가 행하고 있던 사업이 보다 내실화될 수 있도록 지원과 연계가 이루어져야 더욱 성과를 낼 수 있을 것이다.

02 전달 체계

청소년복지를 포함한 청소년행정과 관련한 서비스 전달 체계에 대해서는 여성가족부(2024)의 조직 및 기능을 살펴보고자 한다.

여성가족부는 청소년정책 담당 주관부서로서 청소년가족정책실, 청소년정책관을 두고, 청소년정책과, 청소년활동진흥과, 청소년활동안전과, 청소년자립지원과, 청소년보호환경과, 학교밖청소년지원과 등을 두고 있다. 여성가족부의 조직도를 살펴보면, 다음과 같다.

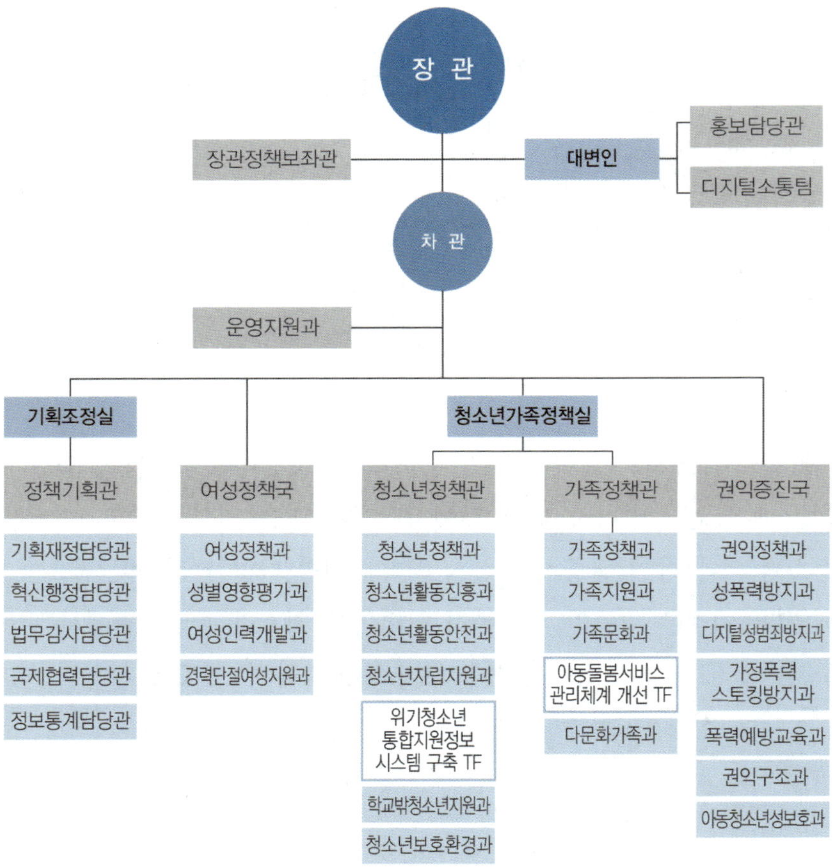

그림 3-1 여성가족부 조직도(2024)

여성가족부 청소년가족정책실 청소년정책관의 주요 기능은 다음과 같다.

표 3-1 청소년정책관의 조직과 기능

부서	기능
청소년 정책과	• 청소년정책에 관한 중장기 기본계획의 수립 및 조정 • 중앙부처 및 지방자치단체 청소년정책의 협의 · 조정 총괄 • 청소년정책 관련 법령의 관리 · 운영 • 청소년정책위원회의 운영 • 청소년정책 전담 기구 · 공무원 등 전달체계에 관한 사항 • 관계 기관 청소년정책의 평가 및 지원에 관한 사항 • 청소년의 달 등 청소년 관련 행사 및 포상에 관한 사항 • 청소년 정책 관련 조사 · 연구 및 제도개선 • 청소년 관련 통계의 유지 및 백서 등의 발간 • 청소년 관련 산하기관 및 법인 관리 총괄 • 청소년 관련 기관 · 단체 종사자의 교육 · 훈련 • 청소년지도자 자질향상에 관한 사항 • 청소년 인권 보호 등 청소년 권리증진에 관한 사항 • 청소년 특별회의 및 참여위원회 등 청소년 정책참여기구 구성 · 운영 지원 • 청소년 정책참여 활성화 프로그램의 개발 · 보급 • 청소년 우대정책의 수립 및 교육 · 홍보 • 청소년증의 발급 및 운영에 관한 사항 • 한국청소년활동진흥원의 지도 · 감독 • 그 밖에 실 내 다른 과의 주관에 속하지 아니하는 사항
청소년 활동진흥과	• 청소년 활동진흥, 역량개발 및 국제교류에 관한 계획의 수립 · 시행 • 청소년활동 관련 법령(청소년수련활동 안전 관련 법령은 제외한다)의 관리 · 운영 • 지방청소년활동진흥센터의 설치 · 운영 지원 • 청소년수련 프로그램 · 사업의 개발 · 보급 및 평가 • 청소년의 수련활동 및 문화 · 예술체험 활성화에 관한 사항 • 청소년 축제 및 동아리 발굴 · 지원에 관한 사항 • 청소년 활동정보 제공 · 지원 • 청소년 자원봉사 활동에 관한 사항 • 청소년지도사의 자격검정, 연수 및 활동 등 지원 • 학교교육 · 평생교육과 연계한 청소년 능력개발프로그램의 개발 및 시행 • 청소년 방과 후 아카데미 등 방과 후 활동프로그램의 개발 · 지원 • 청소년의 국제교류를 위한 프로그램 개발 및 운영 지원 • 청소년 관련 국제행사 개최 및 국제교류에 관한 사항 • 교포청소년 및 남북 청소년 교류활동 지원 • 청소년교류센터의 설치 · 운영에 관한 사항 • 세계청소년축제 및 국제청소년 야영대회 개최에 관한 사항 • 소외계층 청소년의 해외연수 지원에 관한 사항 • 지방자치단체 및 청소년단체의 국제교류활동 협력 · 지원에 관한 사항
청소년 활동 안전과	• 청소년수련활동 안전에 관한 정책의 총괄 및 계획의 수립 · 시행 • 청소년수련활동 안전 관련 법령의 관리 · 운영 및 제도개선에 관한 사항 • 숙박형 청소년수련활동 및 비숙박형 청소년수련활동 계획의 신고업무 관리 및 운영 • 숙박형 청소년수련활동 및 비숙박형 청소년수련활동 관련 정보 공개를 위한 온라인 종합 • 정보제공 시스템 구축 · 운영 • 청소년수련활동 인증제도의 운영 · 관리에 관한 사항

	• 청소년수련활동 이행 실태 점검 및 안전관리에 관한 사항 • 청소년활동 안전문화 확산에 관한 사항 • 청소년수련시설 운영관리, 지도·감독 및 제도 개선에 관한 사항 • 국립청소년수련원의 지도·감독 • 국립청소년수련시설의 국유재산·물품의 취득 및 관리에 관한 사항 • 청소년수련시설 종합 안전점검 실시 및 공개에 관한 사항 • 청소년수련시설 종합평가 실시 및 결과 공개에 관한 사항 • 청소년수련시설 종사자 안전교육에 관한 사항 • 국립 청소년수련시설 확충계획 수립 및 건립에 관한 사항 • 청소년수련시설 운영 모델 개발 및 보급 • 청소년수련지구의 지정·관리 및 조성에 관한 사항 • 한국청소년수련시설협회 지도·관리 및 감독에 관한 사항
청소년 자립 지원과	• 청소년복지에 관한 정책의 총괄 및 계획의 수립·시행 • 청소년복지 관련 법령의 관리·운영 • 청소년복지서비스의 조사·연구 및 통계에 관한 사항 • 청소년복지시설의 운영·지원 및 청소년복지·지원업무 종사자의 교육·훈련 • 한국청소년상담복지개발원의 지도·감독 • 청소년상담사의 자격검정·연수 등에 관한 사항 • 취약계층 청소년의 보호·상담·자립 등에 대한 계획의 수립·조정 및 시행 • 가정 밖 청소년에 대한 보호 및 자립 지원에 관한 사항 • 청소년 비행·폭력 등의 예방 및 선도에 관한 사항 • 폭력, 학대 등에 노출된 청소년의 상담, 치료 및 법률 서비스 지원 • 위기 청소년을 위한 사회안전망 구축을 위한 종합대책의 수립·조정 • 청소년상담복지센터 등 청소년상담·구조 관련 기관·단체에 대한 지도·지원 • 청소년 전화·청소년 모바일 상담 및 청소년동반자 프로그램의 운영 • 청소년의 사회진출 및 취업·창업 지원에 관한 사항
위기청소년 통합지원정보 시스템 구축 TF	• 위기청소년 통합지원정보시스템 구축
학교 밖 청소년 지원과	• 학교 밖 청소년에 관한 정책의 총괄 및 계획의 수립·시행 • 학교 밖 청소년 관련 법령의 관리·운영 및 제도개선에 관한 사항 • 학교 밖 청소년에 대한 사회적 편견과 차별 예방 및 사회적 인식 개선에 관한 사항 • 학교 밖 청소년 지원 프로그램의 개발 및 지원에 관한 사항 • 학교 밖 청소년 지원을 위한 관련 기관 간 협력체계 및 지역사회 중심의 지원체계 구축·운영에 관한 사항 • 학교 밖 청소년 지원을 위한 실태조사 및 결과 공표에 관한 사항 • 학교 밖 청소년 지원 위원회 운영에 관한 사항 • 학교 밖 청소년 지원을 위한 상담 및 교육지원에 관한 사항 • 학교 밖 청소년의 취업 및 자립지원에 관한 사항 • 학교 밖 청소년 지원센터의 설치·운영에 관한 사항 • 이주배경청소년의 사회 적응 및 학습능력 향상을 위한 지원에 관한 사항 • 특별지원 대상 청소년에 대한 지원계획의 수립 및 시행
청소년보호 환경과	• 청소년 보호 관련 업무의 총괄 및 계획의 수립·시행 • 청소년 보호 관련 법령의 관리·운영 및 제도개선에 관한 사항 • 청소년보호위원회의 운영에 관한 사항 • 청소년 보호 관계자 교육 등 청소년 보호 중앙점검단의 운영 지원에 관한 사항 • 청소년 보호에 관한 관계 부처 간 조정·실태조사 및 연구개발에 관한 사항

- 청소년 보호와 관련된 기관 · 단체 협력 등에 관한 사항
- 청소년 보호 관련 교육 및 홍보에 관한 사항(제7조 제8항 제11호에 따른 교육 및 홍보는 제외한다)
- 청소년치료재활센터의 운영에 관한 사항
- 청소년 유해매체물, 유해업소, 유해 약물 · 물건, 유해행위 등 유해환경 개선에 관한 계획의 수립 · 시행
- 청소년 유해매체물, 유해업소, 유해약물 · 물건, 유해행위 등 유해환경에 대한 점검, 단속 등에 관한 사항
- 매체물 · 업소 · 약물 · 물건 등의 청소년 유해성 여부의 심의 · 결정 등에 관한 사항
- 청소년 유해 약물 남용 및 중독 청소년에 대한 예방 · 치료 · 재활 지원
- 청소년 유해약물 · 유해업소 등의 피해예방 및 보호 지원
- 청소년유해환경감시단의 운영 및 유해환경 개선 관련 시민단체의 지원 등에 관한 사항
- 청소년 유해매체물에 대한 표시 · 포장 · 전시 · 진열 및 판매금지 등에 관한 사항
- 청소년 유해 외국매체물의 국내 유통 차단에 관한 사항
- 매체물에 대한 청소년 유해성 모니터링에 관한 사항
- 청소년 유해매체물의 자율규제 및 개선활동 지원에 관한 사항
- 청소년의 건전한 매체 활용능력증진 및 건전한 매체 문화 조성 등에 관한 사항
- 청소년 대상 인터넷게임 제공시간 제한제도 등의 운영 및 평가에 관한 사항
- 청소년 인터넷 중독 등 매체물 역기능 피해의 예방 · 치료 및 재활 지원 등에 관한 사항
- 청소년 유익매체물 제작 · 보급 등 지원에 관한 사항

03 청소년지원 기관 및 사업

여성가족부 청소년정책에 의한 청소년지원 사업을 살펴보면 다음과 같다.

1) 지역사회청소년통합지원체계(CYS-Net)(청소년안전망)

이 사업은 「청소년 기본법」에 근거하여 실시되고 있고, 위기청소년뿐만 아니라 일반 청소년을 포함하여 교육, 경제, 의료, 법률 등에서 사회적 위기에 처해 가정, 지역사회로부터 보호받지 못하고 있는 위기청소년과 그 가족을 대상으로 진행되고 있다. 또한 지역사회 내 청소년 관련 자원을 연계하여 위기청소년에게 상담, 보호, 교육, 자립 등 맞춤형 서비스를 제공하여 가정 및 사회로 복귀할 수 있도록 하는 것을 목적으로 지역사회중심의 네트워크 및 청소년중심의 원스톱 서비스 체계를 구축하고자 한다.

지역사회청소년통합지원체계에 의한 사업은 시·도, 시·군·구 등 일정한 행정구역 내의 청소년상담지원센터, 청소년쉼터 등 청소년 관련 기관 및 시설이 갖고

있는 다양한 전문 서비스와 활동 프로그램을 상호 연계하여 위기청소년에게 보다 전문적이고 특화된 서비스를 체계적·통합적으로 제공하여 가정, 학교, 지역사회로의 복귀를 지원하는 청소년 안전시스템이다.

2) 청소년상담복지센터

청소년상담복지센터는 청소년의 건강한 성장과 복지 증진을 목적으로 청소년을 대상으로 하는 상담, 긴급구조, 자활, 의료지원 등의 역할을 담당하고 있으며, 각 지방자치단체는 지역 특성과 여건에 따라 직영 또는 청소년 단체 등을 통한 위탁운영을 통해 이 센터를 지원하고 있다.

청소년상담복지센터는 청소년과 부모에 대한 상담, 복지지원, 상담 및 복지프로그램 개발 및 운영, 상담 자원봉사자와 청소년지도자에 대한 교육과 연수, 청소년 상담 또는 긴급구조를 위한 전화운영, 청소년에 대한 긴급구조, 법률 및 의료지원, 청소년의 자립 능력 향상을 위한 자활과 재활 지원 등을 하고 있다. 그리고 학교폭력 상담 및 신고, 접수, 처리 등을 목적으로 운영하는 '117학교폭력 신고센터'의 운영을 지원하고 있다.

3) Help Call 청소년전화 1388

1388은 청소년은 물론 학부모, 교사 등 일반 국민이라면 누구나 청소년을 위하여 이용할 수 있는 전화로서 청소년상담, 긴급구조, 자원봉사 및 수련활동 정보제공, 인터넷중독 치료 등 청소년과 관련된 모든 문제에 대해 365일 24시간 원스톱 서비스를 제공하는 것을 목적으로 한다. 청소년전화 1388은 지역사회 청소년 사회안전망의 관문으로서 전국의 청소년상담복지센터뿐만 아니라 각 지역의 정부기관, 경찰, 학교, 병원 등 영역별 전문기관과 연계하여 청소년이 처한 문제를 원인에 대한 진단부터 해결방안 모색과 지원까지 원스톱(one-stop)으로 지원하고 있다.

4) 청소년 동반자(Youth Companion: YC) 프로그램

청소년 동반자 프로그램은 「청소년 기본법」과 「청소년복지 지원법」에 근거하여 9세에서 24세까지의 청소년에 대해 심각한 문제를 보이고 있으나 변화에 대한 가능성이 높은 중학생과 고등학생이 주 서비스 대상이다.

청소년 동반자 프로그램은 청소년이 있는 현장에 동반자가 찾아가서 청소년이 필요로 하는 지원을 직접 연계해 주며, 원스톱 지원서비스를 통해 청소년이 동반자와 연결되었을 때는 청소년상담지원센터와 지역사회청소년통합지원체계(CYS-Net)의 전체적인 정보 및 자원의 활용이 가능하도록 하였다.

청소년 동반자의 역할은 위기청소년과의 지속적인 상호교류를 통해 심리 및 정서적 지지를 제공하여 상호 신뢰감, 즉 관계형성을 통해 자기계발 및 동기유발, 청소년기의 심리적 안정감을 가질 수 있도록 한다. 그리고 위기청소년의 상담, 공통의 생활체험, 체육활동, 문화 체험 등을 통해 청소년의 과거 및 현재 생활환경을 고려한 미래에 대한 방향 설정 등을 유도한다. 그리고 긍정적인 인간관계를 구축하여 지원기관에 연계해주고, 장기적으로 위기청소년이 정상적으로 사회에 복귀하여 성공적인 삶을 유지할 수 있도록 지원한다.

5) 청소년지원센터 「꿈드림」 (학교 밖 청소년지원센터)

「학교 밖 청소년 지원에 관한 법률」(2015.5.29. 시행)이 제정됨에 따라 기존 두드림·해밀 사업이 「학교 밖 청소년 지원사업」으로 확대·변경되면서 한국청소년상담복지개발원과 전국 청소년지원센터 「꿈드림」에서는 학교 밖 청소년에게 다양한 서비스를 제공하고 있다.

이에 「학교 밖 청소년 지원에 관한 법률(약칭: 학교밖청소년법)」(시행 2021.3.23, 법률 제17974호, 2021.3.23., 일부 개정)에서 제시된 "학교 밖 청소년"의 정의를 살펴보면 다음과 같다.

> **제2조(정의)** 이 법에서 사용하는 용어의 뜻은 다음과 같다.
> 1. "청소년"이란 「청소년 기본법」 제3조 제1호 본문에 해당하는 사람을 말한다.
> 2. "학교 밖 청소년"이란 다음 각 목의 어느 하나에 해당하는 청소년을 말한다.
>   가. 「초·중등교육법」 제2조의 초등학교·중학교 또는 이와 동일한 과정을 교육하는 학교에 입학한 후 3개월 이상 결석하거나 같은 법 제14조 제1항에 따라 취학의무를 유예한 청소년
>   나. 「초·중등교육법」 제2조의 고등학교 또는 이와 동일한 과정을 교육하는 학교에서 같은 법 제18조에 따른 제적·퇴학처분을 받거나 자퇴한 청소년

다. 「초·중등교육법」 제2조의 고등학교 또는 이와 동일한 과정을 교육하는 학교에 진학하지 아니한 청소년
3. "학교 밖 청소년 지원 프로그램"이란 학교 밖 청소년의 개인적 특성과 수요를 고려한 상담지원, 교육지원, 직업체험 및 취업지원, 자립지원 등의 프로그램을 말한다.

또한, 「학교 밖 청소년 지원센터」는 ① 국가와 지방자치단체는 학교 밖 청소년 지원을 위하여 필요한 경우 학교 밖 청소년 지원센터(이하 "지원센터"라 한다)를 설치하거나 다음 각 호에 해당하는 기관이나 단체를 지원센터로 지정할 수 있으며, 다음 각 호의 업무를 수행한다(꿈드림 홈페이지, https://www.kdream.or.kr).

1. 「청소년복지 지원법」 제29조의 청소년상담복지센터
2. 「청소년 기본법」 제3조 제8호의 청소년단체
3. 학교 밖 청소년을 지원하기 위하여 필요한 전문인력과 시설을 갖춘 기관 또는 단체

② 지원센터는 다음 각 호의 업무를 수행한다.

1. 제8조부터 제11조까지의 학교 밖 청소년 지원
2. 학교 밖 청소년 지원을 위한 지역사회 자원의 발굴 및 연계·협력
3. 학교 밖 청소년 지원 프로그램의 개발 및 보급
4. 학교 밖 청소년 지원 프로그램에 대한 정보제공 및 홍보
5. 학교 밖 청소년 지원 우수사례의 발굴 및 확산
6. 학교 밖 청소년에 대한 사회적 인식 개선
7. 그 밖에 학교 밖 청소년 지원을 위하여 필요한 사업

③ 지원센터에는 학교 밖 청소년 지원 업무를 수행하기 위하여 관련 분야에 대한 학식과 경험을 가진 전문인력을 두어야 한다.

④ 국가 및 지방자치단체의 장은 제2항 각 호의 업무 수행에 필요한 비용을 지원할 수 있다.

⑤ 제1항의 지원센터의 설치기준 및 지정기준, 지정기간, 지정절차, 제3항의 전문인력의 기준 등에 필요한 사항은 대통령령으로 정한다.

요약

- 「청소년 기본법」은 청소년복지의 증진과 실현을 위한 기본적인 틀을 제공하고 있으며, 청소년복지에 관한 사항을 보다 구체적인 형태로서 실현시키기 위한 법률이 「청소년복지 지원법」이라고 할 수 있다.
- 「청소년 기본법」은 청소년의 권리 및 책임과 가정·사회·국가·지방자치단체의 청소년에 대한 책임을 정하고 청소년정책에 관한 기본적인 사항을 규정함을 목적으로 하고 있다.
- 「청소년복지 지원법」은 국가 차원의 청소년복지향상 정책을 수립·시행하기 위한 측면과 국가 및 지방자치단체 차원의 특별한 지원이 필요한 청소년을 우선적으로 배려하기 위한 측면 그리고 국가 및 지방자치단체 차원의 청소년 삶의 질을 향상시키기 위하여 제정되었다.
- 「청소년 보호법」은 청소년에게 유해한 매체물과 약물 등이 청소년에게 유통되는 것과 청소년이 유해한 업소에 출입하는 것 등을 규제하고 청소년을 유해한 환경으로부터 보호·구제함으로써 청소년이 건전한 인격체로 성장할 수 있도록 하기 위하여 제정되었다.
- 「아동·청소년의 성보호에 관한 법률」은 아동·청소년 대상 성범죄의 처벌과 절차에 관한 특례를 규정하고 피해아동·청소년을 위한 구제 및 지원 절차를 마련하며 아동·청소년 대상 성범죄자를 체계적으로 관리함으로써 아동·청소년을 성범죄로부터 보호하고 아동·청소년이 건강한 사회구성원으로 성장할 수 있도록 함을 목적으로 제정되었다.

핵심어

청소년 기본법, 청소년복지 지원법, 청소년 보호법, 아동·청소년의 성보호에 관한 법률, 청소년 가족정책실

Exercise 연습문제

1 청소년증을 통한 학교 밖 청소년에 대한 지원과 위기청소년 지원 등을 명시하여 상대적으로 복지 사각지대에 놓여 있는 청소년을 대상으로 제정된 법률은?

① 청소년 기본법
② 청소년복지 지원법
③ 청소년 보호법
④ 아동·청소년의 성보호에 관한 법률
⑤ 청소년활동 진흥법

정답 ②

해 설 청소년증을 통한 학교밖 청소년에 대한 지원과 위기청소년 지원 등을 명시한 법은 청소년복지 지원법이다.

2 청소년 보호법에서의 청소년 연령 규정은?

① 18세 미만
② 만 18세 미만
③ 19세 미만
④ 만 19세 미만
⑤ 20세 미만

정답 ④

해 설 청소년 보호법에서의 청소년 연령 규정은 만 19세 미만의 자이다.

3 청소년정책관의 조직과 기능 중 청소년자립지원과 청소년복지에 관한 정책의 총괄 및 계획의 수립·시행을 담당하는 부서는?

① 청소년정책과
② 청소년활동진흥과
③ 청소년자립지원과
④ 청소년보호과
⑤ 청소년매체환경과

정답 ③

해 설 청소년자립지원과의 기능에 관한 설명에 해당된다.

chapter 04

청소년과 인권

학습목표

1. 인권의 개념과 특성을 배우게 된다.
2. 청소년인권의 주요 내용을 알게 된다.
3. 한국 청소년인권실태를 파악하고, 개선 방안을 모색해 본다.

인권은 천부적인 것으로 인종, 성별, 사회적 신분 등에 따라 차별받지 않고, 모든 인간이면 누구나 누려야 하는 보편적인 성격을 가진다. 국가 권력은 인권을 최대한 존중하고 보장하며 그 본질적인 부분에 대해 절대적으로 침해할 수 없다는 점에서 불가침성의 성격을 가진다. 청소년은 성인에 비하여 신체적으로 성장이 완성되지 않았고, 정신적, 심리적으로도 자신의 삶을 주체적으로 살아갈 만큼 안정되었다고 할 수 없다. 이들은 경제적으로 독립하지 못해서 누군가의 지원을 받아야 살아갈 수 있는 존재이다. 따라서 상대적으로 이들에게는 생존권, 발달권, 보호권과 같은 권리가 더욱 중요한 권리라고 할 수 있다. 인간의 일반적 권리들과 함께 청소년의 인권은 생존권, 보호권, 발달권, 참여권 등을 주요 내용으로 한다.

01 인권의 개념

청소년인권을 논하기 전에 인권에 관한 기본적인 개념을 설명하고자 한다. 인권이란 사회적 지위나 위치에 관계없이 인간이면 누구나 가지는 보편적이고 도덕적이며 당위적인 권리라고 정의 내릴 수 있다(이봉철, 1991; 이소희 외, 2005. 재인용). 인권은 천부적인 것으로 인종, 성별, 사회적 신분 등에 따라 차별받지 않고, 모든 인간이면 누구나 누려야 하는 보편적인 성격을 가진다. 국가 권력은 인권을 최대한 존중하고 보장하며 그 본질적인 부분에 대해 절대적으로 침해할 수 없다는 점에서 불가침성의 성격을 가진다(윤찬영, 2000).

세계인권선언 제1조에서는 “모든 인간은 태어날 때부터 자유로우며, 누구에게나 동등한 존엄성과 권리가 있다. 인간은 타고난 이성과 양심을 지니고 있으며, 형제애의 정신에 입각해서 서로 간에 행동해야 한다.”라고 선언하고 있다. 우리나라 헌법 제10조에는 “모든 국민은 인간으로서의 존엄과 가치를 가지며, 행복을 추구할 권리를 가진다. 국가는 개인이 가지는 불가침의 기본적 인권을 확인하고 이를 보장할 의무를 진다.”라고 규정하고 있다.

02 인권의 특성

인권의 기본적인 특성을 살펴보면 다음과 같다(평택시 청소년문화센터, 2005).

1) 인권은 인간이 갖는 기본적 권리이다.

세계인권선언문 전문에는 “인류사회의 모든 구성원은 타고난 존엄성과 남에게는 넘겨줄 수 없는 권리를 가지고 있다”라고 규정하고 있다. 인권은 인간의 본성에 기초하여 나온 것으로서 생존을 위해 최소한으로 필요한 것이 아니라 존엄한 인간으로서의 삶을 위해 기본적으로 요구되는 것이다. 이러한 의미에서 인권은 사람의 권리(right of man)가 아니라 사람답게 살 권리(human right)로서 사람의 사람다움을 실현하는 권리이다.

2) 인권은 인간이 갖는 보편적 권리이다.

인권은 무엇보다도 모든 인간이 누구나 향유할 수 있는 권리로서 부나 권력, 인종이나 성별 또는 장애 여부 등 인간을 둘러싼 어떠한 조건과도 상관없이 누구에게나 인권이 보장되어야 함을 의미한다. 어떤 권리가 특정한 개인이나 집단만이 향유할 수 있는 권리에 해당한다면 그러한 권리를 인권이라고 부를 수 없다. 인권이 개인으로서의 모든 인간에게 당연히 부과된 권리이기 때문에 자신의 노력이건, 품성이건, 제도적 승인과 같이 어떤 후천적 기준을 충족함으로써 획득되는 권리가 아니다(오병선 외, 2011).

3) 인권은 약자를 위한 권리이다.

역사적으로 인권 침해를 당한 수많은 약자들이 인간답게 살기 위해 끊임없이 자신을 희생하며 투쟁을 통해 인권이 확보하였다. 이런 점에서 인권은 약자들의 희생 위에 확보해 낸 인간의 권리라고 할 수 있다. 열악한 환경에서 사회적 강자에 의해 인권을 침해받고 고통받고 있는 약자의 존엄한 삶을 지킬 수 있도록 인권이 강조되어야 한다.

4) 인권은 책임을 동반한 권리이다.

인권은 모든 사람이 누려야 하지만 타인과의 관계를 고려하지 않을 수 없다. 인권적인 상황은 타인과의 관계 속에서 나타나고, 타인의 인권도 사회제도적으로 보장해주어야 한다. 따라서 한 개인이 인권을 가지고 있다는 것은 다른 사람의 인권을 존중할 책임을 가진다는 것이다.

5) 인권은 개인과 집단을 포괄한 권리이다.

인권침해현상이 사회적 구조와 관련되는 경우에는 개별적으로 인권 주장을 하기에는 한계가 발생한다. 한 개인에게 초점을 두기보다는 사회집단 또는 사회구조에 초점을 둘 경우 인권은 더 풍부해질 수 있다. 인권을 적용하는 공간을 사회, 집단, 공동체까지 확장시키는 것이 인권의 기본적이고 보편적인 성향을 더 높여줄 수 있다.

6) 인권은 정당성의 기준으로서 국가권력을 제어한다.

한 국가의 국민으로서 실정법으로 정해진 제도 안에서 제한을 받고 살아가지만, 이러한 제도적 제한의 정당성을 판단하는 기준이 되는 것이 인권이다. 인권에 비추어 정당성이 없다고 여겨질 때 인권은 제도적 제한과 권력을 통제하는 역할을 할 수 있다.

7) 인권은 사회변화를 요구한다.

인권이 보장받지 못한 상태에서 인권을 주장할 때 사회변화도 함께 요구하게 된다. 인권은 인간의 존엄한 삶을 위한 최소한의 조건을 제시하고 그 조건에 적합하도록 사회가 변할 것을 요구한다.

03 청소년인권

1) 청소년인권의 발달

국제적으로 '청소년'의 인권에 관한 내용보다는 보편적 '인간'의 인권과 '아동' 권리에 관한 선언이 이루어져 왔다. 하지만 아동을 18세 미만인 자로 규정하고 있고, 청소년의 권리는 아동의 권리와 역사적 맥을 같이 하고 있다. 역사적으로 1924년에 공포된 UN의 '아동의 권리에 관한 제네바선언'에서 "모든 나라의 남녀와 인류가 아동에 대하여 최선의 것을 주어야 할 의무를 진다는 것"을 선언함으로써 아동의 복지증진에 좌표역할을 하였다(이소희 외, 2005). 1959년 '아동의 권리선언'이 공표되었는데, 성장 과정 중에 있는 사회적 약자의 위치에 있는 아동을 위하여 인권의 보장과 실현이 가능하도록 특별한 조치와 배려가 포함되어 있다. 1989년 '아동의 권리에 관한 국제협약'이 UN에서 채택되고, 1990년 발효되면서 국제법 역할을 하는 실질적 구속력을 가지게 되었다. 우리나라는 1990년 9월에 서명을 하고 1991년 12월에 발효되었으며, 국내법과 같은 효력을 지니게 되었다.

UN은 1985년을 '세계청소년의 해'로 정하면서 청소년의 권리에 대해 새롭게 인식하기 시작하였다. 청소년의 시민적·정치적 권리, 경제적·문화적·사회적 권리가 충분히 인식되고 행사됨으로써 청소년이 인류의 미래를 형성하는 데 직접적으로 참여하고, 사회의 모든 분야에서 기여하게 되었다. 1993년 세계 인권회의에서 청소년인권이 핵심의제로 다루어지기 시작하면서 인권침해 사례를 다루는 특별기구를 설치하고, 인권교육을 실시하는 내용이 포함되었다. 1994년 세계청소년 비정부단체 포럼에서는 청소년이 자신의 일상생활에 직접적인 영향을 미치는 개발활동의 기획, 실행, 평가에 적극 참여해야 한다고 주장하였다. 1995년 세계청소년의 해 10주년을 맞이하여 '청소년 분야에서의 향후 계획과 적절한 후속조치를 위한 청소년정책 실행지침'에서는 청소년의 참여는 국가발전의 목표달성과 사회정의 성취에 중요하다는 것을 주장하였다. 국제사회에서는 청소년의 완전한 참여에 의해서만 권리가 실현될 수 있음을 강조하고, 청소년 권리에 관한 체계적인 교육이 학교 내외에서 이루어져야 한다고 주장하고 있다(한국청소년정책연구원, 2014).

2) 청소년인권의 내용

청소년은 성인에 비하여 신체적으로 성장이 완성되지 않았고, 정신적, 심리적으로도 자신의 삶을 주체적으로 살아갈 만큼 안정되었다고 할 수 없다. 이들은 경제적으로 독립하지 못해서 누군가의 지원을 받아야 살아갈 수 있는 존재이다. 따라서 상대적으로 이들에게는 생존권, 발달권, 보호권과 같은 권리가 더욱 중요한 권리라고 할 수 있다. 인간의 일반적 권리들과 함께 청소년에게 중요한 생존권, 자유권, 복지권, 평등권, 보호권, 발달권, 참여권 등을 중심으로 청소년인권의 주요 내용을 살펴보고자 한다(한국청소년정책개발원, 2014).

(1) 생존권

생존권은 생명의 위협, 질병, 사고, 자살 등에서 안전한 상태가 유지되는 것을 말한다. 특히 아동은 신체적으로 가장 연약한 상태에 있는 존재이기 때문에 영양, 질병, 안전, 폭력, 학대, 방임, 유기 등으로부터 생명을 보호받아야 한다. 청소년의 경우는 자살로 자신의 생명을 마감하는 수가 증가하고 있는데, 이것은 청소년의 생존권이 크게 위협받고 있음을 보여주는 것이다. 지진, 폭우, 가뭄과 같은 자연재해와는 달리 사회적인 환경이 자살을 일으키는 원인이 된다는 것은 청소년의 생존권 보장을 위한 사회적 노력이 절실함을 나타내고 있다.

(2) 자유권

자유권이란 타인의 의지나 외부로부터 '나'라는 자신의 존재가 존재하는 것을 의미한다. 하지만 인간의 자유란 무한한 자유를 누리기 어렵고, 실정법에 의거하여 자유를 누릴 수 있다. 대부분의 나라는 실정법을 통해 인간의 자유를 지켜주기도 하지만, 동시에 나의 자유가 타인의 자유를 제한하는 것을 막기 위한 취지로 입법되기도 한다. 청소년의 자유권이란 청소년을 보호하기 위한 것이지만 때로는 지나친 부모의 영향 또는 외부의 제한으로 제대로 행사되지 못하는 경우도 적지 않다. 따라서 청소년의 자유 제한이 과연 청소년의 이익에 최우선 하는 조처인지를 면밀히 검토한 후 제한하는 것이 바람직하다.

(3) 복지권

복지권이란 의·식·주와 같은 최소량의 복지와 함께 인간다운 삶을 살아가기 위한 상태를 추구한다. 우리나라 청소년은 기본적인 생활의 복지는 어느 정도 그 수준이 향상되었으나, 가정 및 학교생활의 만족도, 심리·정서적 측면의 건강 측면에서는 부정적인 현상이 나타나고 있다. 이제는 청소년의 복지권 향상 문제가 개인적 권리를 벗어나 사회적 권리로 인식함으로써 거시적인 사회변화가 요구되고 있다.

(4) 평등권

최근 인권의 향상으로 비록 타인과 같이 동등하게 자유로울 수 있는 기회는 얻었지만, 사회적 불평등으로부터 오는 또 다른 상대적인 박탈감과 경제사회적 부자유를 가지게 됨으로써 권리에 대한 가치의 중심이 자유에서 점차 평등으로 옮겨가게 된 것이다. 청소년의 평등권은 주로 가정 내에서 구성원으로서의 평등과 학교 내에서의 평등권을 행사할 수 있다. 특히 교육현장에서 기회균등의 원리가 제대로 작동되지 않고, 지나친 사교육과 경쟁 풍토로 인해 제대로 교육 평등권이 보장받지 못하고 있는 현실이다.

(5) 보호권 및 발달권

청소년은 아직 신체적, 정신적으로 미성숙한 존재이므로 보호의 대상이며, 또한 이들의 발달이 정상적으로 이루어지지 않는다면 사회에 진입하는 과정에서와 성인이 되어서 많은 어려움을 가질 수 있기 때문에 이들의 보호권과 발달권은 큰 의미를 가진다. 계몽주의 이전 시대에는 아동, 청소년들은 학대와 노동착취의 대상으로 여겼으며, 아직도 저개발국가에서는 체벌, 노동착취의 대상이 되고 있다. 청소년의 보호권과 발달권은 생존권, 복지권, 자유권, 평등권과 무관하지 않으며, 특히 아동·청소년의 생존권과 복지권은 이들의 보호와 발달에 큰 영향을 미치고 있다.

우리나라의 경우 저출산, 고령화, 맞벌이 가구의 증가 시대로 오면서 이혼, 별거와 같은 해체된 가정이 증가하고, 이로 인한 가출, 성매매 등의 심각한 청소년 문제가 늘어나고 있는 실정이다. 한편 지나친 교육열로 인해 과도한 학업 시간으로 청소년의 전인격적인 발달이 소홀해지고 있는 형편이다.

(6) 사회적 권리로서의 참여권

참여권은 인간의 권리 중에서 가장 늦게 요구되고 있는 권리로서 자유권과 평등권을 전제로 성립할 수 있다. 인간 개개인이 자유롭게 자신의 의사를 표명하고, 동등하게 의사를 결정하는 기회를 가질 수 있다는 것은 민주 사회에서 인간의 중요한 권리로 등장하게 되었고, 현재의 민주주의 사회에서는 인간에게 떼어놓을 수 없는 대표적 권리 중 하나이다.

청소년들이 참여권을 행사한다는 것은 자신들의 이익과 관련된 사항에 가정이나 학교 및 사회에서 자유롭게 자신들의 의사를 표명하고, 의사 결정에 참여하며, 자신들의 권리가 침해받았을 경우에 이를 복원하기 위하여 집회와 결사를 할 수 있는 권리를 직접 참여하여 표명한다는 것이다. 만약 생존권, 자유권, 평등권, 복지권, 보호권, 발달권 등이 침해를 받았을 때에 함께 집회와 결사에 참여하여 자신들의 의사를 표명하고, 자신들이 원하는 의사결정을 촉구할 수 있는 기회를 만들어 내는 권리이기 때문이다.

04 한국 아동·청소년인권실태

우리나라 아동·청소년인권실태 연구는 유엔아동권리협약에 가입하고 난 이후부터 정기적으로 연구가 진행되어 왔다. 하지만 2013년 유엔아동권리협약의 국가보고서 작성지침에 기초하여 개발한 아동·청소년인권지표가 130개 지표로 다소 산만하고 조사에 어려움이 있다는 지적에 따라 새롭게 인권실태 연구를 계획하게 되었다.

2021년 한국청소년정책연구원에서는 '아동·청소년인권지표체계'와 설문조사도구를 개발하여 초등학교 4학년부터 고등학교 3학년까지 9천여 명을 대상으로 인권실태에 대한 조사를 실시하였다. 아동·청소년 권리에 관한 국제협약 이행 연구 - 한국 아동·청소년인권실태 2021 총괄보고서를 토대로 우리나라 청소년인권실태를 살펴보고자 한다(한국청소년정책연구원, 2021).

1) 인권일반 및 일반원칙

「인권일반 및 일반원칙」 영역은 인권일반과 일반원칙 등 2개의 중분류에 인권인프라, 인권인식, 인권교육, 차별 경험, 아동이익 최우선의 원칙 준수 정도 등에 대한 11개 지표 항목으로 구성되었다. 아동·청소년 인권 기구·조직으로 유엔아동권리협약 관련 심의·조정기구인 아동정책조정위원회와 국가인권위원회 아동권리 분야 소위원회인 아동권리위원회 등의 현황을 살펴보았으며, 2020년도 GDP 대비 아동·청소년 예산비율은 3.6%로 전년 대비 0.1%p 증가하였다. 유엔아동권리협약(20.1%), 학생인권조례(7.5%), 국가인권위원회(23.7%) 등에 대한 인지도는 낮은 편으로 모두 전년도 대비 소폭 감소하였다. 생활영역별 인권존중도는 가정(96.6%), 학교(95.2%), 우리나라(82.4%), 사이버 공간(81.7%) 순으로 높게 나타났으며, 전반적으로 완만하게 상승하는 추세이다.

인권의식과 태도와 관련하여 아동·청소년의 주체적 결정 능력(69.7%), 아동·청소년 사회참여 필요성(87.7%), 자치조직의 의의(87.7%), 아동·청소년의 의견표명권(96.2%), 경제적 이유의 차별금지(97.6%), 양성평등(96.8%), 이주배경 아동·청소년의 교육권(94.3%) 보장 등 전반적으로 높은 인식을 보여주었다.

인권교육을 받았다는 응답률은 48.0%로, 전년도 46.5%에 비해 소폭 증가하였고 인권교육을 받은 곳은 학교 교과수업시간이 76.1%, 학교 창의적 체험활동 33.2%로 나타남(복수응답). 인권교육의 목표별 도움 정도는 '태도(92.4%) > 지식(92.2%) > 실천(87.2%)' 순으로 효과가 있었으며, 1년에 한 번이라도 '차별받은' 경험은 나이(23.0%), 학업성적(21.7%), 성별(21.6%), 외모·신체조건(21.0%) 등에 의한 차별에서 높은 응답률을 보였고, 다른 사람을 '차별한' 경험은 외모·신체조건(9.1%), 나이(8.1%), 학업성적(7.4%), 성별(7.1%)에 따른 차별 경험이 높게 나타났다.

전반적으로 인권 관련 협약이나 기구에 대한 인지도는 낮고 아동·청소년이 인식하는 인권교육 경험률도 48.0%로 낮은 편이었지만 인권인식 및 태도와 주관적인 인권존중도는 높은 것으로 보고되었다. 지난 1년간 10명 중 2명 정도가 나이, 학업성적, 성별, 외모·신체조건 등에 따른 차별을 경험한 것으로 나타나 인권교육과 차별 예방 및 개선 노력이 필요하다.

2) 시민의 권리와 자유 영역

「시민적 권리와 자유」 영역은 의견표명권과 표현의 자유, 사상, 양심 및 종교의 자유, 결사 및 집회의 자유, 사생활의 보호, 정보접근권 등 5개 중분류, 10개 지표(소분류), 16개 지표 항목으로 구성되었다. 아동·청소년은 가정 내에서 가사 및 자신과 관련된 문제에 대해 집안 내 중대사는 90.9%, 상급학교는 94.0%, 진로(직업) 94.6%, 공부시간·방법은 91.1%가 스스로 결정하고 이에 대해 보호자(부모)로부터 존중받고 있었다.

학생회 대표가 학교운영위원회에 참여하는 정도는 26.8%로, 2017년에 비해 증가하였으나 여전히 낮은 수준을 보였으며, 학교 규칙이나 규정을 제·개정할 때 학생의 의견이 반영된다는 정도는 82.2%로 높은 수준이었다. 참여기구에 대한 아동과 청소년의 실제 인지도 및 활동 경험은 11%로 낮은 수준이었으나 우리사회에서 아동과 청소년의 참여권을 보장하고 있다는 것에 72.6%가 긍정적으로 응답하였다. 참여권이 보장될 수 없는 방해요인으로 청소년을 미성숙한 존재로 보는 사회의 편견(30.7%), 시간의 부족(29.2%), 참여활동에 대한 정보 부족(24.2%), 참여할 기회 부족(12.7%)을 꼽았다.

사상의 자유는 92.1%가 보장받고 있으며, 가정 내 종교의 자유 보장 정도는

82.1%, 학교 종교행사에 자율적으로 참여하는 비율은 49%로 나타났다. 사회문제 관련 모임이나 인터넷 카페 가입 경험은 11.2%, 거리집회나 문화행사 등 참여 경험은 5.7%로, 2017년 이후 큰 폭으로 감소하는 경향을 보였다. 사생활 보호에 대해 용모(21.3%), 복장(28.9%), 소지품(6.2%) 검사 경험률은 매년 감소하고 있으며, 개인의 정보 보호와 관련하여 교육비 미납자(5.4%), 징계 사항(12.4%), 시험 성적(10.4%) 공개 비율도 지속적으로 감소되는 추세이다.

정보접근권의 경우, 아동·청소년의 대부분은 하루에 1회 이상 인터넷을 사용하였고, 주로 '여가활동'을 위한 목적으로 인터넷을 이용한다는 비율이 89.3%로 가장 높았다. 주 평균 스마트폰 이용 시간은 3~9세가 7.1시간, 10대는 13.6시간, 20대는 16.2시간이었는데, 이에 따라 스마트폰 과의존 청소년은 35.8%이었다. 초·중·고등학생 중 37.4%는 성인용 영상물을 접한 경험이 있었고, 미디어 리터러시의 경우, 아동·청소년은 이용자로서 역량은 충분하였으나 미디어 생산 및 제공자의 측면에서의 역량은 부족한 것으로 지각하였다.

3) 폭력 및 학대 영역

「폭력 및 학대」 영역에서 폭력과 관련된 세부지표들은 총 6개로 구성되어 있고, 그중 4개 지표는 설문조사에 참여한 아동·청소년들이 가정, 교사, 친구나 선후배로부터 받은 폭력 경험의 실태와 사이버 공간에서의 폭력 경험 실태에 해당되었다. 나머지 2개의 세부지표는 아동·청소년의 성폭력 피해 경험과 관련된 지표들이다.

가정과 학교에서의 아동·청소년 대상 폭력과 선후배나 친구들로부터의 언어폭력, 신체적 폭력, 갈취, 따돌림, 강제적 심부름, 사이버 공간에서의 욕설, 협박, 따돌림, 원하지 않는 사생활 유포 폭력 등 다양한 형태의 폭력들도 전반적으로 감소하는 추세를 보였다. 그러나 체벌이 법·제도적으로 금지되어 있음에도 실태조사에 참여한 전체 응답자의 3.1%가 아직도 피해를 겪고 있어 교사에 대한 인권교육의 필요성이 제기되었다.

성폭력 범죄사건 피해 대상의 연령이 점차 낮아져 2019년 조사결과 13세 미만 연령을 대상으로 한 성폭력 범죄는 4.5%였고, 2021년 조사결과에서 아동·청소년의 성적 피해 경험은 초등학생이 6.7%로 가장 높았다. 성적 피해를 당한 후 도움을 받은 사람의 경우, 과거에는 피해 경험 후 혼자 걱정을 많이 하거나 친구의 도움을 받는 경향이 많았는데, 최근에는 부모님과의 대화를 통해 도움을 받은 경향이 높아지고 있었다.

2019년 총 38,380건의 아동학대 의심사례 중 사례판단 결과, 30,045건(2018년 대비 22.0%p 상승)이 아동학대사례로 판단되었으며, 피해아동의 수는 22,649명이었다. 피해아동은 남자 아동이, 13세~15세 연령인 아동이 가장 많았다. 학대 행위자는 부모가 75.6%였으며 72.3%는 친부모임. 학대유형의 경우 중복학대가 48.2%로 가장 많았으며, 정서학대 25.4%, 신체학대 13.9%, 방임 9.6%, 성학대 2.9%로 나타났다.

가정 내 방임을 살펴보면, 전체 대상자의 49.7%가 야간시간 방임을 경험하였고 6.2%는 비위생적 의복 또는 침구를 사용한 경험이 있었음. 또한 3.4%는 아파도 부모가 병원에 데려가지 않았고, 4.6%는 결식에 대한 방임을, 1.2%는 결석에 대한 방임을 경험하였다.

학대 피해에 대한 서비스 제공 수준의 경우, 아동보호전문기관은 2019년 5개소 증가한 67개소로 조사되었으며 기관 평균 담당 학대 사례 수는 448.4건이었다. 학대 행위자 및 피해아동과 가족 및 부모에게 제공한 서비스는 총 956,913건으로 상담 서비스가 가장 많았다. 피해아동 보호 현황의 경우 원가정 보호가 83.9%로 가장 많았으며 분리보호 12.2%, 가정복귀 3.3%, 기타 0.4%, 사망 0.2% 순으로 조사되었다.

4) 가정환경과 대안양육 영역

「가정환경 및 대안양육」 영역은 부모의 지도와 책임, 가정의 보호를 받지 못하는 아동·청소년, 양육 및 보호조치에 대한 심사 등 3개 중분류와 6개 지표(소분류), 11개의 지표 항목으로 구성되었다. 부모의 지도와 책임과 관련하여 부모와의 관계 만족도는 2012년부터 2020년까지 지속적으로 증가하였고, 보육시설 이용 및 설치 수준은 아동인구의 감소로 인해 전체 어린이집 수가 2015년 42,517개소에서 2020년 35,352개소로 약 7천여 개소가, 보육시설 재원 아동 수도 2015년 1,452,813명에서 2020년 1,244,396명으로 약 20만여 명이 감소하였다. 방과후학교 참여율은 코로나19로 인해 초등학생은 10.9%, 중학생이 4.2%, 고등학생이 12.0%

로 전년도 대비 5분의 1 수준 이하로 급격하게 감소하였고, 지역아동센터는 최근 10여 년간 이용 아동 수가 10만 명 내외를 유지하고 있으며, 다함께돌봄센터는 2020년 6월 말 기준 총 246개소로, 실제 4,858명의 아동(이용 아동 정원은 6,176명)이 이용하고 있다.

가정의 보호를 받지 못하는 아동·청소년의 경우, 국내·외 입양 현황은 전체 입양아 492명 중 국내 260명(52.8%), 국외 232명(47.2%)으로 확인되었으며, 보호대상아동 수는 2018년 이후 2019년에 4,047명, 2020년 4,120명으로 다시 증가하는 추이를 보였다. 2020년 현재 보호대상아동은 시설보호 66.5%(2,739명), 가정위탁 29.1%(1,199명), 입양 2.5%(104명) 순으로 보호되고 있었다.

또한, 초, 중, 고등학생 전체 응답자 중 3.2%가 가출 경험이 있었고, 주된 가출 사유는 부모님과의 문제(62.4%)와 학업문제(18.5%)로 밝혀졌다. 가출 경험이 있는 응답자 중 6.1%가 가출 후 관련 기관을 이용하였고, 이용 기관의 서비스에 대해서는 77.1%가 만족했다고 보고하고 있다.

양육 및 보호조치에 대한 심사와 관련하여 아동복지시설의 평가지표는 3년 주기로 진행되며, 현재 2022년 평가지표 개선 작업이 진행되고 있다. 또한, 아동보호체계는 보호대상아동에 대한 국가 및 지자체의 책임을 강화하고자 보호서비스 전달체계가 개편되었다.

5) 장애, 기초적 보건과 복지

「장애, 기초 보건과 복지」 영역은 장애, 생존 및 발달, 보건서비스, 신체적·정신적 건강 증진, 사회보장 및 아동보호시설 다섯 가지 중분류와 28가지 지표로 구성되었다. 특수교육과 관련하여 2020년 특수학교는 5개교 증가한 182개교이며, 특수학급은 11,661학급, 교원 수는 22,145명이었으며 학생 수는 2,462명 증가한 95,420명이었다. 대상학생 중 27.9%는 특수학교 및 특수교육지원센터에 배치되었고, 52,744명은 특수학급에, 16,061명은 일반학급에 배치되었다. 특수학교 졸업자 중 63.3%, 특수학급 졸업자 중 79.1%, 일반학급 졸업자 중 70.6%가 진학 또는 취업하였다.

2020년 신생아 사망률은 10만 명당 1.3명, 신생아 후기 사망률은 1.2명, 영아 사망률은 2.5명이었고, 연령별로 0세~24세 가운데 0세 사망률이 가장 높았다. 사고 사망률은 20~24세가 24.8%로 가장 높았고, 자살(19.6명/10만 명)이 가장 많았다. 범죄피해의 경우 지능범죄의 피해가 가장 많았으며 폭력범죄, 교통범죄, 기타범죄 피해 순으로 높게 나타났다. 지역사회 안전수준에 있어서 13.2%는 범죄로부터 안전하지 않다고 응답하였으며, 21.3%는 교통사고로부터 안전하지 않다고 생각하는 것으로 보고되었다.

보건서비스의 인프라 구축현황을 보면, 보건교사 배치율은 70.5%였으며 어린이 전문 의료기관은 '어린이 공공 전문진료센터' 10개소, '소아전문응급센터 8개소, '달빛 어린이병원' 27개소로 구축되어 있다. 정신보건 및 심리상담기관 중 청소년상담복지센터는 236개소(설치율 93.5%), Wee프로젝트 6,614개소, 정신건강복지센터 259개소, 자살예방센터 7곳, 중독관리통합지원센터 49개소로 확인되었다.

신체적 건강과 관련하여 본인 스스로 건강하다고 생각하는 응답은 86.5%였다. 주 1회 이상 운동하는 응답자는 55.6%였으며 초등학생의 경우 73.8%로 나타났다. 초, 중, 고등학생 응답자의 평균 수면시간은 7.2시간이었으며 52.4%가 수면이 부족하다고 느꼈는데, 수면부족의 이유는 가정학습 25.7%, 학원 및 과외 16.9%로 보고되었다.

정신적 건강과 관련하여 2020년 10세~19세 자살률은 6.5%로 2019년 대비 0.6%p 높아졌다. 자살 생각에 대한 경험을 조사한 결과, 29.9%가 1회 이상 자살 생각을 해 본 적이 있었고, 그 이유는 학업문제 45.8%, 미래(진로)에 대한 불안 20.3%, 가족 간의 갈등 15.9% 순으로 나타났다. 우울감의 경우 전체 대상자의 평균은 1.89점, 행복한 정도는 평균 3.11점이었고, 행복하지 않은 이유는 학업문제 때문인 경우가 40.6%로 가장 높았다. 삶의 만족도는 1~10점 가운데 평균 6.94점, 자아존중감은 평균 2.98점이었다. 고민거리가 있을 때 어머니(37.9%), 친구(34.8%)와 주로 나누었고, 마땅한 대화상대가 없는 경우도 12.0%이었다.

6) 교육, 여가 및 문화적 활동 영역

「교육, 여가 및 문화적 활동」 영역에서 전반적인 교육적 환경과 여건은 많이 개선되어 교육의 기회가 과거보다 더 잘 보장되고 있었다. 그러나 학생 1인당 사교육비가 고학년으로 갈수록 증가하고 있는데, 실례로 고등학생의 월평균 사교육비가 60만 원에 달했다. 또한, 4명 중 1명에 해당하는 25.3%가 학업 중단을 생각해본 경험이 있었다. 그 이유로는 '귀찮고 아무것도 하기 싫어서'라고 응답한 학생이 31.0%로 가장 높았고, 다음으로 '공부하기 싫어서'가 27.6%, '성적이 좋지 않아서'가 16.1%, '내가 배우고 싶은 내용이 없어서'가 10.3% 순이었다.

동일한 조사에서 교사가 학생을 존중하고 있다는 긍정적 응답이 96.3%로 나타났으나 학교 수업 시간이 재미가 없다고 느끼고 있거나, 학교에 가는 것이 즐겁지 않다고 생각하는 학생이 4명 중 1명 정도로 높게 보고되었다.

청소년들의 진로활동 참여에 대해 중학생의 경우 진로체험이나 창업체험과 같은 현장 체험의 실제적 진로활동의 비율이 높아 만족도가 높게 나타났다. 학교교육 밖에서 직업교육(훈련)을 위하여 청년들이 사교육비를 지출하고 있는 것으로 조사되었고, 직업계고 졸업생들의 진학으로의 증가 추세가 지속되고 있었다. 청소년들의 수련시설 이용 경험이 5명 중 1명 정도만 하고 있어 청소년활동이 부족하였고, 청소년의 여가활동 시간은 지속적으로 증가하는 추세를 보였다. 하지만 여가활동 시간 중 스마트기기 활용 시간이 차지하는 비율이 평일 84.8%, 휴일 62.1%로 높게 나타났다.

코로나19로 인해 하루 평일학습 시간이 전체적으로 소폭 감소되었는데, 이는 학교 수업이 비대면 블렌디드 수업이 되고, 사회적 거리두기 등으로 학원 등 사교육이 위축된 것이 영향을 미친 결과라 할 수 있다.

7) 특별보호조치 영역

「특별보호조치」 영역은 중분류 수준에서 이주배경아동·청소년, 소년 사법, 경제적 착취, 성적 착취로 구분하여 조사하였다. 2020년 현재 전체 난민신청자 중에서 18세 미만 아동·청소년의 비율은 4.2%이며, 난민인정자 중에서 18세 미만 아동·청소년의 비율은 52.2%로 나타났다. 2021년 6월 말 기준 탈북아동·청소년은 총 4,800명임. 다문화가족 자녀는 222,455명이며, 이중 국내 출생 자녀는 95.4%, 귀화 및 외국 국적 자녀는 4.6%로 나타났다. 전체 학생 수 대비 다문화가정 학생 수의 비율은 2.75%이며, 매년 증가하는 추세이다. 탈북학생의 재학 현황도 2020년의 경우 2,437명이었으며 매년 증가추세를 보이는 것으로 나타났다.

다문화학생의 학업중단율은 0.95%로 전체 학생의 평균과 유사하며, 탈북학생의 중도탈락률은 2.9%로 다문화학생의 중도탈락률보다 높게 나타났다. 이주배경

아동청소년의 차별 경험은 증가되고 있으며, 친구로부터의 차별 경험이 가장 많은 것으로 나타났다. 이주배경 아동·청소년의 구금현황은 전년 대비 감소한 것으로 나타났다.

보호소년의 경우 신수용인원은 1,637명, 위탁소년의 경우에는 신수용인원이 4,297명이었다. 소년원 수용 기간별로는 1개월 미만 수용자가 가장 많았다. 소년범죄자의 연령은 18세가 26.5%로 가장 많았고, 소년수형자의 죄명은 강간과 절도가 18.3%로 가장 많았음. 절도와 폭력·상해는 전년 대비 증가한 반면, 사기·횡령, 강간, 강도, 살인, 과실범 등은 전년 대비 감소했다. 인권친화적인 환경조성 비율과 관련하여 소년보호사건 국선보조인 조력 횟수는 3,174회였으나 전년 대비 감소한 것으로 나타났다. 소년원 및 소년분류심사원의 수용률을 살펴보면 소년분류심사원은 7개소 중 2개(서울소년분류심사원, 부산소년원)가, 소년원은 10개소 중 5개소가 수용정원 대비 실제 수용인원이 과밀한 상태로 운영되고 있었다.

청소년들의 실업률은 2019년에 10.5%이었다. 임금수준은 전년 대비 증가하였으나 다른 연령대와 비교할 경우, 시간당 임금 총액은 상대적으로 낮았다. 청소년의 파트타임 고용 비율은 33.7%로 OECD 평균보다 높았다. 아르바이트 과정에서의 부당처우 경험이 여전히 높은 것으로 보고되었는데, 특히 근로계약서 미작성(59.5%)이 가장 높았고, 시간을 초과하여 일하기/계약과 다른 일하기(10.8%), 임금 미지급/약속보다 낮은 임금 지급(9.7%), 최저임금보다 낮은 임금 지급(8.7%), 폭언 등 인격모독(6.2%), 이유 없이 부당해고(5.2%), 작업환경의 불결과 위험(5.1%), 성적 피해(1.6%), 구타나 폭행(1.1%) 등의 순으로 나타났다.

미성년자 대상 성폭력 사범 접수는 전년 대비 증가하였으며, 처분도 전년 대비 증가하였다. 아동·청소년 대상 성폭력 범죄의 주요형량은 「아동·청소년의 성보호에 관한 법률」이 2021년 3월 23일에 개정되면서 아동·청소년의 성을 사기 위해 권유·유인하는 경우 법정형을 상향하는 등 강화되는 방향으로 개정되었다. 성폭력피해상담소는 2020년 기준 전국에 168개소가 운영되고 있으며, 성폭력 피해자와 학대 피해 아동에 대한 지원이 다양화되고, 지원 건수도 전년 대비 증가하고 있다.

8) 아동·청소년인권기구·조직

아동·청소년인권기구·조직의 대표적인 조직으로는 아동정책조정위원회, 한국아동권리모니터링센터, 청소년희망센터를 들 수 있다. 청소년희망센터는 중앙차원의 청소년 권리보호 전담기구로써 청소년권리 전담기구 설치에 대한 사회적 요구 반영 및 청소년의 실질적인 권리보장을 위해 2011년 5월 한국청소년상담복지개발원에 설치되었다. 청소년권리 관련 모니터링, 교육, 실태조사 및 홍보 등을 체계적으로 조직화하여 청소년의 권리 침해 예방 및 보장을 위한 사업을 추진하고 있다. 청소년희망센터 사업은 첫째, 청소년권리 기획과제 발굴 밑 토론회 진행, 둘째, 청소년권리 모니터링 운영, 셋째, 청소년 권리체험교실 프로그램 진행, 넷째, 권리침해 대응매뉴얼 제작 및 보급 사업을 진행하고 있다.

05 청소년인권 증진을 위한 제언

첫째, 청소년 스스로 인권문제에 관심을 가져야 한다. 1차적으로 청소년 스스로 자신의 인권문제에 의식을 갖고 주체적으로 해결해 나가는 과정이 필요하다. 둘째, 청소년인권교육 강화이다. 우선 청소년을 교육하는 교사와 관련 종사자들을 대상으로 체계적인 인권교육이 이루어져야 한다. 교사 양성 과정 또는 청소년지도사 자격 과정에 청소년인권이 반드시 포함되도록 하고, 정기적인 청소년인권 보수 교육을 실시하여야 한다. 청소년을 대상으로 교실 수업 및 특별활동 시간을 활용하여 인권 교육이 이루어져야 한다. 인권교육을 통해 인간의 존엄성의 가치를 배우고, 타인을 존중하며 더불어 살아가는 생활태도를 배우는 과정이 될 수 있다. 셋째, 학생자치기구를 법제화시켜야 한다. 학생들은 학생자치활동을 통해 민주시민으로서의 소양을 배우고, 서로를 존중하며 함께 사는 공동체 문화를 경험할 수 있는 훌륭한 교육 과정이다. 또한 자치활동을 통해 학생 스스로 학교에 대한 주인의식을 가질 수 있으며, 자발적인 참여로 인해 변화되는 학교 문화를 경험하게 되면 학생들의 임파워먼트 과정이 될 수 있다. 넷째, 선거권 연령을 18세로 낮추는 방안이 추진되어야 한다. 1970년대를 전후하여 미국, 독일, 필리핀 등 90여 개의 나라에서 선거 연령을 18세로 낮추어 시행하고 있다. 선거 연령을 낮추는 것은 청소년에 대한 사회정치적 지위를 규정하는 문제로써 사회적 의미가 크다고 볼 수 있다. 청소년의 정치 참여로 자신의 미래를 스스로 책임지는 권리를 행사할 수 있기 때문이다.

06 서울시 학생인권조례 주요 내용

학생인권은 1989년 유엔아동권리협약의 채택과 1991년 국내 비준 등 국내는 물론 국제사회의 오랜 논의와 요구 안에서 자리 잡아왔으며, 이러한 노력은 2012년 1월 주민발의를 통한 서울학생인권조례로 구체화 되었다. 2021년 일부 개정된 서울학생인권조례의 주요내용을 살펴보면 다음과 같다(서울특별시교육청, 2021).

제1조(목적) 이 조례는 「대한민국헌법」, 「교육기본법」제12조 및 제13조, 「초·중등교육법」제18조의4 및 「유엔 아동의 권리에 관한 협약」에 근거하여 학생의 인권을 보장함으로써 모든 학생의 인간으로서의 존엄과 가치를 실현하며 자유롭고 행복한 삶을 이루어나갈 수 있도록 하는 것을 목적으로 한다.

제3조(학생인권의 보장 원칙) ① 이 조례에서 규정하는 학생인권은 인간으로서의 존엄성을 유지하고 행복을 추구하기 위하여 반드시 보장되어야 하는 기본적인 권리이며, 교육과 학예를 비롯한 모든 학교생활에서 최우선적으로 그리고 최대한 보장되어야 한다.
② 학생의 인권은 이 조례에 열거되지 않았다는 이유로 경시되어서는 아니 된다.
③ 학칙 등 학교 규정은 학생인권의 본질적인 내용을 제한할 수 없다.

제4조(책무) ① 서울특별시교육감(이하 "교육감"이라 한다)은 교육·학예에 관한 사무를 집행하고 정책을 수립할 경우 학생인권을 실현하도록 노력하여야 한다.
② 학교의 설립자·경영자, 학교의 장, 교직원, 보호자 등은 학생의 인권을 존중·보호·실현하고 학생의 인권 침해를 방지하기 위하여 노력하여야 한다.
③ 교육감 및 학교의 장은 학생의 학습권과 교사의 수업권 보장을 위하여 대책을 마련하고 그에 필요한 지원을 하여야 한다.
④ 교육감, 학교의 설립자·경영자, 학교의 장 및 교직원은 학생의 인권이 실질적으로 보장될 수 있는 여건을 마련하여야 한다.
⑤ 학생은 인권을 학습하고 자신의 인권을 스스로 보호하며, 교사 및 다른 학생 등 다른 사람의 인권을 침해하여서는 아니 된다.
⑥ 학생은 학교의 교육에 협력하고 학생의 참여하에 정해진 학교 규범을 존중하여야 한다.

제5조(차별받지 않을 권리) ① 학생은 성별, 종교, 나이, 사회적 신분, 출신지역, 출신국가, 출신민족, 언어, 장애, 용모 등 신체조건, 임신 또는 출산, 가족형태 또는 가족상황, 인종, 경제적 지위, 피부색, 사상 또는 정치적 의견, 성적 지향, 성별 정체성, 병력, 징계, 성적 등을 이유로 차별받지 않을 권리를 가진다.
② 학교의 설립자·경영자, 학교의 장 및 교직원은 제1항에 예시한 사유로 어려움을 겪는 학생의 인권을 보장하기 위하여 적극적으로 노력하여야 한다.
③ 학교의 설립자·경영자, 학교의 장과 교직원, 그리고 학생은 제1항에서 예시한 사유를 이유로 차별적 언사나 행동, 혐오적 표현 등을 통해 다른 사람의 인권을 침해하여서는 아니 된다. 〈신설 2017.9.21.〉

제6조(폭력으로부터 자유로울 권리) ① 학생은 체벌, 따돌림, 집단괴롭힘, 성폭력 등 모든 물리적 및 언어적 폭력으로부터 자유로울 권리를 가진다.
② 학생은 특정 집단이나 사회적 소수자에 대한 편견에 기초한 정보를 의도적으로 누설하는 행위나 모욕, 괴롭힘으로부터 자유로울 권리를 가진다.
③ 교육감, 학교의 장 및 교직원은 체벌, 따돌림, 집단괴롭힘, 성폭력 등 모든 물리적 및 언어적 폭력을 방지하여야 한다.

제9조(정규교육과정 이외의 교육활동의 자유) ① 학생은 자율학습, 방과 후 학교 등 정규교육과정 외의 교육활동을 자유롭게 선택할 권리를 가진다.
② 학교는 교육과정을 자의적으로 운영하거나 학생에게 임의적인 교내·외 행사에 참여하도록 강요해서는 아니 된다.
③ 학교의 장 및 교직원은 학생의사에 반하여 학생에게 자율학습, 방과 후 학교 등을 강제해서는 아니 되며, 정규교육과정 이외의 교육활동에 참여하지 않았다는 이유로 불이익을 주어서는 아니 된다.
④ 학교의 장 및 교직원은 방과 후 학교 등 정규교육과정 이외의 교육활동에서 학생의 의견을 수렴하여 다양한 프로그램을 개발·운용함으로써 학생의 실질적인 선택권이 보장될 수 있도록 하여야 한다.

제12조(개성을 실현할 권리) ① 학생은 복장, 두발 등 용모에 있어서 자신의 개성을 실현할 권리를 갖는다.
② 학교의 장 및 교직원은 학생의 의사에 반하여 복장, 두발 등 용모에 대해 규제하여서는 아니 된다. 〈개정 2021.3.2.〉

제13조(사생활의 자유) ① 학생은 소지품과 사적 기록물, 사적 공간, 사적 관계 등 사생활의 자유와 비밀이 침해되거나 감시받지 않을 권리를 가진다.
② 교직원은 학생과 교직원의 안전을 위하여 긴급한 필요가 있는 경우가 아니면 학생의 동의 없이 소지품을 검사하거나 압수하여서는 아니 된다. 불가피하게 학생의 소지품 검사를 하는 경우에는 최소한의 범위로 한정되어야 하며, 불특정 다수의 학생을 대상으로 하는 일괄 검사 또는 검사의 목적물을 소지하고 있을 것이라는 합리적인 의심이 없는 학생을 대상으로 하는 검사를 하여서는 아니 된다.
③ 교직원은 학생의 동의 없이 일기장이나 개인수첩 등 학생의 사적인 기록물을 열람하지 않는 것을 원칙으로 한다.
④ 학교의 장 및 교직원은 학생의 휴대폰을 비롯한 전자기기의 소지 및 사용 자체를 금지하여서는 아니 된다. 다만, 교육활동과 학생들의 수업권을 보장하기 위해 제19조에 따라 학생이 그 제정 및 개정에 참여한 학교규칙으로 학생의 전자기기의 사용 및 소지의 시간과 장소를 규제할 수 있다.

⑤ 학교의 장 및 교직원은 다른 방법으로는 안전을 관리하기 어려운 경우에 한하여 학교 내에 폐쇄회로 텔레비전(CCTV)을 설치할 수 있다. 다만, 설치 여부나 설치 장소에 관하여 미리 학생의 의견을 수렴하여 반영하여야 하며, 설치 후에는 설치장소를 누구나 쉽게 알 수 있게 표시하여야 한다.
⑥ 학생은 자기가 원하는 인간관계를 형성하고 그 관계를 존중받을 권리를 가진다.

제16조(양심 · 종교의 자유) ① 학생은 세계관, 인생관 또는 가치적 · 윤리적 판단 등 양심의 자유와 종교의 자유를 가진다.
② 학교의 설립자 · 경영자, 학교의 장 및 교직원은 학생에게 양심에 반하는 내용의 반성, 서약 등 진술을 강요하여서는 아니 된다.
③ 학교의 설립자 · 경영자, 학교의 장 및 교직원은 학생의 종교의 자유를 침해하는 다음 각 호의 어느 하나에 해당하는 행위를 하여서는 아니 된다.
1. 학생에게 예배 · 법회 등 종교적 행사의 참여나 기도 · 참선 등 종교적 행위를 강요하는 행위
2. 학생에게 특정 종교과목의 수강을 강요하는 행위
3. 종교과목의 대체과목에 대하여 과제물의 부과나 시험을 실시하여 대체과목 선택을 방해하는 행위
4. 특정 종교를 믿거나 믿지 아니한다는 등의 이유로 학생에게 이익 또는 불이익을 주는 등의 차별행위
5. 학생의 종교 선전을 제한하는 행위
6. 특정 종교를 비방하거나 선전하여 학생에게 종교적 편견을 일으키는 행위
7. 종교와 무관한 과목 시간 중 특정 종교를 반복적, 장시간 언급하는 행위
④ 학교의 장은 교직원이 제2항 및 제3항을 위반하지 않도록 지도 · 감독하여야 한다.
⑤ 학교의 장은 특정 종교과목의 수업을 원하지 않는 학생들을 위하여 이를 대체할 과목을 마련해야 한다.

제17조(의사 표현의 자유) ① 학생은 다양한 수단을 통하여 자유롭게 자신의 생각을 표현하고 그 의견을 존중받을 권리를 가진다.
② 학생은 서명이나 설문조사 등을 통하여 학교 구성원의 의견을 모을 권리를 가진다.
③ 학생은 집회의 자유를 가진다. 다만, 학교 내의 집회에 대해서는 학습권과 안전을 위해 필요한 최소한의 범위 내에서 학교규정으로 시간, 장소, 방법을 제한할 수 있다.
④ 학교의 장 및 교직원은 학생이 표현의 자유를 행사하는 경우 이를 지도 · 감독할 수 있다. 다만, 부당하고 자의적인 간섭이나 제한을 하여서는 아니 된다.
⑤ 학교의 장 및 교직원은 교지 등 학생 언론활동, 인터넷 홈페이지 운영 등 표현의 자유를 최대한 보장하고, 이에 필요한 행 · 재정적 지원을 하도록 노력하여야 한다.

제28조(소수자 학생의 권리 보장) ① 교육감, 학교의 설립자 · 경영자, 학교의 장 및 교직원은 빈곤 학생, 장애 학생, 한부모가정 학생, 다문화가정 학생, 외국인 학생, 운동선수, 성소수자, 근로학생 등 소수자 학생(이하 "소수자 학생"이라 한다)이 그 특성에 따라 요청되는 권리를 적정하게 보장받을 수 있도록 하여야 한다.
② 교육감, 학교의 장 및 교직원은 사회구조나 문화에 따라 누구나 권리 실현에 어려움을 겪는 소수자 학생이 될 수 있음에 유념하면서 소수자에 대한 편견과 차별의식을 해소하는 데 필요한 인권교육프로그램과 소수자 학생을 위한 진로 및 취업 프로그램, 상담프로그램을 별도로 마련하여야 한다.
③ 교육감은 소수자 학생에 대하여 그 특성에 따라 요청되는 권리의 보장을 위하여 전문 상담 등의 적절한 지원 및 조력을 하여야 한다.
④ 교육감, 학교의 장 및 교직원은 장애 학생에 대하여 교내외 교육활동에서 정당한 편의를 제공

하고 참여를 보장하여야 하며, 장애 유형 및 정도에 따라 적절한 교육 및 평가방법을 제공하여야 한다.
⑤ 교육감, 학교의 장 및 교직원은 빈곤 학생이 가정형편으로 말미암아 수학여행 등 교육활동에서 소외되지 않도록 시책을 강구하여야 한다.
⑥ 다문화가정 학생, 이주민가정 학생을 비롯한 외국인 학생의 인권은 당사자 또는 보호자의 체류자격과 무관하게 보호되어야 한다. 교육감, 학교의 장 및 교직원은 다문화가정 학생, 이주민가정 학생을 비롯한 외국인 학생에 대하여 교육활동에서 언어 · 문화적 차이 등으로 인한 차별 없이 학교생활을 할 수 있도록 시책을 강구하여야 하며, 전 · 입학 기회가 부당하게 침해되지 않도록 노력하여야 한다.
⑦ 교육감, 학교의 설립자 · 경영자, 학교의 장 및 교직원은 다문화가정 학생, 이주민가정 학생을 비롯한 외국인 학생 등에 대하여 그의 문화적 정체성을 학습하고 경험할 수 있는 기회를 마련하고 그에 적합한 교육환경을 조성하기 위하여 노력하여야 한다.
⑧ 교육감, 학교의 장 및 교직원은 학생의 성적지향과 성별 정체성에 관한 정보나 상담 내용 등을 본인의 동의 없이 다른 사람(보호자는 제외한다. 이하 같다)에게 누설해서는 아니 되며, 학생의 안전상 긴급을 요하는 경우에도 본인의 의사를 최대한 존중하여야 한다.

제37조(학생참여단) ① 교육감은 학생인권 증진 및 인권친화적 교육 문화 조성을 위한 정책 수립에서 학생의 의견을 수렴하기 위하여 학생참여단(이하 "참여단"라 한다)를 구성 · 운영하여야 한다(개정 2018.1.4).
② 참여단은 100명 이내로 구성한다.
③ 참여단은 공개모집을 통하여 모집한 학생들 중에서 추첨을 통하여 선발한다. 다만, 참여단의 구성을 다양하게 하고 소수자 학생의 의견을 반영하기 위하여 20명 이내의 범위 내에서 별도의 절차를 밟아 교육감이 위촉할 수 있다.
④ 참여단은 다음 각 호의 업무를 수행할 수 있다.
1. 교육감의 교육정책에 대한 의견 제시
2. 「서울특별시 학생인권 조례」의 개정에 관한 의견 제시
3. 학생인권실태조사에 관한 의견 제시
4. 학생인권실천계획에 관한 의견 제시
5. 학생인권옹호관의 조사 및 그 권고에 대한 의견 제시
6. 「서울특별시 학생인권의 날」자치행사 주관
7. 학교규칙을 포함한 제반 학교규율에 대한 의견 제시
8. 그 밖의 학생인권 증진 및 학생참여 활성화를 위해 필요한 사항
⑤ 교육감은 지역교육청별로 참여단을 둘 수 있다.

제38조(학생인권옹호관의 설치) ① 교육감은 학생인권 증진 및 인권 친화적 교육문화 조성의 업무를 집행하기 위하여 교육청에 학생인권옹호관 1명을 둔다.
② 학생인권옹호관은 인권에 대한 올바른 관점과 차별에 대한 높은 감수성을 가지고 있으며, 학생인권에 관한 학식이나 경험이 풍부한 사람 중에서 위원회의 동의를 얻어 교육감이 임명한다.
③ 학생인권옹호관은 일반임기제공무원으로 한다(개정 2018.1.4).
④ 학생인권옹호관의 신분은 보장되며, 교육감은 학생인권옹호관이 아래의 사유에 해당하는 경우에만 위원회의 동의를 얻어 해촉할 수 있다. 다만 제1호의 경우에는 위원회는 청문 등 적법한 절차를 거쳐 그 사실을 조사한 결과를 바탕으로 동의안을 처리하여야 한다(개정 2018.1.4).

1. 학생인권옹호관이 학생인권 및 다른 사람의 인권을 중대하게 침해하여 더 이상 학생인권옹호관으로서의 직무를 수행하는 것이 적절하지 않음이 명백하게 된 경우

2. 학생인권옹호관이 금고이상의 형을 받았을 경우
⑤ 학생인권옹호관의 임기는 2년으로 하되, 1회에 한하여 연임할 수 있다.
⑥ 학생인권옹호관은 학생인권에 대한 「대한민국헌법」과 관련 법령 그리고 「유엔 아동의 권리에 관한 협약」을 비롯한 국제인권규범의 정신에 따라 그 직무를 독립적으로 성실하게 수행하여야 한다.

제42조(학생인권교육센터) ① 교육청에 학생인권옹호관의 효율적인 업무 수행을 위해 학생인권옹호관을 장으로 하는 학생인권교육센터(이하 "센터"라 한다)를 둔다.
② 센터는 학생인권옹호관의 지휘에 따라 다음 각 호의 업무를 수행한다.
1. 학생인권에 관한 법령 · 제도 · 정책 · 관행 등의 조사와 연구 및 그 개선에 관한 사항
2. 학생인권침해사건에 대한 조사와 구제, 유형 및 판단기준, 그 예방조치 등에 관한 사항
3. 학생인권상황에 관한 실태 조사 및 정보 · 자료의 조사 · 수집 · 정리 · 분석 및 보존
4. 인권에 관한 교육 및 홍보
5. 인권의 옹호와 신장을 위하여 활동하는 단체 및 개인과의 협력
6. 그 밖에 학생인권옹호관 인권의 보장과 향상을 위하여 필요하다고 인정하는 사항
③ 센터에는 사무직원을 둔다.
④ 센터의 장은 센터의 업무를 총괄한다.
⑤ 학생인권옹호관은 센터의 운영과 활동을 매년 교육감과 위원회에 보고하여야 한다.
⑥ 센터의 조직과 운영에 관하여 필요한 사항은 교육규칙으로 정한다.

07 청소년인권 관련 기관

청소년의 인권과 관련하여 운영되고 있는 기관을 살펴보면 다음과 같다.

1) 서울시교육청 학생인권교육센터

2012년 제정된 서울시 학생인권조례에 따라 설치되어 인권 친화적 학교를 만들기 위한 노력을 하는 서울특별시교육청 산하 기관임.

(1) 주요 사업

- 인권증진 체계 구축
  - 학생인권위원 구성·운영 지원
  - 학생참여단 구성·운영 지원

- 학생인권상담 및 권리구제
  - 학생인권침해 상담
  - 학생인권침해에 대한 권리구제
  - 관련 법령, 제도, 정책에 대한 연구 및 개선
  - 학생인권 실태조사

- 인권교육 및 홍보
  - 학생·학부모·교직원 인권교육
  - 인권교육 자료개발
  - 홍보자료 개발

(2) 상담 대표전화: 02-3999-080~6

2) 아동·청소년인권센터

출생 시부터 아동·청소년의 인권이 보장되는 사회 환경을 조성하고 아동·청소년이 인권의 주체로 성장할 수 있도록 지원하기 위한 목적으로 사단법인 탁틴내일에서 2015년 11월 12일 개소한 기관이다.

(1) 주요사업

- 청소년 아르바이트 인권침해 상담
  - 법률자문단을 통한 상담제공
  - 아르바이트 인권침해 상담 및 사업주 방문
  - 상담지원 분야
    - 임금체불 / 최저임금 미지급
    - 부당해고 / 폭행, 욕설 / 성희롱, 성폭력, 기타 근로 환경 관련 사항

- 청소년 아르바이트 인권 및 아동청소년인권 교육
  - 근로기준법과 근로3권에 대한 기본교육, 직업소양의식교육
  - 아동·청소년의 주체의식함양을 위한 인권교육

- 헤이그 국제협약 이행 촉구를 위한 활동
  - 헤이그 국제협약 비준 상황 파악, 유기아동실태 및 주요원인 연구
  - 필요 조사 결과 자료 및 정보 공개 청구
  - 정책 토론회 개최, 유관 기관 네트워크 형성 및 활성화

- 아동 학대 예방을 위한 활동
  - 캠페인 활동, 정책 제안, 성적 학대 상담

- 대학(원)생 자원봉사단
  - 캠페인 활동
  - 헤이그 국제협약 관련 자료 조사 및 정책 연구

(2) 문의: 070-4077-3853

요약

- 인권은 천부적인 것으로 인종, 성별, 사회적 신분 등에 따라 차별받지 않고, 모든 인간이면 누구나 누려야 하는 보편적인 성격을 가진다. 국가 권력은 인권을 최대한 존중하고 보장하며 그 본질적인 부분에 대해 절대적으로 침해할 수 없다는 점에서 불가침성의 성격을 가진다.
- 청소년은 성인에 비하여 신체적으로 성장이 완성되지 않았고, 정신적, 심리적으로도 자신의 삶을 주체적으로 살아갈 만큼 안정되었다고 할 수 없다. 이들은 경제적으로 독립하지 못해서 누군가의 지원을 받아야 살아갈 수 있는 존재이다. 따라서 상대적으로 이들에게는 생존권, 발달권, 보호권과 같은 권리가 더욱 중요한 권리라고 할 수 있다. 인간의 일반적 권리들과 함께 청소년의 인권은 생존권, 보호권, 발달권, 참여권 등을 주요 내용으로 한다.
- 청소년인권 증진을 위해 청소년 스스로 인권문제에 관심을 가져야 하며, 교사, 종사자, 청소년을 대상으로 인권 교육을 강화해야 한다. 학생자치기구를 법제화시켜 민주시민으로서의 소양을 갖추어야 하며, 선거연령을 18세로 낮추는 방안도 추진해야 한다.

핵심어

인권, 인권침해, 인권실태, 인권교육, 학생인권조례

Exercise

연습문제

1 인권의 기본적 특성에 대한 설명에 해당하는 사항을 모두 고르시오.

보기
가) 인권은 인간이 갖는 기본적 권리이다.
나) 인권은 인간이 갖는 보편적 권리이다.
다) 인권은 약자를 위한 권리이다.
라) 인권은 책임을 동반한 권리이다.

① 가, 나, 다, 라
② 가, 다
③ 나, 라
④ 라
⑤ 가, 나, 다

정답 ①

해설 인권의 기본적 특성은 위 4가지 외에 인권은 '개인과 집단을 포괄한 권리이다.', '인권은 정당성의 기준으로서 국가권력을 제어한다.', '인권은 사회변화를 요구한다.'가 포함된다.

2 인권이란 사회적 지위나 위치에 관계없이 인간이면 누구나 가지는 (　　)이고 도덕적이며 당위적인 권리이다. (　　) 안에 적합한 말은?

① 절대적
② 보편적
③ 선택적
④ 차별적
⑤ 특수적

정답 ②

해설 인권이란 사회적 지위나 위치에 관계없이 인간이면 누구나 가지는 보편적이고 도덕적이며 당위적인 권리이다.

3 청소년인권의 내용에 해당되지 않는 것은?

① 경제권 ② 생존권
③ 자유권 ④ 복지권

정답 ①

해설 청소년인권에는 생존권, 자유권, 복지권, 평등권, 보호권, 발달권, 참여권이 해당된다.

4 청소년 자살의 증가는 청소년의 무슨 권리가 위협받고 있는 것인가?

① 자유권 ② 복지권
③ 보호권 ④ 생존권

정답 ④

해설 청소년의 경우는 자살로 자신의 생명을 마감하는 수가 증가하고 있는데, 이것은 청소년의 생존권이 크게 위협받고 있음을 보여주는 것이다.

5 만약 청소년이 생존권, 자유권, 평등권, 복지권, 보호권, 발달권 등이 침해를 받았을 때에 함께 집회와 결사에 참여하여 자신들의 의사를 표명하고, 자신들이 원하는 의사결정을 촉구할 수 있는 기회를 만들어 내는 권리는 무엇인가?

① 참여권 ② 복지권
③ 보호권 ④ 생존권

정답 ①

해설 청소년들이 참여권을 행사한다는 것은 자신들의 이익과 관련된 사항에 가정이나 학교 및 사회에서 자유롭게 자신들의 의사를 표명하고, 의사 결정에 참여하며, 자신들의 권리가 침해받았을 경우에 이를 복원하기 위하여 집회와 결사를 할 수 있는 권리를 직접 참여하여 표명한다는 것이다.

chapter 05

청소년과 임파워먼트

학습목표

1. 임파워먼트의 개념과 사회복지실천을 이해할 수 있다.
2. 임파워먼트의 방법론과 실천 원칙, 실천과정을 설명할 수 있다.
3. 청소년과 임파워먼트에 대해 설명할 수 있다.

청소년 임파워먼트란 청소년 스스로 자신의 힘이 있다는 사실을 자각하고, 그들 스스로 그 힘을 찾을 수 있는 과정을 말한다. 청소년은 단지 서비스 대상자로만 보고 실제적인 개입은 전문가인 사회복지사에 의해 이루어져야 한다는 전통적 접근방법과 차이가 있다. 다시 말해 청소년 임파워먼트란 사회의 힘을 전제로 그 속에서 사회적 기능향상과 적응이라는 전통적인 사회복지개념에서 탈피하여 청소년에게 힘을 부여함으로써 자기통제력을 갖게 하여 주체적으로 살아가게 한다는 것이다.

01 임파워먼트의 개념

임파워먼트는 1800년대 말 미국의 소외계층의 사회적·정치적 운동에서 시작되었다. 미국 내의 심각한 빈부격차, 경제침체, 이민자들의 증가 등으로 다양한 사회적 욕구가 발생하면서 기존의 사회복지서비스 제공방법의 한계를 깨닫게 되면서 사회조건의 변화를 추구하는 사회개혁을 강조하게 되었다. 더불어 사회복지 실천영역에서 정상화 운동, 권익옹호, 강점관점, 소비자관점 등의 시각이 급속하게 나타나게 되었으며, 억압받고 소외된 개인, 집단들의 사회문화적 환경에 대한 개입이 강조되기 시작하였다. 기존의 의료모델, 직선론적 관점에서 벗어나 다체계적인 관점에 관심을 갖게 되면서, 클라이언트를 단순히 수혜자로만 생각하던 관점에서 클라이언트를 문제해결의 동반자로 보고 클라이언트의 적응력에 관심을 갖기 시작하였다. 이러한 역사적 과정 속에서 임파워먼트 개념이 나타나기 시작하였다.

임파워먼트에 대한 정의를 살펴보면 미국 사회사업사전에서는 “임파워먼트란 개인, 집단 또는 지역사회가 자신의 상황을 통제하고 목적을 달성하며, 이로써 자신과 타인의 삶의 질을 극대화할 수 있도록 돕는 수단이다”라고 정의하고 있다(Adams, 2007). 살리비(Saleeby, 2002)는 “임파워먼트란 사람들에게 힘을 돌려주려는 것에 기반을 둔 것이 아니라, 사람들은 자신과 자신을 둘러싼 환경을 변화시킬 수 있는 능력을 갖고 있다고 보고, 사람 내부의 힘을 끌어내고자 하는 것이다”라고 정의하고 있다(정순둘 외, 2007 재인용). 즉 임파워먼트 접근은 클라이언트의 강점과 환경자원에 초점을 두고 있으면서, 클라이언트의 결함보다는 강점을 강조하고, 클라이언트의 문제를 추적하기보다는 해결책을 탐색하고, 사회복지사의 전문적 능력보다는 협력적 파트너십을 강조하는 관점이다. 또한 임파워먼트란 사람들이 자신의 삶에 대한 통제력을 얻고, 이를 통해 집단의 이익을 달성하는 방법에 관한 이론으로서, 사회복지사들이 억압받아온 사람들의 힘을 증진하도록 돕는 방법을 말하며, 소비자운동과 마찬가지로 ‘힘의 획득’, 즉 억압받는 사람들이 경험하는 일에 대한 통제력을 발휘할 수 있게 하는 것뿐 아니라, 힘의 변혁을 통해 변화를 이루고자 하는 것이다(Mullender & Ward, 1991; Adams, 2007 재인용).

02 임파워먼트와 사회복지실천

사회복지사가 실천과정에서 클라이언트와 면접을 할 때 클라이언트의 어려운 상황을 자연스럽게 듣게 되고, 공감과 반영적 경청을 통해 클라이언트를 이해하게 된다. 하지만 이러한 실천과정에서 자칫 실수를 하게 되는 것은 사회복지사가 구원자적인 태도를 보일 수 있다는 것이다. 클라이언트의 상황을 듣고 클라이언트를 위로하지만, 위로할수록 클라이언트의 슬픔과 자기연민이 연장될 수 있다. 사회복지사가 구원자적인 태도로 행동하면서 결국 상황적인 변화에는 아무것도 할 수 없음을 인정하는 것일 수 있다. 사회복지사가 누군가에게 도움을 주어 그를 구해보겠다는 유혹에서 벗어나 클라이언트와 힘을 합쳐 스스로 문제를 해결해 나갈 수 있도록 결심하게 하고, 클라이언트 스스로 변화과정에 참여하도록 하는 것이 필요하다. 이것이 임파워먼트 실천과 전통적 실천방법의 차이점이다. 임파워먼트 실천은 클라이언트 중심의 가치를 강화하고 클라이언트 개인, 가족, 집단, 지역사회가 나름의 잠재력을 지닌 능력 있는 체계로서 존중받게 하는 데 기여한다. 아울러 클라이언트와 사회복지사는 각자의 생활과 소속 환경에 대해 잘 알고 있는 전문가로 간주되며, 평등한 관계를 이루게 된다(Cohen, 1998; 정순둘 외, 2007 재인용).

임파워먼트 실천에서는 자신의 삶의 전문가인 클라이언트가 자신의 욕구에 기반을 둔 목표를 스스로 설정하여 내·외적 자원을 활용함으로써 힘을 얻게 되고, 안녕을 누리는 상태를 성과로 본다. 사회복지사는 당연히 클라이언트 중심으로 협동하게 되고, 사회복지 실천과정은 클라이언트와 사회복지사가 함께 공동의 과업을 수행하는 것으로 이루어지게 된다. 임파워먼트 실천의 성과는 클라이언트의 생활을 중심으로 나타나야 하며, 그 평가는 클라이언트 입장에서 이루어져야 한다.

하지만 애덤스(Adams, 2007)는 임파워먼트 실천과 관련하여 몇 가지 위험을 지적했다. 첫째, 권한을 부여하지 않는 임파워먼트는 자기모순이 발생할 수 있다. 임파워먼트가 사람들에게 행하는 어떤 것, 또는 사람들이 자신과 타인을 위해 하는 어떤 것이라는 인식을 넘어서야 한다. 모든 사람이 다른 사람에게 권한을 부여한다는 가정이 문제가 될 수 있다. 전문가들이 다양한 방식으로 서비스이용자의 영역을 침범하고 셀프-임파워먼트를 위한 공간을 축소할 수 있기 때문이다. 둘째, 어떤 사람의 임파워먼트가 다른 사람의 비임파워먼트가 될 수도 있다. 임파워먼트 과정은 개인, 집단, 가족, 조직 및 지역사회의 수준과 개인의 삶의 다양한 영역에서 일어난다. 어떤 사람은 어떤 것을 깨닫거나 이해를 통해 임파워먼트를 경험하지만, 또 다른 사람은 새로운 직장을 얻거나 경력을 쌓으면서 임파워먼트를 경험할 수 있다. 셋째, 희석의 위험이 존재한다. 이것은 임파워먼트 개념의 대중성 때문에 부적절하게 사용하거나 범위를 축소하면 그 효과는 약화될 수 있다. 단순히 전문가에 의한 조력활동의 또 다른 형태인 것처럼 이야기함으로써 초점을 흐릴 수 있기 때문이다. 넷째, 너무 많은 표적 집단을 언급하기 때문에 어느 누구에게도 맞지 않을 위험이 존재한다. 임파워먼트의 전략적인 측면을 간과하고 지나친 대상을 임파워먼트 대상으로 삼을 때 발생할 수 있는 위험이다.

03 임파워먼트 방법론

임파워먼트 실천은 개인, 집단, 조직, 지역사회 수준에서 이루어진다. 개인적인 수준의 임파워먼트는 자존감, 자기효능감과 관련 있으며, 집단 수준의 임파워먼트는 상호협력, 집단정체성, 사회행동의 발달과 관련이 있다. 지역사회 수준의 임파워먼트는 잠재력의 성장, 정의를 실현하기 위한 사회정책과 제도의 변화에 초점이 있다.

임파워먼트 실천을 위한 일곱 가지 방법론을 살펴보면 다음과 같다(정순둘 외, 2007).

1) 대화에 의한 의식화

억압받는 자들은 본인들 스스로의 힘의 부족에서 나타나는 문제를 깨닫게 하며, 문제해결을 위해 개인적 변화보다 문제의 원인에 중점을 두어야 한다. 문제의 원인에 관심을 갖는다는 것은 클라이언트 자신의 부정적 상황에 대한 책임에서 벗어날 수 있도록 유도할 수 있다. 클라이언트가 처한 상황에 대한 비판적 의식을 통해 사회적 상황과 자신을 변화시키고자 하는 책임감을 기르도록 하는 것이 필요하다.

2) 억압받는 사람에 대한 경청

억압받는 사람들의 목소리에 경청하는 것은 사회복지사가 클라이언트가 생각하는 문제 정의와 상황 파악을 받아들이는 것을 의미한다.

3) 자원, 협력자로서의 사회복지사

사회복지사는 전문가로서의 위치를 버리고 당사자들이 전문가가 모르는 지식을 더 많이 가지고 있음을 깨달아야 한다. 이러한 자세는 사회복지사와 클라이언트가 동료관계로 발전하게 되고 협력적 전략을 수립하는 데 도움이 될 수 있다.

4) 연대의 확립과 상호지원

클라이언트가 자신들의 문제를 다른 사람들과 공유하면서 집단의식이 향상될 수 있으며, 다른 사람들과의 결속하여 일하게 되면서 다양한 자원들을 얻을 수 있게 된다.

5) 권력 분석

첫 단계는 클라이언트의 무능력 상태가 어떻게 클라이언트에게 영향을 미쳤는지 분석한다. 두 번째 단계는 클라이언트 상황 속에 감추어져 있던 기술, 개인의 능력, 과거의 사회적 지원망, 지역사회기관의 활동 등과 같은 잠재력의 근원을 파악해야 한다.

6) 개인의 자존감과 자기효능감의 향상

본인이 더 유능하고 일을 수행하고 조정할 수 있는 능력이 자신에게 있다는 믿음을 갖게 함으로써 자신에 대한 재정의가 이루어지고 개인의 힘과 능력을 경험할 수 있게 할 수 있다.

7) 문제해결, 사회행동, 일상생활, 자기변호에 대한 기술 향상

일상생활에서 필요한 양육, 구직, 자기방어, 단호함, 사회적 유능감, 자기변호와 같은 대인관계 기술들을 얻게 되면 더 많은 자원을 얻게 된다.

04 임파워먼트 실천의 원칙

임파워먼트 실천은 다른 사회복지 실천이론과 다른 실천원칙이 있다. 기존의 사회복지 실천은 주로 의료모델을 기반으로 클라이언트의 결함이나 문제에 초점을 두었으나, 임파워먼트 실천은 클라이언트의 잠재력과 자원을 인정하고, 클라이언트가 삶의 전문가임을 인정함으로써 스스로 자신의 문제를 해결할 능력이 있다고 보고 있다. 임파워먼트 실천의 몇 가지 원칙을 다음과 같이 제시할 수 있다(김성이·노충래, 2004).

1) 사회복지사와 클라이언트의 상호협력적인 관계 유지

사회복지사가 전문가이기 때문에 클라이언트는 단순히 협조하는 관계여야 한다는 기존 접근방법과 달라야 한다. 사회복지사는 클라이언트와 함께 클라이언트의 문제를 함께 느끼며, 클라이언트가 문제해결의 주체가 될 수 있도록 도와야 한다. 사회복지사와 클라이언트가 공통의 목적을 공유하고 문제해결의 동반자적인 관계가 필수적이다.

2) 클라이언트의 참여와 사회복지사의 헌신

사회복지사가 클라이언트의 욕구를 파악하는 데 그치는 것이 아니라, 클라이언트가 서비스 및 프로그램 구성 과정에 참여하고 클라이언트의 경험을 최대한 활용하도록 도와야 한다. 기존의 관행은 클라이언트가 프로그램의 계획 및 구성, 운영, 평가에 있어 배제되어 왔으나, 이제는 클라이언트 스스로 자신을 임파워먼트 할 수 있는 능력을 배양하도록 돕는 것이다. 이것은 클라이언트의 자기결정권을 존중하는 것이며, 클라이언트가 신중하고 책임지는 자신의 문제해결방법을 선택하는 것을 의미한다. 이러한 클라이언트의 참여는 클라이언트 스스로 지도력을 개발하고, 자신에게 필요한 권한을 행사한다.

사회복지사는 자신을 억압하고 있는 제도적 환경과 내적 장애요인을 인식할 수 있는 노력이 필요하다. 임파워먼트 접근방법을 활용하고자 하는 스스로의 노력과 헌신이 필요하며, 이를 위해 사회복지사가 먼저 임파워먼트 될 수 있어야 한다.

3) 클라이언트의 자발적 욕구표현

클라이언트가 자신의 욕구를 표현하는 것은 곧 자신의 권익을 주장하는 것이다. 클라이언트 스스로 자신의 문제를 자신의 언어로 표현할 수 있도록 도와야 한다. 사회복지사는 프로그램 및 개입방법을 구성할 때 클라이언트가 표현한 욕구를 클라이언트가 원하는 방식으로 충족하도록 구성해야 한다.

4) 개인과 환경의 이중초점

클라이언트가 문제를 겪는 것은 개인적인 요인뿐 아니라 환경적인 요인도 영향을 미친 것을 놓쳐서는 안 된다. 문제의 원인과 함께 해결방법도 개인적 변화와 사회환경의 변화를 함께 꾀하는 이중적 관점을 유지해야 한다.

5) 억압과 차별에 대한 저항

클라이언트는 일반적으로 장기간 사회제도적 억압과 차별에 시달려온 경우가 많다. 억압적 제도와 차별은 개인과 특정 집단의 인생이 짓밟히는 경험이기 때문에, 임파워먼트 접근방법은 이러한 사회제도적 억압과 차별을 타파하여야 한다. 클라이언트 주변의 현실을 재구조화, 재창조화하는 과정으로 클라이언트를 이러한 억압 문제해결을 위한 사회참여와 정책 결정과정에 참여해야 한다.

6) 다원적인 이론관점

임파워먼트 접근방법은 총체적인 접근을 지향하기 때문에 생태학적 관점, 다원문화주의, 역사적 관점, 비판주의, 여성주의, 세계적 관점 등 다중적 관점을 필요로 한다. 클라이언트를 상대로 일해 오면서 경험해온 지엽적인 지식과 실천지식을 활용할 수 있어야 하며, 자신의 문제에 관한 한 전문가인 클라이언트가 제시하는 지식도 활용해야 한다.

05 임파워먼트 실천과정

임파워먼트 실천과정은 기존의 사회복지 실천과정과 큰 차이점은 없지만 각각의 단계에서 중점을 두어야 하는 내용은 차이점이 있다. 임파워먼트 실천과정에서 행해져야 할 과업은 다음과 같다(정순둘 외, 2007).

1) 임파워먼트 사정

클라이언트가 처해있는 상황에서 어떠한 억압을 경험하는지에 대해 민감하게 의식해야 한다. 사회복지사는 개인의 오류나 책임보다는 사회구조적 자원의 부족과 도움의 연계망의 열악함을 파악할 수 있도록 생태 체계적이고 포괄적 시각을 가져야 한다.

인간과 환경 간의 교류를 좀 더 긍정적이고 원활히 하는 데 있다. 환경에 적응하도록 유도하기보다 자신의 힘을 통해 열악한 상황이 일어나도록 한 사회 및 제도적 환경 변화를 함께 도모하여 클라이언트가 개인적 측면뿐 아니라 사회적으로도 임파워먼트를 이루어나가도록 해야 한다(Cower & Sniverly, 2002; 정순둘 외, 2007 재인용).

클라이언트가 보다 나은 삶을 도모하려는 내적 능력과 잠재력이 있다는 것을 믿고 클라이언트의 상황에서 지금까지 대처해 온 노하우를 활용하도록 한다. 힘든 상황을 버텨온 생생한 경험을 경청하면서 그들이 고통경험의 희생자가 아니라 어려운 상황을 이겨낸 승리자라는 것을 확인하게 되는 것이다. 개인의 약점, 병리, 오류를 지적해 내고 그것을 고치는 데 있는 것이 아니라, 대처과정 속에서 능력감을 새롭게 발견하고 다시 그 에너지를 충전하여 사회복지사의 원조로 대처노력을 새롭게 하고 대안적 해결방법을 찾도록 하는 데 있다. 임파워먼트 사정 단계의 주요 과업은 다음과 같다.

(1) 문제의 구성과 맥락 파악

클라이언트가 경험하는 어려움, 즉 문제가 무엇으로 이루어져 있고 그 사회경제 그리고 정치적 맥락이 어떠한지에 대해서 사정이 이루어져야 한다.

(2) 클라이언트의 주요 자원 파악

클라이언트의 잠재능력, 그동안의 대처노력과 방법 등을 파악하여야 한다. 클라이언트는 자신의 생활을 가장 잘 알고 있으며, 사는 방법을 터득하고 있는 지혜를 가진 전문가로서 재발견하게 된다.

(3) 클라이언트의 내·외적 자원체계를 파악한다.

내적 자원은 클라이언트의 능력, 자신감, 자기효능감, 동기, 살아가려는 의지, 사회복지사를 포함한 지역사회 자원체계와의 접촉 노력 등이 될 것이다. 이러한 과정을 통해 클라이언트는 자신과 자신의 상황을 현재 있는 그대로 수용하게 되고, 약점과 강점을 보고 수용하게 된다. 수용을 통해 내·외적 자원을 어떻게 활용할 것인지를 구체화할 수 있다.

2) 클라이언트의 목적과 목표 설정

목표는 당장 클라이언트의 상황에서 급박하게 단기적으로 해결해야 할 것부터 좀 더 시일이 걸리는 장기적인 것으로 구분할 수 있게 된다. 각각의 목표는 클라이언트 개인적인 것, 가족 및 주변 사람들과의 대인관계적, 지역사회 차원 등으로 구분해 볼 수 있다.

3) 개입단계

임파워먼트 실천개입은 4가지 차원에서 이루어질 수 있다. 사회복지사-클라이언트의 관계 형성과 활용 차원, 교육과 기술 습득, 자원 확보와 체계 활용, 지역사회 및 사회변화 차원으로 구분할 수 있다(Gutierrez, Parsons, & Cox, 1998; 정순둘 외, 2007 재인용). 순차적으로 이루어지는 것이 아니라 클라이언트의 상황과 욕구 충족이 진행되는 맥락에 따라 차이가 날 수 있다.

(1) 사회복지사—클라이언트의 관계 형성

사회복지사와 클라이언트의 협력적 관계 형성이 중요하다. 사정이 시작될 때부터 진행된다. 문제에 대한 클라이언트의 시각과 의미, 그동안의 대처방식과 결과에 대한 공감과 연대감을 포함하며, 신속히 처리해야 할 일이나 욕구는 우선적으로 먼저 다루어야 한다.

(2) 교육과 기술 습득

클라이언트가 가지고 있는 대처방식을 기반으로 도움이 될 자원에 대한 정보와 지식을 습득하게 한다. 그러한 자원을 활용하여 그들의 문제를 해결할 수 있도록 필요한 기술을 습득하게 한다. 클라이언트의 문제해결에 필요한 물리적·심리적·사회적 측면의 지식이어야 한다. 이러한 정보와 지식 습득은 자신의 상황을 타인에게 알리고 스스로를 대변하는 기술로 향상하게 된다. 자신과 유사한 상황의 다른 동료에게 자신의 배운 것들을 알려주고, 서로 돕는 관계가 형성될 수 있다.

(3) 자원 확보와 체계 활용

클라이언트에게 도움이 되는 관련 체계들을 중재하는 일이 이루어진다. 주변 자원체계가 무엇인지 확인하고 잠재자원을 파악하며, 그에 대한 접근 방법을 사정하고 동원 가능성을 최대화하는 일이 중요하다. 지역사회 자원이 동원되어 자신의 삶의 여건이 달라지는 것을 직접 보게 되면서 함께 사는 지역공동체를 체험하게 되며 삶의 동기가 높아질 수 있다.

또한 자조집단이 형성되고 참여하게 됨으로써 주변의 어려움을 겪고 있는 다른 사람들을 돕게 되면서 자신의 자존감이 향상되는 경험이 생길 수 있다. 사회복지사는 자조집단의 형성 초기에 집단 운영에 대한 교육 및 다양한 정보를 제공하여야 한다. 사회구조적인 문제로 자신과 같은 어려움을 당하는 사람들이 있음을 깨닫게 되면서 사회변화 차원의 지역운동에 참여할 가능성이 생길 수 있다.

(4) 지역사회 및 사회 변화

지역사회 자원 활용을 체험하면서 거시적인 차원의 사회·경제·정치적 차원의 시각을 갖게 된다. 사회적 의식의 변화를 통해 지역사회의 문제해결을 위한 사회운동에 관심을 갖게 되고, 개인뿐만 아니라 지역사회의 임파워먼트가 이루어지게 된다.

06 청소년과 임파워먼트

청소년 임파워먼트란 청소년 스스로 자신의 힘이 있다는 사실을 자각하고, 그들 스스로 그 힘을 찾는 과정을 말한다. 청소년은 단지 서비스 대상자로만 보고 실제적인 개입은 전문가인 사회복지사에 의해 이루어져야 한다는 전통적 접근방법과 차이가 있다. 다시 말해 청소년 임파워먼트란 사회의 힘을 전제로 그 속에서 사회적 기능향상과 적응이라는 전통적인 사회복지개념에서 탈피하여 청소년에게 힘을 부여함으로써 자기통제력을 갖게 하여 주체적으로 살아가게 한다는 것이다(노혁, 2010).

1) 임파워먼트 접근방법의 청소년복지 적용

임파워먼트 접근방법을 청소년복지 현장에서 적용하기 위해서 논의해야 할 사항은 다음과 같다(김성이·노충래, 2004).

첫째, 사회복지사는 청소년의 장점과 잠재력을 파악하고 이를 향상할 수 있도록 도와야 한다. 문제해결에 있어 성인의 시각과 청소년의 시각의 차이점을 파악하고, 청소년의 관점에서 도전적인 문제나 요소를 이해하도록 노력해야 한다. 특히 청소년들의 하위문화 내에서 그들이 문제에 대해 갖고 있는 의미나 해결수단, 방법, 가치관 등을 이해하도록 노력해야 한다. 청소년들이 스스로 선택하고 결정할 수 있는 일들을 임파워먼트 과정에서 찾도록 해야 하고, 프로그램 참여에 있어서 청소년의 권리를 인식하고 행사할 수 있도록 하며, 목표설정에 있어서 자신들이 변화하고 싶은 영역을 선택할 수 있는 기회를 주고, 목표 성취를 통해 자신감을 가질 수 있도록 도와야 한다.

둘째, 청소년들은 대인관계에 많은 어려움을 겪을 수 있다. 부모, 친구, 교사 등과의 갈등으로 인해 소외감, 고독감, 버려졌다는 느낌, 무기력감과 같은 심리정서적 어려움을 겪을 수 있다. 이것은 청소년기의 발달특성상 자율성과 독립심을 향상시키려는 노력이 강하지만, 한편으로 감정의 변화가 심하고 자기중심적인 관점이 강하기 때문에 타인에 대한 배려와 이해가 부족할 수 있다. 따라서 청소년의 대인관계 양상을 파악하고, 자기주장을 비폭력적인 방법으로 적절하게 할 수 있게 하고, 자신에게 도움을 줄 수 있는 자원을 파악하고 활용할 수 있도록 도와야 한다.

셋째, 우리나라 청소년들은 자신들의 권익향상을 위해 목소리를 낼 수 있는 장치가 부족하다. 미성년자라는 이유로 사회문화, 정치적 과정에 참여할 수 있는 권리를 인식하지 못하며, 스스로 통제할 수 없다고 여길 수가 있다. 예를 들어 임금착취를 당하거나 최저임금을 받지 못하는 아르바이트를 하고 있음에도 제도적 절차를 통해 문제를 해결하기에는 너무 많은 장벽이 있기 때문에 포기하는 경우가 많다. 이런 경우 사회복지사는 청소년과 함께 문제해결을 위한 전략을 모색하고 자신들의 권익을 옹호해 줄 수 있는 사회기관을 파악하고 도움을 요청할 수 있다.

2) 청소년 임파워먼트의 이론적 구조

청소년 임파워먼트는 청소년 개인의 특성 중 청소년이 가지고 있는 지식, 태도, 믿음, 기술적인 요인들이 청소년이 속한 지역사회 집단 및 조직에 참여하면서 상호작용을 하게 되고, 이러한 참여는 지역사회에 대한 청소년의 행동을 일으키고, 지역사회의 변화를 유도하게 되는 모습으로 나타날 수 있다. 하이넌트(Hinnant, 2001)는 지역사회 참여활동을 하고 있는 청소년을 대상으로 임파워먼트의 개념을 조사하면서 청소년이 임파워먼트를 형성하게 되는 이론적 구조를 그림 5-1과 같이 제시하고 있다(한국청소년정책연구원, 2004 재인용).

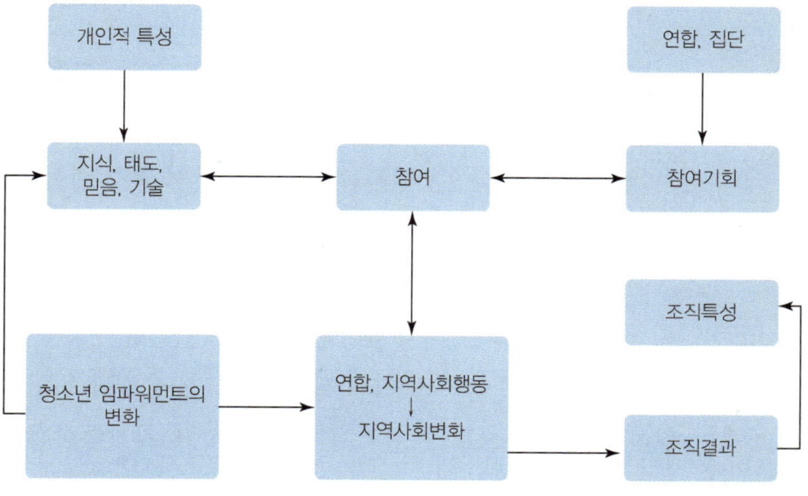

출처: Hinnant(2001). 한국청소년정책연구원, 2005 재인용. p.9.

그림 5-1 청소년 임파워먼트를 위한 이론적 틀

3) 청소년 발달과 임파워먼트 접근

청소년 발달과 임파워먼트 접근은 사회적 지지의 기제와 사회에의 참여를 위한 기회에 초점을 둔다. 첫 번째 단계는 강한 사회적 지지에 따라오게 되는 강한 가족의 지지이다. 이러한 지지 속에서 청소년은 기술을 배우고, 책임감을 맡고, 사회적이고 공적인 일에 참가하는 기회를 갖게 된다. 이후 청소년은 이러한 기술들을 활용하게 되고, 성공을 경험하며 이것들은 다시 사회적·가족적 지지의 네트워크로 인식되게 된다. Kim, Crutchfield, Williams & Helper(1998)는 다양한 사회과학의 이론하에서 약물중독의 상황에 있는 청소년을 상대로 그림 5-2와 같이 청소년 임파워먼트 과정을 설명하고 있다. 청소년 임파워먼트가 강조될수록, 이 패러다임은 긍정적인 발달에 초점을 맞추게 되고, 지역사회 활동과 조직에의 참여를 통해 발달을 이루어나가게 된다(한국청소년정책연구원, 2004 재인용).

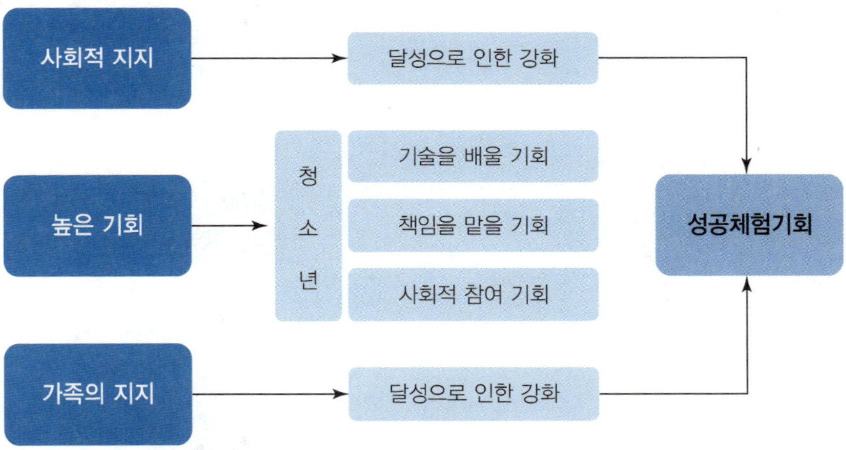

그림 5-2 청소년 임파워먼트 과정을 위한 개념적 모델

4) 긍정적인 청소년 임파워먼트 순환과정

Chinman과 Linney(1998)는 자아정체성 발달, 무(無)역할과 애착이론에서 주제를 도출하여 그림 5-3과 같이 청소년 임파워먼트 모델을 발전시켰다. 이 순환과정도 사회적 지지와 긍정적인 지역사회활동과 조직에 참여하는 것이 필요하다고 보고 있으며, 이런 과정을 통해 청소년은 긍정적인 자아인식, 긍정적 역할, 자아존중감 강화와 같은 청소년발달에 있어서의 장점을 갖게 되는 모습을 볼 수 있다(한국청소년정책연구원, 2004 재인용).

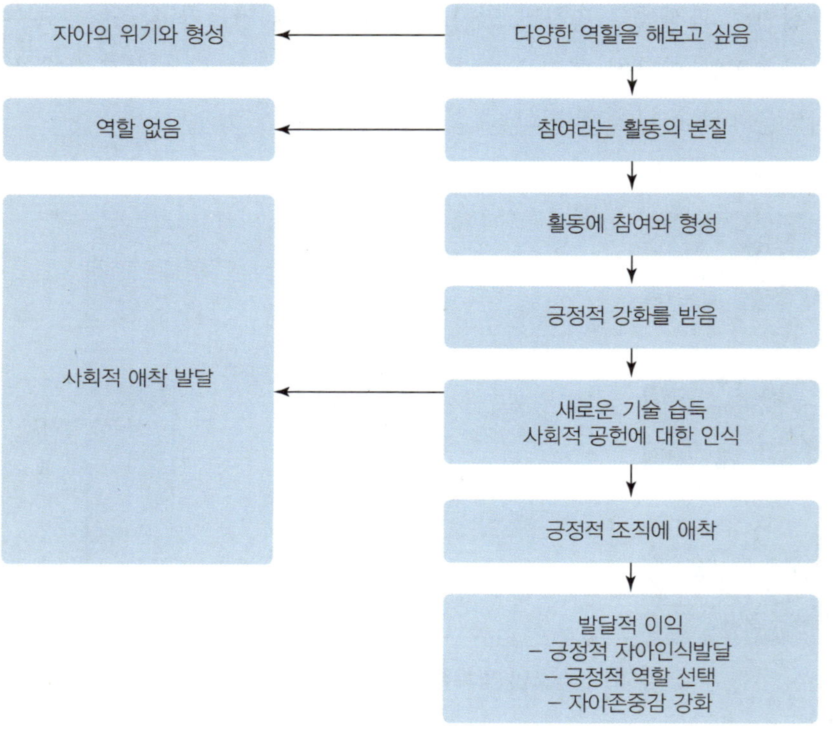

출처: Chinman과 Linney(1998). 한국청소년정책연구원, 2004 재인용.

그림 5-3 청소년 임파워먼트 과정을 위한 개념적 모델

5) 청소년 임파워먼트 적용 단계

레스(Ress, 1998)는 노숙청소년과의 면접을 통해 얻은 결과를 바탕으로 청소년 임파워먼트의 단계를 4단계로 논하였다. 이 단계를 구체적으로 살펴보면 다음과 같다(김성이·노충래, 2004 재인용).

1단계는 청소년이 자신의 무기력함을 이해하고 이것이 자신의 생활에 미치는 영향을 이해하는 단계이다. 청소년이 느끼는 무력감이 무엇이며, 무력감으로 인해 발생하는 역동성을 충분히 이해하여야 한다. 이후 청소년 스스로 자신의 무력감을 깨닫고 이를 변화시키려는 의지가 생길 때까지 기다려주어야 한다. 예를 들어 가출 청소년이 자신의 무력감을 이해하고 변화시키기 위해서는 자신에게 실망을 안겨주었던 부모, 교사, 친구들에 대한 여러 요인들을 검토하고 어떤 점이 변화되어야 할지 판단하여야 한다.

2단계는 자신들의 상황에 대한 인식과 상호 교육적인 과정이 필요한 단계이다. 이 단계에서 청소년들은 자신들의 삶에서 일정하게 나타나는 일반적인 주제들, 예를 들어 무기력함, 불신, 저버림 등을 파악해보고, 향후에 이를 어떻게 변화시킬지를 사회복지사와 논의한다. 본인의 일반적인 주제들을 파악하는 것은 사회복지사와 청소년이 자신의 삶을 재구성할 수 있는 기회를 제공해주는 것이다. 청소년은 자신이 처한 상황을 구체적으로 묘사하고 표현하는 동안 청소년은 자신의 삶을 되돌아 볼 수 있는 기회를 갖게 되고, 사회복지사는 청소년의 삶을 변화시키기 위한 구체적인 전략을 청소년과 함께 수립하는 기회를 갖게 된다. 이 단계에서는 사회정의를 성취하기 위해 필요한 자원을 확보할 수 있어야 하기 때문에 자원 확보가 쉽지 않으며 시간이 오래 걸릴 수 있다.

3단계는 대화와 유대감을 형성하는 단계이다. 임파워먼트를 성취하기 위해서는 대인관계나 세력집단의 관계에서 그들이 활용하는 언어를 이해할 수 있어야 한다. 이것은 타인의 주장을 들어줄 수 있는 능력과 자신의 의견을 정확하게 전달하는 과정이다. 이를 위해 청소년의 대인관계나 세력집단에서 활용되는 정치적 이해관계를 파악하고 활용할 수 있는 기술이 필요하다.

4단계는 구체적 행동과 정치적 정체감을 형성하는 단계이다. 청소년은 자아인식뿐만 아니라 정치적 인식도 함께 성취하게 된다. 청소년은 자신을 보다 잘 이해하고 자신의 권익을 위해 목소리를 높이며, 자신의 문제를 변화시키는 힘을 갖게 된다.

또한 타인 및 자신의 삶을 통제하는 개인이나 집단과의 관계에서 자신의 위치를 확인하되, 이러한 위치가 이전처럼 타인이나 문제에 의해 자신의 삶이 통제되는 것이 아니라, 자신이 주체가 되어 삶을 긍정적으로 통제해 나갈 수 있음을 의미한다.

특히 이 단계는 자신의 삶에 부정적인 영향을 주거나 문제를 만들어내는 외부적 요인에 대처하기 위해 집단적인 노력을 함께 해나갈 수 있다. 비슷한 처지에 놓여있는 청소년들과 함께 자신들의 권익을 확보, 확장하기 위한 노력을 해나갈 수 있으며, 이러한 과정에서 자신들에게 도움을 줄 수 있는 단체나 기관을 파악하고 도움을 요청할 수 있어야 하며, 사회복지사는 이 과정에서 이들을 도울 단체나 기관의 적극적 협조를 유도해 낼 수 있어야 한다.

6) 청소년 임파워먼트 실천의 한계

청소년 대상으로 임파워먼트 실천을 함에 있어 한계를 몇 가지 제시하고 한다(노혁, 2010). 첫째, 청소년이 임파워먼트 자체를 받아들이지 않는 경우가 있다. 요즘 청소년들의 경우 유아기부터 자율성보다는 지시에 순응하는 것에 익숙할 수 있다. 지시를 받아 행동하면 위험부담이 적기 때문에 성인들의 결정에 따르는 것이 편할 수 있다. 청소년들 스스로 실질적으로 힘을 행사하지 못하고 힘의 보장이 없이 자발성과 책임만 부과하게 된다면 이것은 또 다른 통제수단이 될 수 있다는 우려가 있다. 둘째, 성인들이 정작 실질적인 힘을 청소년에게 부여하지 못하고 표면적이고 과시적인 형태로 임파워먼트 프로그램만 강조될 수 있다. 이것은 성인들이 실질적 힘이 청소년에게 이전되는 것에 불안감을 느끼고, 청소년 입장에서는 언제든지 성인들이 힘을 되돌릴 수 있다고 여기기 때문에 진정한 실현에 회의를 느낄 수 있다. 셋째, 사회복지사들이 성공적인 임파워먼트 실천을 추진하기 위한 능력과 지식을 갖추고 있지 못하다는 것이다. 청소년 대상 사회복지사들의 업무가 프로그램 기획, 실행, 행정업무 등으로 과중한 업무에 시달리다 보니 임파워먼트를 촉진시키기 위한 절대적 시간과 자원이 부족하다. 또한 임파워먼트에 대한 실질적인 교육과 훈련을 받지 못하였기 때문에 실행 능력도 부족한 상황이다.

따라서 이러한 한계를 극복하기 위해서는 현실적인 가능성을 토대로 청소년을 대상으로 임파워먼트가 실천될 수 있어야 한다. 청소년의 과거와 현재에 대해 실제적인 통제는 할 수 없더라도 미래 그들의 삶을 설계할 수 있는 가능성을 염두에 두어 임파워먼트 전략을 수립하는 것이 필요하다.

7) 청소년 임파워먼트 프로그램

청소년 집단을 대상으로 임파워먼트 프로그램 사례를 제시하고자 한다(곽미정·김형모, 2013). 본 프로그램은 중고등학생 청소년을 대상으로 Zimmerman(1992) 및 Lee (2001)가 제시한 임파워먼트 차원을 반영하여 개인 내적·대인관계적·사회 및 정치적인 차원으로 구분하여 구조화한 것이다.

첫 회기는 참가 학생들이 임파워먼트의 주요 활동으로 강점관점에 대한 간단한 설명을 들은 후, 임파워먼트가 실생활에서 별명의 지칭과 같은 단순한 지칭의 변화로부터 출발할 수 있다는 것에 대한 자각의 시간으로 프로그램을 시작하였다. 이를 통해 학생들은 자신의 생각과 느낌이 관점에 따라 달라질 수 있으며, 이것은 개인의 효능감과 연결될 수 있다. 셀프-임파워먼트 과정은 세상을 긍정적으로 바라보고 능동적으로 행동을 취하는 사람이 되기 위해 먼저 자신부터 긍정적으로 인정할 수 있어야 한다.

두 번째 회기는 강점관점의 개념을 자신을 둘러싼 생태체계학적인 차원으로 끌어올려 이를 통해 자신 및 동료를 바라보는 시간을 갖도록 하고, 대인관계적 차원에서 서로를 강점관점 차원으로 공감하고 토론한다. 이러한 토론 활동을 통하여 학생들은 상대방의 입장을 공감하며 서로에 대한 긍정적 인식을 경험하는 계기가 될 수 있다. 또한 과거에 가지고 있던 자신의 관점을 성찰하고 임파워먼트 차원에서 바라볼 때 변화될 수 있음을 토론과 발표를 하게 함으로써 청소년들의 사고 범위가 확장되는 기회를 제공한다.

세 번째 회기는 사회 및 정치적인 임파워먼트에 관하여 토론하게 하였다. 몇 가지 직업이나 일들이 진행되기까지 필요한 과정에 대한 예를 들면서, 이를 토론하고 강점관점에 근거한 자신만의 진로와 로드맵을 구상하도록 하여 스스로 필요한 내적 자원의 접근이 가능하도록 하였다. 이것은 생각의 과정을 좀 더 구체화하도록 하기 위해 필요한 과정이다. 이를 정리하여 표 5-1과 같이 제시할 수 있다.

표 5-1 청소년 임파워먼트 집단프로그램 회기별 구성과 내용

구분			주요내용
제목	스타트! 청소년 임파워먼트!		
목적	강점관점을 근거로 교사 및 교우들과 토론을 통하여 개인, 대인관계 및 사회·정치적 임파워먼트 향상을 도모할 수 있다.		
회기별 목표 및 활동내용	1회기 (내 안에 이런 면이 – 자신을 새로운 관점에서 바라보기)	도입	자기효능의 개념을 중심으로 임파워먼트의 기본개념을 소개한다. 활동규칙을 강점관점의 차원에서 학생들과 함께 정해보는 시간을 갖는다.
		활동1	과거에 별명에 대한 서로의 느낌을 나누고 강점관점에 근거하여 새로운 닉네임을 정한다. 이에 대한 자신의 의견과 느낌을 서로 나누어 본다.
		활동2	자신의 단점을 강점관점 차원에서 재해석해보는 시간을 갖고, 서로의 생각을 나누는 시간을 갖는다. 교사는 이와 같이 자신을 명명하는 작은 시도가 개인적 임파워먼트의 시작임을 인식시켜준다.
	2회기 (나, 너 그리고 우리 – 사회에서의 자신의 효능감 파악 및 발휘하기)	도입	교사는 생태학적 차원의 모형을 간단히 소개하며, 이러한 측면 안에서 개인의 역할 및 기능에 대해 생각해 보도록 한다.
		활동1	강점관점에 근거하여 가정, 학교, 사회에서의 개인적 역동성을 중심으로 하여 자유롭게 그룹의 주제를 선정하고 성찰 및 토론을 통해 발표하게 한다.
		활동2	사회적 측면에서는 자신과 상대방을 강점관점으로 바라보며 자유롭게 토론한다. 그 후 이를 그룹별로 토의하고 발표한다. 교사는 이를 취합하여 서로 강점관점으로 상대방을 볼 수 있도록 하며 이후의 변화된 모습을 정리하고 활동의 취지를 설명하고 마무리한다.
	3회기 (나의 꿈을 펼칠 거야 – 미래에 대한 계획을 스스로 세워본다)	도입	사회 내에서의 직업의 다양성을 이해한다. 또한 이를 보는 외부 인식과 내부 인식에는 차이가 있을 수 있으며, 무엇보다 자신의 믿음의 체계가 중요함을 간단하게 이야기해줄 수 있다.
		활동1	직업에 대한 현 이슈나 간단한 물품이 배달되기까지의 필요한 직업에 대하여 탐색하면서 발표하고 빙고게임을 해본다. 이를 통해 직업을 바라보는 서로의 생각을 공유할 수 있다.
		활동2	자신의 미래를 설계하고 자신만의 로드맵을 구상하여 발표를 통해 서로의 꿈과 미래의 이야기를 공유하고 상호 격려하는 시간을 나눈다.

출처: 곽미정 · 김형모(2013).

요약

- 임파워먼트 실천은 클라이언트 중심의 가치를 강화하고 클라이언트 개인, 가족, 집단, 지역사회가 나름의 잠재력을 지닌 능력 있는 체계로서 존중받게 하는 데 기여한다. 아울러 클라이언트와 사회복지사는 각자의 생활과 소속 환경에 대해 잘 알고 있는 전문가로 간주되며, 평등한 관계를 이루게 된다.
- 임파워먼트 실천은 개인, 집단, 조직, 지역사회 수준에서 이루어진다. 개인적인 수준의 임파워먼트는 자존감, 자기효능감과 관련 있으며, 집단 수준에서는 상호협력, 집단정체성, 사회행동의 발달과 관련이 있다. 지역사회 수준에서는 잠재력의 성장, 정의를 실현하기 위한 사회정책과 제도의 변화에 주시한다.
- 청소년 임파워먼트란 청소년 스스로 자신의 힘이 있다는 사실을 자각하고, 그들 스스로 그 힘을 찾을 수 있는 과정을 말한다. 청소년은 단지 서비스 대상자로만 보고 실제적인 개입은 전문가인 사회복지사에 의해 이루어져야 한다는 전통적 접근방법과 차이가 있다. 다시 말해 청소년 임파워먼트란 사회의 힘을 전제로 그 속에서 사회적 기능향상과 적응이라는 전통적인 사회복지개념에서 탈피하여 청소년에게 힘을 부여함으로써 자기통제력을 갖게 하여 주체적으로 살아가게 한다는 것이다.

핵심어

임파워먼트, 권한부여, 강점관점, 통제력, 파트너십

연습문제

Exercise

1 임파워먼트에 대한 설명에 해당하는 사항을 모두 고르시오.

보기

가) 임파워먼트는 클라이언트의 결함보다는 강점을 강조한다.
나) 임파워먼트는 문제를 추적하기보다 해결책을 탐색한다.
다) 임파워먼트는 협력적 파트너십을 강조한다.
라) 임파워먼트는 의료모델의 영향을 받았다.

① 가, 나, 다 ② 가, 다 ③ 나, 라 ④ 라 ⑤ 가, 나, 다, 라

정답 ①

해설 임파워먼트는 전통적 의료모델 관점을 벗어난 다체계적인 관점을 가지고 있다.

2 임파워먼트 실천은 클라이언트 중심의 가치를 강화하고 클라이언트 개인, 가족, 집단, 지역사회가 나름의 (　　　)을 지닌 능력 있는 체계로서 존중받게 하는 데 기여한다. (　　　) 안에 적합한 말은?

① 가족력 ② 잠재력 ③ 책임감 ④ 가치관 ⑤ 생활력

정답 ②

해설 임파워먼트 실천이 전통적 실천방법과 다른 점은 클라이언트를 변화 과정의 주체로 참여시키고, 구원자적인 사회복지사의 태도에서 벗어나는 것이다.

3 임파워먼트 실천의 원칙을 설명한 것이다. 옳지 않은 것은?

① 개인보다는 환경에만 초점 맞추기
② 사회복지사와 클라이언트의 상호협력적인 관계 유지

③ 클라이언트의 자발적 욕구표현
④ 억압과 차별에 대한 저항

정답 ①

해 설 임파워먼트 실천 원칙에는 개인과 환경의 이중초점, 클라이언트의 참여와 사회복지사의 헌신, 다원적인 이론 등이 있다.

4 임파워먼트 실천의 개입단계를 설명한 것이다. 옳지 않은 것은?

① 사회복지사 - 클라이언트의 관계 형성
② 교육과 기술 습득
③ 자원 확보와 체계 활용
④ 아동기 감정의 탐색

정답 ④

해 설 아동기 감정의 탐색이 아니라 지역사회 및 사회변화 차원이다.

5 청소년 임파워먼트 적용 단계를 순서대로 바르게 제시한 것은?

보기
가) 청소년이 자신의 무기력함을 이해하고 이것이 자신의 생활에 미치는 영향을 이해하는 단계
나) 자신들의 상황에 대한 인식과 상호 교육적인 과정이 필요한 단계
다) 대화와 유대감을 형성하는 단계
라) 구체적 행동과 정치적 정체감을 형성하는 단계

① 가 → 나 → 다 → 라
② 가 → 다 → 나 → 라
③ 나 → 라 → 가 → 나
④ 가 → 나 → 라 → 다
⑤ 가 → 라 → 다 → 나

정답 ①

해 설 Ress(1998)가 노숙청소년과의 면접을 통해 얻은 결과를 바탕으로 청소년 임파워먼트의 4단계를 제시하였다.

chapter 06

청소년복지 실천현장과 전문 인력

학습목표

1. 청소년복지 실천현장에 대해 복지·보호·활동 영역으로 나눠 설명할 수 있다.
2. 청소년복지 관련 전문 인력의 역할과 자격, 자격기준에 대해 이해할 수 있다.

청소년복지 영역에 대한 관심이 높은 반면에 청소년복지 실천현장에 대해 학습하지 못해 청소년복지 영역이 아닌 다른 실천현장에서 근무하는 사회복지 전공 졸업생과 청소년 전공 졸업생이 있다는 점에서 자신의 관심영역에 맞춰 열정을 피울 수 있는 청소년복지 전문가가 되었으면 한다. 그런 점에서 청소년복지 실천현장에 대한 학습과 실천현장에서 요구하는 전문 인력의 역할과 자격에 대해 학습하는 것은 매우 의미가 있다.

01 청소년복지 실천현장

「청소년 기본법」 제3조(정의)를 살펴보면, '청소년시설'이란 청소년활동·청소년복지 및 청소년보호에 제공되는 시설을 말한다. 이를 토대로 청소년과 관련되는 실천현장을 살펴보면 다음과 같다.

1) 청소년복지 지원기관

「청소년복지 지원법」 제7장 청소년복지 지원기관을 살펴보면 다음과 같다.

(1) 한국청소년상담복지개발원(이하 '청소년상담원')

「청소년복지 지원법」 제7장 제22조(한국청소년상담복지개발원)를 살펴보면 다음의 사업을 수행한다.

- 청소년 상담 및 복지와 관련된 정책의 연구
- 청소년 상담·복지 사업의 개발 및 운영·지원
- 청소년 상담기법의 개발 및 상담 자료의 제작·보급
- 청소년 상담·복지 인력의 양성 및 교육
- 청소년 상담·복지 관련 기관 간의 연계 및 지원
- 지방자치단체 청소년복지 지원기관의 청소년 상담·복지 관련 사항에 대한 지도 및 지원
- 청소년 가족에 대한 상담·교육
- 청소년에 관한 상담·복지 정보체계의 구축·운영
- 그 밖에 청소년 상담원의 목적을 수행하기 위하여 필요한 부수사업

(2) 청소년상담복지센터

「청소년복지 지원법」 제7장 제29조(청소년상담복지센터)를 살펴보면 특별시장·광역시장·도지사 및 특별자치도지사 및 시장·군수·구청장은 청소년에 대한 상담·긴급구조·자활·의료지원 등의 업무를 수행하기 위하여 청소년상담복지센터를 설치·운영할 수 있다. 또한, 시장·군수·구청장은 시·군·구에 설치하는 지방청소년활동진흥센터와 통합하여 운영할 수 있다.

「청소년복지 지원법 시행령」 제6장 제14조(청소년상담복지센터의 설치 등)를 살펴보면 다음의 기능을 수행한다.

- 청소년과 부모에 대한 상담·복지지원
- 상담·복지 프로그램의 개발 및 운영
- 상담 자원봉사자와 청소년지도자에 대한 교육 및 연수
- 청소년 상담 또는 긴급구조를 위한 전화 운영
- 청소년 폭력·학대 등으로 피해를 입은 청소년의 긴급구조, 법률 및 의료 지원, 일시 보호 지원
- 청소년의 자립능력 향상을 위한 자활(自活) 및 재활(再活) 지원

- 그 밖에 청소년상담 및 복지지원 등을 위하여 필요하다고 특별시장·광역시장·도지사 또는 특별자치도지사가 인정하는 사업

(3) 이주배경청소년지원센터

「청소년복지 지원법」 제7장 제30조(이주배경청소년지원센터)를 살펴보면 이주배경청소년 지원을 위한 이주배경청소년지원센터를 설치·운영할 수 있다.

「청소년복지 지원법 시행령」 제6장 제15조(이주배경청소년지원센터의 업무)를 살펴보면 다음의 업무를 수행한다.

- 이주배경청소년복지에 관한 종합적 안내
- 이주배경청소년과 그 부모에 대한 상담 및 교육
- 이주배경청소년의 지원을 위한 인력의 양성 및 연수
- 이주배경청소년에 대한 국민의 올바른 이해를 돕기 위한 사업
- 이주배경청소년의 실태에 관한 조사·연구
- 이주배경청소년의 사회 적응을 위한 프로그램 개발 및 보급
- 그 밖에 이주배경청소년지원센터의 목적을 수행하기 위하여 필요한 업무

(4) 청소년복지시설

「청소년복지 지원법」 제8장 청소년복지시설을 살펴보면 다음과 같다.

❶ 청소년쉼터

청소년쉼터는 가출 청소년에 대하여 가정·학교·사회로 복귀하여 생활할 수 있도록 일정 기간 보호하면서 상담·주거·학업·자립 등을 지원하는 시설을 말한다. 청소년쉼터는 가출 청소년의 생활보호뿐만 아니라 상담, 자립역량 강화, 고충처리, 문화활동 프로그램 기회 제공 등을 통해 가출 청소년들의 가정·사회로의 복귀를 지원하고 있으며, 청소년 보호시설의 전문화 및 차별화된 지원서비스를 제공하기 위해 일시, 단기 및 중·장기 쉼터로 특성화하여 설치·운영하고 있다(여성가족부, 2010).

❷ 청소년자립지원관

청소년자립지원관은 일정 기간 청소년쉼터의 지원을 받았는데도 가정·학교·사회로 복귀하여 생활할 수 없는 청소년에게 자립하여 생활할 수 있는 능력과 여건을 갖추도록 지원하는 시설을 말한다.

❸ 청소년치료재활센터

청소년치료재활센터는 학습·정서·행동상의 장애를 가진 청소년을 대상으로 정상적인 성장과 생활을 할 수 있도록 해당 청소년에게 적합한 치료·교육 및 재활을 종합적으로 지원하는 거주형 시설을 말한다.

❹ 청소년회복지원시설

청소년회복지원시설은 「소년법」 제32조 제1항 제1호에 따른 감호위탁처분을 받은 청소년에 대하여 보호자를 대신하여 그 청소년을 보호할 수 있는 자가 상담·주거·학업·자립 등 서비스를 제공하는 시설이다(시행 2016.11.20.).

2) 청소년보호지원기관

「청소년 보호법」 제5장 청소년 보호 사업의 추진, 제35조(청소년 보호·재활센터의 설치·운영)를 살펴보면 다음과 같다.

(1) 청소년 보호·재활센터

청소년 유해환경으로부터 청소년을 보호하고 피해 청소년의 치료와 재활을 지원하기 위하여 청소년 보호·재활센터를 설치·운영할 수 있으며, 「청소년 보호법 시행령」 제32조(청소년 보호·재활센터의 사업)를 살펴보면 다음의 사업을 수행한다.

- 학습·정서·행동상의 장애를 가진 청소년에 대한 보호·상담 및 치료·재활 지원
- 약물 또는 인터넷중독 청소년에 대한 보호·상담 및 치료·재활 지원
- 청소년유해환경으로 인한 피해 청소년 실태 파악 및 지원을 위한 조사·연구,

치료 프로그램 개발 및 자료 구축·관리

- 그 밖에 청소년유해환경으로 인한 피해 예방, 상담 및 치료·재활을 위해 필요하다고 여성가족부장관이 인정하는 사항

(2) 인터넷중독예방상담센터 아이윌(IWill)센터

「청소년 기본법」 제51조(청소년유익환경의 조성)와 「서울특별시청소년시설설치 및 운영에 관한 조례」 제10조(위탁)에 의거하여 설치된 아이윌(IWill)센터는 인터넷과다 사용으로 건강악화 및 학업 지장 등의 어려움을 겪고 있는 아동·청소년에게 인터넷중독예방교육, 상담 및 치료 등의 서비스를 제공함으로써 인터넷중독 문제를 해소하고 아동·청소년이 건강한 지역이 되게 하고자 설치되었다. 주요 사업은 다음과 같다.

- 상담 영역: 인터넷중독 진단 및 상담, 꿈틀이 프로젝트, 힐링스쿨(치료캠프 및 동아리), 전문의 연계
  - 상담 사업: 인터넷중독 전수조사, 공존질환진단 및 치료

- 예방 영역: 예방교육, 부모교육, 강사양성교육, 유해사이트 감시 및 신고
  - 예방 교육: 예방교육 특강 연계, 센터프로그램 연계(상담 및 교육 프로그램)

- 연구 영역: 연구보고대회 및 포럼, 프로그램 개발과 보급, 정책방향 수립, 전문성 향상
  - 연구 사업: 프로그램 개발 및 연구, 포럼 및 보고대회, 예방강사 및 전문 상담사 양성과정

- 홍보 영역: 건전사이버 문화 캠페인, 다양한 매체를 통한 홍보, 서포터즈단 양성
  - 홍보 사업: 연합 캠페인, 유관기관 연계, 자문, 건전사이버 문화조성 캠페인

(3) 청소년 꿈키움(비행예방)센터(대안교육센터)

법무부 범죄예방정책국은 청소년 비행예방을 위해 청소년꿈키움센터를 운영하고 있다. '소년보호'로 법원·검찰청·학교 등에서 의뢰한 위기청소년에 대한 대안

교육 및 부모 등에 대한 보호자교육 실시, 소년부 판사가 의뢰한 비행청소년의 상담조사 실시, 지역사회 청소년에 대한 각종 심리검사 및 상담 등의 업무를 수행한다.

- 교육지원팀: 교육 및 행사지원, 시설관리 등을 수행한다.
- 교육운영팀: 대안(체험) 교육, 법교육, 부모교육 등을 수행한다.
- 상담조사팀: 상담 조사, 검사결정전 조사, 청소년 심리상담 등을 수행한다.

3) 청소년 활동지원기관

「청소년활동 진흥법」 제2장 청소년활동의 보장을 살펴보면 청소년은 다양한 청소년활동에 주체적이고 자발적으로 참여하여 자신의 꿈과 희망을 실현할 충분한 기회와 지원을 받아야 한다고 명시하고 있다.

(1) 한국청소년활동진흥원

청소년활동 진흥법 제2장 제6조(한국청소년활동진흥원)를 살펴보면 다음의 사업을 수행한다.

- 청소년활동, 청소년 기본법에 따른 청소년복지, 청소년보호에 관한 종합적 안내 및 서비스 제공
- 청소년육성에 필요한 정보 등의 종합적 관리 및 제공
- 청소년수련활동 인증위원회 등 청소년수련활동 인증제도의 운영
- 청소년 자원봉사활동의 활성화
- 청소년활동 프로그램의 개발과 보급
- 국가가 설치하는 수련시설의 유지·관리 및 운영업무의 수탁
- 국가 및 지방자치단체가 개발한 주요 청소년수련거리의 시범운영
- 청소년활동시설이 실시하는 국제교류 및 협력사업에 대한 지원
- 청소년지도자의 연수
- 수련시설 종합 안전점검에 대한 지원
- 수련시설의 안전에 관한 컨설팅 및 홍보
- 그 밖에 여성가족부장관이 지정하거나 한국청소년활동진흥원의 목적을 수행하기 위하여 필요한 사업

(2) 지방청소년활동진흥센터

청소년활동 진흥법 제2장 제7조(지방청소년활동진흥센터의 설치 등)를 살펴보면 다음의 사업을 수행한다.

- 지역 청소년활동의 요구에 관한 조사
- 지역 청소년 자원봉사활동의 활성화
- 청소년수련활동 인증제도의 지원
- 인증받은 청소년수련활동의 홍보와 지원
- 청소년활동 프로그램의 개발과 보급
- 청소년활동에 대한 교육과 홍보
- 숙박형 등 청소년수련활동 계획의 신고에 대한 지원
- 숙박형 등 청소년수련활동 관련 정보공개에 대한 지원
- 그 밖에 청소년활동을 위하여 필요한 사업

(3) 청소년 활동시설

「청소년활동 진흥법」 제3장 청소년활동시설의 제10조(청소년활동시설의 종류)를 살펴보면 청소년 활동시설은 청소년수련시설과 청소년이용시설로 구분된다. 청소년수련시설 서비스의 내용을 살펴보면, 형태별 종류로 특별활동, 동아리활동, 단체 활동이 있으며, 내용별 종류로 심신단련활동, 자질계발활동, 봉사활동, 사회성 함양활동 등이 있다.

청소년수련시설의 유형은 다음과 같다.

❶ 청소년수련관

청소년수련관은 다양한 청소년수련거리를 실시할 수 있는 각종 시설 및 설비를 갖춘 종합수련시설을 말한다.

❷ 청소년수련원

청소년수련원은 숙박기능을 갖춘 생활관과 다양한 청소년수련거리를 실시할 수 있는 각종 시설과 설비를 갖춘 종합수련시설을 말한다.

❸ 청소년문화의 집

청소년문화의 집은 간단한 청소년수련활동을 실시할 수 있는 시설 및 설비를 갖춘 정보·문화·예술 중심의 수련시설을 말한다.

❹ 청소년특화시설

청소년특화시설은 청소년의 직업체험, 문화예술, 과학정보, 환경 등 특정 목적의 청소년활동을 전문적으로 실시할 수 있는 시설과 설비를 갖춘 수련시설을 말한다.

❺ 청소년야영장

청소년야영장은 야영에 적합한 시설 및 설비를 갖추고, 청소년수련거리 또는 야영편의를 제공하는 수련시설을 말한다.

❻ 유스호스텔

유스호스텔은 청소년의 숙박 및 체류에 적합한 시설·설비와 부대·편익시설을 갖추고, 숙식편의 제공, 여행청소년의 활동지원(청소년수련활동 지원은 제11조에 따라 허가된 시설·설비의 범위에 한정한다)을 기능으로 하는 시설을 말한다.

청소년 이용시설은 수련시설이 아닌 시설로서 그 설치 목적의 범위에서 청소년활동의 실시와 청소년의 건전한 이용 등에 제공할 수 있는 시설을 말한다.

4) 그 외 아동복지시설

「아동복지법」(18세 미만인 사람)에 의한 아동복지시설도 청소년의 연령과 맞물리는 연령대가 있어서 아동복지시설도 청소년복지 실천현장으로 살펴보면 「아동복지법」 제5장 아동복지전담기관 및 아동복지시설로 나눠 살펴볼 수 있다.

(1) 아동보호전문기관

「아동복지법」 제45조(아동보호전문기관의 설치 등)에 명시된 기관을 살펴보면 다음의 사업을 수행한다.

- 지역아동보호전문기관에 대한 지원
- 아동학대예방사업과 관련된 연구 및 자료 발간
- 효율적인 아동학대예방사업을 위한 연계체제 구축
- 아동학대예방사업을 위한 프로그램 개발 및 평가
- 상담원 직무교육, 아동학대예방 관련 교육 및 홍보
- 아동보호전문기관 전산시스템 구축 및 운영

(2) 가정위탁지원센터

「아동복지법」 제48조(가정위탁지원센터의 설치 등)에 명시된 기관의 제49조(가정위탁지원센터의 업무)를 살펴보면 다음의 사업을 수행한다.

- 지역가정위탁지원센터에 대한 지원
- 효과적인 가정위탁사업을 위한 연계체계 구축
- 가정위탁사업과 관련된 연구 및 자료발간
- 가정위탁사업을 위한 프로그램의 개발 및 평가
- 상담원에 대한 교육 등 가정위탁에 관한 교육 및 홍보
- 가정위탁사업을 위한 정보기반 구축 및 정보제공
- 그 밖에 대통령령으로 정하는 가정위탁사업과 관련된 업무

「아동복지법」 제49조(가정위탁지원센터의 업무)에 명시된 지역가정위탁지원센터의 업무를 살펴보면 다음과 같다.

- 가정위탁사업의 홍보 및 가정위탁을 하고자 하는 가정의 발굴
- 가정위탁을 하고자 하는 가정에 대한 조사 및 가정위탁 대상 아동에 대한 상담
- 가정위탁을 하고자 하는 사람과 위탁가정 부모에 대한 교육
- 위탁가정의 사례관리
- 친부모 가정으로의 복귀 지원
- 가정위탁 아동의 자립계획 및 사례 관리
- 관할 구역 내 가정위탁 관련 정보 제공
- 그 밖에 대통령령으로 정하는 가정위탁과 관련된 업무

(3) 아동복지시설

「아동복지법」 제2절 아동복지시설 중 제52조(아동복지시설의 종류)에 다음과 같이 명시되어 있다.

❶ 아동양육시설

보호대상아동을 입소시켜 보호, 양육 및 취업훈련, 자립지원 서비스 등을 제공하는 것을 목적으로 하는 시설을 말한다.

❷ 아동일시보호시설

보호대상아동을 일시보호하고 아동에 대한 향후의 양육대책수립 및 보호조치를 행하는 것을 목적으로 하는 시설을 말한다.

❸ 아동보호치료시설

아동에게 보호 및 치료 서비스를 제공하는 다음 각 목의 시설을 말한다.

- 불량행위를 하거나 불량행위를 할 우려가 있는 아동으로서 보호자가 없거나 친권자나 후견인이 입소를 신청한 아동 또는 가정법원, 지방법원소년부지원에서 보호 위탁된 19세 미만인 사람을 입소시켜 치료와 선도를 통하여 건전한 사회인으로 육성하는 것을 목적으로 하는 시설을 말한다.
- 정서적·행동적 장애로 인하여 어려움을 겪고 있는 아동 또는 학대로 인하여 부모로부터 일시 격리되어 치료받을 필요가 있는 아동을 보호·치료하는 시설을 말한다.

  예: 마자렐로센터(사회복지법인 살레시오수녀회 운영)

❹ 공동생활가정

보호대상아동에게 가정과 같은 주거여건과 보호, 양육, 자립지원 서비스를 제공하는 것을 목적으로 하는 시설을 말한다.

❺ 자립지원시설

아동복지시설에서 퇴소한 사람에게 취업준비기간 또는 취업 후 일정 기간 동안 보호함으로써 자립을 지원하는 것을 목적으로 하는 시설을 말한다.

❻ 아동상담소

아동과 그 가족의 문제에 관한 상담, 치료, 예방 및 연구 등을 목적으로 하는 시설을 말한다.

❼ 아동전용시설

어린이공원, 어린이놀이터, 아동회관, 체육·연극·영화·과학실험전시 시설, 아동휴게숙박시설, 야영장 등 아동에게 건전한 놀이·오락, 그 밖의 각종 편의를 제공하여 심신의 건강유지와 복지증진에 필요한 서비스를 제공하는 것을 목적으로 하는 시설을 말한다.

❽ 지역아동센터

지역아동센터는 지역사회 아동의 보호·교육·건전한 놀이와 오락의 제공, 보호자와 지역사회의 연계 등 아동의 건전육성을 위하여 종합적인 아동복지서비스를 제공하는 시설을 말한다.

「아동복지법」 제52조(아동복지시설의 종류)는 아동복지시설을 통합하여 설치할 수 있으며, 각 시설 고유의 목적 사업을 해치지 아니하고 각 시설별 설치기준 및 운영기준을 충족하는 경우 다음의 사업을 추가로 실시할 수 있다고 명시되어 있다.

- 아동가정지원사업: 지역사회아동의 건전한 발달을 위하여 아동, 가정, 지역주민에게 상담, 조언 및 정보를 제공하여 주는 사업
- 아동주간보호사업: 부득이한 사유로 가정에서 낮 동안 보호를 받을 수 없는 아동을 대상으로 개별적인 보호와 교육을 통하여 아동의 건전한 성장을 도모하는 사업
- 아동전문상담사업: 학교부적응아동 등을 대상으로 올바른 인격형성을 위한 상

담, 치료 및 학교폭력예방을 실시하는 사업

- 학대아동보호사업: 학대아동의 발견, 보호, 치료 및 아동학대의 예방 등을 전문적으로 실시하는 사업
- 공동생활가정사업: 보호대상아동에게 가정과 같은 주거여건과 보호를 제공하는 것을 목적으로 하는 사업
- 방과 후 아동지도사업: 저소득층 아동을 대상으로 방과 후 개별적인 보호와 교육을 통하여 건전한 인격형성을 목적으로 하는 사업

02 청소년복지 관련 전문 인력[1)]

청소년복지 실천현장에서 근무하는 전문 인력을 살펴보면, 국가자격을 갖고 근무하거나, 국가자격을 갖고 있으면서 민간기관에서 진행하는 전문교육을 이수하여 갖게 된 민간자격을 갖고 채용되어 근무하기도 한다. 따라서 청소년복지 실천현장에 대한 관심을 갖는 경우에는 영역별 어떠한 자격을 요구하고 있는지 꼭 살펴보고, 최소한 자격을 갖춘 상황에서 실천기관에 지원하는 것이 요구된다.

1) 사회복지사

(1) 개념 및 주요 업무

❶ 의의 및 개념

1970년대 사회복지사업종사자로 시작하여 1983년 5월「사회복지사업법」이 개정되면서 사회사업가 또는 사회사업종사자의 명칭이 '사회복지사'로 규정되어 사회복지사 자격증이 발급되기 시작하였다. 이후 사회사업은 사회사업학의 학문적 체계에서 사용되고, 사회복지사의 영문표기는 "Social Worker"로 통일되었다. 우리나라는「사회복지사업법」제11조 제1항의 규정에 의하여 '사회복지에 관한 전

1) 청소년복지 전문 인력 자격 검정시험은 당해 연도에 명시된 기준에 차이가 있을 수 있으므로 관련기관 홈페이지를 꼭 참고하시기 바랍니다.

문지식과 기술을 가진 자'를 사회복지사로 규정하고 있다(한국사회복지사협회).

사회복지사란 현대사회에서 발생하고 있는 청소년, 노인, 여성, 가족, 장애인 등 다양한 사회적·개인적 문제를 겪는 사람들에게 사회복지학 및 사회과학의 전문지식을 이용하여 문제를 진단, 평가함으로써 문제해결을 돕고 지원하는 업무를 담당하는 자를 말한다.

❷ 활동분야

「사회복지사업법 시행령」 제6조 제1항은 다음의 업무를 수행하는 자를 사회복지사로 채용하도록 규정하고 있다.

- 사회복지 프로그램의 개발 및 운영
- 시설 거주자의 생활지도 업무
- 사회복지를 필요로 하는 자에 대한 상담업무

- 일반영역

  첫째, 공적사회복지영역에서 「사회복지사업법」 제14조에 사회복지사업에 관한 업무를 담당하게 하기 위하여 시도, 시군구 및 읍면동 또는 복지사무전담기구에 사회복지사 자격증을 가진 사회복지전담공무원을 두도록 규정하고 있다.

  둘째, 사회복지기관 및 시설 영역에서 지역복지사업, 아동복지, 노인복지, 장애인복지, 모자복지 등의 민간 사회복지기관 영역에서 활동하고 있다.

  셋째, 보건의료영역에서 「의료법」과 「정신건강법」의 규정에 의거 의료사회복지사와 정신건강사회복지사가 활동하고 있다.

- 확장영역

  학교사회복지사, 자원봉사활동관리 전문가, 교정사회복지사, 군사회복지사, 산업사회복지사 등으로 활동하고 있다.

❸ 주요 업무

한국사회복지사협회에서 제시한 사회복지사의 주요 업무는 다음과 같다.

- 사회적·개인적 문제로 어려움에 처한 의뢰인을 만나 그들이 처한 상황과 문

제를 파악하고 그들이 필요로 하는 서비스의 유형을 판단한다.

- 문제를 처리, 해결하는 데 필요한 방안을 찾기 위해 관련 자료를 수집하고 분석하여 대안을 제시한다.
- 재정적 보조, 법률적 조언 등 의뢰인이 필요로 하는 각종 사회복지프로그램을 기획, 시행, 평가한다.
- 공공복지 서비스의 전달을 위한 대상자 선정 작업, 복지조치, 급여, 생활지도 등을 한다.
- 사회복지 자원봉사자를 모집하여 교육시키고 배치 및 지도감독을 한다.
- 사회복지정책 형성과정에 참여하여 정책분석과 평가를 하며 정책 대안을 제시한다.
- 정신보건사회복지사는 정신질환자에 대한 개인력 조사 및 사회조사 작업을 진행하며 정신질환자의 사회복귀 촉진을 위한 생활훈련 및 작업훈련, 그 가족에 대한 교육, 지도 및 상담 업무를 수행한다.

(2) 자격요건

1983년 「사회복지사업법」 개정으로 '사회복지사' 제도가 신설되었으며, 2018년 「사회복지사업법」 개정에 의해 사회복지사 3급 자격을 폐지하고 1, 2급 체제로 변경되었고, 사회복지사의 전문성 향상을 위해 2003년부터 사회복지사 1급 국가시험이 시행되어 운영되고 있는 국가전문자격이다.

표 6-1 사회복지사의 등급별 자격기준

구 분		자격기준
사회복지사	1급	• 「사회복지사업법」 제11조 제3항의 규정에 의한 국가시험에 합격한 자
	2급	가. 고등교육법에 따른 대학원에서 사회복지학 또는 사회사업학을 전공하고 석사학위 또는 박사학위를 취득한 자. 다만, 대학에서 사회복지학 또는 사회사업학을 전공하지 아니하고 동 석사학위를 취득한 자는 보건복지부령이 정하는 사회복지학 전공교과목과 사회복지 관련 교과목 중 사회복지현장실습을 포함한 필수과목 6과목 이상(대학에서 이수한 교과목을 포함하되 대학원에서 4과목 이상을 이수하여야 함)과 선택과목 2과목 이상을 이수한 경우에 한하여 사회복지사 자격을 인정한다. 나. 고등교육법에 따른 대학에서 보건복지부령이 정하는 사회복지학 전공교과목과 사회복지 관련 교과목을 이수하고 학사학위를 취득한 자 다. 법령에서 고등교육법에 의한 대학을 졸업한 자와 동등 이상의 학력이 있다고 인정되는 자의 범

구 분		자격기준
		위로서 보건복지부령이 정하는 사회복지학 전공교과목과 사회복지 관련 교과목을 이수한 자 라. 고등교육법에 의한 전문대학에서 보건복지부령이 정하는 사회복지학 전공교과목과 사회복지 관련 교과목을 이수하고 졸업한 자 마. 법령에서 고등교육법에 의한 전문대학을 졸업한 자와 동등 이상의 학력이 있다고 인정하는 자로서 보건복지부령이 정하는 사회복지학 전공교과목과 사회복지 관련 교과목을 이수한 자 바. 고등교육법에 의한 대학을 졸업하거나 이와 동등 이상의 학력이 있는 자로서 보건복지부장관이 지정하는 교육훈련기관에서 12주 이상 사회복지사업에 관한 교육훈련을 이수한 자 사. 사회복지사 3급 자격증 소지자로서 3년 이상 사회복지사업의 실무경험이 있는 자 비고: 외국의 대학 또는 대학원에서 사회복지학 또는 사회사업학을 전공하고 학사학위 이상의 학위를 취득한 자로서 등급별 자격기준과 동등한 학력이 있다고 보건복지부장관이 인정하는 경우에는 당해 등급의 사회복지사 자격증을 발급할 수 있다.

※ 근거: 「사회복지사업법시행령」 제2조 제1항 관련 【별표1】
※ 한국사회복지사협회 홈페이지: www.welfare.net

2) 청소년지도사

(1) 개념 및 주요 업무

❶ 의의 및 개념

청소년지도사는 청소년수련시설 및 청소년단체 등에서 청소년 활동·복지·보호와 관련된 업무를 담당하며, 청소년 수련 프로그램, 청소년 동아리활동과 문화활동, 국제교류활동 등을 전문적으로 담당하는 청소년 전문가이다. 「청소년 기본법」에 의한 국가전문자격으로, 1993년부터 「청소년 기본법」 규정에 따라 자격검정 시험과 이수과정을 통하여 양성하고 있다.

❷ 활동분야

청소년지도사는 청소년수련관, 청소년수련원, 청소년문화의 집, 청소년특화시설, 유스호스텔, 청소년야영장 등의 청소년수련시설 및 청소년 육성을 목적으로 한 청소년 단체에 취업할 수 있다. 「청소년 기본법」은 청소년시설과 단체에 일정한 기준에 의거하여 청소년지도사를 배치하도록 규정하고 있다. 그 외에도 각종 사회복지시설 및 단체, 학교 등 청소년과 관련된 모든 활동현장에 진출할 수 있다.

❸ 주요 업무

청소년지도사의 주요 업무를 살펴보면 다음과 같다.

- 청소년 활동(수련활동, 문화활동, 교류활동) 전담
- 학생, 근로·복무·무직 청소년 등 전체 청소년의 신체단련, 정서함양, 자연체험 지도
- 예절수양, 사회봉사, 전통문화활동 등을 지도

(2) 자격요건

청소년지도사는 1, 2, 3급 체제로 운영되고 있다. 등급별 응시자격 기준은 다음과 같다.

표 6-2 청소년지도사 등급별 응시자격 기준

구 분		자격기준
청소년 지도사	1급	• 2급 청소년지도사 자격 취득 후 청소년활동 등 청소년육성업무종사경력이 3년 이상인 사람 −2급 청소년지도사 자격증을 소지하고 대학원에서 1급 자격검정에 필요한 과목을 전공과목으로 이수한 석사학위 소지자 또는 박사학위 소지자는 각각 2년 또는 3년의 경력을 가진 것으로 인정
	2급	1. 대학 졸업(예정)자 또는 이와 같은 수준 이상의 학력이 있는 사람으로서 2급 청소년지도사 자격검정에 필요한 과목 모두를 전공과목으로 이수한 사람 2. 2005년 12월 31일 이전에 대학을 졸업하였거나 이와 같은 수준 이상의 학력을 취득한 사람으로서 별표 1의 2에 따른 과목을 이수한 사람 3. 대학원의 학위과정 수료(예정)자로서 2급 청소년지도사 자격검정에 필요한 과목 모두를 전공과목으로 이수한 사람 4. 2005년 12월 31일 이전에 대학원의 학위과정을 수료한 사람으로서 별표 1의 2의 규정에 따른 과목 중 필수영역 과목을 이수한 사람 5. 대학 졸업 또는 이와 같은 수준 이상의 학력이 있다고 다른 법령에서 인정받은 후 청소년활동 등 청소년육성업무에 종사한 경력이 2년 이상인 사람 6. 전문대학 졸업 또는 이와 같은 수준 이상의 학력이 있다고 다른 법령에서 인정받은 후 청소년활동 등 청소년육성업무에 종사한 경력이 3년 이상인 사람 7. 3급 청소년지도사 자격 취득 후 청소년활동 등 청소년육성업무에 종사한 경력이 2년 이상인 사람 8. 고등학교 졸업 또는 이와 같은 수준 이상의 학력을 인정받은 후 청소년활동 등 청소년육성업무에 종사한 경력이 8년 이상인 사람
	3급	1. 전문대학 졸업(예정)자 또는 이와 같은 수준 이상의 학력이 있는 자로서 3급 청소년지도사 자격검정에 필요한 과목 모두를 전공과목으로 이수한 사람 2. 2005년 12월 31일 이전에 전문대학을 졸업하였거나 이와 같은 수준 이상의 학력을 취득한 사람으로서 별표 1의 2에 따른 과목을 이수한 사람

구 분		자격기준
		3. 전문대학 졸업 또는 이와 같은 수준 이상의 학력이 있다고 다른 법령에서 인정받은 후 청소년 활동 등 청소년육성업무에 종사한 경력이 2년 이상인 사람 4. 고등학교 졸업 또는 이와 같은 수준 이상의 학력이 있다고 다른 법령에서 인정받은 후 청소년 활동 등 청소년육성업무에 종사한 경력이 3년 이상인 사람

※ 근거: 「청소년 기본법 시행령」 제20조 제2항 관련 【별표1】
※ 한국산업인력공단 홈페이지: www.Q-net.or.kr

현행 자격시험 제도는 2026년까지 유지되고, 2027년부터는 3급 자격증 및 2급 필기·면접시험이 폐지되고 전문학사 이상 학력소지자가 2급 검정과목 9과목을 이수한 후 자격연수까지 완료하면 청소년지도사 자격을 부여한다.

표 6-3 청소년지도사 응시자격 및 합격 기준

구 분	개정 전	개정 후
자격등급	1 · 2 · 3급	1 · 2급
1급	(응시자격) 2급 청소년지도사 자격증 취득+경력 3년 이상	변경 없음
	(합격기준) 주관식 · 객관식 필기시험 통과	(합격기준) 객관식 필기시험 통과
2급	(응시자격) ① 검정과목 이수자 : 필기 시험 면제 ② 검정과목 미이수자 : 필기 · 면접시험 * 학력에 따라 응시자격 경력요건 차등	전문학사 이상 검정과목 이수자+자격 연수
	(합격기준) 2급 시험 응시 합격 후 자격 연수	
검정과목	1급(5과목) /2급(8과목) / 3급(7과목) ※ 과목당 이수학점 기준 없음. 따라서 동일 과목이라도 학교별 2학점 또는 3학점으로 학점 상이	• 1급(변동 없음) / 2급(9과목) / 3급(폐지) ※ 2급 과목에 '청소년기관 현장실습' (130시간) 추가 • 이수학점 기준 신설 (비고) ※ 대학은 3학점, 대학원은 2학점 이상

3) 청소년상담사

(1) 개념 및 주요 업무

❶ 의의 및 개념

청소년상담사는 2001년 12월 31일 개정된 「청소년 기본법」에 따라 청소년의 상담의 전문적 자질과 능력을 갖춘 인재를 양성할 목적으로 도입되었다. 현재 국가전문자격으로 청소년 상담관련 분야의 상담 실무경력 및 기타 자격을 갖추어 대통령령이 정하는 자격검정에 합격하고 연수를 마친 자로서 청소년상담사 자격증을 교부받은 자이다.

❷ 활동분야

청소년상담사는 청소년상담기관인 한국청소년상담복지개발원을 비롯하여, 청소년수련관, 청소년문화의 집, 사회복지관, 청소년쉼터, 청소년 관련 복지시설 및 청소년 업무 지원부서 등에서 근무할 수 있다. 「청소년 기본법」과 「청소년복지 지원법」은 시·도의 청소년상담 및 긴급구조 등의 기관, 시·군·구 청소년 지원센터, 청소년쉼터 등에 청소년상담사를 배치하도록 명시하고 있다.

- 한국청소년상담원과 같은 국가 차원의 청소년 상담
- 청소년상담소, 청소년수련관, 청소년문화의 집 등 사회 차원의 청소년 상담

❸ 주요 업무

청소년상담사의 주요 업무를 살펴보면 다음과 같다.

- 청소년상담사는 청소년을 보호·선도하고 건전한 생활을 지도하며 수련활동의 여건을 조성하고 장려 및 지원한다. 또한 청소년 단체를 육성하고 그 활동을 지원하며, 지역사회에서 청소년에게 유익한 환경을 조성하고 유해환경을 정화하는 등의 직무를 수행한다.
- 청소년 문제를 대처할 수 있는 전문적인 상담 인력 양성, 분산되어 있는 청소년 상담활동의 구심점 마련, 효과적인 청소년 상담 활동 체계 확립 및 전문 인력 확보, 청소년 선도 효과의 극대화 및 질 높은 상담 서비스 제공 등이다.

(2) 자격요건 및 자격시험

청소년상담사는 학력 또는 경력에 따라 1, 2, 3급 체제로 운영되고 있다. 2003년 4월 제1회 자격검정이 실시된 이후 매년 1회씩 자격검정이 실시되었다. 2015년에는 3월(1회 실시)에 자격시험을 실시하였고, 2016년에는 3월과 10월(한시적으로 2회

실시)에 자격시험을 실시하였다. 한국청소년상담복지개발원 자격연수부는 2017년 이후부터는 매년 10월(1회 실시예정)에 자격시험을 실시한다고 발표하였다.

표 6-4 청소년상담사 등급별 응시자격 기준

구 분		자격기준
청소년 상담사	1급	1. 대학원에서 **청소년(지도)학·교육학 · 심리학 · 사회사업(복지)학 · 정신의학 · 아동(복지)학 · 상담학 분야** 또는 그 밖에 여성가족부령으로 정하는 상담 관련 분야(이하 "상담관련분야"라 한다)의 박사학위를 취득한 사람 2. 대학원에서 상담관련분야의 석사학위를 취득한 후 상담 실무경력이 4년 이상인 사람 3. 2급 청소년상담사로서 상담 실무경력이 3년 이상인 사람 4. 제1호 및 제2호에 규정된 사람과 같은 수준 이상의 자격이 있다고 여성가족부령으로 정하는 사람
	2급	1. 대학원에서 상담관련분야 **청소년(지도)학 · 교육학 · 심리학 · 사회사업(복지)학 · 정신의학 · 아동(복지)학 · 상담학 분야**의 석사학위를 취득한 사람 2. 대학 또는 다른 법령에 따라 이와 동등한 학력을 인정받는 기관에서 상담관련분야 학사학위를 취득한 후 상담 실무경력이 3년 이상인 사람 3. 3급 청소년상담사로서 상담 실무경력이 2년 이상인 사람 4. 제1호부터 제3호까지에 규정된 사람과 같은 수준 이상의 자격이 있다고 여성가족부령으로 정하는 사람
	3급	1. 대학 및 「평생교육법」에 따른 학력이 인정되는 평생교육시설의 상담관련분야 **청소년(지도)학 · 교육학 · 심리학 · 사회사업(복지)학 · 정신의학 · 아동(복지)학 · 상담학 분야** 졸업(예정)자 2. 전문대학 또는 다른 법령에 따라 이와 동등한 학력을 인정받는 기관에서 상담관련분야 전문학사를 취득한 사람으로서 상담 실무경력이 2년 이상인 사람 3. 대학 또는 다른 법령에 따라 이와 동등한 학력을 인정받는 기관에서 학사학위를 취득한 후 상담 실무경력이 2년 이상인 사람 4. 전문대학 또는 다른 법령에 따라 이와 동등한 학력을 인정받는 기관에서 전문학사학위를 취득한 후 상담 실무경력이 4년 이상인 사람 5. 고등학교를 졸업하고 상담 실무경력이 5년 이상인 사람 6. 제1호부터 제4호까지에 규정된 사람과 같은 수준 이상의 자격이 있다고 여성가족부령으로 정하는 사람

1. 상담 실무경력의 인정 범위와 내용은 여성가족부장관이 별도로 정하여 고시한다.
2. 고등학교, 대학, 전문대학 및 대학원이란 각각 「초·중등교육법」 제2조 제4호에 따른 고등학교, 「고등교육법」 제2조 제1호·제4호에 따른 대학·전문대학, 「고등교육법」 제29조에 따른 대학원을 말함

※ 참고사항 1

- 청소년상담사 1·2·3급에 응시하기 위해서는 **청소년(지도학)학, 교육학, 심리학, 사회사업(복지)학, 정신의학, 아독(복지)학, 상담학 분야** 또는 그 밖의 상담관련분야 여성가족부령이 정하는 그 밖의 "상담관련분야"

※ 참고사항 2

- 대학의 경우, **학부명, 학과명, 전공명** 중 어느 한 곳에 상담관련분야가 명시되어 있으면 인정
- 대학원의 경우, **학과명, 전공명** 중 어느 한 곳에 상담관련분야가 명시되어 있으면 인정

• 상담관련분야 10개 이름 중, '학'자가 빠져 있더라도 관련 분야로 모두 인정

※ 참고사항 3

• 졸업 예정자는 응시자격 서류제출 마감일 당시 마지막 학기를 이수하고 있으며 졸업이 가능한 자에 한함
• 〈3급 청소년상담사만 해당〉
  - **대학 및 「평생교육법」에 따른 학력이 인정되는 평생교육시설의 상담관련분야 졸업(예정)자:** 대학(학사)로서 응시자격 서류심사 마감일일까지 발급된 사람

※ 참고사항 4

• 청소년상담사의 응시자격요건에는 연령을 제한하지 않음 단, 자격취득자의 결격사유에는 미성년자 제외

• 청소년단체(청소년 기본법 제3조 제8호)
• 청소년상담복지센터(청소년복지 지원법 제29조)
• 청소년복지시설: 청소년쉼터, 청소년자립지원관, 청소년치료재활센터(청소년복지 지원법 제31조)
• 학교 밖 청소년 지원센터(학교 밖 청소년 지원에 관한 법률 제12조)
• 각급 "학교"(초・중등교육법 제2조) / 각종 "대학"(고등교육법 제2조)
• 청소년상담사 자격검정위원회에서 인정하는 기관
  (정부기관・공공상담기관・법인체상담기관 및 민간상담기관): 예시내용 참조

• 정부기관·공공상담기관·법인체상담기관
  예시) 법무부(보호관찰소, 소년원), 고용노동부(진로상담센터), 보건복지부 [(아동학대예방센터, 종합사회복지관(상담업무)], 국방부(군상담 부대 및 기관), 여성가족부(성폭력상담센터) 등
• 민간상담기관
  예시) 1급 청소년상담사 응시자격요건에 준하는 1인 이상의 자가 설립하거나 근무하고 있는 상담기관으로서 관할관청에 신고 또는 등록을 필한 후 2년 이상의 상담활동(개인상담, 집단상담, 심리검사, 상담교육 등)의 실적을 제시할 수 있는 상담기관
  【비영리 법인: 고유번호증, 민간상담기관: 사업자등록증명원】
  → 인정여부 결정을 위해 기관실사 및 자격검정위원회에 회부를 할 수 있다

– 상담실무경력 증빙 제출서류(「청소년상담사 자격검정 및 연수 등에 관한 고시」 제4조)
  • 청소년상담사 자격검정에 응시하고자 하는 자로서 청소년상담사 자격검정 및 연수 등에 관한 고시 제4조의 규정에 의한 상담실무경력을 인정받고자 하는 자는 상담의 유형·일시·장소·상담대상·주요 상담내용 등이 명시되고 상담기관장의 직인(개인도장 불가)이 날인된 상담실무경력 증빙서류(별지 제1호 서식)를 각 시행지역에 제출하여야 함
  • 민간상담기관의 경력을 제출할 경우 해당기관의 사업자등록증명원 또는 고유번호증을 함께 제출하여야 함

요약

- 청소년복지란 청소년이 정상적인 삶을 누릴 수 있는 기본적인 여건을 조성하고 조화롭게 성장·발달할 수 있도록 제공되는 사회적·경제적 지원을 말한다.
- 청소년보호란 청소년의 건전한 성장에 유해한 물질·물건·장소·행위 등 각종 청소년 유해환경을 규제하거나 청소년의 접촉 또는 접근을 제한하는 것을 말한다.
- 청소년활동이란 청소년의 균형 있는 성장을 위하여 필요한 활동과 이러한 활동을 소재로 수련활동·교류활동·문화활동 등 다양한 형태의 활동을 말한다.
- 청소년시설이란 청소년활동·청소년복지 및 청소년보호에 제공되는 시설을 말한다.
- 청소년복지 지원기관은 한국청소년상담복지개발원, 청소년상담복지센터, 이주배경청소년지원센터, 청소년복지시설(청소년쉼터, 청소년자립지원관, 청소년치료재활센터 등) 등이 있고, 청소년보호지원기관에는 청소년 보호·재활센터, 인터넷중독예방상담센터, 청소년 꿈키움(비행예방)센터 등이 있고, 청소년 활동지원기관은 한국청소년활동진흥원, 지방청소년활동진흥센터, 청소년 활동시설(청소년수련관, 청소년수련원, 청소년문화의 집, 청소년특화시설, 청소년야영장, 유스호스텔 등), 그 외 아동복지시설로 아동보호전문기관, 가정위탁지원센터, 아동복지시설(아동양육시설, 아동일시보호시설, 아동보호치료시설, 공동생활가정, 자립지원시설, 아동상담소, 아동전용시설, 지역아동센터 등)이 있다.

핵심어

청소년복지, 청소년보호, 청소년활동, 청소년시설, 청소년복지 전문 인력

Exercise 연습문제

1 다음 〈보기〉에서 설명하고 있는 기관은 무엇인가?

보기

가) 가출 청소년에 대하여 가정·학교·사회로 복귀하여 생활할 수 있도록 일정 기간 보호하는 시설
나) 가출 청소년의 생활보호, 상담, 자립역량 강화, 문화활동 프로그램 기회를 제공하는 시설
다) 가출 청소년의 일시, 단기 및 중·장기로 특성화하여 설치 및 운영되는 시설

① 이주배경청소년지원센터
② 청소년쉼터
③ 청소년치료재활센터
④ 청소년상담복지센터
⑤ 청소년꿈키움센터

정답 ②

해설 청소년쉼터에 관한 설명이다.

2 청소년수련시설의 유형에 해당되지 않는 것은?

① 청소년수련관
② 청소년야영장
③ 청소년문화의 집
④ 유스호스텔
⑤ 청소년꿈키움센터

정답 ⑤

해설 청소년꿈키움센터는 청소년수련시설의 유형에 해당되지 않으며, 청소년 비행예방을 위해 운영하는 '소년보호'로 의뢰한 위기 청소년에 대한 대안교육 및 부모 등에 대한 보호자 교육 등을 실시하는 기관이다.

3 다음 중 청소년수련시설 및 청소년 단체 등에서 청소년 활동·복지·보호와 관련된 업무를 담당하며, 청소년 수련 프로그램, 청소년 동아리활동과 문화활동, 국제교류활동 등을 전문적으로 담당하는 청소년 전문가로 청소년 기본법에 의한 국가전문자격은 무엇인가?

① 청소년상담사
② 청소년지도사
③ 사회복지사
④ 요양보호사
⑤ 심리상담사

정답 ②

해설 청소년지도사에 관한 설명이다.

4 다음 중 사회복지사 1급 국가시험이 언제부터 시행되었는가?

① 2002년
② 2003년
③ 2004년
④ 2005년
⑤ 2006년

정답 ②

해설 사회복지사의 전문성 향상을 위해 2003년부터 사회복지사 1급 국가시험이 시행되어 운영되고 있다.

PART 02

청소년복지의 실천영역

chapter 07

청소년과 가정

학습목표

1. 빈곤가정의 청소년의 이해와 개입 방안에 대해 이해할 수 있다.
2. 다문화가정의 청소년의 이해와 개입 방안에 대해 이해할 수 있다.
3. 조손가정의 청소년의 이해와 개입 방안에 대해 이해할 수 있다.
4. 이혼가정의 청소년의 이해와 개입 방안에 대해 이해할 수 있다.
5. 다양한 가정의 청소년에 개입하는 기관에 대해 이해할 수 있다.

가정에서 부모는 자녀를 돌보고 교육하는 일차적인 역할을 담당한다. 부모는 자식들에게 일방적인 희생과 돌봄을 제공하며 '부모'라는 이름으로 안전한 울타리를 제공하고 있다. 하지만 최근 우리사회는 급속도로 핵가족화되고 있으며 아버지, 어머니, 자녀로 이뤄진 전통적인 가정의 형태가 해체되고 편부모가정, 조손가정, 다문화가정 등 다양한 형태의 가정이 그 자리를 대체해 나가고 있다.

문제는 이러한 다양한 형태의 가정들이 전통적인 가정의 형태보다 다소 취약한 면을 지니고 있다는 점이다. 전통적인 개념의 가정 역할이 많이 무너졌다고는 하나 가족은 청소년에게 여전히 가장 든든한 버팀목이며 아동과 성인의 과도기인 청소년이 무언가를 결정할 때 나침반이 돼줄 수 있기 때문이다.

그런 점에서 청소년과 더불어 가정환경에 대한 이해는 매우 중요하다. 이번 장은 빈곤가정, 다문화가정, 조손가정, 이혼가정을 중심으로 유형별 가정의 특성과 청소년이 직면한 문제에 대해 알아보고자 한다.

01 빈곤가정 청소년

1) 빈곤가정의 청소년

(1) 빈곤가정의 개념과 범위

빈곤이란 물리적인 힘이나 살아가는 데 필요한 자본적 물자가 부족한 상태이다. 절대빈곤은 개인이나 가구의 소득이 기본적으로 생활하는데 필요한 최저생계비에 미달될 때를 말하며 상대적 빈곤은 불평등의 개념에서 다른 사람과 주관적·객관적으로 비교하는 데서 상대적으로 소득과 기회 등이 부족한 상태를 말한다. 청소년기는 성인의 보호를 받는 시기로 빈곤가정은 구조와 기능의 결손형태에 의해 형성되는 경우가 많아서 빈곤가정의 청소년은 자신들을 보호해 줄 수 있는 울타리가 불안정한 상태이다(구혜영, 2013).

(2) 빈곤가정 청소년의 환경

빈곤가정 청소년은 태어나면서부터 신체 발육부진을 보인다. 빈곤가정 부모의 낮은 사회·경제적 지위와 경제수준, 그리고 열악한 주거환경과 유해한 환경 등 청소년의 지적·심리적·사회적 발달에 부정적인 영향을 미친다.

빈곤가정 청소년이 일반 청소년에 비해 취약한 지역사회환경에 거주하며, 부모 우울수준이 더 높은 것으로 나타났다(하태정·강현아, 2012).

2) 빈곤가정 청소년의 문제(박정란 외, 2014)

(1) 지적 및 언어적 능력

빈곤가정 청소년의 일반적인 지적 및 언어적 능력이 일반가정 청소년에 비해 낮은 경우가 많다. 빈곤아동들은 어려운 말사용, 상식, 활동에 관한 참가와 계획, 글씨에 대한 흥미 등 언어적 측면의 발달이 매우 낮게 나타나는데, 이것은 빈곤가정의 교육적 욕구의 미충족 및 언어사용의 모델링 결핍으로 간주되기도 한다.

(2) 심리·정서적 문제

빈곤가정 청소년들은 충동적인 성향을 갖고 있다. 또한 심리적으로 위축되어 있는 경향이 있다. 빈곤가정 아동들은 이러한 심리적인 위축으로 학교관계, 또래관계에서 자신감이 부족하며, 학업성취도에 있어서도 낮은 경향을 보인다.

(3) 학교부적응과 행동문제

빈곤가정 청소년은 빈곤문화에 쉽게 접하게 되어 학업성적 부진, 무단결석, 싸움, 가출, 비행, 반항 등의 학교부적응과 행동문제를 가지고 있으며, 도덕적 규율이 낮은 경향을 보인다. 빈곤가정 청소년의 외현화·내재화 문제행동도 일반 청소년에 비해 높은 것으로 나타났다(하태정·강현아, 2012).

(4) 사회심리적 문제

빈곤가정 청소년은 부모의 보호와 사회적 지지가 부족하여 공격적·파괴적 성향을 더 많이 보인다. 그리고 '성취동기'가 보다 낮은 경향을 보이며, 비난과 승인에 대해서 다소 민감한 반응을 보인다.

3) 빈곤가정 청소년을 위한 개입방안

(1) 가정보호사업

청소년은 가정 내에서 건강하고 행복하게 자라나야 한다는 원칙하에 부모의 빈곤, 실직, 미혼모 출산 등으로 국가의 특별한 보호가 필요한 청소년에 대해 입양, 가정위탁 등 가정을 제공해 주는 사업이다(구혜영, 2013).

(2) 지역사회 지원사업

지역아동 1318센터는 청소년의 보호, 교육, 건전한 놀이와 오락의 제공, 보호자와 지역사회의 연계 등 청소년의 건전 육성을 위해 종합적인 청소년복지서비스를 제공하는 시설이다. 그 외 청소년 방과 후 아카데미도 있다. 청소년 방과 후 아카데미는 저소득, 맞벌이, 한부모 등 취약계층 가정 내 방과 후에 혼자 있는 청소년들에 대해 학습능력 배양, 체험활동, 급식, 건강관리, 상담 등 종합 학습지원 및 복지·보호서비스를 제공함으로써 이들이 건전하게 성장할 수 있도록 도와주고 있다(구혜영, 2013).

(3) 사회적 지원서비스

❶ 드림스타트 사업

드림스타트 사업은 금전지원 확대만으로 청소년의 빈곤문제를 해결할 수 없다는 인식하에 빈곤청소년을 대상으로 집중적이고 예방적인 인적자본 개발을 통해 공평한 출발기회를 보장해 나가는 대표적인 아동 및 청소년정책이다. 빈곤청소년들의 신체적·정서적·사회적 능력 등 전인격적인 발달을 지원하는 새로운 형태의 사전 예방적 청소년보호서비스로 능동적 복지를 구현하고 있다. 취약지에 거주하는 저소득 임산부와 12세 이하의 아동 및 청소년가구를 대상으로 건강, 복지, 보육 등 맞춤형 통합서비스를 제공하고 부모들에게 직업훈련, 고용촉진서비스를 제공하여 가족기능을 회복시켜 공평한 양육여건을 보장해 주는 프로그램들로 구성되어 있다.

❷ 디딤씨앗통장 사업(아동발달지원계좌)

디딤씨앗통장이란 취약계층 아동의 사회 진출 시 학자금·취업·창업·주거마련 등에 소요되는 초기 비용 마련을 위한 자산 형성을 지원하는 사업을 말한다. 이는 아동발달지원계좌라고도 불리며, 가입대상 조건을 충족하는 보호대상 또는 기초생활수급자 가구의 아동이 통장을 개설하면, 후원자와 정부가 함께 1 : 2 비율로 매칭하여 저축 금액을 적립하게 되는 방식으로 2007년 4월부터 시행된 정부 매칭 지원금 시스템이다.

최대 10만 원 한도 내에서 내가 저축한 금액의 2배에 해당하는 금액을 추가로 적립할 수 있도록 매칭하여 지원함으로써, 저소득층 아동의 자산 형성에 도움을 주기 위해 정부에서 시행하고 있다. 보호대상아동은 아동복지시설(아동양육시설, 공동생활가정) 보호아동, 가정위탁 보호아동, 장애인생활시설아동, 소년소녀가정 아동을 말한다. 단, 일시보호시설 아동은 3개월 이상 장기보호되었거나 보호될 것으로 예상되는 경우 대상이 될 수 있고, 기초생활수급가구 아동은 생계급여와 의료급여, 주거급여, 교육급여를 수급하고 있는 만 18세 미만(17세)의 중위소득 50% 이하인 가구의 아동이 해당된다.

(4) 상담활동

상담활동은 지역사회 청소년통합지원체계(CYS-Net), Help Call 청소년전화 1388, 위기청소년자립지원 아카데미 두드림존 사업 등이 있다. CYS-Net사업은 지역사회 청소년 관련기관 간의 네트워킹을 통한 통합지원체계 구축과 위기청소년에 대한 전화상담 및 구조, 보호, 치료, 자립, 학습 등의 서비스를 제공한다. Help Call 청소년 전화 1388은 CYS-Net의 종합관문으로 이용하고 있으며 두드림존 사업은 청소년복지 및 상담, 대안교육, 직업교육 등 각계 전문가의 TF 운영을 통해 개발되었고 사전 상담의 접수면접 단계부터 실내교육 프로그램과 체험교육, 실제 자립지원까지 총 4단계로 구성되었다(구혜영, 2013).

가난한 학생일수록 학교 영향 더 받는다

쉼터

경제적 배경이 학생들의 학교적응 능력에도 상당한 영향을 주는 것으로 조사됐다. 특히 빈곤한 학생일수록 교사와의 관계가 학교적응에 큰 영향을 미쳤다. 사회경제적 배경이 불리한 학생에게 관심을 두는 학교 환경이 필요하다는 지적이다. 한국청소년정책연구원의 '학교환경인식이 학교적응 유연성에 미치는 영향'보고서에 따르면, 빈곤 청소년의 경우 학교환경이 학교적응 유연성에 미치는 영향이 비(非)빈곤 청소년보다 1.7배나 컸다. 부유한 가정의 청소년은 학교 이외 장소에서 학교적응 유연성을 향상시킬 수 있지만, 그렇지 못한 빈곤 청소년은 학교의 영향을 더 많을 수밖에 없다는 의미다. 학교적응 유연성은 어려운 상황에서도 학업성취도 및 학교생활에 대한 동기와 흥미가 높은 정도를 가리킨다. 가난은 학생들의 성적과 자존감에도 영향을 미치고 있었다. 국어, 영어, 수학 점수의 합으로 도출한 학교성적(5점 만점)은 빈곤 학생이 2.77점으로 비빈곤 학생(2.98점)보다 의미 있는 수준으로 낮았다. 자존감은 통계적으로 의미 있는 정도는 아니었지만 역시 빈곤 학생(2.87점)이 그렇지 않은 학생(2.93점)보다 낮았다. 결국 성적과 자존감이 학교적응에 미치는 영향은 빈곤 청소년이나 비빈곤 청소년 모두에게 크지만 빈곤 청소년에게서 그 영향이 훨씬 더 크다고 할 수 있다. 친구의 비행경험은 비빈곤 청소년의 학교적응 유연성에는 의미 있는 영향을 미친 반면 빈곤 청소년에게는 영향을 거의 주지 않았다. 빈곤 청소년의 경우 친구의 비행을 더 잦게 경험한다는 것을 시사하는 결과라고 보고서는 설명했다.

출처: 한국일보(2015.05.11.).

02 다문화가정 청소년

최근 국제결혼에 의한 결혼이민자 가정과 외국인 근로자 가정이 급증하면서 이들 가정의 자녀 역시 증가하고 있다. 이에 따라 다문화와 관련되어 다양한 정책과 법률, 사회복지 서비스 등이 증가하게 되었다.

1) 다문화가정의 청소년

(1) 다문화와 다문화가족의 개념

'다문화'라는 용어는 건강가정시민연대가 국제결혼가족, 혼혈인 가정 등 차별성을 지닌 용어 개선을 위해 사용을 권장하기 시작하였다(최원석 외, 2012).

다문화가족이란 한국 사회에 거주하고 있는 외국인 근로자, 국제결혼이주자, 북한이탈주민, 외국인과의 사이에서 태어난 자녀 등으로 구성된 가족을 비차별적으로 부르는 것이다(김범수 외, 2007). 그리고 다문화가족의 광의의 개념으로 자국 내에 거주하는 모든 외국인 가정을 포함하는 반면, 협의의 개념은 단순히 거주하는 것이 아니라, 가족 중 한 명이 국적을 취득해 구성된 가정을 의미한다(정민자 외, 2010).

여성가족부(2023)의 「2023 청소년 통계」에 의하면, 2022년 다문화 학생은 전년 대비 5.4%(8,587명) 증가한 168,645명으로, 전체 학생(528만 4천 명)의 3.2%를 차지하는데, 이는 2020년 다문화 학생 14만 7천여 명보다 증가하였다. 2022년 다문화 학생 중 66.2%(111,640명)가 초등학생이며, 중학생 23.5%(39,714명), 고등학생 9.9%(16,744명) 순으로 조사되었다.

※ 다문화학생 추이
(2013) 55,780명 → (2017) 109,387명 → (2020) 147,378명 → (2022) 168,645명

출처 : 한국교육개발원 · 교육부, 「교육기본통계조사」

그림 7-1 다문화 학생 수 및 비중

표 7-1 다문화 학생 현황 (단위: 명, %)

	전체 학생[1] (천 명)	다문화 학생수[2]	구성비[3]	전년 대비	초등학교	구성비[4]	중학교	구성비[4]	고등학교	구성비[4]	각종학교	구성비[4]
2013	6,489	55,780	0.9	18.8	39,360	70.6	11,280	20.2	4,858	8.7	282	0.5
2014	6,294	67,806	1.1	21.6	48,225	71.1	12,506	18.4	6,734	9.9	341	0.5
2015	6,097	82,536	1.4	21.7	60,162	72.9	13,827	16.8	8,146	9.9	401	0.5
2016	5,891	99,186	1.7	20.2	73,972	74.6	15,080	15.2	9,816	9.9	318	0.3
2017	5,733	109,387	1.9	10.3	82,733	75.6	15,945	14.6	10,334	9.4	375	0.3
2018	5,593	122,212	2.2	11.7	93,027	76.1	18,068	14.8	10,688	8.7	429	0.4
2019	5,462	137,225	2.5	12.3	103,881	75.7	21,693	15.8	11,234	8.2	417	0.3
2020	5,356	147,378	2.8	7.4	107,694	73.1	26,773	18.2	12,478	8.5	433	0.3
2021	5,332	160,058	3.0	8.6	111,371	69.6	33,950	21.2	14,308	8.9	429	0.3
2022	5,284	168,645	3.2	5.4	111,640	66.2	39,714	23.5	16,744	9.9	547	0.3

출처 : 한국교육개발원 · 교육부, 「교육기본통계조사」, 초 · 중 · 고등학생 대상

주 : 1) 초등학교, 중학교, 고등학교 및 각종학교 재적 학생 수

2) 국제결혼가정 학생(국내출생+중도입국)+외국인가정 학생

3) 다문화학생 수/전체 학생 수×100

4) 다문화학생 중 구성비

(2) 다문화가정의 개념과 범위

「다문화가족지원법」(2008)은 '다문화가족'의 범위를 부모 한쪽이 한국인이고 다른 한쪽이 그렇지 않은 국제결혼이민자와 그 자녀, 귀하허가를 받거나 국적을 취득한 외국인에 한정하고 있어 다문화라는 의미상의 훼손뿐만 아니라 외국인근로자 가정과 양쪽 모두 외국인인 이주자로 이루어진 가족은 배제되어 있어 다분히 "비다문화적 정책"이라는 모순을 낳고 있다는 비판적 시각도 있다(이민경, 2010).

2) 다문화가정 청소년의 문제

다문화가정 청소년들이 경험하게 되는 어려움으로 의사소통 및 문화적응에 대한 어려움, 의사소통에 의한 대인관계의 어려움, 정체성의 혼란, 학습과 또래친구들과의 어려움 등으로 인한 학교부적응 및 학교중퇴 등이 있다.

(1) 의사소통 및 문화적응에 대한 어려움

국제결혼가정 자녀들은 말을 배우는 가장 중요한 시기인 유아기는 한국말이 서투른 외국인 어머니의 교육하에 성장하여 한국말 발달이 늦어지고 의사소통이 어려워 학습부진을 초래한다. 일상적인 의사소통에 문제가 없더라도 읽기나 쓰기 능력은 현저히 떨어지는 것으로 나타났다(김정열·김산용, 2014).

(2) 정서적 어려움과 학교부적응

다문화가정 청소년들은 일반 가정 청소년들로부터 받는 편견을 경험하고 있는데 특히 차별, 멸시의 경험은 심리적 상처를 주어 자신감의 상실을 가져올 수 있다.

다문화가정 자녀는 언어적 학습부진은 물론 집단따돌림까지 경험하고 있다. 도시 전문직 외국인근로자를 제외하면 다른 외국인근로자 자녀들은 경제적·문화적·언어적·인종적으로 사회취약집단에 속해 많은 이들이 정규학교에 보내지 않거나 정규학교에 보내져도 방과 후 방치되고 있다. 또한 중도 입국한 자녀들은 대부분 한국 일반학교로 진학해서 학업을 계속하지만 한국어를 몰라 학교수업을 따라가지 못하거나 적응을 힘들어하고 있다(김정열·김산용, 2014).

3) 다문화가정 청소년을 위한 개입방안

우리나라는 아직 단일민족이라는 인식으로 인해 다문화를 쉽게 받아들이지 못하며 현재 발생되고 있는 문제를 해결하기 위한 정책을 중심으로 운영하고 있어 다문화 자녀에게 필요한 정책은 부족한 게 현실이다.

(1) 제도적 장치 완비

다문화가정의 경제적 빈곤은 그들 다수가 농촌에 거주한다는 사실 외에도 국내 배우자 외 경제적 능력이 전무해 빈곤의 악순환이 계속되고 있다. 기초생활보장제도 등의 기본적 사회복지가 기능하고 있지만 이주여성과 이주노동자들의 경제력을 근본적으로 향상시킬 수 있는 다양한 프로그램의 개발이 필요하다(구혜영, 2013).

(2) 사회전반의 의식 개선 및 교육

우리나라 사람은 백인과 기타 선진국 사람들에 대한 인종선호도가 높다. 이런 관점에서 다문화가정 청소년들이 학교와 사회에서 받게 될 싸늘한 시선들은 우리 사회 전체가 책임을 느끼고 해결해야 하는 과제이다. 이를 해결하기 위해 일반 국민을 향한 의식개선 프로그램도 필요할 뿐만 아니라 청소년들이 직접적으로 마주하게 되는 학교 내의 교사와 일반 학생들에게 전문적인 다문화 교육이 필요하다(구혜영, 2013).

(3) 전문교육프로그램 개발 및 능력개발훈련

다문화가정의 청소년들은 그들이 안고 있는 언어적·문화적 차이에 의한 약점을 보완할 수 있게 하는 전문교육이 필요하다. 또한 다문화 가정 청소년들이 스스로 경제적 능력을 배양해 사회로 진출할 수 있도록 제도적 지원을 해야 그들이 처한 빈곤의 악순환 고리를 근본적으로 끊을 수 있다(구혜영, 2013).

4) 탈북청소년 교육지원계획의 주요 내용

교육부에서 발표한 '탈북청소년 교육지원 추진계획'을 토대로 탈북청소년 교육지원 정책을 살펴보면, 첫째, 초기적응교육지원, 둘째, 학교교육 내실화, 셋째, 학교 밖 탈북청소년 교육지원, 넷째, 종합지원체제 구축 및 연계 강화 등 4대 정책 영역으로 구성되어 있다. 교육부의 탈북청소년 교육지원계획의 주요 내용을 살펴보면 다음과 같다.

(1) 초기 적응교육

하나원 초기 적응교육 지원, 한겨레 중고등학교의 기능 재정립 및 교육여건 개선, 기능강화 및 운영내실화 지원, 탈북청소년 학력인정 절차 개선 및 학생 교육 정보 공유 등을 진행한다.

(2) 학교교육 내실화

탈북청소년 밀집학교 및 밀집지역 지원, 학생 역량강화 및 성장 지원, 교사 지도 역량 강화, 전문 교육인력 발굴 및 역량강화, 학부모 교육지원 역량강화 등을 진행한다.

(3) 학교 밖 탈북청소년 교육지원

학력인정 대안학교 설립지원, 민간교육시설 교육역량 강화, 학교 밖 사각지대 탈북청소년 학교복귀 지원 및 교육지원, 공립 대안학교 설립 지원, 북한이탈주민 평생교육 지원 강화 등을 진행한다.

(4) 종합 지원체제 구축 및 연계 강화

탈북청소년 교육지원센터 기능 강화, 탈북청소년 교육지원 협력체제 강화, 탈북청소년 인식개선 및 통일대비 교육역량 강화 등을 진행한다.

사각지대에 놓인 조선족(중국 동포) 청소년 교육문제 해결 시급

쉼터

중도입국 청소년들에는 세 가지 부류가 있다. 먼저 결혼이민자가 한국에 데려오는 청소년들이다. 이들은 한국말을 못 한다. 그래서 무지개학교 등 많은 다문화 대안학교를 통해 한국말과 한국문화를 가르치고 한국 사회에 적응시킨다. 그리고 탈북청소년들이 있다. 이들을 위한 대안학교, 예비학교도 많이 있다. 탈북청소년들은 한국말을 할 수 있기 때문에 한국 사회에의 적응도 빠르다는 장점이 있다.

그리고 세 번째, 중국 동포들이 데리고 들어오는 청소년들인데 이들이 가장 심각한 문제를 안고 있다. 대부분 교육받지 못하고 사각지대에 놓여있기 때문이다. 중국 동포 자녀를 위한 전문 대안학교 '한중사랑학교' 곽 교장의 말을 들어본다. "그들은 한국말이 서툰 정도가 아니라 아예 못 합니다. 다문화 자녀나 탈북자 자녀들은 적응을 위한 교육 지원이 되고 있는데 중국 동포 자녀들은 이도 저도 아닌 상태로 그냥 방치되고 있습니다."(본지 2015년 11월 9일, 12일 자 기사 참조)

행정자치부에 따르면 2013년 한국에 거주하는 만19세 미만 조선족은 4만 3890명이었다. 그 중 취학 연령대인 만 7~18세 청소년은 2만 6299명으로 집계됐는데, 지난해 4월 기준 교육부 발표에 따르면 국내 초·중·고교에 재학 중인 조선족 학생 수는 9,215명에 불과했다(연합뉴스 2015년 2월 4일 자). 조선족 청소년 절반 이상이 교육을 못 받고 있으며, 한국에 들어오는 조선족 청소년은 앞으로 더 늘어날 전망이라고 곽 교장은 말한다. "영사과에 부탁해 알아본 바로는 지난해 한국에 들어온 중국 동포 중 18~20세 청소년들이 1만 4천여 명이었습니다. 이들 외에 만18세 이하 청소년층도 상당히 많다고 봅니다. 중국 정부에서 발행한 통계를 보면, 조선족 200여만 명 중 청소년층이 4~5만 명 됩니다. 이들도 잠재적 수요라고 봐요. 그 절반만 한국에 들어온다고 해도 2만 명이 넘습니다." 우리가 흔히 '중국 동포'라고 부르는 조선족은 신분상 중국 국적을 가진 한국계 사람들로 한국인이 아니다. 따라서 한국에 입국, 체류하려면 법무부에서 발급한 비자가 있어야 한다. 장기체류와 취업이 가능한 비자는 F-1비자 등 일부이고 나머지 비자는 체류와 취업에 제한이 있다. 대표적인 예가 90일 체류를 허가하는 동포방문(C-3-8)비자이다. 한국 법무부 출입국·외국인정책본부는 지난해 4월부터 조선족에 대하여 사실상 한국 출입국을 자유화하는 정책을 시행했는데 이 정책 시행 이후 C-3-8비자로 들어오는 조선족 청소년층이 급격하게 늘어난 것이다. 법무부에서는 C-3-8비자를 발급받은 조선족에게 방문취업제 기술교육을 실시하고 있는데 만 25세 이상 만 49세 이하 성인들을 대상으로 하고 있다. 만25세 이하는 청년, 만 20세 미만 10대 청소년을 위한 교육 프로그램은 전무한 실정이다. C-3-8비자 소유 청소년은 물론이고 장기체류가 가능한 F-1비자를 가진 청소년들도 마땅히 교육받을 곳이 없다는 데 심각한 문제성이 있다고 곽 교장은 지적한다. "부모가 장기체류가 가능한 F-1비자 등으로 변경하더라도 사정은 마찬가지예요. 법무부가 제공하는 사회통합프로그램 교육은 결혼이민자 중심으로 운영되고 있고, 20명 정도의 집체교육 형식으로 교육 단계마다 담당 교사가 바뀌는 등 학생들이 안정적으로 한국어 교육을 받을 수 있는 환경이 되지 못합니다. 한국어 교육뿐만 아니라 이들이 한국 사회와 문화에 적응하도록 지원하는 프로그램을 시행하는 기관도 전무합니다." 그리고 "국내에 거주하고 있는 65만 명가량의 조선족 동포들은 한국에 정주화하는 경향이 보이고 있어요. 따라서 이들이 민족적 동질성을 회복해 나갈 수 있는 프로그램 도입이 시급합니다. 그 중 청소년 교육은 당면한 첫 번째 과제이죠.

출처: 재외동포신문(2015.11.30.).

03 조손가정 청소년

1990년대 후반 IMF 구제금융 시기를 기점으로 새로운 가족의 형태인 조손가정이 증가하였다. 조손가정은 다양한 사회·경제적인 이유로 부모의 부재가 발생하면서 손자녀의 양육을 조부모가 맡게 되면서 발생한 조부모와 손자녀들이 함께 생활하는 가족의 형태이다. IMF 구제금융 시기의 경제적인 위기는 가계소득에 부정적인 영향을 주었고 남편뿐 아니라 부인도 가계의 소득을 책임지게 만드는 상황을 가져왔다(염동훈 외, 2007). 이로 인해 조손가정이란 용어사용과 함께 조손가정에 대한 사회적·학문적 관심이 증가하였고, 정부도 1995년 인구주택 총 조사를 통해 조손가정의 가구 수를 집계하기 시작하였다.

1) 조손가정

(1) 조손가정의 개념과 환경

❶ 조손가정의 개념

조손가정의 개념을 넓은 의미에서 조부·모와 그의 손자녀만으로 이루어진 모든 가구를 의미하지만 정책적인 대상, 즉 사회적 문제가 되는 조손가정의 경우 손자녀의 양육자인 조부모가 생계를 꾸려 나가거나 가구를 대표하고, 손자녀에 대한 부양과 양육의 책임을 지고 있는 가구라는 점에서 "18세 미만의 손자녀에 대한 의식주를 책임지고 양육하는 조부·모 가족"이라고 정의한다(김익균 외, 2009).

❷ 조손가정과 관련된 명칭

외국은 조손가정을 조부모가장 가정(Grandparent-Headed Home), 세대를 건너뛴 가구(Skipped-Generation Household), 손자녀 양육 조부모(Grandparents Raising Grandchild), 보호적 조부모(Custodial Grandparents), 조부모 양육자(Grandparent Caregivers), 양육자로서의 조부모(Grandparents as Caregivers), 조모친족관계 양육제공자(Grandmother Kinship Care Providers) 등으로 지칭하고 있다. 그리고 그에 따른 구체적인 개념으로 ① 조부모와 18세 이하의 손자녀가 함께 거주하고 있어야 하고, ② 조부모들이 함께 사는 손자녀들

의 의식주 욕구에 대한 책임을 가지는 가족을 조손가정으로 정의하고 있다(Jendrek, 1994; 김익균 외, 2009).

(2) 조손가정의 환경

조손가정은 일반적인 가족과 비교해 볼 때, 경제적인 능력이 취약할 수밖에 없는 노령의 조부모에 의해 양육되어 경제적으로 열악한 경우가 많다. 또한, 조손가정의 경우 경제적 어려움, 조부모들의 양육부담 등으로 생각할 수 있다(김두연, 2006; 박지인, 2008; 김익균 외, 2009).

첫째, 경제적 어려움이 있다. 경제적으로 안정된 상황에서 의식주를 해결해야 가족의 사회적 기능이 원활하게 발휘될 수 있다. 그러나 조손가정은 경제적인 어려움 또는 절대적 빈곤으로 인해 가족에서 수행해야 할 기능을 효과적으로 담당하기 어렵다. 그리고 낮은 가계수입은 조손가정의 삶의 질(quality of life)을 저하시키고 경제활동 전반에 제약을 줘서 사회생활에 참여하는 데 한계가 만들어진다. 또한 손자녀들은 경제적인 어려움으로 인해 또래친구들과 비교한 상대적 박탈감을 느끼게 되어 탈선행위의 원인과 교육기회의 감소로 인한 빈곤 대물림의 악순환을 가져오기도 한다.

둘째, 조부모들의 양육부담이 있다. 조부모의 연령이 60대 이상이라는 점을 감안하면 손자녀를 양육하는 데에 신체적으로 고되고 힘들다. 특히 만성질환을 갖고 있는 경우, 양육부담은 더 가중되어 부담이 커지고 조부모의 수입으로 손자녀 양육과 제대로 된 의료서비스를 받지 못하는 상황이 되어 손자녀들이 성인이 된 이후, 노후에 대한 경제적인 대비를 전혀 할 수 없다. 젊은 부모도 자녀를 양육하는 데 있어서 부담이 큰 상황에서 조부모들이 손자녀들을 양육하는 것이 커다란 부담이 될 수밖에 없다.

2) 조손가정 손자녀(아동·청소년)의 문제

(1) 정서적 문제

조손가정 청소년들의 심리정서적인 문제가 있다. 조손가정이 형성된 과정을 살펴보면 부모의 사망, 가출과 행방불명, 이혼 및 재혼, 맞벌이 부부 등 다양하다.

하지만 조부모들은 가족해체로 인한 손자녀들의 행동과 정서의 부적응에 대처할 만한 준비가 되어 있지 않다(김혜선, 2004). 또한 손자녀들은 부모가 자신을 버렸다는 괴로움, 원망, 배신감, 증오 등으로 부모에 대한 그리움을 왜곡되게 표현하기도 한다(문선화, 2001). 조부모와 손자녀 간의 세대 간 차이가 크다는 점에서 공감대를 형성하는 데 어려움이 있고, 조손가정의 손자녀들은 부모로부터 받아야 할 관심에 대한 부족과 어려운 가정형편 등으로 인해 많은 정신적 스트레스를 받게 되어 잘못된 자아형성을 가져올 확률이 높아지게 된다. 이는 비행과 탈선에도 영향을 미친다는 점에서 관심이 요구된다.

(2) 심리사회적 문제

조손가정 아동들은 일반아동에 비해 더 많은 심리사회적응 문제를 지니고 있다. 또한, 신체적 건강문제가 많을수록, 학교생활에 대한 흥미가 낮을수록 심리사회적응의 문제가 많다(김예성, 2014).

3) 조손가정 청소년을 위한 개입방안

(1) 조손가정에 대한 서비스

우리나라는 조손가정과 관련된 서비스 유형에는 건강가정 지원, 국민기초생활보장, 노인복지, 대리양육 가정위탁, 의료서비스, 한부모가족 지원 등의 제도가 있다(김익균 외, 2009).

❶ 건강가정지원제도

건강가정지원제도는 가족센터를 통해 각 지역별로 지역 특성에 따라 다양한 가정지원 프로그램을 실시하는 제도이다. 조손가정 자녀들을 위한 학습도우미 파견, 가족상담과 조부모 교육, 주거환경 지원 사업 등을 진행하고 있다(김익균 외, 2009). 또한 조손가정의 가정 내 어려움을 해결하기 위한 지원개발과 연계활동을 진행한다.

❷ 국민기초생활보장제도

국민기초생활보장제도는 수급권자 가구의 소득 인정액이 가구별 최저생계비 이하인 경우에 국가로부터 지원을 받을 수 있는 제도이다. 조손가정 대부분의 가계소득이 최저생계비에 미치지 못한다는 점에서 조손가정은 국민기초생활보장제도의 생계급여 해당자에 포함된다(김익균 외, 2009). 그러나 기본적인 생활의 기준이 각 가정의 환경에 따라 처한 상황이 다르기 때문에 경제적인 지원이 더 요구된다.

❸ 노인복지제도

조손가정의 가구주 연령은 대부분 60세 이상으로 조손가정은 노인복지법의 사업대상이다. 그러나 이 법이 조손가정의 특성을 반영한 것은 아니므로 실질적인 도움은 되지 못하고 있다(김익균 외, 2009). 하지만 조손가정의 보호자인 60세 이상의 어르신에 대한 지원으로 경제적인 것뿐만 아니라 생활지원에 많은 도움이 되고 있다.

❹ 의료서비스 제도

우리나라의 의료서비스는 기초생활보장대상자에 대해 의료비 전액을 국가 부담으로 하고 있다. 즉 국민기초생활보장제도의 수급권자인 조손가정의 자녀들은 의료보험료를 면제받을 수 있고 65세 이상 조부모는 일정액을 경감받을 수 있다. 그러나 일정한 소득이 있는 조손가정은 보험료의 부담을 지게 된다(김익균 외, 2009).

❺ 한부모가족 지원

조손가정은 「한부모가족지원법」 상 특례조항으로 규정되어 지원 대상에 포함되었다. 이에 따라 아동양육비, 고교생학비, 복지자금융자, 복지시설 지원 등의 지원을 받게 되었다. 하지만 한부모가족과 조손가정이 처한 상황은 분명히 차이가 있기 때문에 이들을 같은 법령하에서 지원한다는 것은 조손가정의 특성을 제대로 반영하지 못할 가능성이 크다(김익균 외, 2009).

(2) 조손가정 청소년에 대한 지원정책

보건복지부는 청소년을 대상으로 방과 후 활동을 지원하는 사업으로 지역아동센터, 방과 후 아카데미 사업을 운영하고 있다. 지역아동센터는 지역사회 아동의 보호 및 교육, 건전한 놀이와 오락의 제공, 보호자와 지역사회의 연계 등 종합적인 아동복지 서비스를 제공한다. 조손가정 청소년뿐만 아니라 지역사회 내 보호를 필요로 하는 18세 미만 아동을 대상으로 운영된다. 그러나 이것도 조손가정만을 대상으로 한 정책이 아니다(김익균, 2009).

04 이혼가정 청소년

최근 우리 사회는 사회경제적 문제와 가치관의 변화 등으로 가족해체 현상이 지속되고 있다. 가족해체의 가장 큰 요인 중 하나인 이혼은 계속 증가추세로 부모의 이혼 과정에서 상처를 받은 청소년 자녀들은 감정의 골이 깊어져 의사소통이 어렵고 폭력성을 나타내며 정서불안을 느낀다. 또한 이혼가정의 경제적 여건은 더 나빠질 수 있으며 이혼가정이라는 주변의 편견으로 또래관계에 어려움을 겪기도 한다.

1) 이혼가정 청소년의 문제

(1) 정서적 문제

부모의 이혼을 경험한 청소년은 부모의 이혼을 경험하지 않은 청소년과 비교할 때, 긍정적 정서를 보다 적게, 자아 강도는 낮게, 사회적 지지는 보다 적게 지각하며, 학교생활에서도 적응도가 낮다(채선미·이영순, 2011). 그러나 남영옥(2010)의 연구는 이혼가정 자녀와 양부모가정 자녀 간에 학교적응에 있어서 차이가 없는 것으로 나타났다. 부모의 이혼은 청소년의 우울과 외로움에 영향을 매개한다. 우울은 중학생보다 고등학생의, 양부모가정 청소년보다 이혼가정 청소년의 우울 정도가 높았으며, 외로움은 고등학생과 이혼가정 청소년의 외로움 정도가 중학생과 양부모가정 청소년의 외로움보다 각각 높게 나타났다(김정민·유안진, 2005).

(2) 행동문제와 학교부적응

이혼가정 부모들은 자녀 양육에 대해 부담을 느껴 부적절한 대처를 하기 쉽고 혼자 자녀를 돌봐야 하기 때문에 보호와 감독 기능을 소홀히 해 자녀를 방치하게 됨으로써 청소년들의 비행을 할 가능성이 높아진다. 이는 곧 학교생활에 부적응을 가져오게 된다.

(3) 사회적 관계 문제

이혼가정 청소년은 일반가정 청소년들보다 부모애착이 더 낮았으며, 이성교제를 더 많이 하고, 이성애착의 의존 및 친밀 점수는 일반가정 청소년에 비해 더 낮고 불안 점수는 더 높았다(김정민·장재홍, 2008).

2) 이혼가정 청소년의 적응 관련요인

이혼가정 청소년들은 또래집단의 친사회적 특성과 교사지지, 자아존중감, 부모의 긍정적 양육태도를 높게 인식할수록 학교적응 수준이 높다(남영옥, 2010). 또한, 부모의 이혼이 청소년의 정서적 적응에 영향을 미칠지라도 부모와 자녀가 어떠한 관계를 가지는 지가 무엇보다 중요하며, 청소년의 또래관계 역시 부분적으로 긍정적인 영향을 미칠 수 있음을 의미한다(김정민·유안진, 2005).

3) 이혼가정 청소년을 위한 정책 및 실천 개입방안

이혼가정은 대부분 한부모 가정이다. 따라서 한부모 가정이 갖고 있는 기능적 문제를 우선적으로 해결하여 청소년들을 잘 보호할 수 있는 가정이 되도록 그 역할을 끌어올리는 것이 급선무이다. 한부모가족은 대부분 생계곤란과 같은 일차적 욕구를 해결하지 못하고 있으므로 한부모가족 수당, 주택문제 해결, 자활수급권 확대와 같은 제도적 장비가 필요하다.

이혼가정은 한쪽 부모의 부재로 인해 부모역할 문제를 가진다. 바람직한 부모

역할은 무엇인지 역할연습을 비롯한 다양한 기술을 훈련시킴으로써 부모역할 능력을 키워줘야 한다. 또한 가족 상담과 가족치료를 통해 부모와 자녀 관계의 문제점을 파악하고 의사소통을 원활히 하여 가족 간 결속력을 강화해야 할 필요가 있다. 가족에게 잠재적으로 지지가 될 수 있는 공식적 비공식적 지지망을 확인하여 가족에게 연결해 주는 '지지적 관계망 형성'도 도움이 되며 가족 결속을 위한 사회교육 프로그램이 지원되어야 한다(조흥식 외, 2009).

05 가정 내 청소년문제 예방 및 개입 기관

다양한 유형의 가정형태에 따라서 운영되는 기관이 전문화되고 있다. 그중에 몇 개 기관을 소개하면 다음과 같다.

1) 가족센터

가족지원센터는 가족에게 필요한 다양한 복지 서비스를 제공하기 위해 여성가족부 산하로 운영되는 복지기관이다.

- 자치구 특성화 사업(가족지원나눔의 '행복가족 프로젝트', 가족상담 특화사업), 가족역량 강화사업(가족동작놀이 지도자 양성과정, 가족봉사단, 비양육자 캠프, 예비부부 교실 등), 전문성 향상 및 지역 센터 역량강화(건강가정지원센터 종사자 교육 등), 가족학교(가족 Talk Talk 학교, 부모자녀 하나 되기 '패밀리 셰프', 부모교육 프로그램 개발, 한부모 이해교육 등) 등을 운영하고 있다.
- 가족친화 문화조성 사업을 통해 가족 기능을 강화하고 서로 이해할 수 있는 폭을 넓히기 위해 가족 봉사단, 이웃사촌 한 가족, 가족사랑 이웃사랑의 날 캠페인, 가족 품앗이 사업 등을 진행하고 있다. 가정 내 돌봄 서비스, 외출 지원 서비스, 휴식 지원 프로그램, 장애아 가족 양육 지원 사업 등을 통하여 자녀 양육과 가족 부양의 책임을 사회가 분담하는 차원에서 가족 돌봄 지원 사업을 진행하고 있다.
- 취약 가족 역량 강화 서비스 지원 사업, 한부모가족 사업, 조손가족 사업, 미

혼모(부)자 거점 기관 운영 사업, 청소년 한부모 지원 사업 등을 통하여 맞춤형 서비스를 제공하는 다양한 가족 지원 사업을 수행하고 있다.

2) 이주배경청소년지원재단 무지개청소년센터

이주배경청소년지원재단 무지개청소년센터는 「청소년복지 지원법」 제18조에 따른 이주배경청소년(탈북청소년, 다문화청소년, 중도입국청소년 등)을 지원하는 기관이다. 이주배경청소년 정착 및 통합지원, 청소년 다문화 역량 강화, 정책 및 프로그램 개발을 주요과제로 하고 있다.

(1) 이주배경청소년의 정의

- 다문화청소년: 「다문화가족지원법」 제2조 제1호에 따른 다문화가족의 정의를 살펴보면, 대한민국 국적자와 외국 국적자 간의 국제결혼으로 이루어진 가족으로 보고, 다문화청소년은 곧 다문화가족의 자녀로 본다.
- 외국인근로자가정 자녀: 외국인근로자란 대한민국의 국적을 가지지 아니한 사람으로서 국내에 소재하고 있는 사업 또는 사업장에서 임금을 목적으로 근로를 제공하고 있거나 제공하려는 사람을 의미하며, 외국인근로자로 이루어진 가정의 자녀를 외국인근로자가정의 자녀로 보고 있다.
- 중도입국청소년: 2000년 이후 급증하기 시작한 국제결혼 재혼가정의 증가에 따라 나타난 집단으로 결혼이민자가 한국인 배우자와 재혼하여 본국의 자녀를 데려온 경우와 국제결혼가정의 자녀 중 외국인 부모의 본국에서 성장하다 청소년기에 재입국한 청소년을 말한다.
- 탈북청소년: 북한이탈주민 중 청소년기에 해당하는 인구집단을 말한다. 관련 용어는 북한이탈 청소년, 새터민 청소년 등 다양한 표현이 사용되고 있다. 현재 「북한이탈주민 보호 및 정착지원에 관한 법률」 제24조 제2항에 탈북청소년이라는 용어를 사용하고 있는 점을 고려해 탈북청소년이라는 용어로 통일해 사용하고 있다.
- 제3국 출생 북한이탈주민 자녀: 탈북 과정에서 제3국에서 출생한 북한이탈주민 자녀들은 법적으로 탈북청소년의 범주에 포함되지 않으며, 소위 '비보호

청소년'이라고 부르기도 한다.

(2) 주요 사업

- 초기지원 사업은 입국 초기의 중도입국 청소년들에게 한국 사회에 대한 기본적인 정보, 한국어교육 프로그램, 사회적 관계 향상 프로그램, 심리정서지원 프로그램 등을 제공하고 정규교육과정으로의 편입학 지원, 진로지도 등을 통해 원활한 한국 사회 초기 적응 지원에 목적을 두고 '레인보우스쿨'을 운영하고 있다. 그리고 중도입국청소년의 한국정착을 위한 진로 교육 및 지원 프로그램으로 직장생활을 위한 한국어 교육, 진로소양교육, 진로탐색을 위한 체험활동 등의 '무지개 잡(job)아라' 사업과 이주배경청소년들의 자기계발과 정서함양을 위한 활동 프로그램으로 '다톡다톡 소모임', 맞춤형 정보제공에 의한 편입학, 직업, 체류 정보 등 한국 생활 정착에 필요한 정보를 1:1 안내 등을 운영하고 있다.
- 통합지원 사업은 레인보우 체험학교 '비교문화체험학습', 이주배경청소년 상담 및 사례관리, 이주배경청소년 집단상담 프로그램 '마음돋보기', 이주배경청소년 가족역량강화 프로그램 '다독임 캠프' 등을 운영하고 있다.
- 인식개선 사업은 이주배경청소년들의 교육격차 해소 및 심리·정서적 안정과 자존감 향상을 위해 예체능, 특기적성, 정서지원 등의 이주배경청소년 멘토링, 이주배경청소년 통합캠프, 청소년 다문화감수성 증진을 위한 프로그램 등을 운영하고 있다.
- 연수 개발 사업은 전국의 청소년 관련기관 실무자 및 일반인을 대상으로 이주배경청소년 지원을 위한 전문가 양성과정을 실시하고 있으며, 실무자의 역량 및 전문성 향상을 위한 전문지원이 이루어지고 있다. 그리고 청년활동가를 양성하기 위한 프로젝트를 실시하고 있으며, 이주배경청소년 기초연구 및 정책토론회 등을 운영하고 있다.
- 외부 사업은 공동체 리더 장학금 프로젝트를 통해 북한이탈주민 중 미래 공동체 리더가 될 수 있는 자를 선발하여 대학원 석사과정을 이수할 수 있도록 지원하는 프로그램이 있으며, 이주배경 청소년 상담 및 심리치유 프로젝트와 해체가정 등의 이주배경청소년 맞춤형 진로지원 사업 등을 운영하고 있다.

요약

- 빈곤가정 청소년은 지적 및 언어적 능력, 심리·정서적 문제, 행동문제와 학교부적응, 사회 심리적 문제 등을 갖는 경우가 있다.
- 빈곤가정 청소년을 위한 가정보호사업, 지역사회지원사업(지역아동 1318센터 등), 사회적 지원 서비스(드림스타트 사업, 디딤씨앗 통장사업 등), 기초생활보장 지원, 상담활동 등이 있다.
- 다문화가정 청소년은 의사소통 및 문화적응의 어려움, 정서적 문제, 행동문제와 학교부적응 등을 갖는 경우가 있으며, 이를 위해 제도적 장치 완비, 사회 전반의 의식개선 및 교육, 전문 교육프로그램 개발과 능력개발 훈련 등이 실시되고 있다.
- 탈북청소년은 남한사회 적응과 학교생활 적응의 어려움으로 중도탈락이 많다는 점에서 이들에 대한 사회적 관심과 지지가 요구된다.
- 조손가정 청소년은 정서적 문제, 심리사회적 문제, 경제적 문제 등을 갖는 경우가 있으며, 이를 위해 지역사회의 관심과 지지가 요구된다.
- 이혼가정 청소년은 정서적 문제, 행동문제와 학교부적응, 사회적 관계 문제, 대인관계에 어려움을 갖는 경우가 있으며 이를 위해 이혼가정 청소년의 심리정서적인 안정을 위한 상담과 지속적인 관심이 요구된다.
- 다양한 가정의 유형에 따른 개입을 위해 건강가정지원센터, 다문화가족지원센터, 장애인가족지원센터, 이주배경청소년지원재단 무지개청소년센터, 탈북청소년 지원기관 등이 운영되고 있다.

핵심어

빈곤가정 청소년, 다문화가정 청소년, 탈북청소년, 조손가정 청소년, 이혼가정 청소년

Exercise 연습문제

1 조손가족이 경험하게 되는 환경과 어려움이 아닌 것은?

① 경제적 어려움을 경험할 수 있다.
② 조부모의 양육부담을 경험할 수 있다.
③ 부모의 사망, 이혼 및 재혼 등으로 정서적 문제를 경험할 수 있다.
④ 조부모의 신체적 건강이 염려되지 않아 건강한 보호를 받을 수 있다.
⑤ 심리사회적응 문제를 경험할 수 있다.

정답 ④

해설 조부모의 신체적 건강이 염려되어 양육부담을 경험할 수 있다.

2 다음 중 가족센터의 주요 사업이 아닌 것은?

① 가족지원 사업
② 가족친화 문화조성 사업
③ 취약 가족 역량 강화 서비스
④ 한부모 및 조손가족 지원 사업
⑤ 레인보우스쿨 사업

정답 ⑤

해설 레인보우스쿨 사업은 이주배경청소년지원 재단 무지개청소년센터에서 진행하고 있는 사업이다.

chapter 08

청소년과 비행

학습목표

1. 청소년 비행의 개념을 이해할 수 있다.
2. 청소년 가출에 따른 문제들을 이해할 수 있다.
3. 청소년 비행 및 가출의 대안에 대해 모색해볼 수 있다.

일반적으로 비행은 사회규범에서 벗어난 일탈행위를 의미하며 주로 청소년에게만 국한되어 사용되는 용어이다. 청소년의 비행은 크게 지위비행과 범법비행으로 분류될 수 있다. 지위비행이란 음주, 흡연, 가출, 유해 장소 출입, 음란물 접촉 등 성인이 범할 경우 큰 문제가 되지는 않으나 청소년이 범할 경우 일탈행위로 간주하는 일련의 행위를 의미한다. 범법비행이란 법에 저촉되는 행위로써 살인, 강도, 강간, 폭행 등의 중범죄나 이보다 경미한 절도 기타 형법 위반 행위를 의미한다. 본 장은 청소년의 비행에 대한 의미와 현황을 구체적으로 정립하고 다양한 비행의 형태 중 청소년의 가출문제에 대해서 보다 구체적으로 다루어보고자 한다.

01 청소년 비행

청소년 비행은 점차 심각성이 깊어가고 재비행이 증가하고 있다는 측면에서 비행에 대한 사전 예방은 분명 중요한 의미를 갖는다. 즉 청소년의 비행은 개인적인 요인뿐만 아니라 청소년을 둘러싼 주위환경에 의해서 영향을 받는다. 그렇기 때문에 바람직하지 못한 제반 사회여건과 그로 인해 발생되는 핵가족화, 물질주의와 황금만능주의, 개인주의화, 공동체 파괴 등이 심해지면서 청소년의 비행은 양적 증가와 더불어 질적으로도 악화되는 측면이 나타나 모든 사람들의 관심의 대상이 되어야 할 것이다.

1) 청소년 비행의 개념

청소년 비행은 사회규범에서 벗어난 청소년의 일탈행위를 의미한다. 그러나 시대마다 학자에 따라 다양하게 정의되고 있으며, 국가, 사회, 문화, 시대에 따라 일탈된 행위에 대한 규정은 다르고 변화하기 때문에 단순하게 정의하기는 매우 어렵다. 그렇지만 대체로 도덕이나 도리 혹은 법률에 어긋난 옳지 못한 청소년들의 행동을 통칭하는 용어로 사용되고 있다. 즉, 청소년 비행은 청소년으로서 의무를 다하지 않거나 과오를 범한 행동처럼 가벼운 잘못과 범죄행위를 포함하는 포괄적인 개념으로 정의된다(김재한·공석영·김충기, 1981).

한국의 경우 청소년 비행은 법률적인 용어로 해석되며, 성인의 범죄행위와 분리하기 위해 설정된 개념이다. 또한 청소년 비행은 범죄행위 즉, 형법을 위반한 행위뿐만 아니라 음주, 가출 등 미래에 형법을 위반할 가능성이 있는 불량행위들도 비행에 포함한다. 또한 우리나라는 「소년법」(2007)에 따라 소년법의 적용연령을 하향 조정하였다. 이러한 조치는 청소년 범죄의 증가와 범죄 연령의 저연령화, 또 성인과 다르지 않은 범죄의 담대한 내용과 관련이 매우 깊은 것으로 볼 수 있다.

소년법은 만 19세 미만의 소년들을 대상으로 하는 법률로, 반사회적 행위를 한 소년에 대한 보호 및 교정을 목적으로 한다. 이 법에 따라 다양한 소년 범죄 관련 용어가 있다.

'범법소년'은 만 10세 미만 아동을 지칭하며, 소년법의 적용을 받지 않는다. 이 연령대의 어린이는 판단 능력이 미성숙하다고 간주되어 이 연령대의 어린이는 법적 처벌이나 보호 처분이 내려지지 않는다.

'촉법소년'은 만 10세 이상 14세 미만의 소년으로 형사적 책임능력이 없기 때문에 형사재판을 받지 않지만 소년부나 가정법원에서 소년보호처분을 받을 수 있다. 이때 보호처분은 범죄에 대한 책임을 지우는 것으로, 위법 행위에 따라 1호부터 10호까지 다양한 처분이 내려질 수 있다. 8호 이상의 처분에 해당될 때는 소년원 송치를 받게 되며, 10호의 경우 최대 2년 이내의 장기 소년원 송치가 가능하다. 만 14세 이상이 되면 일반 형법에 따라 형사재판을 받게 되고, 성인과 동일한 형사처분을 받게 된다.

'범죄소년'은 만 14세 이상 19세 미만으로 형법에 저촉되는 행위를 한 미성년자를 말하며, 형사재판과 소년보호처분을 받을 수 있다. 특히 심각한 범죄를 저지를 경우 소년교도소에 송치되면 전과 기록이 남을 수 있다. 이는 소년범의 목표가 소년들의 건전한 육성과 사회로의 복귀를 고려한 조치이다.

'우범소년'은 형법에 저촉될 우려가 있는 10세 이상 소년을 의미하며, 이들은 실제로 범죄를 저지른 것은 아니지만, 환경이나 성격 등으로 인해 범죄를 저지를 가능성이 있어 보호와 교정이 필요한 상태로 간주된 것이다. 우범소년에 대한 사건은 소년보호재판을 받게 되고, 이 재판은 소년의 행동을 교정하고 건전한 성장을 돕기 위한 목적으로 진행된다. 이러한 조치는 소년이 범죄의 길로 빠지지 않도록 예방하고, 조기에 적절한 보호와 지도를 제공함으로써 그들이 사회의 건전한 구성원으로 성장할 수 있도록 돕기 위한 것이다.

이러한 구분은 소년들의 성장과 발달 과정을 고려하여 법적 처분을 결정하는 데 중요하다.

표 8-1 소년보호처분의 종류

보호처분	보호처분 종류	기간	대상 연령
1호	보호자 등에게 감호위탁	6개월 (6개월 연장가능)	10세 이상
2호	수강명령	100시간 이내	12세 이상
3호	사회봉사명령	200시간 이내	14세 이상
4호	단기보호관찰	1년	10세 이상
5호	장기보호관찰	2년(1년 연장가능)	10세 이상
6호	복지시설, 소년보호시설 감호위탁	6개월 (6개월 연장가능)	10세 이상
7호	병원, 소년의료보호시설 위탁	6개월 (6개월 연장가능)	10세 이상
8호	1개월 이내의 소년원 송치	1개월 이내	10세 이상
9호	단기 소년원 송치	6개월 이내	10세 이상
10호	단기 소년원 송치	2년 이내	12세 이상

2) 청소년 비행의 구분

청소년 비행에 대한 구분은 학자들에 따라 다소 차이는 있으나 일반적으로 지위비행과 범법행위로 구분된다.

(1) 지위비행(status offenses)

지위비행은 청소년기는 금지되지만 성인들은 정상적인 행위로 인정되는 행동을 의미한다. 일반적으로 불량행위로 음주, 흡연, 약물복용, 폭력, 흉기 소지, 불량조직 구성, 구타, 위협, 가출, 자살, 성적 문란행위, 미성년자 금지구역 출입 등이 여기에 해당한다. Griffin(1978)에 따르면 지위범행은 상습적인 무단결석, 절도범이나 비도덕적인 사람들과 교제, 자신이나 타인을 상해하거나 해치는 행동, 부모나 보호자의 동의 없이 가정으로부터 이탈하는 행동, 비도덕적이며 상스러운 행동, 취침시간 위반, 정부 시설이나 보호소로부터 이탈, 법을 위반하면서 보호자의 동의 없이 결혼을 시도하는 행위, 성적인 불법행위, 공공장소에서의 구걸행위, 유해물질을 사용하는 행위(흡연, 음주, 마리화나 등), 위험한 장소에 거주하거나 배회하는 행위, 도박장 출입 및 도박을 하는 행위, 무임승차, 술집에 드나드는 행위 등이 있다.

(2) 범법행위(범죄적 비행, index offenses)

범법행위는 법률에 따라 형벌을 받아야 할 위법적인 행위, 즉, 성인이나 청소년들 모두에게 불법적인 범죄로 폭행, 상해, 공갈, 협박, 감금, 유인 등 폭력 범죄, 강도, 강간, 방화, 살인 등 강력범죄, 횡령, 배임, 장물 사기 등 재산범죄, 도로교통위반이나 교통사고와 같은 교통사범 등의 행동들을 의미한다.

그 외에도 김동일(1996)과 조현진·박성수(1991)는 비행을 법률적 시각으로 볼 때, 실정법을 위반한 행위에 국한되지만 일반적으로는 보다 넓게 적용되어, 사회적으로는 사회규범을 위반한 행위를 의미하며, 도덕적으로는 도덕규범을 어긴 행위이며, 교육적으로는 교육기관의 규칙을 위반한 행위를 의미한다(오봉욱·조상윤, 2010).

3) 청소년 비행의 특징

우리나라 청소년 비행의 특징은 다음과 같다.

(1) 보편화

한국 청소년들이 보여주는 최근의 비행은 사소한 비행이 많아지고 있으며 그 비율 역시 증가하는 추세를 보이고 있다. 특히 음주, 흡연, 부모 및 교사에 대한 반항, 무단결석 등과 같은 지위비행뿐만 아니라 폭력, 절도, 성관련 폭행 등에 가담하는 청소년 역시 매년 증가하고 있다. 이러한 점들은 비행이 일상적이고 보편화되어가고 있음을 보여준다.

또한 물질만능주의 사회풍조와 상대적 박탈감 그리고 대중매체나 게임 등을 통해 폭력에 대해 장기간 무비판적으로 수용되는 현실은 청소년들의 비행이 단순한 비행이나 탈선을 넘어 흉악화되고 성인과 비슷한 범죄의 결과를 초래하기도 하였다.

이에 따라 청소년 비행은 비단 비행청소년에게만 국한된 것이 아니라 일반 청소년들에게서도 쉽게 발견되고 있다. 지난 몇 년간 학생범죄의 건수도 크게 증가하고 있다는 점은 이러한 보편화되어가는 청소년 비행의 현상을 방증하고 있음을 시사한다.

(2) 집단화

청소년기는 집단에 소속되어 동일하게 행동하고자 하는 성향이 강하다. 이를 또래집단화 현상이라고 볼 수 있는데, 이는 청소년 비행의 집단화 경향에도 중요한 영향을 미쳐왔다. 대부분의 비행 청소년들은 2~3명 많게는 수십 명이 집단을 형성하여 금품갈취, 폭력, 절도, 강간 등의 문제를 일으키고 있다. 성인 범죄의 공범률은 2%인데 반해 소년 범죄의 공범률은 50% 이상이라는 점은 또래 집단과 무리 지어 행동하는 청소년들의 경향과 맥을 같이 한다.

(3) 누범화(재범률의 증가)

한국은 2000년대 후반부터 두드러지게 청소년 비행의 누범자가 증가하고 있다.

물론 세계적으로도 소년범죄자들의 재범률은 높아지고 있는 것이 특성인데, 한국은 다수의 전과(4범 이상)를 가진 소년범의 비율이 2006년 6.6%에서 2010년 10.7%로 증가하는 등 매우 빠른 속도로 증가하고 있는 것이 특징이다. 이는 청소년 비행의 범죄가 상습화되고 누범화되고 있음을 보여준다.

(4) 기타

그 밖에도 청소년들의 성범죄 증가율이 높아지고 있다. 특히 제대로 된 성교육의 부재와 잘못된 성인식, 윤리관의 문제와 더불어 유해한 사회환경은 성에 민감한 청소년들에게 성에 대한 부정적 인식과 비행행동화에 영향을 미치고 있다. 또한 여학생의 비행 범죄율의 증가, 약물 관련 비행의 증가, 비행청소년의 사회계층, 부모의 경제적 배경 등이 다양화되고 있으며, 비행청소년의 연령대가 낮아지는 연소화 현상 등이 최근 한국 사회 청소년 비행의 특징으로 자리 잡고 있다.

2000년대 후반부터 온라인상의 사이버 범죄가 많아지고 있는 것도 최근 청소년 비행의 특징이다. 오프라인에서 온라인으로 전환되며 단순히 집단괴롭힘의 용도에서 벗어나 강력범죄로까지 발전하고 있어 많은 관심이 요구된다.

겁 없는 10대들, 무면허 운전에 차량·금품 절도 행각

쉼터

10대 6명이 차량을 훔쳐 무면허 운전하면서 대담한 절도행각을 벌이다 경찰에 붙잡혔다. 부산 동부경찰서는 10대 6명을 붙잡아 절도 등 혐의로 김모 군(16) 등 2명을 구속하고 윤모 군(16) 등 4명을 불구속 입건했다. 학교, 동네 친구 사이인 이들은 지난해 11월 집을 나와 거리를 전전했다. 돈이 떨어지자 지난달 22일 부산 동구의 한 도로에서 한 남성이 승용차에서 내려 담배를 사러 간 사이 차를 훔쳐 달아났다. 이들은 무면허로 차를 몰고 다니다 며칠 뒤 부산 서구 토성동에서 접촉사고를 내자 차를 버리고 그대로 도주했다. 이후 이들의 범행은 점점 대담해졌다. 김 군 등은 지난 1일 새벽 4시 30분쯤 부산 동구 수정동의 한 주차장에서 아무도 없는 틈을 이용해 승용차를 훔쳤다. 한 사람은 망을 보고 김 군은 절단기로 주차관리실 출입문을 뜯고 들어가 차량열쇠를 훔쳐 소렌토 차량 등 2대를 몰고 달아났다. 기름이 떨어지자 또 다른 주차장에 침입해 차를 버리고 다른 차를 훔쳤다. 이들이 훔친 승용차는 모두 4대(경찰추산 4,000만 원 상당)에 달했다. 김 군 등은 부산, 대구, 울산 등지를 돌아다니며 절도행각을 이어갔다. 유흥비 마련을 위해 지난 보름간 부산 영도구의 한 기사식당 등 5곳에 침입해 200여만 원의 금품을 훔쳤다. 경찰은 폐쇄회로(CC)TV를 통해 이들을 특정하고 지난 5일 울산 복산동의 한 주차장에서 김 군 등 6명을 검거했다. 경찰조사결과 6명의 전과 수는 김 군 24건 등 모두 60건에 달했다.

출처: 경향신문(2016.01.11.).

4) 청소년 비행의 요인

청소년 비행에 대한 원인은 한가지로 압축하여 설명할 수 없다. 현재까지도 청소년 비행을 설명하기 위한 다양한 연구들이 진행되고 있다. 선행연구에 따르면 청소년 개인적 요인뿐만 아니라 환경적 요인도 청소년 비행에 많은 영향을 미치고 있으며, 이들 요인들은 서로 상호작용하기도 한다.

전문가들은 원인을 바라보는 시각에 따라 청소년 문제를 달리 해석하고 있다. 그렇지만, 대부분의 전문가들은 청소년의 범죄나 비행의 발생 원인을 가정, 학교, 사회의 측면에서 보려는 경향을 나타내고 있다. 또한, 그 발생의 원인을 잘못된 여가활용에서 비롯된다고 주장한다. 가정이라는 측면에서 청소년 문제의 원인은 핵가족화와 해체가정의 증가와 가정의 빈곤과 불화, 일관성 없는 훈육 혹은 훈육의 부재, 부모의 교육적 무관심, 자녀와의 대화부족 및 도덕과 가치관이나 윤리의식과의 상호 이해와의 결핍, 가정의 교육적 기능 약화라고 볼 수 있다. 사회적인 측면에서 청소년 문제의 원인은 불건전한 학생 서클(단체)의 증가로 인한 교우관계와 사회의 비교육적 환경 요인으로 출세 지향적인 맹목성의 만연, 유흥 숙박업소의 무책임과 무분별한 영업 행각을 열거할 수 있겠다. 학교 측면에서 청소년 문제는 입시 위주의 지식 주입식 교육으로 인한 전인교육의 부족, 불건전한 교우관계 및 일부 교사의 지도력 역량 약화, 학교 교육 제도상의 현실성과의 괴리문제, 비행에 대한 교육적인 훈육 작용의 미약과 무관심, 학교 교육의 생활지도 상의 미흡 등을 그 원인으로 찾아볼 수 있다. 청소년의 문제 발생을 그 비행 및 범죄 사항별로 고찰할 수 있겠는데 주로 가정, 학교, 사회의 영역에서 기본적인 정서 불안을 비롯한 욕구 충족 및 불안 요소의 적정한 수용이 비행 청소년 지도의 기저(基底)를 이루고 있다고 볼 수 있다. 그리고 사회에서 그들의 욕구가 충족되지 않을 때, 부적응 상태가 발전되어 악순환을 반복하면서 청소년 비행 및 범죄의 원인이 된다(오봉욱·조상윤, 2010).

따라서 청소년 비행의 요인을 단순하게 설명하기보다는 생태 체계적 관점에 따라 다차원적인 요인들을 살펴보고 이해하는 것이 중요하다.

(1) 개인 요인

청소년의 비행을 야기하는 개인적인 요인은 우선 공격성이 높은 경우, 반사회적 성격장애가 있거나 적대감이 높은 경우, 또한 우울한 경향이 높은 경우 나타나는 것으로 조사되고 있다. 특히 한국은 자기통제력이 청소년 비행의 강력한 요인으로 제기되기도 하는데 자기통제력이 낮은 청소년의 경우 비행을 더 쉽게 행할 수 있다는 것을 의미한다. 그 밖의 개인적 요인은 자기 스스로에 대해 부정적인 인식을 강하게 가지고 있는 경우, 정서적으로 자율성이 떨어지거나 부적응적인 행동을 많이 보이는 경우 청소년의 비행행동에 영향을 미치는 것으로 제시되고 있다.

(2) 가정환경 요인

가정 요인은 지속적인 정서발달과 사회 학습과정에 있어 매우 기본적인 토대로 청소년의 전인적 성장에 중요한 역할을 한다. 특히 부모는 청소년의 성장과 발전에 결정적 역할을 하며 부모와의 관계의 질은 청소년 비행에 있어서도 중요한 요인 중 하나로 제시되고 있다. 구체적으로 청소년 비행에 영향을 미칠 수 있는 가정을 살펴보면 다음과 같다.

첫째, 구조적인 문제 가정이다. 이혼, 사별, 별거 등 구조적으로 결손이 나타난 가정의 청소년들이 그렇지 않은 가정에 비해 높은 청소년 비행률을 보이고 있다. 이는 청소년들이 어린 시절 가정 내 결손을 경험하면서 애정결핍, 부적절한 훈육과 감독, 역할 갈등이나 불화로 인한 결과로 설명되어왔다. 또한 빈곤 가정은 전통적으로 동반되는 부모의 무기력, 생활의 무질서, 사회 문화적 소외 등이 청소년들의 성취동기를 낮추며 사회부적응을 일으키는 등 영향을 미치는 요인으로 제시되고 있다. 반면, 최근 경제적으로 안정된 중상류층에서 비행이 증가하고 있다는 점도 주목해야 할 부분이다.

둘째, 부적절한 부모양육태도이다. 부모의 부적절한 양육태도는 자녀들의 문제행동의 주요 원인이 되기도 한다. 청소년의 비행행위는 어린 시절의 부정적 경험에 대한 행동화이며, 학습된 동기, 욕구, 가치의 표현이기도 하다. 또한 정서적 문제의 한 증상으로 볼 수 있다. 특히 많은 선행연구들은 부모의 양육태도 특히 부모의 거부, 정서적 불안정, 권위주의, 일관성 없는 양육방식 등이 비행 유발의 요인이 될 수 있음을 제시한 바 있다.

(3) 또래 요인

청소년은 또래를 자기화하는 경향을 강하게 가지고 있다. 즉, 친구로부터의 인정과 수용은 매우 중요한 의미를 가진다. 이 시기의 청소년 비행은 친구들과의 관계나 교류의 영향을 많이 받을 수 있다. 즉, 비행친구들과의 교류가 많은 청소년들이 일반 친구들과의 교류가 많은 청소년들에 비해 비사회적 행동 또는 비행 참여 경향이 더 높은 것으로 나타났다. 또한 선행연구들은 집단 가입 경험이 높은 학생들이 비행 참여 경험이 높아짐을 밝힌 바 있다.

(4) 학교 요인

한국 사회는 입시 위주의 일관된 학교 교육 체계를 가지고 있으며 이로 인한 청소년들의 문제는 다양하게 나타나고 있다. 특히 경쟁적이고 평가 위주의 체계는 학생들에게 지나친 학업스트레스를 경험하게 한다. 또한 일관된 방식의 수업은 학생들의 개별성을 인정하고 존중하는 방식의 교육이 이루어지기 어려워 무단결석, 학교폭력, 중퇴 등의 학교 부적응 문제도 야기하게 된다. 이러한 학교 부적응은 사회의 실패자라는 인식을 청소년 스스로에게 주게 됨으로써 자존감을 떨어뜨리고 사회에 대한 반감을 일으키면서 비행에 가담하게 될 확률을 높여준다.

(5) 사회환경 요인

청소년의 비행에 영향을 미치는 사회환경 요인은 우선 청소년들이 생활하는 지역사회의 각종 유해업소와 같은 물리적인 환경들이 있으며, 이는 청소년들의 비행동기를 높일 수 있다. 이와 더불어 대중매체를 통한 다양한 폭력 및 외설 프로그램의 노출 등은 문란한 성행동, 과소비, 범죄를 매력적으로 인식할 수 있는 동기를 강력하고 호소력 있게 전달해줄 수 있다는 점에서 청소년 비행을 유인하는 중요 요소 중 하나로 제시될 수 있다. 특히 이러한 매체를 통해 범죄행위나 비행행위의 수단과 방법들을 자연스럽게 학습할 수도 있다.

5) 청소년 비행의 유형

청소년 비행의 유형을 쉽게 분류하기는 어렵지만 몇 가지로 제시해볼 수 있다.

(1) 가출

청소년 비행 중 가출은 구체적으로 청소년이 집을 떠나 24시간 이상 밖에서 지내는 경우인 가출 청소년, 빈곤으로 인해 가정이 깨지고 집을 잃어 거리로 내쫓긴 청소년을 의미하는 노숙 청소년, 부모로부터 내쫓긴 청소년으로 집으로 돌아갈 수 없는 처지에 있는 버려진 유기 청소년, 장기 가출 및 노숙생활에 익숙해 있는 길거리 청소년 등이 있다.

(2) 절도

청소년 비행 중 절도는 남의 물건을 훔치는 행위로 가장 보편적이고 오래된 비행 중 하나이다. 절도는 비교적 약한 수준인 도벽에서부터, 소매치기, 갈취, 강도에 이르기까지 다양한 수준이 있다.

(3) 폭력

청소년 비행 중 폭력은 육체적 힘으로 타인을 괴롭히고 상처 입히는 행위로 단독 또는 집단으로 이루어지기도 한다. 특히 청소년기는 신체적 에너지도 높고, 공격적이고 반항적 심리가 작용하여 나타날 수 있다. 한국은 전체 청소년 범죄 중 35% 이상을 차지하고 있으며, 절도 다음으로 많이 나타나는 비행이다.

(4) 폭언

청소년 비행 중 폭언은 물리적 힘을 사용하지 않고 언어적 행동으로 타인에게 피해를 주는 행위를 말한다. 폭언행위는 난처한 상황을 회피하기 위한 목적의 임기응변적 거짓말에서부터 타인을 골탕 먹이기 위한 의도적 거짓말, 의도적 거짓말을 통해 타인을 속여 물질적 피해를 입히는 사기, 물리적 힘을 뒷받침한 공갈과 협박, 타인에게 심리적 피해를 입히는 비어, 속어, 약어 등의 이용이 여기에 해당한다. 특히 최근 사이버 언어폭력 문제가 사회적으로 이슈가 되기도 했다.

(5) 도로교통 위반

청소년 비행 중 도로교통 위반은 오토바이 운전 또는 자동차 운전을 통해 나타난다. 오토바이의 경우 헬멧 미착용, 신호위반 등의 문제와 폭주족 문제가 고질적인 문제로 제시되고 있다. 또한 자동차의 경우 최근 청소년들이 무면허로 부모의 차를 몰고 질주를 한다거나 타인의 차량을 편취 또는 탈취하여 이용하는 경우도 많다.

(6) 부적절한 이성관계

청소년 비행 중 남녀 혼숙, 원조교제, 집단 섹스, 강간 등 부적절한 이성관계는 여러 문제를 야기한다. 특히 청소년기는 성에 관심이 많아 다양한 정보를 통해 왜곡된 성지식을 갖거나, 성매매나 성폭력을 행사하는 경우도 있다. 유흥업소를 통해 성적 접촉을 하거나 물질적 보상을 목적으로 원조교제를 하는 경우도 나타나고 있어 심각한 사회문제가 되고 있다.

그 외에도 청소년 비행을 공식적 비행과 숨은 비행으로 구분하기도 한다. 흔히 알려지고 있는 청소년 비행은 비행을 저지른 후 적발되었거나 체포된 경우로서, 공식적으로 알려진 비행을 말한다. 1970년대까지 대부분 검찰 및 경찰의 공식적 통계기록에 의존하여 비행 청소년의 범죄유형 및 그 발생빈도 등에 관해 논의한 것이 대부분이었으나 1980년대 초, 숨은 비행이라는 용어가 정의되어 사용되면서부터(곽금주·윤진·문은영, 1993), 비행 청소년이 아닌 일반 청소년들을 대상으로 한 숨은 비행의 발생빈도, 정도 및 관련 변인들에 관한 연구들이 진행되어 오고 있다. 숨은 비행이란, 실제로 저질러졌지만, 경찰이나 검찰 및 법원과 같은 공식기관에 의해 적발되지 않아서 공식적인 비행 통계에 포함되지 않은 비행을 의미한다. 공식적으로 적발되거나 알려지지 않고 있지만 실제로 많은 수의 청소년들이 비행으로 분류될 수 있는 행동에 관여하고 있으며, 이러한 청소년들의 수는 공식적 비행청소년의 수치를 훨씬 상회할 것으로 추정되고 있다. 학자들에 따라서는 숨은 비행의 수치를 공식적 비행의 약 10배 이상으로 추정하고 있다(심응철, 1996).

이상균(2005)은 소년범에 관한 통계자료가 법적 처벌이나 단속 대상이 아닌 지위비행이나 경비행의 문제는 제외된 사법적 처벌을 받은 청소년의 비행문제만을 제시하고 있으므로 청소년이 경험하는 다양한 형태의 비행에 관해 살펴보는 것이 필요하다고 말하였다.

청소년들에게 자주 발생하는 비행을 유형별로 나열해 보면, 제일 많은 비행인 절도를 비롯하여 살인·강도·강간·방화·폭행·절도·상해·공갈·협박·횡령·도박·장물·사기·교통·약물 등으로 나누어 볼 수 있다. 각 나라 청소년 비행의 특징들 중에서 중요하다고 생각되는 공통점은 기존 정규학교 생활에서의 많은 이탈, 학교교육의 중단, 문화예술에 대한 무관심, 빈번한 가출, 규칙적인 일의 회피, 변화가 많은 생활에의 갈망, 노력 없는 대가 기대, 가족 구성원 간의 신뢰성 결여, 공동체 의식의 결여, 정서적 긴장과 가치의 혼란, 부모의 애정과 보호기능의 결여, 그리고 모든 인간관계의 파괴 등이다. 이와 같이 청소년 비행에 대한 연구자들의 비행 유형이 다양하다는 점에서 살펴보면 다음과 같다.

표 8-2 청소년 비행의 유형

출처	청소년 비행의 유형
김선남(1994)	폭력비행, 반항적 비행, 학업비행, 지위비행
남정자(1993)	폭력비행, 쾌락비행, 가출비행, 반항비행, 지위비행, 약물비행, 재산비행
이정현(1993)	대인비행, 성비행, 공공질서비행, 지위비행, 약물비행, 재산비행
남재봉(1992)	폭력비행, 성비행, 질서비행, 지위비행, 마약비행, 재산비행
심응철(1992)	폭력비행, 성비행, 지위비행, 약물비행, 재산비행

출처: 오봉욱·조상윤(2010)의 연구에서 인용.

6) 청소년비행 현황

여성가족부(2023)의 「2023 청소년 통계」에 의하면, 2021년 소년범죄자는 5만 4,017명으로 전체 범죄자의 4.0%이며, 전체범죄 중 소년범죄 비중은 전년 대비 0.1%p 증가하였다. 범죄유형으로는 재산범죄(40.3%)가 가장 많았고, 강력(폭력)범죄(25.2%), 강력(흉악)범죄(6.7%) 순이며, 재산범죄는 전년 대비 비중이 감소하였고 강력(폭력)범죄와 강력(흉악)범죄는 비중이 증가하였다.

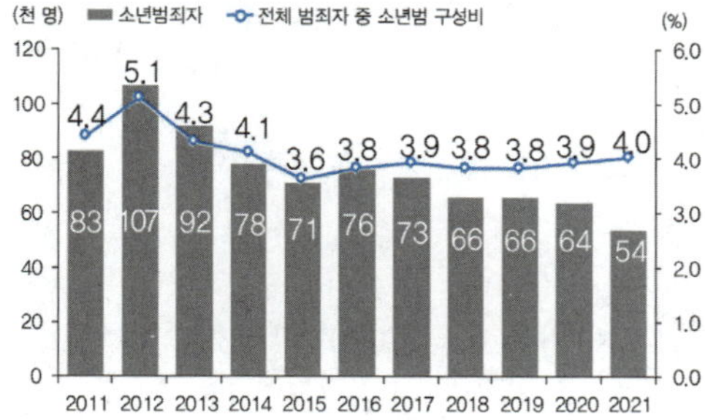

출처 : 대검찰청, 「범죄분석통계」
소년범죄 : '17년까지는 10~18세 피의자, '18년부터는 14~18세 피의자

그림 8-1 소년범죄

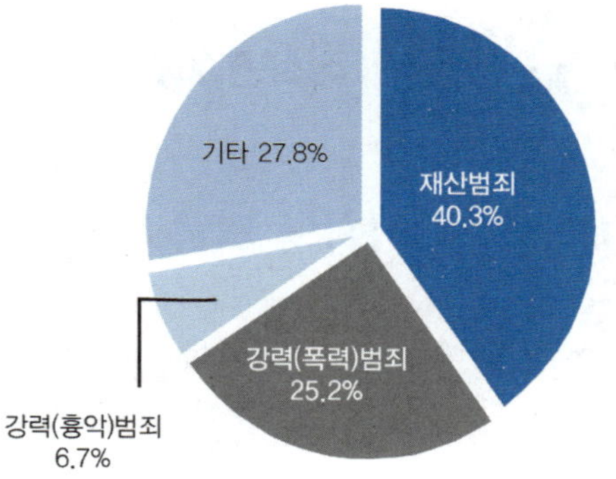

그림 8-2 범죄유형별 소년범(2021)

표 8-3 소년범죄

(단위: 천 명, 명, %)

	전체 범죄자 (천 명)	소년 범죄자[1] (명)		범죄유형별 구성비(%)			
			구성비 (%)	재산범죄[2]	강력(폭력) 범죄[3]	강력(흉악) 범죄[4]	기타[5]
2011	1,908	83,068	4.4	45.7	26.8	4.0	23.6
2012	2,118	107,490	5.1	44.3	30.5	2.9	22.3
2013	2,147	91,633	4.3	49.9	24.1	2.8	23.2
2014	1,880	77,594	4.1	46.7	24.9	4.1	24.2
2015	1,949	71,035	3.6	45.1	24.6	3.8	26.4
2016	2,020	76,000	3.8	43.5	25.6	4.4	26.4
2017	1,862	72,759	3.9	39.9	28.9	4.8	26.4
2018	1,749	66,142	3.8	40.1	29.8	5.3	24.8
2019	1,755	66,247	3.8	42.0	28.1	5.5	24.4
2020	1,638	64,480	3.9	44.8	22.9	4.9	27.5
2021	1,360	54,017	4.0	40.3	25.2	6.7	27.8

출처 : 대검찰청, 「범죄분석통계」
주 : 1) '17년까지는 10~18세 피의자, '18년부터는 14~18세 피의자
2) 절도, 장물, 사기, 횡령 등
3) 공갈, 폭행·상해 등
4) 살인, 강도, 방화, 성폭력
5) 교통사범, 저작권법 위반, 기타

02 청소년 가출

1) 청소년 가출의 개념

청소년의 가출은 성인의 가출과는 달리 문제행동으로 인식되는 지위비행의 하나로 제시되고 있다. 특히 청소년 시기의 가출은 청소년들에게 심리 내적인 부적응을 초래함과 동시에 사회적 문제 행동을 야기할 수 있다. 청소년의 가출은 가출 이후 심리사회적 문제뿐만 아니라 실질적인 의식주의 문제와 생활비 부족으로 인한 어려움을 겪게 되고 이로 인해 사회의 각종 유해환경이나 범죄 등에 쉽게 노출이 된다. 최근 언론 등을 통해 가출 청소년들이 생존을 위해 가출한 사람들끼리 새로운 가족형태의 가출팸을 형성하고 이를 토대로 절도, 집단 혼숙, 음주, 성추행 및 폭력, 원조교제 등 불법과 탈선을 행한다는 보고를 접할 수 있다. 이처럼 가출로부터 시작된 청소년의 비행은 지속되고 있는 실정이다.

청소년의 가출은 일반적으로 부모의 허락을 받지 않고 18세 미만의 미성년자가 집에 들어가지 않는 것으로 정의한다. 그러나 청소년 가출은 쉽게 정의하기 어려운 개념이다. 청소년 시기를 언제로 볼 것이냐, 가출의 횟수나 기간 그리고 목적이 무엇이냐 등에 따라 학자들마다 다르게 정의하고 있기 때문이다. 또한 청소년의 가출은 충동적이고 계획적 행위이기도 하지만 비의도적으로 떠밀려 나올 수도 있는 등 다양한 원인이 존재한다는 점에서 신중하게 정의될 필요가 있다. 이러한 맥락에서 가출은 "자신 및 자신을 둘러싼 환경의 문제를 해결하기 위해 부모나 보호자의 동의 없이 가정에서 나온 후 적어도 24시간 이상 집에 들어가지 않아 도움이 필요한 청소년"으로 정의한다(김성이·조학래·노충래·신효진, 2011).

2) 청소년 가출의 유형

청소년 가출의 유형은 그 원인과 동기에 따라 다양하게 구분될 수 있다. 한국형사정책연구원(1993)에 따르면 가출의 결과에 따라서 시위성, 도피성, 추출형 가출로 구분 가능하고, 가출 준비 여하에 따라서 충동적, 계획적 가출, 가출 횟수에 따라 일과성 가출과 반복성 가출로 구분하기도 한다. 따라서 가출 청소년을 이해하고 이들에게 보다 구체적이고 전문적 대책과 서비스를 제공하기 위해 가정환경, 청소년의 특성, 또래 관계, 가출목적, 가출의 지속성과 만성화 가능성을 종합적으로 고려하여 가출 청소년의 유형에 대해 살펴볼 필요가 있다(구본용, 2000). 이러한 기준에 따라 가출의 유형은 총 7가지로 나누어 설명해볼 수 있다.

(1) 시위형 가출

시위형 가출은 부모의 갈등 혹은 가족 내 갈등을 해결하기 위한 수단으로써 가출을 하는 경우로 청소년이 자신들의 요구를 관철시키기 위한 하나의 수단으로서 가출을 감행하는 경우를 의미한다.

(2) 도피형 가출

도피형 가출은 부모의 과도한 통제나 기대로부터 자유롭기 위한 일시적 피난행위로서의 가출을 의미한다. 즉 욕구불만이나 자신의 의사에 맞지 않는 가족, 사회 등에 의해 비판을 받는 부분을 피하기 위한 가출이라고 볼 수 있다.

(3) 탈출형 가출

탈출형 가출은 가정이 해체되거나 부모의 알코올 중독 또는 지속적으로 심각한 수준의 신체적·심리적 학대로 인한 피해로부터 벗어나기 위해 도망쳐 나온 가출로 가정의 심리적 지원체계가 붕괴된 경우 자신의 보호를 위해 가출하게 되는 유형을 의미한다.

(4) 탐험적 가출

탐험적 가출은 가족 내에서의 갈등에 의해서 야기되는 문제라기보다는 학교나 가정으로부터 충족할 수 없는 자신의 성장욕구를 실현하기 위한 실존적 가출을 의미한다. 즉, 강한 독립심을 토대로 자기완성의 욕구를 충족시키기 위한 가출을 말한다.

(5) 유희추구형 가출

유희추구형 가출이란 유희추구를 일차적인 목적으로 가출한 경우를 의미하며, 개인적인 수준에서 가출이 이루어지기보다는 또래들과 집단적으로 가출하는 경향이 높다. 또한 장기적으로 가출하는 경향보다는 단기적이면서도 반복적인 가출을 실시하는 경향이 높은 형태의 가출 유형을 말한다.

(6) 자아상실형 가출

자아상실형 가출은 지속적인 좌절로 인해 삶의 의미나 목적의식 및 자아정체성을 상실함으로써 특별한 목적 없이 거리를 배회하며 쉽게 비행집단에 빠지는 가출의 형태를 의미한다. 이는 특별한 이유 없이 단순히 가슴이 답답해서 가출하는 형태를 말한다. 따라서 비행청소년에게 동화될 가능성이 많으며, 최근 한국 사회에서 증가하는 형태이다.

(7) 버려진 가출

버려진 가출은 부모의 사망, 이혼과 재혼 등 가정환경으로 인해 또는 가정으로부터 버림을 받아 청소년이 비의도적으로 거리에 나오게 된 형태의 가출을 의미한다.

3) 청소년 가출의 원인

청소년 가출의 원인은 청소년 개인과 이를 둘러싸고 있는 환경의 상호작용 속에서 매우 다양한 방식으로 야기되고 있다. 따라서 청소년들의 가출 원인 역시 생태 체계적 관점에서 다원적이고 포괄적인 관점에서 이해하는 노력이 필요하다.

(1) 개인 요인

청소년 가출이 나타나는 원인을 일차적으로 개인의 병리적 현상에 따른 현상으로 보는 관점이 있다. 이는 가출 청소년은 일반 청소년들과는 다른 심리 사회 정서적 행동적 상태와 특성을 가지고 있기 때문에 가출이 나타난다는 것을 전제한다. 가출을 야기하는 개인적 특성은 우선 낮은 자아존중감, 낮은 충동 통제력,

낮은 자아개념의 인식, 인내력 부족, 주체성이나 자아정체감 부족 등의 성격적 요인들은 청소년이 주어진 상황을 받아들이고 이를 극복하기보다는 충동적으로 회피하고자 하는 행동을 야기할 수 있다고 제시되고 있다. 또한 청소년 가출 연구들은 청소년 개인의 정서적 불안 정도가 높거나 우울성향이 높고, 충동적이며 화를 잘 내는 등의 신경증적 장애를 가지는 경우에도 가출 행위가 일어날 수 있음을 제시하고 있다.

(2) 가정환경 요인

청소년 육성의 일차적 책임을 가지고 있는 가정은 과거에 비해 가족기능이 저하되는 등의 변화로 인해 청소년 가출과 여러 문제들의 중요 요인으로 제시되고 있다. 따라서 가정은 청소년들의 가출이나 비행 예방에 있어서 가장 효율적이고 중요한 체계가 될 수 있지만 한편으로 가족의 역기능성은 가출과 비행을 촉발하게 하는 역할을 할 수 있다.

청소년 가출을 야기하는 가정환경적 요인은 우선 가족의 구조적, 기능적 결함이 있을 수 있다. 구조적 결함은 사고, 이혼 등으로 인한 모성과 부성의 상실이 있을 수 있으며, 두 부모님이 다 계신다고 해도 가정의 불화나 학대, 방임, 애정 결핍 등으로 인한 가족 간의 유대 단절과 같은 기능적 단절이 있을 수 있다. 특히 가출 청소년 대상 연구에서 성적 또는 신체적 학대의 경험은 가출의 중요 원인이라고 보고된 바 있다. 이처럼 가정의 구조적·기능적 단절에 따른 결함 발생은 청소년 가출에 지대한 영향력을 가질 수 있다. 또한 부부간의 갈등 정도가 심한 경우 자녀들의 행동이나 정서, 욕구 등을 잘 수용하기 어렵고 갈등적·방임적·거부적 특성을 갖는 경우가 많아 자녀들은 지지와 친밀성을 획득하기 위한 가출을 감행하는 경우가 많다. 마찬가지로 부모와 자녀 간의 갈등이 많을수록, 부모의 훈육 방법이 일관성이 없거나 강압적인 경우, 일방적인 의사소통을 하는 유형의 경우 청소년 가출에 영향을 미치는 것으로 보고되고 있다. 반면 부모가 청소년 자녀에게 애정을 갖고 편안한 분위기를 제공함으로써 정서적 안정감을 높이는 것은 가출을 낮추는 효과가 있다.

청소년의 가출을 야기하는 또 다른 가정환경 요인은 빈곤이 있을 수 있다. 물질적 빈곤뿐만 아니라 상대적 빈곤으로 인한 개인의 성취동기, 자아실현 동기나 심리적 차원의 박탈 등은 가정 내 부모의 무기력, 음주, 생활 무질서를 야기하면서 2차적으로 자녀 가출 등을 파생시키는 원인이 된다.

(3) 또래 요인

청소년은 함께하는 시간이나 의사결정 등에 있어서 가족보다 또래의 영향력이 커지는 시기이다. 그만큼 또래 집단의 중요성과 영향력이 증가하기 때문에 청소년기 친구관계의 손상은 자아존중감, 자기수용에 부정적 영향을 미칠 수 있고 이는 반사회적 행동이나 우울 등을 야기하기도 한다. 따라서 청소년의 가출 역시 또래의 영향력을 많이 받을 수 있다. 가정 및 학교 등에서 비슷한 어려움을 경험하고 있는 친구들끼리 동반가출을 하는 경우도 있으며, 자아정체감이 분명하지 않은 상황에서 또래의 권유로 가출을 하는 경우도 있다. 최근 청소년들의 가출 성향이 집단적이고 충동적인 성향을 강하게 보여주고 있는 것은 또래의 영향력과 무관하다고 볼 수 없다.

(4) 학교 요인

학교는 사회인으로서의 역할을 수행할 수 있는 능력을 길러주는 사회화에 필수적 기관이다. 청소년에게 학교의 분위기는 상당한 영향력을 가질 수 있다. 특히 학교와 교사의 태도는 학교생활과 적응에 큰 영향력을 가진다. 학업에 대한 흥미 상실은 미래에 대한 불안감, 열등감, 좌절감을 가지게 하여 가출을 야기할 수 있게 한다. 또 교사 역시 학생과의 관계에서 심한 체벌이나 꾸짖음, 타 학생과의 고립 시도, 교육현장에서의 소외 등이 가출에 영향을 미칠 수 있다. 또한 가출 이후 학교에 복귀했을 때 교사나 학교로부터 가출 또는 비행 청소년이라고 낙인이 가해지거나 처벌 위주의 징계가 가해질 경우 학교 부적응과 더불어 반복적인 가출의 원인이 되기도 한다.

(5) 사회환경 요인

가출 청소년들의 절대다수는 가출 후 주로 노래방이나 유흥업소와 같은 곳에서 먹고 자고 일하는 등 숙박 또는 취업의 장소로 활용하고 있었다. 이러한 조사

결과에서 볼 수 있듯 지역사회 내의 윤락 및 유흥업소와 같은 사업 번창은 가출의 직간접적 요인으로 제시될 수 있다. 이러한 밀폐된 공간이나 노래방, 유흥업소는 청소년들이 음주, 흡연 등의 문제 행동의 장소로도 활용가능하며, 학교나 가정으로 돌아가기보다는 가출을 유지하면서 지속시키는 결과를 초래하고 있다.

가출 청소년 해결, 열쇠는 어른에게

쉼터

최근 이슈가 되고 있는 가출 청소년의 문제는 단순 가출에서 그치지 않고 성매매나 강력범죄로 이어지는 경우가 많아 더 큰 문제로 지적되고 있다.

통계상으로도 1년에 2만 명 정도의 청소년이 가출하고 이들 중 상당수가 성매매나 강력범죄에 노출되고 있다. 이런 가출 청소년의 문제, 그 시작은 어디일까? 이들 대부분은 가족과 관계가 좋지 않거나 학교폭력을 당하거나 비행경험 또는 어른들의 무관심·또래 집단 내에서의 폭력 등을 경험한 것으로 알려졌다.

또한 가출 청소년에게 가장 절박한 문제는 숙식의 해결인데 빈손으로 길거리에 내몰린 이들은 당장 이 문제를 해결할 수 없다. 그러니 위험하지만 쉬운 선택을 할 수밖에 없다. 남학생은 절도와 강도의 유혹에 빠지고 여학생의 경우는 성매매의 늪에 빠지게 되는 것이다.

지난해 가출한 10대 여중생들이 성인 남성들과 함께 살인하고 같은 또래 여학생에게 성매매를 강요하는 충격적 사건도 있었으며 가출 청소년을 대상으로 한 성매매 범죄는 지금도 끊임없이 발생하고 있다.

국가에서는 이러한 가출 청소년들의 범죄를 예방하기 위하여 비행 청소년들을 대상으로 한 멘토링 프로그램 등 경제적·교육적 지원·적절한 예방과 처벌·그와 더불어 가정에서의 올바른 교육과 자녀에 대한 관심과 사랑을 요구하고 있다. 하지만 어떠한 국가적·사회적 지원보다 우선 되어야 할 것은 어른들의 반성과 관심이며 어른들이 그 책임과 의무를 다하는 것이다.

청소년들이 가출이나 비행을 하게 된 원인은 가정 내의 폭력과 학대, 배려심과 존중을 잃은 어른들의 성급함과 이기주의·올바르지 못한 성문화 등 대부분 어른들의 잘못된 모습이 원인이 되거나 그런 어른들의 문화를 배우고 따라 하는 것에서 시작되었다고 보아야 할 것이다. 그러기에 가출 청소년 문제해결의 출발점은 어른들이어야 한다. 어른들에게는 청소년의 건전한 성장을 위한 사회환경을 조성해야 할 책임이 있다. 또한 청소년의 올바른 가치관 형성을 위한 본보기가 되어야 할 의무도 있다.

가출 청소년들이 쉽게 범죄의 유혹에 빠지고 또한 범죄에 이용할 수 있는 스마트폰과 인터넷으로 대변되는 온라인 문화와 그 문화를 배경 삼아 독버섯처럼 자라 난 성매매를 포함한 각종 범죄환경을 청소년들이 만들지는 않았을 것이다. 그것은 어른들이 만든 환경이며 문화일 것이다. 그리고 우리 사회는 한때의 실수로 방황한 청소년에 대해 불량학생으로 낙인찍기에 앞서 관심과 애정을 먼저 보여야 할 것이며 가출 청소년 문제는 남의 일이고 그들은 남의 자식이라는 무관심 또한 버려야 할 것이다. 더 이상 가출 청소년 문제는 남의 일이 아닌 내 가족, 내 자식, 우리 모두의 문제가 되었기 때문이다.

> 어쩌면 청소년을 길거리에 내몬 장본인은 바로 우리 어른들일 것이다. 그럼에도 가출 청소년 문제에 뒷짐만 지고 있다면 어른으로서의 책임과 의무를 저버리는 일일 것이며 그런 어른들을 청소년들이 존경해 주길 바라는 것은 어불성설일 것이다. 청소년이 바로 설 수 있는 사회, 그런 사회의 근간에는 올바른 가치관과 건전한 문화를 만들어 나가는 어른들이 있어야 할 것이다.

출처: 경남매일(2015.07.28.).

4) 청소년 가출의 특성 및 문제

(1) 가출 청소년의 특성

가출 청소년의 특성은 크게 3가지로 정리하면 다음과 같다.

첫째, 청소년기 가출의 시도나 경험은 특정 청소년만의 문제가 아니라 청소년 누구라고 경험할 수 있는 보편적인 행위라는 점이다. 연구에 따르면 청소년의 70~80%가 가출에 대해 관대하였으며, 일반청소년의 56% 이상이, 위기청소년의 80% 이상이 가출하고 싶은 충동을 가져봤다고 했다. 이러한 점들은 최근 가출 청소년의 증가와 대상의 보편성은 심각한 청소년기의 사회문제로 제시될 수 있는 특성으로 볼 수 있다.

둘째, 청소년 가출의 상당수는 의도적이지 않게 쫓겨나오거나 불가피한 상황에 의해서도 나타날 수 있다는 점이다. 청소년쉼터에 입소한 70% 이상의 청소년들은 가정환경 문제로 가출하게 되었고 퇴소 이후에도 집으로 복귀할 의사가 없음을 밝힌 바 있다. 정상적이지 못한 가정환경으로 다시 돌아가라는 것은 가출 청소년에게 재가출을 생각하게 되는 계기가 될 수 있다.

셋째, 가출 청소년들은 가정 및 사회로부터 적절한 보호나 지원을 받지 못하고 있는 실정이다. 가정의 보호 아래에 안전하게 성장해야 할 시기에 학업중단, 음주, 흡연 등을 경험하는 비율이 높다. 따라서 건강, 교육, 심리정서적 문제, 또는 성적 문제 등을 경험할 가능성이 높다.

(2) 가출 청소년이 처한 문제

가출한 청소년들이 처한 상황에 따라 경험할 수 있는 문제들은 다양하게 제시될 수 있다.

첫째, 거주와 취업의 문제이다. 가출의 장기화는 필연적으로 돈과 거처마련을 요구하게 된다. 가출 청소년들이 부모의 동의 없이 합법적으로 일을 구하기는 한국 사회에서 어려운 실정이다. 따라서 유흥업소나 단순 제조업에서 일을 구하는 경우가 대부분이다. 이것은 임금을 제때에 받지 못한다거나 착취를 당할 우려가 매우 높다. 또한 불안정한 미래에 대한 비전 부재는 불안감을 야기할 수 있다. 거주 역시 일시 및 중장기 쉼터 등을 통해 보호를 받을 수 있지만 중장기적인 거주지 마련은 쉽지 않은 상황이다.

둘째, 교육문제이다. 가출 청소년은 학업도 지속적으로 이수하기 어려운 상황에 처해있는 경우가 많아 자퇴나 퇴학처리를 당하는 경우가 많다. 이런 경우 교육 기회의 상실, 학교생활 부적응, 교사 및 교우관계에서의 어려움을 경험하는 등 교육 단절은 이후 사회생활에 있어서 주요 장애요인을 초래할 수 있다.

셋째, 심리정서적 문제이다. 가출 청소년들은 자존감이 낮고, 의존적이며, 미성숙행동이 높으며, 충동조절능력이 낮다. 또한 폐쇄적이며, 대인관계에서의 미성숙함과 불안을 가지고 있다. 또한 공격성이나 분노, 자살시도 등 심리정서적 갈등을 많이 경험하고 있다.

넷째, 건강문제이다. 가출 청소년은 무질서한 생활, 흡연 및 음주, 혼숙 등에 따른 성관련 질병과 임신 등의 문제, 부적절한 영양관리 및 식생활 등의 불균형 등이 초래될 가능성이 매우 높다.

다섯째, 비행문제이다. 가출 청소년들은 가출이 지속됨에 따라 초반의 지위비행수준을 넘어 폭력 비행이나 생활비 또는 유흥비 마련을 위한 범죄적 행위들을 수행할 가능성을 매우 높게 가지고 있다. 특히 쉽게 돈을 마련할 수 있는 방법으로 매춘, 원조교제로의 유입이 지속적으로 늘어나고 있는 추세이다.

5) 청소년 가출의 실태

여성가족부(2023)의 「2023 청소년 통계」에 의하면, 2022년 초(4~6)·중·고등학생의 최근 1년 내 가출 경험률은 3.6%로 전년 대비 0.4%p 증가하였고, 남자(3.8%)가 여자(3.4%)보다 가출 경험률이 높으며, 학급별로는 초(4~6)·중학생(3.8%)이 고등학생(3.2%)보다 가출 경험이 많았다. 가장 주된 가출 이유는 부모님과의 문제(56.6%)가 가장 많았고, 다음으로 학업 문제(21.7%), 친구들과 함께하기 위해서(8.9%) 순으로 조사되었다.

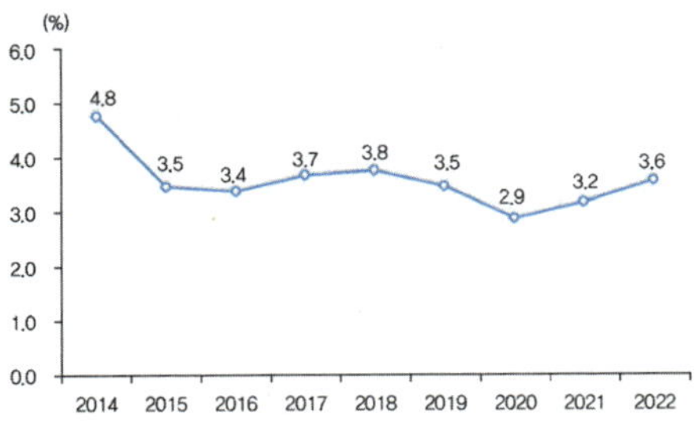

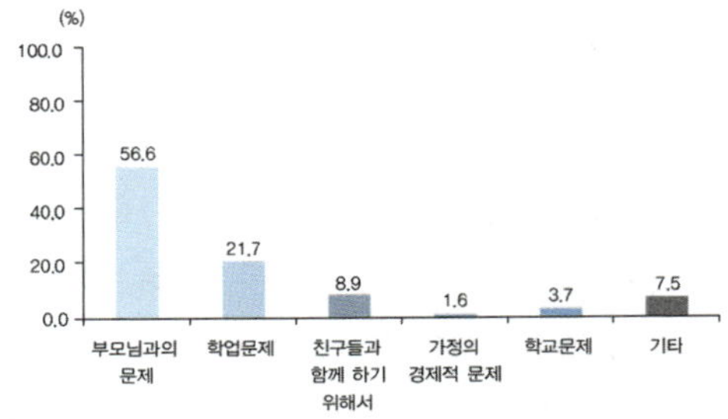

출처 : 한국청소년정책연구원, 「아동청소년인권실태조사」

그림 8-3 가출 경험

그림 8-4 가출 이유

표 8-4 가출 경험 및 이유 (단위: %)

	가출 경험[1]	가출 이유[2]					
		부모님과의 문제	학업문제	친구들과 함께 하기 위해서	가정의 경제적 문제	학교문제	기타
2014	4.8	57.4	12.0	16.2	0.2	2.7	11.6
2015	3.5	63.5	12.8	12.4	1.4	3.6	6.2
2016	3.4	60.7	12.4	12.8	0.8	2.7	10.6
2017	3.7	60.9	14.3	10.6	1.7	5.1	7.4
2018	3.8	58.0	15.6	12.0	4.1	3.0	7.2
2019	3.5	61.7	15.9	9.6	2.3	1.1	9.5
2020	2.9	61.0	20.8	8.0	2.3	2.0	5.9
2021	3.2	62.4	18.5	9.7	1.4	0.6	7.4
2022	3.6	56.6	21.7	8.9	1.6	3.7	7.5
남자	3.8	54.6	22.8	8.8	2.7	3.7	7.4
여자	3.4	58.7	20.5	9.0	0.5	3.7	7.6
초(4~6)	3.8	49.5	27.5	4.3	1.7	6.1	10.9
중	3.8	62.1	17.6	11.3	0.0	2.4	6.7
고	3.2	58.0	20.0	11.2	3.5	2.7	4.5

출처 : 한국청소년정책연구원, 「아동청소년인권실태조사」, 초(4~6) · 중 · 고등학생 대상

주 : 1) 최근 1년 동안 가출한 적이 있는 사람의 비중

2) 최근 1년 동안 가출한 적이 있는 사람의 주된 가출 이유

한국청소년정책연구원은 2020년 발간한 '위기청소년 현황 및 실태조사 기초연구'에서 만 12~19세 위기청소년 600명을 대상으로 이뤄진 해당 조사에선 응답자 중 66.3%가 한 번 이상 가출을 경험했다고 응답했다. 최근 1년 동안 가출한 사례도 10명 중 4명(40.7%)이 있었다. 계기는 '부모님, 형제, 자매 등 가족과의 갈등 때문'이란 응답이 63%로 가장 많았다. '가족의 폭력을 피하기 위해' 가출했단 응답도 10명 중 3명꼴이었다. 집을 나온 청소년들은 가출 후 주거 문제로 어려움을 겪었다. 주로 친구나 선·후배 집에서 머물렀단 답(복수 응답)이 가장 많았고, 여관이나 모텔에 머물렀다는 응답도 41.2%였다. 그리고 청소년 쉼터 37.7%, 찜질방·고시원·PC방 32.9%, 건물이나 길거리 노숙은 23%로 조사됐다.

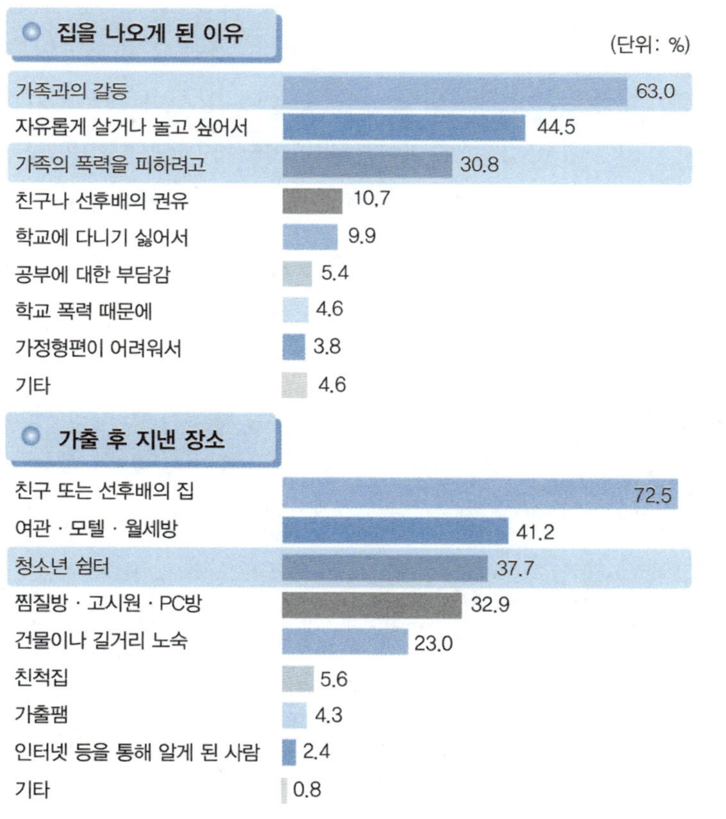

*복수응답
*만 12~19세 위기청소년 600여 명 대상 조사
*자료: 한국청소년정책연구원

그림 8-5 가정 밖 청소년 가출 계기와 주거 현황

03 청소년 비행 및 가출 예방 대책

청소년의 비행 및 가출 예방을 위한 전략은 가정, 학교, 국가적 차원에서 살펴볼 수 있다.

1) 청소년 비행 문제해결 방안

첫째, 가정의 기능 강화이다. 청소년 비행의 많은 부분들이 가족 내 문제에 의해서 나타나는 경우가 많았다. 특히 가정폭력, 부모의 무관심이나 부적절한 양육태도로 인한 피해 청소년들이 약물남용, 폭력, 10대 임신, 학교중퇴 등과 같은 비행으로 연결되는 경우가 많았음이 보고되고 있다. 따라서 청소년의 건전한 성장과 양육이 이루어질 수 있도록 현존하는 가족의 기능을 보다 강화하기 위한 노력은 매우 중요하다. 특히 가족의 구조적 원인보다는 기능적 관계 회복을 잘 갖추는 노력은 필요하다. 이를 위해 양육기술훈련 프로그램, 자녀 인성교육을 위한 부모교육 프로그램, 가정교육 지침, 가족 내 분쟁 조정 프로그램 등이 제시될 필요가 있다.

둘째, 학교 대처 능력을 강화하는 방안이다. 학교는 좋은 대학 입학이라는 목표를 갖고 움직임에 따라 이와 관련되지 않은 부분에 있어서 관여하지 못했던 부분이 있다. 따라서 인성교육과 사회교육을 겸비하고, 학생들의 비행 예방을 위한 방안 수립이 필요할 것이다. 예를 들어 학교 훈육 방침의 명료화, 학교 내 행동규칙의 구체화, 학교사회복지제도 정착, 대인관계훈련 및 복지교육을 필수화하는 방안, 상담프로그램의 활성화, 학교 운영 개선 등의 노력이 요구된다.

셋째, 비행문제와 관련하여 지역사회 내 여러 기관들 간의 네트워크 구축이 필요하다. 지역사회 중심으로 효과적으로 청소년 관련 핵심 기관들이 기능을 강화하고 이를 지원하기 위한 지역사회안전망을 구축하여 위기 청소년을 비롯한 지역사회 내 청소년들의 각종 문제해결 서비스들을 제공해야 한다.

넷째, 비행청소년에 대한 법적 처리 문제도 중요한 부분 중 하나이다. 청소년들이 지켜야 할 법이 있음에도 이를 범법행위로 처리하기보다는 사소한 비행 수준으로 제재 없이 넘어가게 되는 경우가 많은데 이는 더 큰 범죄로의 연결가능성을 제시해줄 수 있다. 따라서 비행청소년을 보호하고 교화하기 위해 즉각적인 단속과 규제가 이루어져야 할 필요가 있다. 한편 비행 청소년에 대한 지나치게 가혹한 처분은 오히려 사회 낙인뿐만 아니라 새로운 사회구성원으로 다시 살아갈 희망을 꺾을 수 있다.

2) 가출 청소년 문제해결 방안

첫째, 가출 청소년 개인을 위한 변화가 필요하다. 이를 위해 가출 청소년에 대한 개별화되고 전문화된 상담이 요구된다. 구체적으로 상담과정에서 가출 청소년의 목소리에 귀를 기울여 듣는 경청의 태도가 필요하다. 가출하고 싶은 청소년의 마음의 원인을 발견하기 위한 충분한 대화는 무엇보다 중요하다. 또한 공감이 필요하다. 가출 청소년의 시각을 통해 바라보는 관점이 필요하다. 뿐만 아니라 가출 청소년에 대한 무조건적인 사랑, 인정, 존중을 긍정적으로 제시해주는 노력, 또 가출 행동의 문제를 해결하기 위해 청소년을 둘러싼 가족들을 적극적으로 참여시켜 문제해결과 위기를 해소하고 가족 스스로가 성장을 통해 해결해 나갈 수 있는 역량을 불러일으키는 노력이 있어야 한다.

둘째, 가출 청소년의 가정복귀를 돕기 위한 노력이 필요하다. 단, 가출 청소년이 가족으로 복귀하기 위해 가정 내 부모 및 가족들 간의 문제해결이 우선되어야 한다. 부모의 학대가 있는 경우, 부모의 변화 의지가 없는 경우라면 가출 청소년을 가정으로 다시 돌려보내는 것은 문제의 재발 가능성만 높이기 때문이다. 따라서 청소년과 부모 및 가족이 청소년의 가정복귀에 대해 가지고 있는 생각이나 태도, 감정 등을 구체적으로 파악하고 이에 따른 개입계획을 수립하는 노력이 매우 중요하다. 한편 가정으로 복귀가 타당하지 않거나 이를 원하지 않는 가출 청소년은 별도의 개입계획이 필요하다. 특히 자립을 위한 준비를 위해 중장기 쉼터로 연계하거나 다양한 자립지원체계를 지원받을 수 있도록 지원 대책이 제공되어야 한다.

셋째, 가출 청소년은 또래 집단을 통해 조직적 행동에 가담하게 되고 이를 통해 가출이 일어나기도 한다. 따라서 또래집단을 통해 청소년들이 스스로의 자아존중감, 자신감, 자기발견, 자기관리, 사회성 향상, 또래 관계 향상, 진로탐색, 성교육 등의 다양한 프로그램을 제공받을 수 있도록 하는 것이 필요하다. 그 밖에 다양한 문화체험 및 야외활동 등을 통해 자아발견과 자긍심 향상, 집단소속감과 유대감 등을 높여줄 수 있다. 이러한 집단 및 또래 활동을 통해 청소년 스스로의 도전의식과 문제해결 능력 등을 긍정적인 방향으로 자리 잡도록 지원함으로써 청소년들의 가출 요인을 직·간접적으로 제한할 수 있다.

넷째, 가출 청소년들을 위한 사회환경 변화를 위한 개입 역시 매우 중요한 부분 중 하나이다. 특히 가출 청소년을 위한 정책과 서비스 전달체계, 행정체계의 변화와 법률 제도적 변화가 필요하다. 우선 가출 청소년을 위한 서비스 제공기관의 확대와 서비스 내용의 다양화 그리고 아웃리치(outreach)의 확대 및 지역사회 연계망을 통합적으로 제공하기 위한 체계 구축이 시급하다. 가출 청소년들은 잠재적으로 범죄를 저지를 수 있는 환경에 놓여 있는 경우가 많다. 따라서 가출 청소년들을 일시 또는 중장기적으로 보호해줄 수 있는 쉼터와 같은 기관의 확대와 더불어 입소절차 등을 간소화하는 등의 정책적 지원이 양적·질적으로 늘어날 필요가 있다.

04 청소년 비행/가출 예방 및 개입 기관

청소년의 비행 및 가출 관련하여 운영되고 있는 기관을 살펴보면 다음과 같다.

1) 청소년 전화 1388

청소년의 일상적 고민의 상담부터 가출, 학업중단, 인터넷중독 등 위기에 이르기까지 전반적인 상담서비스를 제공하는 기관이다.

(1) 주요 사업

- 365일 24시간 청소년 상담(가출, 구조, 부모자녀관계, 각종 학대 및 폭력, 교우관계, 학업성적, 진로 등)을 진행하고 있다.

(2) 상담 대표전화: 1388

2) 청소년쉼터

다양한 원인으로 인해 가정의 도움을 받지 못하고 있는 가출 청소년들을 위한 생활보호시설로 의식주 제공 등 대체가정의 역할부터 필요로 하는 서비스를 맞춤형으로 제공하는 가출 청소년특화시설이다.

(1) 주요 사업

- 가정에서처럼 의·식·주 등 생활보호를 받을 수 있다.
- 건강검진, 의료비 지원, 생활법률 자문 등 실생활에 필요한 다양한 지원을 받을 수 있다.
- 청소년상담 전문가로부터 개인 심리상담, 심리검사, 부모, 가족과의 집단상담을 받을 수 있다.
- 검정고시, 개인 및 집단학습지도, 학업 상담 등에 대해 도움을 받을 수 있다.
- 개인 자산관리교육, 진로탐색, 적성검사, 직업. 자격취득 훈련지원, 취업상담 등 경제적 자립지원을 위한 도움을 받을 수 있다.
- 다양한 체험학습, 공연 및 캠프활동, 취미생활지원 등 문화여가활동을 지원받을 수 있다.
- 이 밖에도 가출 청소년이 필요로 하는 서비스를 맞춤형으로 지원받을 수 있다.

(2) 청소년 쉼터의 종류 및 주요 기능

여성가족부에서 운영 및 지원하는 청소년 쉼터의 종류는 일시 쉼터·단기 쉼터·중장기 쉼터이며, 그 종류와 주요 기능은 다음과 같다.

표 8-5 청소년 쉼터의 종류 및 주요 기능

구분	일시 쉼터	단기 쉼터	중장기 쉼터
기간	24시간 이내 일시 보호	3개월 내외의 단기 보호	2년 내외 이상 중장기 보호
이용 대상	일반 청소년, 거리 생활 청소년	가출 청소년	자립 의지가 있는 가출 청소년
핵심 기능	일시 보호 및 거리 상담 지원(아웃리치)	사례관리를 통한 연계	사회 복귀를 위한 자립
주요 기능	① 위기 개입 상담, 진로 지도, 적성 검사 등 상담 서비스 제공 ② 가출 청소년 구조 발견, 청소년 쉼터 연계 ③ 음료 및 먹거리 등 기본적인 서비스 제공	① 가출 청소년 문제해결을 위한 상담, 치료 서비스 및 예방 활동 전개 ② 의식주 및 의료 등 보호 서비스 제공 ③ 가정 및 사회 복귀를 위한 가출 청소년 분류, 연계, 의뢰 서비스 제공 등	① 가정 복귀가 어렵거나 특별히 보호가 필요한 위기 청소년을 대상으로 전환형, 가족형, 자립형, 치료형 등 특화된 서비스 제공 ② 저연령 청소년(13세 이하)은 아동복지시설, 아동보호전문기관 등에 연계 권장
위치	이동형(차량) 고정형(청소년 유동 지역)	주요 도심별	주택가
지향점	가출 예방, 조기 발견, 초기 개입	부호, 가정 및 사회 복귀	자립 지원
비고		1회에 한하여 기간 연장 가능	1회 1년에 한하여 연장 가능

출처: 박현동(2014).

표 8-6 전국 청소년쉼터 현황 (단위: 개소)

구분	서울	부산	대구	인천	광주	대전	울산	경기	강원	충북	충남	전북	전남	경북	경남	제주
일시쉼터(고정형)	4	1	1	2	0	1	1	3	2	0	0	1	0	0	1	1
일시쉼터(이동형)	4	1	1	1	1	1	0	2	1	1	0	0	0	0	0	1
단기쉼터(남)	2	1	1	2	1	1	1	7	1	2	3	2	2	1	1	1
단기쉼터(여)	3	1	1	2	1	1	1	10	3	2	5	1	1	3	1	1
중장기쉼터(남)	1	0	1	1	1	1	1	4	1	1	1	1	1	1	1	1
중장기쉼터(여)	3	1	1	1	1	1	1	4	1	1	1	1	0	2	1	1
합계	17	5	6	9	5	6	5	30	10	7	10	6	4	7	5	6

총 138개소
2023년 12월 기준
출처 : 여성가족부

요약

- 청소년 비행은 크게 지위비행과 범법행위로 구분된다.
- 지위비행이란 성인들에게는 인정되나 청소년에게는 금지되는 것으로 음주, 흡연, 가출, 미성년자 금지구역 출입 등이 해당한다.
- 범법행위는 불법적인 범죄 행위로 성인이나 청소년이나 행할 경우 법률에 따라 처벌을 받아야 할 위법적 행위를 의미한다.
- 청소년 비행의 특징은 보편화, 집단화, 누범화, 기타(성범죄율 증가, 경제적 배경의 다양화, 연소화)가 있다.
- 청소년 비행은 가출, 절도, 폭력, 폭언, 도로교통 위반, 부적절한 이성문제가 가장 특징적으로 나타난다.
- 청소년 가출의 유형은 매우 다양한데, 시위형, 도피형, 탈출형, 탐험형, 유희추구형, 자아상실형, 버려진 형으로 나눠진다.
- 한국에서의 청소년 가출의 특징으로는 보편적 행위라는 점. 상당수는 의도하지 않은 형태로 나타난다는 점, 가출 청소년들에 대한 사회적 가정적 지원과 보호의 수준이 매우 낮다는 점이다.
- 청소년 가출로 인한 문제로는 거주와 취업, 교육, 심리정서적 문제, 건강 문제, 비행가능성의 문제 등이 제시될 수 있다.
- 청소년 비행 및 가출의 개인, 가족, 또래, 학교, 지역사회 등 다양한 차원에서 원인을 가지고 있으므로 다양한 차원의 개입 노력이 필요하다.
- 청소년 비행 및 가출 문제 발생 시 청소년들은 1388에 전화 상담받아 청소년의 처한 상황에 적합한 문제해결 방안에 연계될 수 있다.

핵심어

비행, 지위비행, 범법행위, 가출, 1388

Exercise 연습문제

1 다음 중 지위비행에 해당하는 사항을 모두 고르시오.

보기

가) 음주	나) 가출
다) 불량조직 구성	라) 상해

① 가, 나, 다　② 가, 다　③ 나, 라　④ 라　⑤ 가, 나, 다, 라

정답 ①

해설 지위비행이란 성인들에게는 인정되나 청소년에게는 금지되는 것으로 음주, 흡연, 가출, 미성년자 금지구역 출입 등이 해당되며, 〈보기〉의 음주, 가출, 불량조직 구성이 이에 해당된다.

2 형벌 법령은 위반하였으나 형사 미성년자의 행위로 형사 책임을 묻지 않는 청소년의 비행을 무엇이라고 하는가?

① 범죄행위　② 우범행위　③ 촉법행위　④ 범법행위　⑤ 위반행위

정답 ③

해설 촉법행위에 해당되는 설명이다.

3 다음은 청소년의 가출 유형 중 어떤 것에 해당하는가?

보기

> 부모의 과도한 통제나 기대로부터 자유롭기 위한 일시적 피난행위로서의 가출을 의미한다.

① 도피형 가출
② 시위형 가출
③ 탐험적 가출
④ 탈출형 가출
⑤ 자아상실형 가출

정답 ①

해설 도피형 가출은 부모의 과도한 통제나 기대로부터 자유롭기 위한 일시적 피난행위로서의 가출을 의미하며, 욕구불만이나 자신의 의사에 맞지 않는 가족, 사회 등에 의해 비판을 받는 부분을 피하기 위한 목적의 가출이라고 볼 수 있다. 따라서 〈보기〉는 도피형 가출에 해당된다.

chapter 09

청소년과 학교폭력

학습목표

1. 학교폭력의 개념과 유형을 이해할 수 있다.
2. 학교폭력의 실태를 이해할 수 있다.

학교폭력은 보편적인 사회문제가 된 지 이미 오래다. 한국의 경우 중고등학교뿐만 아니라 초등학교에서도 발생하고 있으며, 단순한 신체적인 가해행위를 넘어 왕따와 같이 심리적·정신적인 가해행위도 증가하고 있는 추세이다. 또한 학교폭력은 과거에 비해 집단화, 흉포화, 지능화되어가고 있어 그 문제해결이 쉽지 않다(박찬걸, 2010). 이러한 학교폭력은 학교가 존재하는 한 완전하게 근절시키기는 어려운 것이기는 하나 미래 세대 청소년들의 전반적인 성장에 있어서 지속적으로 부정적인 영향을 미칠 수 있다. 이는 단지 학교폭력의 피해학생뿐만 아니라 가해학생에게도 신체적·정서적·사회적 어려움을 경험하게 한다는 점에서 예방하기 위한 노력은 매우 중요하다. 이러한 맥락에서 본 장에서는 학교폭력의 개념과, 유형 및 실태 그리고 그 원인이 무엇이고 어떻게 예방할 수 있는지에 대해 구체적으로 다루어보고자 한다.

01 학교폭력의 개념과 유형

1) 학교폭력의 개념

학교폭력은 학교와 폭력이라는 두 단어의 합성이다(이종길, 2008). 학교의 의미는 학교 내만을 의미하는 것이 아니라 학교 주변을 중심으로 일정한 거리 이내에 위치한 지리적·공간적 장소를 지칭한다. 폭력은 다른 사람에게 상해나 피해를 입히기 위해 사용되는 물리력을 의미한다. 그러나 학교폭력은 접근하는 방식, 폭력의 주체나 대상, 형태, 범위, 폭력의 정도에 따라 다양한 양상을 보이고 있기 때문에 한마디로 개념을 정의하기가 쉽지 않다(황혜원·신정이·박현순, 2006).

우선 다양한 학자들의 학교폭력에 대한 정의를 살펴보면 다음과 같다.

Olweus(1993)는 학교폭력은 가해자와 피해자 간 힘의 불균형이 존재하는 상황에서 한 명 또는 그 이상의 학생들에 의해 행해지는 행위로 신체폭행, 협박, 언어적 폭력, 정서적 폭력, 성적 폭력 등을 의미한다고 보았다.

Astor과 Meyer(2001)는 신체적·심리적 상해나 재산상의 피해를 초래하는 의도적이고 부주의한 행동으로 보았다. 한편 Furlong과 Morrison(2000)은 학습을 방해하거나 학교 환경을 저해하는 모든 범죄적 공격적 행동을 의미한다고 정의함으로써 학교폭력의 개념을 확장하여 정의한 바 있다.

이춘재·곽금주(1999)는 학교폭력은 학생들이 학교 안과 밖에서 행하는 금품이나 물건의 강탈, 폭행, 공갈, 협박과 성폭행을 의미한다고 보았다. 다만 학교폭력은 단순한 공격행동이 아니라 비사회화된 공격성 품행장애라고 정의하였다.

김병찬(2012)은 학교폭력은 자기보다 약한 처지에 있는 상대에게 불특정 다수의 학생이 학교 내외에서 학생들 사이에 이루어지는 언어 심리적 유형, 신체 물리적 유형 및 집단 따돌림 등을 반복하여 행사하거나 심한 공격을 가하는 문제행동을 포괄하는 개념으로 정의한 바 있다.

박창득(2003)은 학생들이 학교에서 경험하는 폭력뿐만 아니라 가정이나 학교 밖에서 일어나는 폭력까지를 학교폭력으로 정의하면서 폭력이 일어나는 장소를 중요하게 보았다.

교육과학부(2012)는 학교폭력예방 및 대책에 관한 법률에서 상해, 폭행, 감금, 협박, 약취, 유인, 명예훼손, 모욕, 공갈, 강요, 강제적인 심부름 및 성폭력, 따돌림, 사이버 따돌림, 정보통신망을 이용한 음란, 폭력 정보 등에 의하여 신체, 정신 또는 재산상의 피해를 수반하는 행위로 가해자가 상대방에게 해를 끼치려는 의도를 가진 어떠한 행동도 폭력이라고 간주될 수 있다고 학교폭력의 범위를 정의하였다.

청소년 폭력예방재단(2012)은 학교폭력을 학교 안과 밖에서 학생들 사이에 신체적 폭행, 금품갈취 등 신체적·재산적 피해와 따돌림, 괴롭힘, 협박과 같은 정신적 폭력 그리고 인터넷에서 욕이나 근거 없는 소문을 퍼뜨리거나 사이버 머니 게임 아이템을 뺏는 행동, 그리고 같은 성별이나 다른 성별 간의 성적인 모욕감을 주는 행동, 추행과 같은 성적인 폭력 등의 피해라고 정의하였다.

이러한 점들을 종합하면 학교폭력이란 학교 안과 밖 장소를 불문하고 학생 간에 발생하는 신체적·정신적·언어적·정보통신적인 행동으로 상대방에게 해를 끼치는 의도적 행동이라고 정의할 수 있다(이창훈, 2015). 또한 시대의 변화에 따라 학교폭력의 개념은 확장되어가고 있다는 점을 알 수 있다.

2) 학교폭력의 특징

학교폭력이 가지고 있는 특징은 다음과 같다(표갑수, 2010, 김성이·조학래·노충래·신효진, 2011).

첫째, 학교폭력은 피해학생의 상당수가 보복 심리에 의해 가해 학생이 되는 특징을 가지고 있다. 즉, 학교폭력의 피해를 입은 학생들은 다시 가해학생에 대한 복수를 가함으로써 학교폭력의 가해자가 되는 특징을 가진다. 따라서 가해자가 피해자를 만들고 피해자는 다시 가해자가 되는 악순환이 나타난다는 점이 특징이다.

둘째, 학교폭력은 지금까지의 단순한 폭력이나 금품갈취와 같은 수준을 넘어 조폭화, 집단화, 저연령화의 특징을 보이고 있다.

셋째, 학교폭력은 일부 비행청소년에 국한된 문제가 아니라 일반화·보편화하여 일반학생뿐만 아니라 여학생 사이에서도 빈번하게 나타나고 있다. 그 과정에서의 심각성과 잔인함은 더 해지고 있어 폭력행위에 대한 죄의식도 약화되고 있는 것이 특징이다.

넷째, 폭력에서의 일인자를 우상시하는 기현상이 나타나고 있으며, 일진회라는 조직이 학교 내에 없는 곳이 없을 정도로 보편화되었다.

다섯째, 대체로 나이가 어릴수록 때리고 욕하고 힘을 겨루는 등의 물리적 방법으로 단순하게 괴롭히지만 고학년이 될수록 언어적·정신적인 유형으로 따돌리는 경향을 보이며 지능화되는 특성을 가진다.

여섯째, 학교폭력의 다수가 교내에서 발생하고 그 중에서도 교실 내외에서 발생한다. 이는 가해자가 같은 학교 학생이거나 같은 반 친구라는 것을 의미하며, 매일 상호 간의 접근성이 용이하다는 측면에서 문제의 심각성이 커질 수 있다. 이는 학교폭력이 일회성을 넘어 1개월 이상 지속되는 장기적 폭력이 증가하고 있다는 점과 맥을 같이 한다.

이러한 학교폭력은 청소년 폭력과 비슷한 특성을 가지고 있다.

첫째, 청소년 폭력에서 여성의 폭력이 높은 증가율을 보여주며, 언어적 폭력뿐만 아니라 신체적 폭력도 이어지는 양상을 보인다는 점이 학교폭력과 유사하다.

둘째, 학교폭력과 청소년 폭력은 친구, 선배, 불량배 등을 통해 이루어지는 경우가 많다. 하지만 학교폭력과 청소년 폭력에 기여하는 요인으로 한국 사회에서는 만연화되어 있는 부모 및 교사의 체벌 등을 무시할 수 없다는 점도 특징이다. 성인에 의한 체벌은 청소년의 잘못을 일시적으로 규제한다는 역할을 가질 수 있지만 체벌에 대한 반감과 부정적 감정에 대한 모방 또는 폭력행위에 대한 정당화 심리 등을 확산시킬 수 있다는 점에서 유의해야 한다.

셋째, 학교폭력과 청소년 폭력이 더 잔인하고 비인간적인 방법으로 이루어지고 있다. 또한 폭력행위에 대한 죄의식과 책임감이 상실되어 있다. 특히 청소년들은 학교폭력을 성장과정의 일부 또는 나와 상관없으면 무관하다는 식의 태도를 보이는 양상이 높아지고 있다는 점에서 이러한 경향을 보이고 있다. 공격적 행동에 대해 스릴과 재미, 쾌락을 추구하고 가학증적 성향을 발전시킬 수 있기도 하다. 따라서 특별한 이유 없이 타인을 괴롭히거나 상해를 입히는 것 자체가 목표가 되기도 하여 비인간적 행위에 대한 양심의 가책을 느끼지 않게 되기도 한다.

넷째, 학교폭력이나 청소년 폭력의 피해 학생은 그 사실을 부모나 교사에게 잘 알리지 않는다. 폭력을 당해서 어른들에게 알리는 것을 수치스럽게 여기거나 또래 집단으로부터 소외당할 수 있다는 점과 보복을 당할 수 있다는 두려움이나 자신들만의 비밀을 노출하기 싫다는 점에서 피해 사실을 숨기는 경우가 많다. 이는 부모나 교사의 문제해결능력에 대한 불신에 기인한 것으로 도움을 요청할 수 있도록 좀 더 새로운 유인책들이 필요하다는 점을 시사한다.

3) 학교폭력의 유형

학교폭력의 유형도 학교폭력의 개념과 마찬가지로 범위와 수준이 다양해 학자들마다 다르게 유형화하고 있다.

학교폭력은 수준에 따라 협의의 개념과 광의의 개념으로 구분하여 정의하기도 한다(박재근, 2015). 우선 학교폭력의 가장 협의의 개념은 약자 괴롭힘으로 볼 수 있다. 이는 자신을 보호하기 힘든 상대적 약자를 대상으로 이루어지는 부당한 행위로 괴롭힘 행위가 반복적으로 이루어지는 특징을 갖고 있다. 이보다 유사하지만 조금 더 넓은 의미의 개념으로는 또래폭력피해가 있다. 또래폭력피해란 약자 괴롭힘과 유사한 양상을 띠고 있으나 힘의 불균형이나 행위의 부당성, 그리고 반복성이라는 특징을 수반하지 않는다는 점에서 약자 괴롭힘과 차이가 있다. 가장 광의의 개념인 학교폭력은 또래 간 약자 괴롭힘과 또래폭력피해를 모두 포괄한다. 그리고 학부모, 교사나 교직원, 이웃 등 학교를 중심으로 연계된 사회구성원에게 발생하는 폭력행위를 포함하며, 제도나 규범에 내재된 구조적 문제까지도 학교폭력의 범주에 포함한다(임재현·이선숙·박종효, 2015). 이를 도식화하면 아래 그림과 같다.

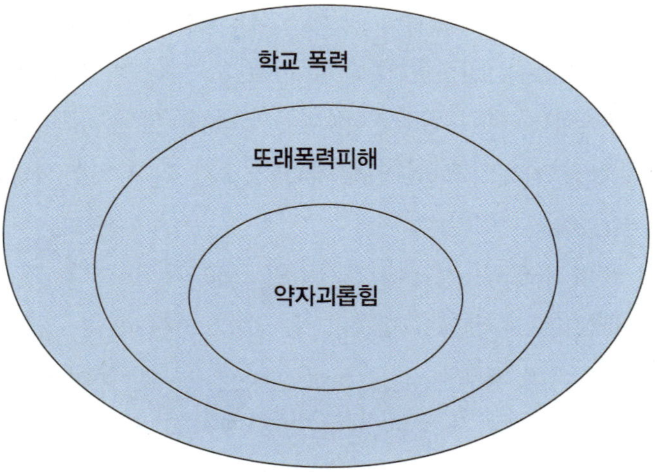

그림 9-1 학교폭력의 수준에 따른 유형화

Henry(2000)는 학교폭력의 행위 주체나 대상을 기준으로도 4가지 수준으로 유형화 한 바 있다(Henry, 2000; 박재근, 2015 재인용).

학교폭력의 1수준은 학생이 다른 학생이나 교사를 대상으로 물리적·심리적 상해를 초래하는 경우를 의미한다.

학교폭력의 2수준은 교직원이 학생이나 다른 교직원을 상대로 또는 부모가 교직원을 상대로 폭력을 행사하는 경우를 의미한다.

학교폭력의 3수준은 교육위원회나 정치권과 같은 공적기구에서 교직원이나 학부모에게 미치는 영향을 의미한다.

학교폭력의 4수준은 교육정책이나 청소년 정책과 같은 공적 제도가 교직원이나 학생들에게 미치는 부정적인 영향을 의미한다.

최근 현대 사회에서 학교폭력은 단순히 학생들 간의 물리적 폭력을 넘어 학생, 학부모, 교직원, 지역공동체를 대상으로 이루어지는 물리적·심리적 상해, 그리고 학생들의 잠재적 역량을 제한하는 제도와 조직까지를 모두 포괄하는 개념으로 발전해가고 있는 경향이 강하다(Dwyer, Osher & Warger, 1998; 박재근, 2015 재인용).

학교폭력은 구체적인 행위에 따라 크게 6가지로 유형화할 수 있다.

첫째, 신체적 폭력이 있다. 학교폭력의 가장 흔한 유형으로 주먹으로 때리거나 발로 차기, 찌르고 목 조르는 행위, 꼬집기 등 자신의 신체 일부를 사용하는 폭력이 있고, 칼이나 몽둥이 등 물리적인 도구를 활용하여 상대방에게 위해를 가하는 폭력이 있다. 그 밖에 신체를 손발로 때리는 등 고통을 주는 행위, 강제로 일정한 장소로 데리고 가는 행위, 일정한 장소에서 쉽게 나오지 못하도록 하는 행위 등이 있다. 또한 신체적 폭력의 양상은 장난을 가장한 놀이 형태(기절놀이)가 이용되고 있는 정도가 점점 심해지고 있어 상해의 정도가 심하거나 사망으로 이어지는 경우도 많다(강유미, 2011).

둘째, 언어적 폭력이 있다. 신체에 직접적인 폭력을 행사하는 것이 아니라 정서나 감정 등 정신적으로 부정적인 반응을 불러일으키는 폭력 유형으로 놀리거나, 심한 욕설, 협박, 사이버 폭력(악성 댓글, 인터넷 아이디 도용 등) 등이 이에 해당한다. 욕설, 상스러운 표현이나 나쁜 의도를 갖고 별명 부르기 등 폭력이 아닌 일상적 행동으로 상대방의 불안 심리나 공포 심리를 이용하여 갈취를 일삼는 학생들의 행위가 언어적 폭력의 행사라고 볼 수 있다(권이종, 2003).

셋째, 집단따돌림이 있다. 이는 반복적이고 지속적으로 한 명 또는 그 이상의 다른 학생들로부터 부정적인 행동을 당하는 것을 의미한다. 직접적인 괴롭힘이란 피해 학생에 대해 폭행, 구타, 위협이나 못살게 굴고 놀리는 등 공격적인 행동을 가하는 것이고, 간접적인 괴롭힘은 집단으로부터 소외시키거나 배척하는 행위를 말하며 다른 학생들과 어울리지 못하도록 막는 행위, 상대방이 싫어하는 말로 놀리거나 빈정거림, 골탕 먹이는 등의 행위, 집단적으로 상대방을 피하는 행위 등을 말한다(서울시중부교육지원청, 2012).

넷째, 금품갈취가 있다. 금품갈취는 형법상 사람을 공갈하여 재물의 교부를 받거나 재산상 불법한 이익을 취득하거나 타인으로 하여금 이를 얻게 함으로써 성립되는 범죄를 의미한다(이재상, 2006). 학교 내 타인의 돈이나 물건을 아무 이유 없이 강탈하는 것을 의미하며, 속칭 삥(금전)뜯기, 빵 셔틀 등이 여기에 해당하다. 또 고가의 옷이나 문구류 등을 빼앗는 행위도 여기에 포함될 수 있다.

다섯째, 성폭력이 있다. 성폭력은 강간, 윤간, 강도 강간뿐만 아니라 성추행, 언어적 희롱, 음란 전화, 성기노출 등 상대방의 의사에 반하여 가하는 성적행위로 모든 신체적·언어적·정신적 폭력을 포괄하는 광범위한 개념이다(오세한, 2007). 즉, 성폭력은 성적인 말과 행동으로 상대방에게 성적 굴욕감이나 수치심을 주는 행위로 상대방의 의사에 반하는 성을 매개로 일어나는 모든 폭력을 포함하는 광범위한 개념으로 이해해볼 수 있다. 청소년이 저항하지 않거나 충분히 거절의사를 표현하지 못했다고 하더라도 성적인 모든 행동은 물론, 성폭력에 대한 막연한 불안감, 굴욕감, 죄책감이나 공포뿐만 아니라 언어적 협박도 성폭력에 해당한다. 그것으로 인한 간접적인 행동을 제약해도 성폭력에 해당하며 판단하는 기준은 피해자가 동의 여부에 따라 결정되고 있다(강유미, 2011).

여섯째, 사이버 폭력이 있다. 이는 특정인에 대한 모욕적인 말이나 욕설 등을 인터넷 게시판, 채팅, 문자, 카페 등에 올리는 행위, 허위 글이나 사생활에 관한 사실을 인터넷, SNS 등으로 불특정 다수에 공개하는 행위를 의미한다. 사이버 폭력은 상대방의 의사와 관계없이 이루어지며 비방, 모욕, 성적 수치심을 주는 글, 그림, 동영상 등을 정보통신망을 통하여 유포하는 행동이다.

임선영·김선우·박준희(2010)는 학교폭력이 일어나는 원인에 근거하여 4가지 유형의 폭력을 구분한 바 있다.

첫째, 상황적 폭력이다. 다른 사람이나 범죄적 환경과 같이, 특수한 상황 또는 맥락에 따라 발생하는 폭력이다. 비행 또는 폭력 친구들과 접촉하고 있는 상황이나 비행행동을 조장하는 환경에 놓인 경우 특정한 상황이나 맥락의 영향으로 청소년 폭력은 발생할 수 있다.

둘째, 관계적 폭력이 있다. 이는 기존의 대인관계 맥락 내에서 발생하는 폭력을 말한다. 대부분의 청소년 폭력은 대인관계의 갈등이나 복수심으로부터 비롯되는데, 종종 가족이나 친구와의 관계에서 나타나기도 한다. 청소년들은 가족의 범주를 넘어서 점차 친구와 이웃, 사회 등으로 대인관계의 폭을 넓혀 나가는데, 이들의 대인관계기술이나 갈등협상전략은 여전히 미숙하고 비합리적인 경우가 많다. 갈등과 사소한 분쟁 등을 합리적으로 해결하지 못함으로써 많은 청소년들은 비합리적인 수단인 폭력에 의존하게 된다.

셋째, 약탈적 폭력이 있다. 이는 어떤 형태의 이익을 얻기 위해 발생하는 폭력을 말한다. 전형적인 수단적 폭력을 의미하는데, 이것은 범죄적 또는 반사회적 성격을 내포하고 있다. 금품갈취를 위한 폭력, 압력 행사를 위한 폭력 등이 대표적인 약탈적 폭력이라고 볼 수 있다.

넷째, 정신병적 폭력이 있다. 주로 피해망상이나 과대망상과 같은 정신적 장애나 정신적 혼란 때문에 야기되는 폭력을 말한다. 청소년의 정신병적 폭력은 드물며, 폭력행동의 예측 또한 일관적이지 않은 경우가 대부분이다. 그러나 최근 컴퓨터 몰입 또는 인터넷중독이나 스마트폰 중독과 관련하여 청소년들의 망상이나 정서적 혼란이 증가되고 있는 추세이다. 이러한 점을 고려하면 앞으로 이러한 성향의 정신병적 폭력이 계속 늘어날 수 있다.

'빗자루 교사 폭행 사건' 가해 학생 2명 결국 구속, "사안 중대하다"

쉼터

고등학생들이 수업 중 빗자루 등으로 기간제 교사를 폭행한 이른바 '빗자루 교사 폭행 사건'의 가해 고교생 2명이 구속됐다. 경기 이천경찰서는 교실에서 기간제 교사를 때리고 욕설을 한 혐의(폭력행위 등 처벌에 관한 법률 위반)로 입건된 이천지역 모 고교 학생 5명 가운데 A 군(17) 등 2명을 구속했다고 11일 밝혔다. 나머지 3명에 대해서는 추가 수사를 진행하고 있다. 경찰은 또 폭행 장면을 촬영해 유포한 B 군(16)도 정보통신망이용촉진 및 정보보호 등에 관한 법률 위반 혐의로 불구속 입건했다. 경찰은 구속된 A 군 등 2명이 빗자루로 기간제 교사를 때리는 등 폭행의 정도가 중하다고 판단해 구속 수사방침을 결정했다. 수원지법 여주지원은 이날 "범죄 혐의가 소명되고 사안이 중대하다"며 경찰이 신청한 구속영장을 발부했다. A 군 등 5명은 지난 23일 모 고등학교 교실에서 기간제 교사를 수차례 빗자루로 때리고 욕설과 함께 손 등으로 머리를 밀친 혐의를 받고 있다. 이들은 바닥에 침을 뱉으며 교사를 향해 고함과 함께 욕설까지 한 것으로 확인됐다. 한편 경찰은 가해 학생 중 1명의 실명 트위터에 "저런 쓰잘데기도 없는 기간제빡빡이 선생님을 때린 게 잘못이냐? xxxxx들아? 맞을 짓 하게 생기셨으니까 때린거다"라는 등 피해 교사를 모욕하는 글이 게재된 것과 관련해 수사 중이다.

경찰은 A 군으로부터 휴대전화와 데스크톱 PC를 제출받아 분석한 결과 트위터 로그인 기록을 발견하지 못했다며, 누군가 A 군의 명의를 도용해 해당 글을 게재했을 가능성이 큰 것으로 보고 미국 트위터 본사에 해당 계정에 대한 접속기록 자료를 요청한 상태라고 전했다.

출처: 중앙일보(2016.01.12.).

02 학교폭력의 실태

1) 학교폭력 실태조사

교육부는 16개 시도교육청(전북교육청 자체 추진)과 2023년 4월 10일부터 5월 10일까지 4주 동안 실시한 2023년 1차 학교폭력 실태조사(전수조사) 결과를 발표하였다(2023년 12월 13일).

2023년 1차 실태조사 개요

- (근거) 「학교폭력예방 및 대책에 관한 법률」 제11조 및 같은 법 시행령 제9조
- (기간 및 방법) 2023.4.10.~5.10. (4주), 온라인 조사
- (조사대상) 초4~고3 재학생 전제(384만 명) ※ 조사 참여율: 82.6%(약 317만 명)
- (조사내용) 2022년 2학기부터 응답 시점까지의 학교폭력 피해 · 가해 · 목격 경험 등

전체 피해응답률*은 1.9%로 2022년 1차 조사(2021년 2학기~2022년 4월 응답시점)에 비해 소폭(0.2%p) 증가하였다. 학교급별로는 초 3.9%, 중 1.3%, 고 0.4%로 조사되어 각각 0.1%p, 0.4%p, 0.1%p 증가한 것으로 나타났다.

* 학교폭력 실태조사에 참여한 학생 중 학교폭력 피해 경험이 있다고 응답한 학생의 비율

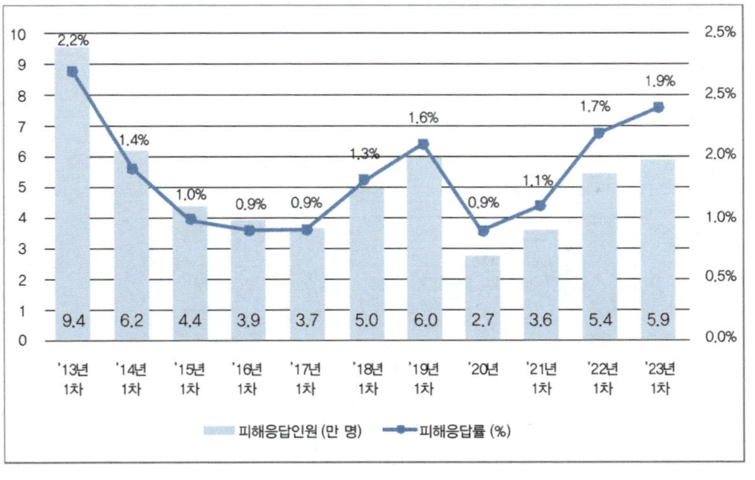

그림 9-2 피해응답인원 및 응답률

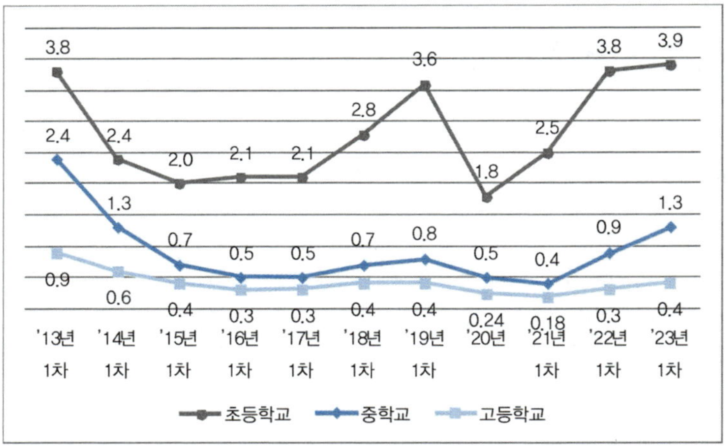

그림 9-3 **학교급별 피해응답률(%)**

학교폭력 피해유형은 언어폭력(37.1%), 신체폭력(17.3%), 집단따돌림(15.1%) 순으로 나타났으며, 2022년 1차 조사 대비 언어폭력(41.8% → 37.1%)과 사이버폭력(9.6% → 6.9%) 비중은 감소하였으나 신체폭력(14.6% → 17.3%) 비중은 증가하였다. 집단따돌림, 사이버폭력은 학교급이 높아질수록 응답률이 높게 나타났고, 과잉 접근 행위(스토킹), 신체폭력은 학교급이 높아질수록 응답률이 낮게 나타났다.

학교폭력 가해응답률은 1.0%로 2022년 1차 조사 대비 0.4%p 증가하였다. 학교급별로는 초등학교 2.2%, 중학교 0.6%, 고등학교 0.1%로 조사되어 초등학교는 0.9%p, 중학교는 0.3%p 증가하였다(고등학교는 거의 동일).

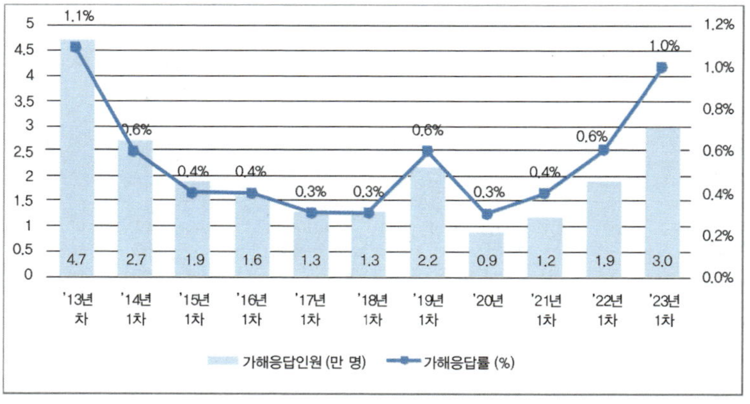

그림 9-4 **가해응답인원 및 응답률**

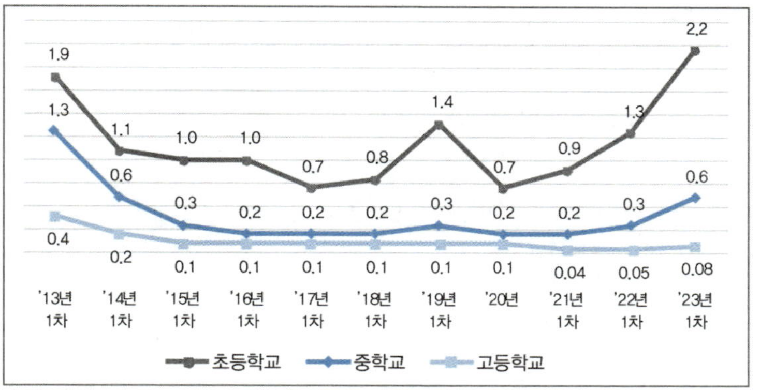

그림 9-5 **학교급별 가해응답률(%)**

학교폭력 목격응답률은 4.6%로 2022년 1차 조사 대비 0.8%p 증가하였다. 학교급별로는 초등학교 7.9%, 중학교 4.4%, 고등학교 1.2%로 조사되어 각각 0.6%p, 1.5%p, 0.4%p 증가한 것으로 나타났다.

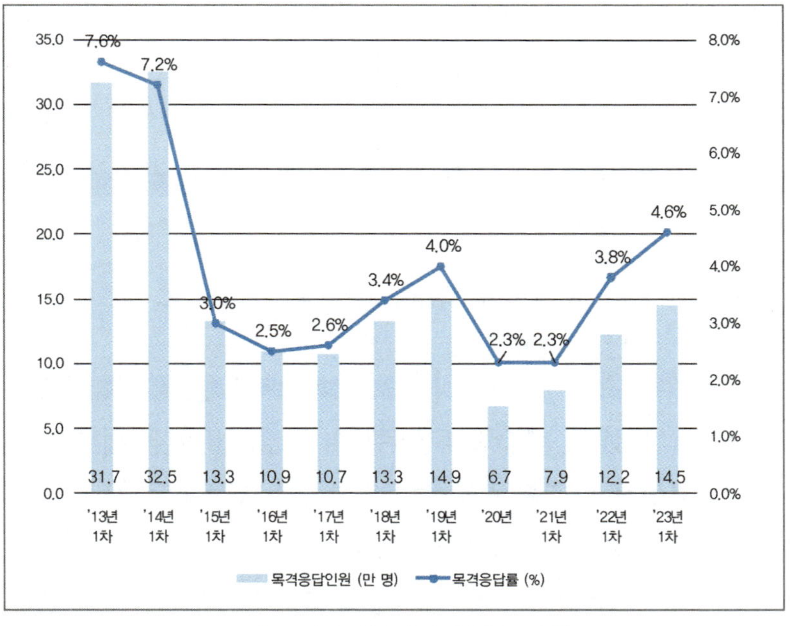

그림 9-6 **목격응답인원 및 응답률**

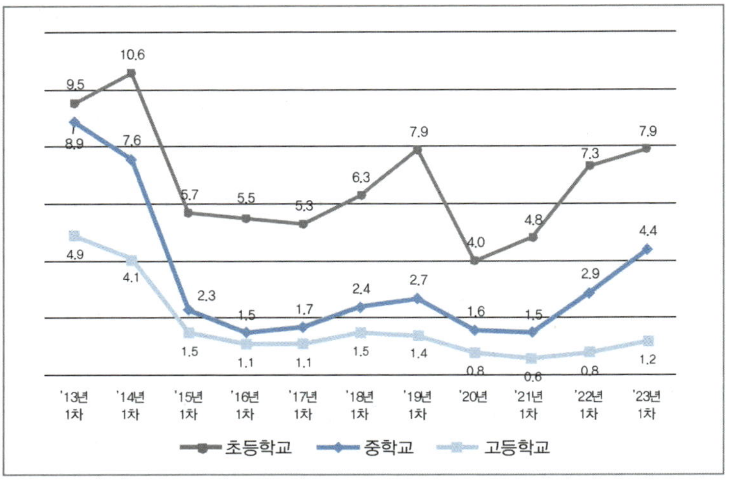

그림 9-7 학교급별 목격응답률(%)

교육부는 실태조사가 이루어지는 기간 동안 학교폭력 피해학생은 빈틈없이 보호하고 가해학생에게는 학교폭력에 대한 책임을 지도록 하는 '학교폭력 근절 종합대책*'을 수립·발표(2023.4.12)하였고, 「학교폭력예방 및 대책에 관한 법률」 개정(2023.10.24)을 완료하였다. 또한, 학교 현장이 학교폭력 처리 업무에 대한 과중한 부담에서 벗어나 피·가해학생 관계개선 및 회복, 피·가해학생 지원 등 교육적 역할에 집중할 수 있도록 "학교폭력 사안처리 제도 개선 및 학교전담경찰관(SPO) 역할 강화 방안**"을 발표(2023.12.7)하였다.

* 피해학생 진술권 보장, 피해학생의 분리 요청권 부여, 학폭 조치사항 대입 의무 반영, 학교폭력 제로센터 설치·운영 등
** 학교폭력 전담조사관제도 도입, 학교폭력 사례회의 신설, 학교전담경찰관 증원 등

교육부는 이번 실태조사 결과를 바탕으로 '학교폭력 근절 종합대책'과 '학교폭력 사안처리 제도 개선 및 학교전담경찰관 역할 강화방안'을 내년 1학기에 차질 없이 본격적으로 추진하고, 학교 현장의 학교폭력 예방교육을 내실 있게 시행할 계획이다. 특히, 학생들의 마음건강 및 사회·정서 성장을 지원하기 위한 전담부서 신설, 프로그램 개발 등을 통해 학교폭력 없는 안전한 학교를 위해 노력하고자 한다.

2) 교육부 등 관계부처 간「학교폭력 근절 종합대책」마련

(1) 현황

2012년「학교폭력 근절 종합대책」수립 이후, '학교폭력 피해 경험 학생의 응답률'은 감소하다가 '2017년부터 다시 증가하였고, 2020년 피해응답률은 코로나19로 감소하였으나, 점차 대면교육이 확대되면서 2022년은 감염병 발생 전인 2019년보다 높아진 상황이다.

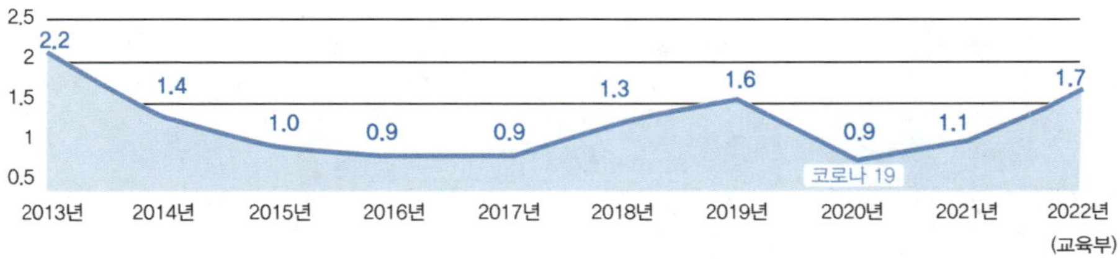

그림 9-8 학교폭력 피해응답률 추이

신체폭력은 '13년 학교폭력 유형의 대부분을 차지하고 있었으나 최근 그 비중이 절반 가까이 감소('13년 66.9% → '21년 35.9%)한 반면, 사이버폭력은 2배 이상('13년 5.4% → '21년 11.8%), 언어폭력은 4배 이상('13년 5.5% → '21년 25.9%) 증가 추세이다.

학교폭력은 '13년 1.8만 건에서 완만하게 증가하다가 '17년부터 3만 건, '19년부터는 4만 건 이상으로 크게 증가하였고, 학교장 자체해결제 도입('19.9월)에도 불구하고, '20년 비대면 교육(코로나19) 시기를 제외하고 매년 증가 추세이다.

※ 자체해결 건수 : ('19) 11,576 → ('20) 17,546 → ('21) 28,791 → ('22) 38,450

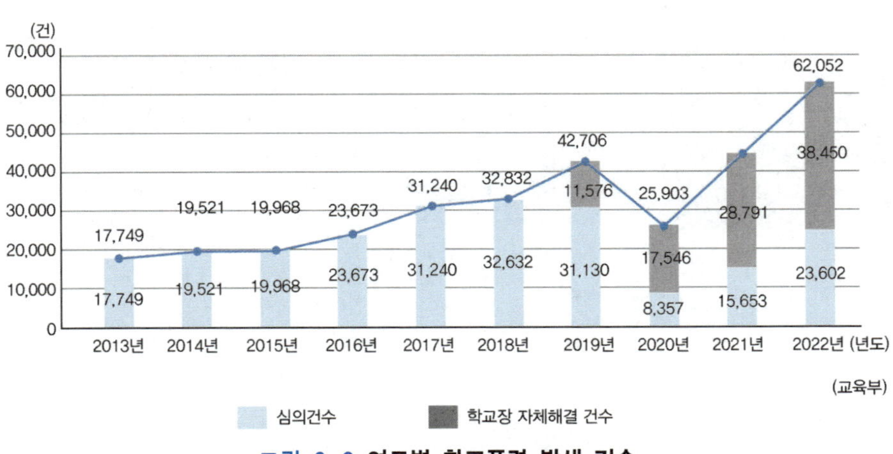

그림 9-9 연도별 학교폭력 발생 건수

(2) 기본 방향

비전	학교폭력 없는 안전하고 정의로운 학교
추진방향	• 일방 · 지속적인 학교폭력에는 **무관용 원칙** • 학교폭력 **피해학생 중심의 보호조치** 강화 • 현장의 학교폭력 **대응력 제고** 및 **인성교육 강화**

정책영역	추진 과제
중대한 학교폭력 엄정 대처	1 학교폭력 조치사항 기록 · 관리 강화 2 학교폭력 2차 가해 원천 차단 3 가해학생 조치사항 대입 수시 · 정시 반영
피해학생에 대한 빈틈없는 보호	1 학교폭력 사안 발생시 초기 보호체계 강화 2 가해학생 조치 불복시 피해학생 보호제도 마련 3 다중 안전망을 통한 피해학생 맞춤지원
교권 강화를 통한 단위학교 대응력 제고	1 학교폭력 대응역량 강화 및 지원확대 2 학교의 조기감지 및 대응체계 강화 3 학교폭력 대응을 위한 교원 권한 강화 및 책무성 제고 4 학교의 교육적 조정 기능 강화
학교의 근본적 변화 유도 · 견인	1 학교 구성원의 사회 · 정서 교육 지원 강화 2 학교폭력 예방을 위한 인성 · 체육 · 예술교육 활성화 3 언어 · 사이버폭력 예방교육 강화 4 학교폭력 대응을 위한 학부모 교육 지원

03 학교폭력의 원인

학교폭력은 그 배경과 원인이 매우 복합적이고 다양하며 예외적인 현상이 많고 또 새로운 현상이 나타나기도 하여 한 가지 원인으로 발생하는 경우는 드물다. 또한 학교폭력의 주요 원인인 가해자의 성격이나 개인적 특징에서부터 가정, 학교, 지역사회의 요인도 생태학적으로 고려할 필요가 있으며, 가해의 동기도 다양하고 가해자와 피해자 간의 또 성별에 따른 시각차이가 존재한다.

학교폭력의 원인이 복합적인 만큼 원인을 효과적으로 구분 정리할 수 있는 기준과 틀이 필요한데 크게 개인적 요인과 사회환경적 요인으로 구분하여 설명하고자 한다.

1) 개인적 요인

학교폭력을 야기하는 개인적 특성에 해당하는 요인에 대한 선행연구들은 다음과 같은 요소들을 제시하고 있다.

첫째, 성별이다. 일반적으로 남학생이 여학생에 비해 폭력적이며, 폭력상황에 빈번하게 관여한다고 보고되고 있다. 폭력의 유형도 남학생들은 주로 직접적이고 물리적인 폭력에 관여하는 반면, 여학생들은 사회적 격리나 정서적 괴롭힘과 같은 간접적이고 관계적 폭력 유형에 연루되는 빈도가 높은 것으로 보고된다. 이는 성장과정에서 남자아이들은 신체적 공격성의 용인이 사회적으로 잘 이루어지는 반면 여자아이들은 신체적 공격성을 보이는 것에 부정적 인식이 강하다. 또한 여자아이들은 상대적으로 신체적 힘이 약하므로 물리적인 힘 동원을 통해 기대하는 목적을 달성하기 어렵고 동시에 보복 가능성을 낮추기 위한 경향성도 작용한다. 친구 형성과정도 남학생들은 비공식적이며 광범위한 친구집단을 형성하는데 여학생들은 남학생에 비해 집단따돌림과 같이 또래 간 관계를 교란시키는 전략이 보다 효과적으로 여기기 때문으로 보고되고 있다(박재근, 2015).

둘째, 신체적 특성이다. 신체적 특징은 신장이나 힘의 세기가 있는데 주로 신장이 작거나 힘이 약한 학생일수록 신장이 크고 힘이 센 학생들에 비해 학교폭력 피해에 보다 빈번하게 노출되는 것으로 나타났다. 키 작은 남학생이 키 큰 남학생 집단에 비해 평균 2배 높은 집단 따돌림에 노출된다는 연구결과도 있다(Voss & Mullingganm, 2000).

셋째, 인지적 특성이다. 인지적 역량 즉, 사회적 목표 달성을 위해 계획을 수립하여 화를 제어함으로써 대인 간 문제를 원만하게 해결하는 능력이 높을수록 과잉행동을 통제하거나 충동성과 공격성을 효과적으로 억제할 수 있어 학교폭력에 대한 관여와 노출 수준이 감소하게 된다. 반면 충동성과 공격성을 억제하지 못하는 경우 교내 규범의 경시, 자기중심적 행동 및 충동적 행동이 높아져 학교폭력 가해행위에 빈번하게 가담하게 되는 것으로 제시된다. 반면 우울감과 불안감이 높은 아이들은 교우관계에 조심스럽지만 작은 일에도 민감하게 반응하여 학교폭력 피해에 노출빈도가 높아진다(정종진, 2012).

넷째, 장애이다. 정서행동장애가 있거나 공격성과 적대감이 축적된 경우 비행행동이 초래되는 경우가 있다. 또한 신체적 장애를 가진 학생은 신체적·성적·정신적 폭력과 학대의 표적이 될 확률이 높은 것으로 나타났다. 이는 장애 학생들이 스스로 자신을 보호할 능력이 상대적으로 낮고, 한국 사회의 차별과 선입견 및 부족한 사회적 지원이 지속되기 때문이다.

다섯째, 가정폭력, 아르바이트 경험, 음주나 흡연, 식습관 등의 경험이다. 가정폭력의 경험은 반복적·지속적으로 발생하면서 청소년의 긴장상태는 고조되고 이러한 것들이 적절하게 수용되지 못하면서 공격성과 폭력성을 표출하게 된다고 보고된다. 또 음주나 흡연 역시 기억력 저하로 인한 폭력성 견인을 야기하고 음주나 흡연 자체가 청소년에게 허용되지 않기 때문에 그 자체로 부모, 또래친구, 교사와 마찰을 초래하기도 한다. 아르바이트 과정에서도 조롱, 욕설, 신체 및 성폭력의 경험을 하게 될 경우 학교폭력 가해행위를 할 확률이 증가하는 것으로 보고되기도 한다. 식습관도 높은 폭력성을 가지는 청소년들이 주로 불규칙한 식사 또는 패스트푸드를 즐겨 먹거나 자극적인 맛을 선호하는 것으로 보고되기도 한다. 이는 신진대사의 불균형으로 정서불안과 난폭성을 일으키는 것으로 보고 있다.

2) 사회환경적 요인

학교폭력을 야기하는 사회환경적 요인에 대한 선행연구들은 다음과 같다.

첫째, 학교 요인이다. 학교에서 학교폭력 해소를 위한 프로그램 운영 학교와 그렇지 않은 학교 간에는 학교폭력 대응력에서 차이가 있었는데 주로 예방 및 관리에 신경을 쓰는 학교들에서 학교폭력의 발생빈도가 낮았다. 또한 전반적인 학교 분위기도 학교폭력에 영향을 미치는데 일반적으로 높은 학교 참여 수준, 학교에 대한 학생들의 높은 소속감, 학교 안정 및 보안성에 대한 높은 인식, 교내 규칙이 잘되어 있는 경우 학교폭력의 빈도가 낮아지는 것으로 보고된다.

둘째, 경쟁적인 교육시스템이 있다. 경쟁적인 교육시스템은 학교폭력을 유발하는 대표적 영향요인이다. 이는 과도한 스트레스를 야기하고 이는 자제력이 약한 청소년이 해소를 목적으로 공격성을 표출하거나 학교폭력에 가담하게 되는 데 영향을 미친다. 또한 이러한 경쟁은 청소년들에게 억압적 요소로 작용하여 자신의 취약성을 감추기 위한 목적으로 반항적 품성을 가지게 되기도 한다. 실제 경쟁을 부추기는 교육정책이나 학교 운영 체계에서 성적 낮은 학생들이 일탈행위에 쉽게 가담하게 되는 경우가 많았다.

셋째, 대중매체이다. 청소년기는 주로 모방을 통해 일탈행위에 가담하는데 대중매체의 자극적이고 비교육적 내용들은 비행 및 범죄지식을 습득하고 모방하는 장으로 활용될 수 있다. 이러한 맥락에서 자극적이고 폭력적 내용들은 학교폭력으로 이어질 수 있다. 또 빈번하게 접하게 되면서 폭력에 대한 무감각성이나 죄의식을 느끼지 않게 되기도 한다.

넷째, 폭력에 대한 사회구성원의 인식이 있다. 학교폭력은 앞서 보았든 주로 사소한 장난으로 인식되는 경우가 많아 이에 관여하게 되거나 목격하게 되어도 심각하게 받아들이지 않는 경우가 많다. 한국 사회에서 '아이들은 그냥 싸우면서 자라는 것이다'라는 인식도 이에 기인한다고 볼 수 있다. 또 학교차원에서도 폭력이 일어날 경우 처벌의 차원보다는 교육적 차원에서 온정주의적 입장을 취하는 경우가 많아 은폐하는 경우도 많다. 이러한 사회구성원의 인식은 폭력 가해자에게 유리하게 작용하는 경우가 많아 학교폭력을 유지, 방치 또는 야기하는 결과를 초래할 수 있다.

다섯째, 부모와의 관계이다. 안정적인 부모자녀관계와 상호작용은 적절한 정서와 사회규범 기회의 형성을 제공하여 사회질서를 내재화할 수 있다. 그러나 부모와의 관계가 적절하지 않은 경우 학교폭력 가해에 관여할 확률이 높다. 특히 부모 자녀 간 의사소통이 적거나, 심리적 거리감이 높은 경우 부모의 기대나 의견, 사회규범을 수용할 여지가 그렇지 않은 청소년들에 비해 낮아지고 이는 학교폭력의 노출될 확률을 높이는 것으로 보고된다. 또 부모의 양육태도가 방임적일수록, 부모의 폭력을 목격하거나 부모로부터 학대를 받은 경우 이를 모방함으로 학교폭력의 가해행위에 관여한다.

여섯째, 학교 교사와의 관계이다. 학교에서 학생들은 교사의 훈육과 제재를 받게 되는데 이러한 관계를 불편하게 여길 경우 자신의 문제를 능동적으로 해결하지 못하고 학교생활을 불만족스럽게 할 확률이 높아지게 된다. 이러한 것들이 누적되어 부적응행동 또는 반사회적 행동을 보일 수 있다. 따라서 교사의 강한 처벌, 교사와의 낮은 신뢰수준은 학교폭력을 유발할 수 있다.

일곱째, 또래관계이다. 또래친구와 관계를 통해 청소년들은 대인관계 기술습득도 하고, 자기노출을 통해 타인과 친밀감을 형성하는 방법을 익히기도 한다. 또한 집단의 규범에 동조하기도 하는데 비행을 행하는 또래와의 관계나 교제는 학교폭력 가담에 중요 원인으로 작용할 수 있다.

여덟째, 그 밖에 학교폭력을 목격한 또래 집단의 태도나 이웃의 태도가 학교폭력의 중요 요인으로 제시되고 있다. 즉 학교폭력을 목격한 관찰집단이 가해 학생에 공감을 표시할 경우 폭력 상황은 강화되고, 방관을 할 경우 보다 공격성을 띠게 된다. 반면 관찰자들이 피해자 편에 설 경우 폭력상황의 전개를 막거나 완화하려는 모습이 나타난다. 청소년과 관계 맺고 있는 이웃 역시 청소년들의 일탈을 감시하는 기능을 수행함으로써 올바른 사회성 형성의 기회를 제공하거나 또는 폭력적 요인으로 제시되기도 한다.

04 학교폭력의 예방

학교폭력 예방대책은 「학교폭력 예방 및 대책에 관한 법률」에 따라 수행되고 있다. 현재 학교장은 학교폭력 예방을 위한 교육을 정기적으로 실시할 의무를 가진다. 학기별로 정기적으로 실시하되 교육 횟수, 시간 및 강사 등은 학교의 장이 정하며 학급단위로 실시함을 원칙으로 하되 학교 실정에 따라 전체 학생을 대상으로 한 장소에서 동시에 실시할 수 있으며 다양한 자료나 프로그램 등을 활용하도록 규정하고 있다.

현재 우리나라의 학교폭력 예방교육의 대부분은 초, 중, 고등학교 학생을 대상으로 사회성 기술훈련, 분노조절훈련, 학교폭력에 대한 이해를 중심으로 이루어지고 있다. 학교를 기반으로 의무적으로 이루어지는 것은 아니고 교장 재량에 의한 특별 교육 형태로 이루어지고 있다.

또한 학교폭력 근절을 위해 폭력의 피해자는 물론 가해자를 대상으로 다각적인 예방과 개입 방안이 마련되어야 한다. 예방차원에서는 청소년들의 인지적 성숙을 촉진시키고 스트레스 대처 전략을 개선시키도록 하는 것이 필요하다. 사회적 기술이나 대인관계 기술을 향상시키며, 부모와의 안정적인 애착관계를 유지 및 발전시키고 대화의 채널을 항상 열어 둘 수 있도록 해야 한다. 또한 청소년 개인의 자아존중감을 향상시킬 수 있도록 해야 하며, 무엇보다도 인간의 존엄성과 개성 존중의식을 확립할 수 있도록 해야 한다. 학교폭력이 발생하면 신속하게 신고가 이루어지도록 해야 하며, 피해자를 위한 긴급보호와 심리 상담이 이루어져야 한다. 마지막으로 선도 및 교육이 필요하다. 현 시점에서 무엇보다 필요한 것은 학교폭력 전문상담기관의 설치를 확대하고 예방교육과 상담 및 중재서비스를 확충하는 노력이 뒷받침되어야 할 것이다.

05 학교폭력 예방 및 개입 기관

청소년의 학교폭력 예방 및 지원을 위해 설치된 기관을 살펴보면 다음과 같다.

1) 117 학교폭력 신고센터(안전 Dream)

학교 내·외에서 학생을 대상으로 발생한 신체·정신 또는 재산상의 피해를 주는 행동을 학교폭력으로 규정하고 117 중앙센터에는 각 지방 경찰관과 교과부, 여성가족부에서 파견한 전문 상담사가 활동으로 근무하여 학교폭력·신고접수, 상담 및 수사지원까지 원스톱 서비스를 지원하는 기관이다.

(1) 주요 사업

- 학교폭력 예방교육 및 학교폭력 유형에 따른 맞춤형 대응

- 가해학생의 선도조치 강화 및 피해학생의 보호와 치유 지원
- 학교 지원 및 관리 강화, 학교폭력에 대한 상담 수사지원

(2) 상담 대표전화: 117

2) 푸른나무재단 청소년폭력예방재단(청예단)

한국 최초 학교폭력의 심각성을 시민사회에 알리고 학교폭력예방과 치료를 위한 활동을 목적으로 설립된 비영리공익법인이다.

(1) 주요 사업

- 학교폭력 피해 및 가해청소년 상담과 지원, 학교폭력예방 교사 직무연수 및 전문가 연수
- 학교폭력상담사, 예방교육사 자격과정 운영, 학교폭력 SOS 지원단 운영(상담전화, 상담치료센터, 서비스지원, 화해 및 분쟁조정)

(2) 상담 대표전화: 1588-9128

요약

- 학교폭력이란 학교 안과 밖 장소를 불문하고 학생 간에 발생하는 신체적·정신적·언어적·정보통신적 행동으로 상대방에게 해를 끼치는 의도적 행동이라고 정의된다.
- 학교폭력은 보복 심리에 따라 피해자가 가해자가 된다는 점, 조폭화, 집단화, 저연령화된다는 점, 비행청소년뿐만 아니라 일반청소년에서도 보편적으로 나타난다는 점, 우상시화 되기도 한다는 점, 물리적 폭행에서 정신적 폭행까지 다양하게 나타난다는 점, 교내외에서 나타난다는 점에서 특징을 가진다.
- 학교폭력은 행위에 따라 신체적 폭력, 언어적 폭력, 집단따돌림, 금품갈취, 성폭력, 사이버폭력으로 나눠진다.
- 학교폭력은 원인에 따라 상황적 폭력, 약탈적 폭력, 관계적 폭력, 정신병적 폭력으로 나눠진다.
- 학교폭력 실태를 살펴보면, 주로 같은 학교 친구나 선배가 가해자이며, 언어폭력과 집단따돌림을 주로 당한다. 주로 쉬는 시간에 학교폭력은 이루어지며, 교실 내에서 많이 나타난다. 학교폭력에 대한 피해신고는 별일 아니라고 생각해서 잘되지 않는 경향이 강하다. 가해학생들의 경우 남학생은 신체적 폭행이, 여학생은 집단따돌림이 많았다. 주로 집단을 통해 이루어진다.
- 학교폭력의 원인은 개인적 요인으로는 성별, 신체적 특성, 인지적 특성, 장애, 가정폭력 등의 경험이 있으며, 사회환경적으로는 학교, 또래, 대중매체, 경쟁적 교육시스템, 부모나 학교 교사와의 관계, 또래관계나 목격자의 태도 등에 의해서 이루어지기도 한다.
- 학교폭력의 예방 및 개입 기관은 117 학교폭력 신고센터 그리고 청소년폭력예방재단을 통해 지원받을 수 있다.

핵심어

학교폭력, 예방교육, 사이버 폭력, 청예단, 117

연습문제

Exercise

1 다음 중 학교폭력을 야기하는 환경적 요인을 모두 고르시오.

보기
가) 경쟁적 교육시스템　　나) 부모의 양육태도
다) 대중매체　　라) 또래관계

① 가, 나, 다　② 가, 다　③ 나, 라　④ 라　⑤ 가, 나, 다, 라

정답 ⑤

해설 학교폭력을 야기하는 사회환경적 요인은 학교, 또래관계, 대중매체, 경쟁적 교육체계, 부모 및 학교 교사와의 관계, 양육태도, 폭력 목격자의 태도 등이 있다.

2 다음 중 우리나라 학교폭력의 특성에 해당하지 않는 것은 무엇인가?

① 조폭화　② 저연령화
③ 비행청소년 중심의 발생　④ 집단화
⑤ 교내외에서 발생

정답 ③

해설 우리나라 학교폭력은 갈수록 조폭화, 지능화, 저연령화, 집단화되고, 교내외 어디서든 발생하고 있으며, 비행청소년뿐만 아니라 일반청소년들도 학교폭력의 행위가 나타나는 경향을 보인다.

3 다음은 학교폭력의 유형 중 어떤 것에 해당하는가?

보기

> 반복적이고 지속적으로 한 명 또는 그 이상의 다른 학생들로부터 부정적인 행동을 당하는 것

① 상황적 폭력
② 언어적 폭력
③ 집단따돌림
④ 사이버 폭력
⑤ 신체적 폭력

정답 ③

해설 집단따돌림은 반복적이고 지속적으로 한 명 이상의 학생으로부터 부정적 행위를 당하는 것으로 직·간접적인 학교폭력 행위 중 하나이다.

chapter 10

청소년과 성

학습목표

1. 청소년 성의식 실태와 일반적인 성문제에 대해 이해할 수 있다.
2. 청소년 성매매 문화의 심각성과 실질적인 대책에 대해 논의할 수 있다.
3. 청소년 미혼모 문제의 현황과 사회적 안전망 구축을 위한 방안을 설명할 수 있다.
4. 청소년 성 관련 대책과 관련 기관들에 대해 이해할 수 있다.

최근 우리 사회에서 청소년 성문제는 심각하다. 청소년 강력범죄의 대부분이 성과 관련된 것이라는 사실뿐만 아니라 청소년들이 성에 대해 올바른 가치관을 갖는 것은 나아가 미래에 우리 사회가 어떤 성문화를 형성하는가를 결정짓는 중요한 열쇠이기 때문에 청소년의 성문제에 관심을 갖는 것은 매우 중요하다.

청소년 성과 관련된 문제 중 성매매는 매우 심각한 수준에 이르고 있다. 가출한 청소년들이 '가출팸'이라는 집단을 이뤄 생활비 조달을 위한 성매매를 조직적으로 하거나 여성 청소년들이 스마트폰 채팅앱(chatting app)을 통해 중년남성과 조건만남을 하는 일들이 우리 주변에서 비일비재하게 이뤄지고 있다. 잘못된 성 인식을 갖고 쉽게 돈을 벌고자 하는 청소년들과 물질만능주의에 사로잡혀 이러한 청소년들의 성을 돈으로 사고자 하는 어른들의 욕망이 함께 뒤섞여 사회문제를 만들고 있다.

01 청소년의 성

1) 청소년의 성의식 실태

질병관리청(2022)의 '2021년 청소년건강행태조사'에 따르면, 청소년(만 13~18세)의 성관계 경험률은 2009년 5.1%에서 2019년 5.9%로 증가했다. 청소년의 평균 성관계 시작 연령은 14.1세며 남학생은 13.9세, 여학생은 14.3세였다. 2022년 기준 중고교생이 약 268만 명으로 전국에 성경험이 있는 청소년은 13만 명으로 나타났다. 성관계 경험이 있는 청소년의 34.5%가 피임을 제대로 하지 않는 것으로 조사되었다. 따라서, 청소년기 성관계는 우발적인 경우가 많아, 성관계 전후 피임이 잘 이뤄지지 않으므로, 피임 교육이 부모와 학교의 교육으로 이뤄질 수 있도록 관심이 요구된다.

한국청소년정책연구원(2021)의 보고서에는 '온라인에서 알게 된 사람을 룸카페에서 만났다'고 응답(복수응답)한 청소년은 20%로 조사되었다는 점에서 청소년 일탈을 유도하는 지역사회 유해환경의 '변종 룸카페'에 대해서는 철저한 단속을 하여 청소년유해업소로 지정해야 한다.

2) 성인용 영상물 이용여부 및 이용 경로

여성가족부(2023) 「2023 청소년매체이용 및 유해환경실태조사」에 의하면, '인터넷 개인방송 및 동영상 사이트'(96.7%) 등 청소년의 온라인 영상물 이용은 꾸준히 증가하고 있으며, 초등학생의 경우 '확장가상세계(메타버스)' 이용률이 70.6%로 중학생(37.3%), 고등학생(15.2%)에 비해 높았다.

그리고, 전체 청소년의 '성인용 영상물 이용률'은 47.5%로 '20년 37.4% 대비 증가하였으며 특히 초등학생의 이용률이 40.0%로 지속 증가('18년 19.6%, '20년 33.8%)하는 것으로 조사되었다. 또한, 청소년의 인터넷 사용 시 '타인 아이디(ID)를 사용한 경험률'은 5.8%, '타인의 주민등록번호를 사용한 경험률'은 1.7% 수준이었고 이중 도박성 게임 등 유해매체를 이용한 경험이 있는 청소년의 경험률(도박성 게임 이용 청소년의 타인 ID 사용 경험 20.7%, 주민등록번호 도용 경험 9.8%)은 그렇지 않은 경우보다 더 높게 나타났다.

최근 1년간 성인용 영상 이용률

('18) 39.4% → ('20) 37.4% → ('22) 47.5%

- 고등학생 이용률 : ('18) 53.3% → ('20) 45.1% → ('22) 56.6%
- 중 학 생 이용률 : ('18) 41.6% → ('20) 32.2% → ('22) 46.1%
- 초등학생 이용률 : ('18) 19.6% → ('20) 33.8% → ('22) 40.0%

* 청소년관람불가 등급, 19세 이상 시청가로 표시된 TV프로그램, 영화, 동영상 등 성인용 영상을 본 적이 있다고 응답한 비율

3) 성폭력 피해경험

여성가족부(2023). 「2023 청소년매체이용 및 유해환경실태조사」에 의하면, 청소년 '폭력 피해율'은 16.3%로 피해 유형 1순위는 '언어폭력'(오프라인 10.6%, 사이버 공간 7.3%)으로 나타났으며, '성폭력 피해율'은 5.5%로 피해 유형으로는 '말이나 눈짓, 몸짓으로 성적 모욕감'(2.5%)을 느끼는 피해가 가장 많았다. 청소년들의 온라인 활동이 증가함에 따라 폭력 및 성폭력의 주요 가해자 중 '같은 학교를 다니는 사람'의 비율은 감소하고 '온라인에서 새로 알게 된 사람'(성폭력 : '20년 9.9% → '22년 17.3%)의 비율이 증가하는 것으로 나타났다.

피해 청소년 중에서 피해 사실을 다른 사람(기관)에게 알렸다는 비율은 폭력 피해 44.0%, 성폭력 피해 42.7%로 조사되었다. 피해 사실을 외부에 알리지 않은 청소년의 경우 알리지 않은 주요 이유로 '별로 심각한 일이 아니라고 생각해서'라고 응답한 비율이 높았다.

4) 청소년 성문화에 대한 관심 필요성

(1) 대중매체와 청소년 성문화

대중매체가 급속히 발달함에 따라 청소년들이 올바른 성의식을 형성하기 전에 다양한 매체를 통해 성에 노출되어 문란해지고 있다. 청소년들은 대중문화에 비친 스타들을 보고 그들을 모방하고 동일시하려는 경향이 있어 성적 문제를 일으킨 연예인이나 정치인 스캔들 등을 가치 판단 없이 그대로 따라 할 수 있으므로

무척 위험하다고 볼 수 있다(신성철 외, 2014).

(2) 성교육의 부재

청소년 성문제가 갈수록 심각해지는 것은 성교육의 부재가 그 원인이 될 수 있다. 청소년들은 언제든 무방비로 성문화에 노출될 수 있는데 이러한 상황에서 올바른 가치관을 심어줄 교육이 없는 것이다.

현재 학교에서 이뤄지는 성교육은 임신이나 신체에 관한 보건학적인 내용뿐으로 성에 대한 올바른 가치관을 심어주고 자정능력을 키워주기에는 역부족이다(신성철 외, 2014). 의사표현, 피임법 등 학생들이 알기 원하는 내용이 거의 교육과정에 담겨있지 않다. 따라서 학생들이 흥미를 가질 만한 실질적이고 전문적인 내용의 교육이 필요하다.

(3) 가족기능 약화와 청소년 성문화

최근 맞벌이 부부 증가, 이혼 등으로 인한 가족해체, 대화 부족 등 가족기능이 약화됨에 따라 가정에서 청소년들에게 올바른 성가치관을 심어주기 어렵게 되었다. 또한 부모의 지도감독 없이 혼자 지내는 시간이 많아지면서 음란물에 노출될 가능성이 많아지면서 청소년들의 성문화는 음성화가 되고 그것이 일반적인 성의식으로 받아들여지면서 청소년 성문화는 성인들이 인식하지 못하는 수준까지 형성되면서 잘못된 성문화가 형성되었다.

(4) 성 정보의 범람

최근 사회변화는 성 정보의 범람을 가져왔고 그로 인해 성개방 풍조와 다양한 성의식 및 가치관을 가지게 하였다. 또한 성에 대한 쾌락적인 측면만 강조하여 흥미와 호기심을 필요 이상으로 높였다(신성철 외, 2014). 이것은 청소년의 정신건강에 부정적인 영향을 미치고 있으며 성중독 증상을 보이게 되었다.

02 청소년 성매매

1) 청소년 성매매의 개념

청소년 성매매란 성인이 청소년에게 금품을 주고 성관계를 갖는 행위를 말한다. 이는 인터넷 채팅, 스마트폰 등을 통해 성을 사고팔 사람이 개별적으로 만나 성행위를 갖는다는 점에서 전통적인 매춘이나 산업형 매춘과는 차이가 있다(정규석 외, 2014). 흔히 '원조교제'로 부르는데, 이는 일본에서 건너온 말로, 한국에서 성행하는 이른바 10대 청소년들의 '원조교제'는 청소년을 상대로 한 1회성 윤락이 대부분이고 서로 사귄다는 의미가 아니기 때문에 '청소년성매매'라는 용어로 대체되었다(두산백과).

2014년 개정된 「아동·청소년의 성보호에 관한 법률」(이하 청소년성보호법)에 따르면 '아동·청소년의 성을 사는 행위'란 아동·청소년의 성을 사는 행위를 알선한 자 또는 아동·청소년을 실질적으로 보호, 감독하는 자 등에게 금품이나 그 밖의 재산상 이익, 직무와 편의제공 등 대가를 제공하거나 약속하고 성교행위, 구강·항문 등 신체의 일부나 도구를 이용한 유사 성교 행위, 신체의 전부 또는 일부를 접촉, 노출하는 행위로써 일반인의 성적 수치심이나 혐오감을 일으키는 행위를 아동·청소년을 대상으로 하거나 아동·청소년으로 하여금 하게 하는 것이라고 정의하고 있다.

2) 청소년 성매매 실태

여성가족부(2022)의 '2020년 아동·청소년 성범죄 발생추세 및 동향 분석' 결과에 따르면 2020년 유죄가 확정된 아동·청소년 대상 성범죄자 수는 2,607명으로 전년(2,753명) 대비 5.3% 감소하고, 피해아동·청소년은 3,397명으로 전년(3,622명) 대비 6.2% 감소하였다.

성범죄자 유형은 강제추행(1,174명, 45.0%), 강간(530명, 20.3%) 순으로 나타났다. 강간 및 강제추행 등 성폭력 범죄자는 전년 대비 10.6%, 피해자는 12.9% 감소하였으나, 아동·청소년 성착취물 제작 등 범죄자는 전년 대비 61.9%, 피해자는

79.6% 증가하였다. 특히 카메라 등 이용촬영죄 범죄자는 157명인 데 비해 피해자는 301명으로 한 명의 범죄자가 다수의 피해자를 대상으로 하는 디지털 성범죄의 특성이 반영되었다.

표 10-1 아동 · 청소년 대상 성범죄 유형별 가해자와 피해자 분포 단위: 명(%)

범죄유형	가해자 기준[1.]		피해자 기준[2.]	
	2019년	2020년	2019년	2020년
성폭력 범죄	2,090(75.9)	1,869(71.6)	2,638(72.8)	2,299(67.7)
강간	529(19.2)	530(20.3)	525(14.5)	508(15.0)
유사강간	179(6.5)	165(6.3)	189(5.2)	177(5.2)
강제추행	1,382(50.2)	1,174(45.0)	1,924(53.1)	1,614(47.5)
성매매 범죄	310(11.3)	312(12.0)	322(8.9)	284(8.4)
성매수	169(6.1)	168(6.4)	179(4.9)	155(4.6)
성매매 강요	48(1.7)	38(1.5)	51(1.4)	37(1.1)
성매매 알선 · 영업	93(3.4)	106(4.1)	92(2.5)	92(2.7)
기타 성범죄	353(12.8)	426(16.3)	662(18.3)	814(24.0)
통신매체이용 음란	16(0.6)	23(0.9)	61(1.7)	45(1.3)
카메라 등 이용촬영	149(5.4)	157(6.0)	299(8.3)	301(8.9)
성착취물 제작 등	63(2.3)	102(3.9)	93(2.6)	167(4.9)
아동복지법 위반[3.]	125(4.5)	144(5.5)	209(5.8)	301(8.9)
계	2,753(100.0)	2,607(100.0)	3,622(100.0)	3,397(100.0)

주: 1. 가해자 기준 : 가해자 조사표에서 가해자 대표죄명 기준
2. 피해자 기준 : 피해자 조사표에서 피해자 대표죄명 기준
3. 아동복지법 위반 : 언어 혹은 글을 통한 성희롱, 음란행위 강요, 음행매개, 성적 행위 및 성적 학대 등

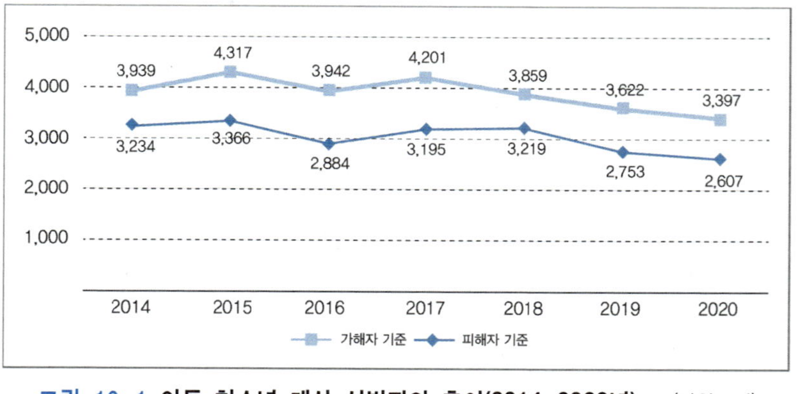

그림 10-1 아동·청소년 대상 성범죄의 추이(2014~2020년) (단위: 명)

범죄자 평균 연령은 34.2세, 직업은 무직(27.7%)이 가장 많았다. 성매매 강요 범죄자의 평균 연령이 19.3세로 가장 낮았고, 성매수(사무관리직, 25.0%)를 제외한 모든 범죄 유형에서 무직 비중이 가장 높았다. 범죄자의 98.1%가 남성이었으나, 성매매 강요와 성매매 알선·영업 범죄에서는 여성 범죄자 비율이 각각 21.1%, 13.2%로 높게 나타났다.

표 10-2 아동·청소년 대상 성범죄유형별 범죄자의 평균연령 (단위: 세)

범죄유형	평균연령
강간	27.1
유사강간	30.5
강제추행	41.8
통신매체이용음란	29.4
카메라 등 이용촬영	24.7
성착취물 제작 등	24.4
성매수	34.9
성매매 강요	19.3
성매매 알선·영업	21.7
아동복지법	33.4
계	34.2

주: 가해자 조사표 분석결과

피해자의 28.2%가 13세 미만이었으며, 평균 연령은 14.0세였고, 성매매 알선·영업의 피해자 평균 연령이 15.8세로 가장 높았다. 피해 아동·청소년의 평균 연령은 '17년 14.6세에서 '20년 14.0세까지 하향 추세를 보였다. 장애가 있는 피해 아동·청소년은 3.7%(127명)이었으며, 범죄 피해 당시 가출 상태였던 피해 아동·청소년은 2.8%(96명) 수준으로 나타났다.

가해자와 피해자 간 관계는 가족·친척을 포함한 아는 사람(66.4%)이 가장 높았고, 전혀 모르는 사람(30.1%) 순이었으며, 인터넷 채팅 등을 통해 알게 된 사람은 16.0%로 나타났다. 범죄 유형별로 가해자를 살펴보면, 강간은 인터넷 채팅 등을 통해 알게 된 사람(22.0%)·가족 및 친척(21.9%), 유사강간은 가족 및 친척(31.1%), 강제추행은 낯선 사람(40.6%)이 높았다. 성매수와 성착취물 제작 등은 인터넷 채팅 등을 통해 알게 된 사람이 각각 86.5%, 71.3%를 차지하고 있으며, 카메라 등 이용촬영은 낯선 사람이 40.9%를 차지하였다.

표 10-3 아동·청소년 대상 성범죄유형별 피해자와 범죄자의 관계 (단위: 명(%))

피해자와 가해자의 관계	범죄유형										계
	강간	유사 강간	강제 추행	통신 매체 이용 음란	카메라 등 이용 촬영	성착 취물 제작 등	성매수	성매매 강요	성매매 알선 · 영업	아동 복지법	
전혀 모르는 사람	45 (8.9)	27 (15.3)	695 (43.1)	8 (17.8)	127 (42.2)	15 (9)	7 (4.5)	7 (18.9)	0 (0.0)	93 (30.9)	1,024 (30.1)
낯선 사람	27 (5.3)	23 (13.0)	655 (40.6)	8 (17.8)	123 (40.9)	14 (8.4)	3 (1.9)	6 (16.2)	0 (0.0)	87 (28.9)	946 (27.8)
즉석만남 등 알게 된 사람	15 (3.0)	2 (1.1)	14 (0.9)	0 (0.0)	3 (1.0)	1 (0.6)	3 (1.9)	1 (2.7)	0 (0.0)	0 (0.0)	39 (1.1)
기타 모르는 사람	3 (0.6)	2 (1.1)	26 (1.6)	0 (0.0)	1 (0.3)	0 (0)	1 (0.6)	0 (0.0)	0 (0.0)	6 (2.0)	39 (1.1)
가족 및 친척 이외 아는 사람	344 (67.7)	93 (52.5)	709 (43.9)	22 (48.9)	145 (48.2)	144 (86.2)	140 (90.3)	25 (67.6)	73 (79.3)	187 (62.1)	1,882 (55.4)
친구(동성)	0 (0.0)	3 (1.7)	8 (0.5)	0 (0.0)	3 (1.0)	0 (0.0)	0 (0.0)	1 (2.7)	2 (2.2)	0 (0.0)	17 (0.5)
애인·이성친구	72 (14.2)	11 (6.2)	29 (1.8)	0 (0.0)	31 (10.3)	13 (7.8)	1 (0.6)	5 (13.5)	6 (6.5)	2 (0.7)	170 (5.0)
학교 선/후배	13 (2.6)	2 (1.1)	10 (0.6)	0 (0.0)	3 (1.0)	0 (0.0)	0 (0.0)	0 (0.0)	0 (0.0)	0 (0.0)	28 (0.8)
선생님	9 (1.8)	8 (4.5)	325 (20.1)	0 (0.0)	28 (9.3)	1 (0.6)	0 (0.0)	0 (0.0)	0 (0.0)	105 (34.9)	476 (14.0)
지역사회 내 아는 사람	25 (4.9)	13 (7.3)	121 (7.5)	3 (6.7)	2 (0.7)	1 (0.6)	1 (0.6)	3 (8.1)	11 (12.0)	2 (0.7)	182 (5.4)
직장·업무 관계인	15 (3.0)	1 (0.6)	44 (2.7)	0 (0.0)	2 (0.7)	0 (0.0)	1 (0.6)	0 (0.0)	13 (14.1)	6 (2.0)	82 (2.4)
인터넷채팅 등 통해 알게 된 사람	112 (22.0)	24 (13.6)	45 (2.8)	17 (37.8)	14 (4.7)	119 (71.3)	134 (86.5)	3 (8.1)	12 (13.0)	64 (21.3)	544 (16.0)
기타 아는 사람	98 (19.3)	31 (17.5)	127 (7.9)	2 (4.4)	62 (20.6)	10 (6.0)	3 (1.9)	13 (35.1)	29 (31.5)	8 (2.7)	383 (11.3)
가족 및 친척	111 (21.9)	55 (31.1)	191 (11.8)	0 (0.0)	0 (0.0)	0 (0.0)	1 (0.6)	0 (0.0)	0 (0.0)	15 (5.0)	373 (11.0)

피해자와 가해자의 관계	범죄유형										계
	강간	유사 강간	강제 추행	통신 매체 이용 음란	카메라 등 이용 촬영	성착 취물 제작 등	성매수	성매매 강요	성매매 알선 · 영업	아동 복지법	
친부	45	16	66	0	0	0	1	0	0	10	138
	(8.9)	(9.0)	(4.1)	(0.0)	(0.0)	(0.0)	(0.6)	(0.0)	(0.0)	(3.3)	(4.1)
의부	38	16	53	0	0	0	0	0	0	4	111
	(7.5)	(9.0)	(3.3)	(0.0)	(0.0)	(0.0)	(0.0)	(0.0)	(0.0)	(1.3)	(3.3)
형제자매	6	4	9	0	0	0	0	0	0	0	19
	(1.2)	(2.3)	(0.6)	(0.0)	(0.0)	(0.0)	(0.0)	(0.0)	(0.0)	(0.0)	(0.6)
혈족 및 인척	22	19	63	0	0	0	0	0	0	1	105
	(4.3)	(10.7)	(3.9)	(0.0)	(0.0)	(0.0)	(0.0)	(0.0)	(0.0)	(0.3)	(3.1)
미상	8	2	19	15	29	8	7	5	19	6	118
	(1.6)	(1.1)	(1.2)	(33.3)	(9.6)	(4.8)	(4.5)	(13.5)	(20.7)	(2.0)	(3.5)
계	508	177	1,614	45	301	167	155	37	92	301	3,397
	(100)	(100)	(100)	(100)	(100)	(100)	(100)	(100)	(100)	(100)	(100)

주: 1. 피해자 조사표 분석결과

피해 아동·청소년과 가해자가 인터넷을 통해 만난 경우 최초 접촉 경로는 채팅앱이 51.1%로 가장 높았으며, 실제 오프라인 만남으로 이어진 경우는 72.2%에 달했다. 특히 성매수 및 성매매 알선·영업의 경로는 정보통신망이 각각 86.5%, 94.5%를 차지하는 등 온라인을 매개하는 것으로 나타났다.

아동·청소년의 성적 이미지를 이용한 디지털 성범죄의 구체적 형태는 가해자에 의한 촬영·제작 방식이 74.2%였고, 피해 아동·청소년이 동의하지 않은 촬영·제작은 72.3%였다. 유포 피해를 입은 경우는 15.5%였으며, 일반 메신저에 유포된 비율이 35.6%로 가장 높았다. 유포된 이미지에서 얼굴 혹은 신상정보가 노출돼 피해 아동·청소년을 식별할 수 있는 경우는 34.6%에 달했다.

신상정보 등록 대상자의 49.3%(1,284명)가 집행유예, 38.9%(1,013명)가 징역형, 11.0%(288명)가 벌금형을 선고받은 것으로 나타났다. 평균 유기징역 형량은 44.9개월(3년 8.9개월)이다. 평균 유기징역 형량은 강간이 65.5개월(5년 5.5개월)로 상대적으로 높았으며, 이는 '14년 62.4개월(5년 2.4개월) 대비 유사한 수준이다. 반면 성착취물 제작* 등은 '14년 대비 '20년 23개월 증가하였다. 특히 성착취물 제작 등의 경우

징역형 선고 비율이 '14년 2.0% 대비 '20년 53.9%로 대폭 증가하고, 벌금형 선고 비율은 '14년 72.0% 대비 '20년 0.0%로 대폭 감소하였다.

표 10-4 아동·청소년 대상 성범죄유형별 최종심 평균 유기징역 형량 (단위: 개월)

범죄유형	평균
강간	65.5
유사강간	55.0
강제추행	30.0
통신매체 이용 음란	31.5
카메라 등 이용촬영	17.6
성착취물 제작 등	39.7
성매수	16.7
성매매 강요	36.2
성매매 알선·영업	37.0
아동복지법	16.1
계	44.9

주: 가해자 조사표 분석결과

'가출→생활고→청소년 성매매', '악몽의 굴레'

쉼터

청소년 성매매 등의 온상지로 알려져 있는 스마트폰 '랜덤 채팅 앱'(불특정 다수와 무작위 만남을 주선하는 프로그램)이 여전히 적절한 근절 대책 없이 방치되고 있다. 익명성의 그늘에 숨어 강력 범죄의 창구로 악용되고 있지만 정부는 제대로 대응하지 않고 있다. 전문가들은 "본인 확인 강화, 청소년 유해 매체 지정, 등록제 운영 등의 노력이 필요하다."고 지적했다. 더 이상 청소년들이 성매매나 범죄 대상이 되지 않도록 하기 위해서는 정부의 적극적인 대응이 요구된다. 이에 필요한 방안들을 살펴본다.

'ㅈㄱ(조건만남)' 등 성매매 암시 글 넘치는데, 정부는 "사적 대화" 방치

사례 1. 미성년자인 A 양이 김 모 씨(25)를 알게 된 건 스마트폰 랜덤 채팅 앱을 통해서였다. 익명의 공간에서 이루어지는 대화라는 점이 A 양에게 경계심을 풀게 했다. 처음에는 장난삼아 손과 발 사진을 교환했다. 그러다가 나중에는 나체 사진까지 보내는 실수를 하게 됐다. 이 때문에 A 양은 협박을 받다가 성폭행 피해를 입었다.

◇ 범죄의 사각지대

방송통신심의위원회의 '불법 정보 유통 앱에 대한 시정 요구 현황'에 따르면, 방송통신심의위원회의 성매매·음란 앱 시정 요구는 1분기(1~3월) 136건에서 2분기(4~6월)에는 358건으로 크게 늘었다. 경찰청이 최근 100일 동안 집중 단속한 결과에서도 랜덤 채팅 앱을 통한 성매매 건수는 총 1,972건, 검거된 사람은 8,502명에 달했다.

가출 청소년들에게 강제로 조건만남을 시키는 '사이버 포주'까지 생겨날 정도로 문제가 심각해지고 있다. 사태가 이런데도 청소년들에게 랜덤 채팅 앱의 인기는 여전하다. 한국청소년정책연구원이 발표한 '스마트시대 대중매체를 통한 청소년의 성 상품화 대응 방안 연구'에 따르면 전국 중·고교생 4,189명 중 14.2%(594명)가 스마트폰에서 주로 이용하는 프로그램으로 '랜덤 채팅'을 꼽았다. 실제로 랜덤 채팅 앱에 가입해 자신을 여성 청소년으로 설정해 놓으면 가입하자마자 조건만남을 암시하는 메시지가 수두룩하게 쏟아지는 것이 현실이다.

여성가족부, 법무부, 경찰청은 '성매매 방지·피해자 보호 및 지원·성매매 사범 단속·수사 강화를 위한 추진계획'을 내놓으며 랜덤 채팅 앱의 부작용을 근절하겠다고 밝혔다. 그러나 정부의 소극적인 대응으로, 청소년들이 범죄에 노출돼 있는 환경은 크게 바뀌지 않고 있다.

◇ 랜덤 채팅 앱 '사후 심의' 무용지물

랜덤 채팅 앱의 부작용을 막기 위해 방송통신심의위원회는 랜덤 채팅 앱 사후 심의를 하고 있다. 그러나 성매매를 연상시키는 단어만으로는 게시자에 대한 제재는커녕 게시 글 삭제조차도 힘들다. 방송통신심의위원회에 따르면, "사후 심의도 성기 노출 사진이나 성매수를 직접 언급하는 글 등이 아니면 삭제 요구가 어려운 것이 현실"이라고 말했다.

방송통신위원회는 구글, 애플 등 앱 마켓을 운영하는 글로벌 사업자들에게 자발적으로 불법 앱 삭제를 요청하고 있다. 해당 사업자들은 조치를 취하고 있다지만 여전히 앱 장터에서 랜덤 채팅 앱을 손쉽게 내려받을 수 있다. 정부가 랜덤 채팅 앱의 부작용을 뿌리 뽑을 수 없는 이유는, 타인의 사적인 대화 내용을 감청해 사전 심의할 수 없기 때문이다. 사전 심의를 하려면 통신비밀보호법을 위반하는 모순에 빠진다.

◇ 최소한의 개인 정보 입력하게 해야

범죄자들이 랜덤 채팅 앱의 '익명성' 뒤에 숨어서 불법 게시물을 올려 문제가 되는 만큼, 앱 가입 시 최소한의 개인 정보를 입력하도록 하는 것이 대안이 될 수 있다. 랜덤 채팅 앱의 한 유형으로 볼 수 있는 '아만다', '정오의데이트' 등과 같은 앱들은 가입 시 사진 등 본인 프로필을 작성해야 한다. 관리자는 기재 내용이 사실인지, 이상한 사진은 없는지 확인한 뒤 가입을 허용한다. 랜덤 채팅 앱 자체를 '청소년 유해 매체'로 지정하는 것도 방법이다. 다른 성인 채팅 사이트와 마찬가지로 주민등록번호 입력 등 성인 인증을 받아야만 가입할 수 있게 하는 것이다. 이 경우 미성년자의 접근을 차단할 수 있고 최소한 청소년들이 성매매에 직접적으로 노출되는 일은 막을 수 있다.

경찰행정학과 관계자에 따르면, "랜덤 채팅 앱의 사용자가 누구인지 알 수 있도록 인증 과정을 만들고, 강력 범죄로 이어지면 앱 폐쇄와 같은 제재와 처벌이 이루어져야 한다."고 말했다.

◇ 등록제 등 적절한 대안 찾아야

랜덤 채팅 앱을 등록제로 운영하는 것은 현실적인 대안으로 거론된다. 과거 개인 간 거래(P2P) 공유 사이트에서 사용자들이 불법적으로 영화, 드라마, 음란물 등을 올리거나 내려받아 논란이 되자 정부는 2012년 5월 해당 사업자들을 전기통신사업법상 특수한 형태의 부가통신사업자인 웹하드 사업자로 등록하도록 했다.

미래창조과학부에서는 "등록제를 통해 웹하드 사업자들이 양지로 나오자 음란물 공유가 줄어드는 등 실질적인 효과가 나타난 바 있다"며, "랜덤 채팅 앱의 부작용이 끊임없이 지적되는 만큼 등록제로 운영할 수 있는지 검토해볼 것"이라고 말했다.

방통위에서도 "채팅방이 사적 공간이라는 점과 앱 속성상 빠르게 출몰했다 사라지는 랜덤 채팅 앱의 특성 탓에 정책 마련에 어려움이 많다"며 "랜덤 채팅 앱상 음란물로부터 청소년을 보호하기 위해서는 범부처 차원의 논의가 필요하다."고 전했다.

신무경·최지연 기자

3) 청소년 성매매 원인

(1) 개인적 측면

청소년 성매매는 개인적 측면과 관계가 있다. 청소년은 호기심, 유흥비와 생활비 마련, 놀이와 여가생활, 성적탐닉 같은 물질주의적 가치관과 왜곡된 성 가치관의 결합이 청소년 성매매의 원인이 되고 있다(정규석 외, 2014). 또는 빈곤과 같은 개인적 경험과 정서적 취약성, 낮은 자아존중감, 열악한 생활환경들이 결합되어 성매매에 빠지게 된다는 의견도 있다(홍봉선·남미애, 2014).

또한 청소년 성매매를 경험한 청소년의 신분을 보면 가출 청소년과 학교 중퇴생이 상당수 되는 것으로 보아 학교중퇴와 가출경험의 여부가 청소년 성매매에 큰 영향을 미치고 있다(정규석 외, 2014). 특히 매춘은 청소년들의 가출과 밀접한 관계가 있다고 알려져 있는데 가출한 청소년들이 생활고에 시달리다가 비교적 쉽게 돈을 벌 수 있는 매춘에 빠지게 되는 경향이 있다.

(2) 가족 측면

청소년 성매매는 가족의 특성과 관련되어 있다. 부모의 이혼과 불화, 부모와의 갈등, 부모의 무관심, 가정의 빈곤 등이 부모의 자녀에 대한 지도역량을 약화시킴으로써 청소년들이 방황하게 되고 비행에 노출되기 쉽다. 청소년 성매매 또한 청소년이 가족과 튼튼한 유대를 유지하지 못해 가족기능이 약화됨으로써 발생할 가능성이 높아진다(정규석 외, 2014).

한편 가정에서의 학대가 청소년 매춘과 밀접한 관계가 있다는 연구들도 많다. 매춘경험이 있는 조사대상자의 60%가 어린 시절 신체적 학대가 있었다는 연구도 있으며 어린 시절 가족으로부터 성적 학대를 받은 사람들의 경우 성적 학대의 발생시기, 가해자 유형, 학대의 지속기간 등이 매춘과 관계가 있다고 보고된 바 있다. 즉 어린 시절 가족으로부터 학대받은 사람들은 다른 사람이 자신을 성적 대상으로 이용하거나 학대할 수 있다고 생각하기 쉬우며 성적 학대를 당한 청소년들은 스스로 자신의 성적 존재로서의 가치를 낮게 인식한다(홍봉선·남미애, 2014).

(3) 또래집단 측면

청소년기는 또래의 영향력이 크므로 어울리는 친구들이 어떤 친구인가에 의해 청소년의 삶이 좌우된다. 친구의 부추김, 소개, 청소년 성매매에 대한 또래 집단의 허용적 문화 등이 청소년 성매매의 중요한 요인이 되고 있다(정규석 외, 2014). 즉, 청소년들은 주로 또래집단의 네트워크 결과로 성매매에 휘말리는 경향이 있다.

(4) 사회적 측면

청소년 성매매는 근본적으로 우리 사회의 왜곡된 향락문화, 돈으로 성을 사서 즐기는 문화에 의해 발생하고 지속된다. 또한 매스미디어의 발달은 서구문화를 대량 유입함으로써 성개방 풍조를 가져왔고 특히 인터넷의 발달은 음란물 접촉을 보편화시켰으며 인터넷 채팅 사이트의 대화방이 청소년 성매매의 주요 창구로 활용되기에 이르렀다(정규석 외, 2014). 따라서 청소년의 성문화에 대한 심각성을 인식한다면 사회적인 접근의 성문화에 대한 재조명이 요구된다.

청소년의 성매매 문제는 도덕성이나 정서적 취약, 가정환경 등의 개인적 요인에만 기인한 것이 아니라 이를 조장하는 사회, 문화적 분위기가 반드시 원인이 된다. 우리 사회는 청소년 성의 상품화와 물질만능주의가 이미 고착화돼 있는 구조이기 때문에 청소년들이 언제든 성매매에 쉽게 접근할 수 있으므로 이러한 사회구조를 우선 바꾸는 것이 급선무라 하겠다.

4) 청소년 성매매 방지를 위한 개입방안

(1) 가족문화

흔히 부모는 멘토가 되어야 한다고 한다. 부모는 건강한 대화를 통해 청소년에게 흔들림 없는 정서적 지지를 제공하고 올바른 성적 가치관을 가질 수 있도록 이끌어줘야 한다. 청소년이 부모의 지도, 감독역할을 지나친 간섭으로 여기지 않도록 하는 범위 내에서 안전한 환경에 있도록 부모가 지도해야 한다.

또한 가족이 제 기능을 발휘하지 못할 때에는 우선 부모와 자녀의 갈등을 해결하고 관계를 개선하려는 노력이 필요하며 현재 부모의 자녀 지도방식이 자녀에게 미치는 영향과 청소년기 자녀에 대한 효과적인 지도방식 등에 대한 부모 교육이 필요하다(정규석 외, 2014).

(2) 또래집단에 대한 개입

청소년들은 성인에 비해 또래 집단의 압력에 저항하고 자신의 믿음을 굳건히 하기가 쉽지 않다. 청소년들은 발달 특성상 단지 소속되기 위해 또래들의 압력에 굴복하고 불건전한 상황에 자신을 내맡기곤 한다. 따라서 청소년들의 성관련 문제를 예방하기 위해 청소년들에게 또래 집단의 압력에 굴복하기보다는 독립성을 키우는 법을 가르쳐 주는 것이 힘들지만 충분히 해볼 만한 가치 있는 개입이다. 성매매 등 청소년기에 할 수 있는 일탈적 행동을 단호히 거부하는 법을 배운다면 누구나 평생 습득해야 할 중요한 교훈을 배우게 되는 것이다(마리자 만레사, 2014).

또한 이미 청소년이 문제 집단에 들어간 경우는 개인을 보호하기 위해 문제 또래집단과의 관계를 단절시키고 새로운 건전한 또래집단에 속하도록 돕고 개인이 속한 집단을 건전하게 바꾸는 방법과 문제 집단으로부터 자신을 보호할 수 있도록 자기주장기술을 훈련시켜야 한다(정규석 외, 2014). 즉 자신이 바로 설 수 있도록 이끌어 주어야 한다.

(3) 학교에 대한 개입

학교는 청소년들이 건전한 성가치관을 확립할 수 있도록 성교육을 실시해야 한다. 성교육에 포함돼야 할 내용은 첫째, 유혹에 시달리지 않고 건전한 삶을 살아갈 수 있도록 자아정체감을 확립하도록 돕고 자신을 소중히 여기는 자아정체감을 갖도록 해야 하며, 둘째, 아름다움 성과 이성교제가 무엇인지 잘못된 의식을 교정하고 성의 육체적·정서적·사회적 측면에서의 이해를 돕고 건전한 이성교제를 위한 지침을 제공해야 한다. 셋째, 청소년기의 생리적 발달, 성병, 임신 및 피임, 생명의 존엄성에 대한 지식과 의식을 형성하도록 도와야 하며 생활 중의 성적 충동을 체육, 문화활동 등으로 승화시키도록 지도해야 한다(정규석 외, 2014).

청소년 성매매로 연결될 수 있는 학교중퇴와 가출 등의 청소년문제와 청소년 성매매를 예방하기 위해 학교, 가정, 지역사회의 다각적인 노력이 필요하다.

(4) 사회에 대한 개입

사회에 대한 개입은 성매매 근절을 위한 제도와 법의 제정으로 적극적인 개입과 사회복귀지원체계에 대한 개입 및 사회적 차원의 예방책이 있다. 우리 사회의 왜곡된 향락문화를 뿌리 뽑고 아동·청소년 성보호에 관한 법률에 따라 아동, 청소년의 성을 사는 행위를 한 자는 5년 이하의 징역 또는 3천만 원 이하의 벌금에 처하도록 하는 극단의 조치가 필요하다. 성매수자가 성의식 개선교육을 의무적으로 받도록 하는 방안도 있다. 이와 함께 성매매업소, 유흥업소, 전화방 등에 대한 통제 강화와 불법 성매매 알선 행위도 지속적으로 단속해야 하고 청소년 유해환경감시단의 활동을 활성화시켜야 한다(정규석 외, 2014).

인터넷 발달과 관련한 음란물 접촉의 보편화와 채팅사이트의 청소년 성매매 창구화 현상에 대처하기 위해 사용자 차원에서 건전한 인터넷 사용을 위한 교육과 청소년에게 유해하거나 성매매를 조장하는 내용을 감시, 통제하는 사이버범죄 수사단을 확대, 운영해야 한다. 이 밖에 청소년 선도시설의 현대화, 전문상담원 증원, 보호 및 상담서비스 내실화, 건전한 체육, 문화시설 확충 등이 있다(정규석 외, 2014).

03 청소년 미혼모

1) 미혼모 개념

미혼모란 자의든 타의든 결혼하지 않은 상태에서 자녀를 가진 여성을 말한다. 미혼모 문제는 성과 관련된 중요한 사회 문제의 하나로 미혼모 자신의 심리적·정신적 피해는 물론 태어난 아이의 양육에도 큰 문제가 된다(Basic 중학생을 위한 기술, 가정 용어사전, 2007).

특히 10대 미혼모 문제는 태어날 아기의 건강문제뿐만 아니라 임신으로 인한 모체의 신체적 손실과 위험이 성인보다 크기 때문에 더 심각한 문제이며 아이가 축복받지 못하고 태어날 경우가 많아 개인적으로도 사회적으로 불행한 일이 되고 있다.

2) 청소년 미혼모 실태

성에 대한 개방적 태도, 혼전 순결에 대한 개념의 약화와 함께 피임에 관한 실질적 교육 부재, 청소년의 자기조절능력 부족 등으로 인해 10대 여자 청소년 미혼모 수가 지속적으로 증가하고 있다.

미혼모에 대한 부정적 시선으로 자신의 상황을 드러내는 것을 꺼려 미혼모 전체에 대한 실태 조사가 어렵다. 점차 미혼모의 학력 수준이 높아지고 있으나 아직 고졸 이하의 저학력 미혼모가 일반적이다. 따라서 미혼모에 대한 경제적 지원과 교육 지원은 아이 양육과 더불어 사회생활을 하는 데 매우 중요한 서비스이다.

통계청이 발표한 '2015년 인구주택 총조사'에 따르면, 지난해 우리나라 미혼모의 숫자는 2만 4,487명에 이른다. 곱지 않은 사회적 시선 탓에 스스로의 존재를 드러내기 꺼린다는 점을 감안하면 실제 미혼모의 수치는 통계청 조사에서 나타난 수치보다 훨씬 더 높을 것이다. 또한, 여성가족부가 실시한 '2015년 한 부모 가족 실태 조사' 결과 전체 한 부모 가족의 41.5%가 기초생활보장, 차상위 가구 등 저소득층에 속했다. 한 부모 가족의 상당수를 차지하는 것이 미혼모 가정이라는 점은 미혼모의 경제적 고충이 심하다는 방증이다.

우리나라에 미혼모에 대한 공식통계는 없다고 알려져 있으나 국가청소년위원회 국정감사의 발표자료(2006)에 따르면 한국의 미혼모 청소년은 5~6천 명으로 되는 것으로 추산된다. 2002년부터 2006년까지 만 19세 이하 여성의 출산아동은 17,317명에 달하는 것으로 나타나 연평균 청소년의 자녀출산이 3,500여 건에 이르는 것으로 추정할 수 있다(김성이 외, 2011).

우리나라의 미혼모에 대한 사회적 지원과 서비스는 매우 제한돼 있는데 이는 미혼모의 발생 원인을 개인의 부도덕한 성행위의 결과로 간주하고 그 책임을 미혼모 개인에게 돌리기 때문이다. 그 결과 다수의 미혼모들이 사회적인 냉대와 재정적·정서적 지원 부족으로 소외된 생활을 하고 있으며 특히 어린 청소년들일수록 가족에게 임신 사실을 알리지 못하고 미숙하게 대처하는 경우가 많아 임신으로 인한 학업중단, 불투명한 진로, 빈곤층 전락 등의 고통을 겪고 있다(박정란 외, 2014).

현재 미혼모 청소년에게서 태어난 아기들은 대부분 국내외 입양을 통해 타인에 의해 길러지고 있다. 가장 큰 문제는 입양을 선택하는 대신 반인륜적인 방법으로 영아를 유기하는 청소년 미혼모들이 증가하고 있다는 것이다. 이에 종교단체를 중심으로 버려지는 아이를 보호하기 위해 '베이비 박스'를 설치하는 등의 대책이 시행되고 있다.

3) 미혼모 증가원인

청소년 미혼모가 되는 과정으로는 자연스럽게 성관계를 갖게 되는 경우가 가장 흔하고, 대부분 순간적인 충동으로 성관계를 하는 것으로 나타났다. 우리나라에서 청소년 미혼모가 증가하게 된 이유로는 개인적 요인과 사회적 요인으로 나눠볼 수 있다. 첫째, 개인적 요인으로 낮은 자아존중감, 약물 남용, 성 학대, 피임에 대한 지식과 정보 결핍, 피임 기구의 사용 거부 등이 있다. 둘째, 사회적 요인으로 정보통신의 발달로 성 관련 접촉 증가에 따른 개방적인 성 문화 확산으로 인해 왜곡된 성 지식을 접하여, 성 윤리 및 도덕성에 부정적인 영향을 미치고, 교육적 성취에 대한 기회 부족과 학교 중퇴, 가족환경과 가족의 지지 부족 등이 있다.

4) 청소년 미혼모에 대한 개입방안

최근 학생 미혼모에 대한 관심이 커지면서 임신 및 출산으로 인해 휴학이 필요한 경우 병가 등으로 처리하여 복학에 어려움이 없도록 학생 미혼모를 지원하는 방안과 시설과 인력 등 여건을 갖춘 미혼모 시설을 대안교육기관으로 지정하는 등 지원방안이 대두되고 있다(박정란 외, 2014).

미국은 빈곤층 한 부모를 대상으로 하는 정책으로 TANF 프로그램을 운영하고 있다. 일본도 미혼모와 그 자녀를 위해 '모자 및 과부 복지법'을 제정해 지원하고 있다. 또한, 미국의 경우 '미혼모'의 부정적인 의미를 줄여 '편모(single parent)'라는 단어를 쓰고 있다. 북유럽의 복지국가들도 이혼녀와 미망인들까지 포함하는 포괄적 개념인 '독신모(single mother)' 혹은 '무의탁모(unsupported mother)'라는 단어를 사용함으로써 미혼모에 대한 차별을 원천적으로 없애고 있다(일요서울, 2016. 12. 23).

개인적 차원은 정신적·육체적 성숙과 함께 경제적으로도 자립할 수 있는 능력을 갖추어 혼인을 통해 부모가 될 수 있는 나이까지 성충동을 억제하고 성적 욕구를 조절하는 노력이 필요하다(Basic 중학생을 위한 기술, 가정 용어사전, 2007).

학교 차원은 성평등과 인권에 대한 교육을 실시하고 올바른 성지식에 대한 정보를 제공하며 인간관계 교육과 의사결정능력을 키우는 능력, 생명에 대한 존중감을 키워주는 교육을 실시해야 한다.

가족 차원은 가정환경이 청소년의 가치관과 태도에 막대한 영향을 미치므로 부모가 적절히 관심을 갖고 지도 감독함으로써 청소년들이 성에 대한 올바른 태도와 이해를 가질 수 있도록 해야 한다. 또한 가족이 안정되어 있을 때는 성적인 충동을 억제할 수 있으며 친밀한 부부관계는 미혼모 발생을 예방하는 데 중요하므로 안정된 가정 분위기를 조성해야 한다(김성이 외, 2011).

정부 차원에서 여성가족부는 청소년 한부모(미혼모·부)를 대상으로 청소년 한부모 아동양육비(월 15만 원), 청소년 한부모 검정고시학습비(연 154만 원 이내), 청소년 한부모 고교생 교육비(실비), 청소년 한부모 자립촉진수당(월 10만 원)을 지급하고 있다.

'베이비박스', 필요악인가 필수장치인가… 개정 입양특례법 시행 3년 평가

쉼터

엄주희 겸임교수(연세대 법학연구원)는 "해외 입양이 아닌 국내 입양 중심의 정책을 수립하려는 취지로 2013년 7월부터 입양특례법이 개정돼 '입양허가제'가 도입됐다"며 "그러나 이후 영아유기 사례가 급증하고 유기된 영아 중 상당수가 베이비박스에서 발견되고, 그럼에도 베이비박스가 불법의 논란이 되고 있어 영아의 생명보호 수단을 규율하는 법제도적 개선안이 필요한 시점"이라고 밝혔다. 엄 교수는 "베이비박스의 문제는 미혼 여성의 임신과 출산을 죄악시하고 미혼모만을 비난하는 편견과 이로 인해 미혼모가 고립된 출산을 감행할 수밖에 없는 사회구조적 강요의 문제로서, 미혼모에 대한 사회적 차별이자 평등의 문제로 파악될 수도 있다"며 "실제로 베이비박스에 두고 간 영아는 경찰청에 신고가 되고 관할 파출소가 조사를 거쳐 보육시설로 보내지만 두고 간 사람을 찾아 영아유기죄로 처벌한 사례가 없고, 베이비박스를 제도적으로 운영하고 있는 유럽이나 미국에서도 이것이 아동유기죄에 해당하지 않는다는 면책조항을 두고 있다"고 했다. "그러나 현행 법규는 입양허가제로의 전환과 출생신고 의무화, 출생 7일이 지난 후 입양동의 효력을 인정하는 것 등이 청소년 미혼모와 같이 신분 노출을 꺼리는 사람들에게 제동을 가해 영아유기의 급격한 증가 원인으로 지적되고 있다"며 "양자의 친부모를 알 권리를 강화하기 위해 출생신고를 바탕으로 한 가정법원의 허가제를 도입했지만 입양의 익명성이 보장되지 않기 때문에 오히려 아동의 복리가 저해되는 결과를 초래하게 된 것으로, 아동의 복리 증진과 친모의 자기결정권 보호를 도모하기 위해 현재 출생신고 요건을 완화할 필요가 있다"고 제안했다. 또한, "우리나라의 '베이비룸'은 미국의 아기피난소와 유사하게 지정된 안전한 장소에 영아를 맡김으로써 아기를 일시 보호하는 방식으로 운영되고 있으나, 이러한 행위에 대해 사회적 비난과 형사적 제재를 면책할 수 있는 명확한 법적 근거가 필요하다"며 "현행 아동복지법상에 베이비룸 설치의 목적과 이용 방법, 베이비룸에서 제공되는 상담의 내용과 절차, 베이비룸을 이용할 때 영아유기죄에서 면책되는 요건, 친부모의 친권 상실에 대한 조항, 베이비룸의 홍보 방식, 베이비룸의 영아 임시 보호시설 허가와 정부의 감독 체계 등을 명시하여 법적 근거를 마련할 필요가 있다"고 덧붙였다.

엄 교수는 "초·중·고교 정규교육 중 적극적인 성교육의 활성화로, 청소년 미혼모 발생 예방, 공공의료의 확충을 통해 위기 임신과 출산을 지원할 수 있는 제도 설계, 의료기관이 베이비룸과 익명출산을 시행할 경우 건강보험으로 지원할 수 있도록 하는 보험체계의 전향적 개선, 베이비박스 인식 개선을 위한 대국민 홍보 등 영아 유기의 사전 예방과 사후 대책을 법과 제도에 담아냄으로써 영아의 생명권을 보호할 수 있도록 해야 한다"고 발표를 마무리했다.

출처: 크리스천투데이(2015.12.22.).

04 청소년 성문제 예방을 위한 대책 방안

청소년 성문제 예방과 대처를 위한 개입은 학교차원, 가족차원, 지역사회 차원의 적극적인 예방과 개입이 요구되며, 이를 위해 다양한 기관이 운영 중에 있다.

1) 학교 차원에서의 예방

청소년 대상 성교육은 건강한 인격체를 가진 개인이 타인과 만나 공동체를 이루고 살아가는데 필요한 성지식에 대한 정보를 제공하고 성주체자로서 가질 수 있는 권리와 책임에 초점을 둔 내용으로 구성돼야 한다. 성교육 내용은 성평등과 인권, 올바른 성지식, 인간관계, 의사결정능력 향상, 생명존중, 음란물에 대한 비판적 사고 등으로 이뤄질 수 있다(박정란 외, 2014).

성교육을 전담할 전담교사 양성도 시급하다. 청소년들의 성문제를 조기에 발견하고 교육할 수 있는 역할이 큰 학교에서 성교육을 가르칠 수 있는 역량을 갖춘 교사를 전담 배치해 아이들이 학교에서 전문적인 성에 대한 지식과 가치관을 쌓을 수 있도록 도와야 한다.

2) 가족 차원에서의 예방

부모의 지도 및 슈퍼비전 부족은 10대 임신의 주요 원인으로 알려져 있다(Hurley, 2000). 또한 청소년들의 성문제는 빈곤 및 부모와 자녀 간의 정서적 유대관계 부족 등 가정환경과 밀접한 관련이 있다. 이러한 가정환경은 부모가 자녀의 행동을 지도감독하고 이끌어 줄 수 있는 기회가 적기 때문에 아직 정체성이 확립되어 있지 않은 청소년들이 대중매체와 친구들의 유혹에 휘말려 성과 관련된 문제에 빠질 수 있다. 즉 부모가 어려서부터 자녀를 올바르게 지도, 감독하고 성교육이 가정에서부터 시작된다면 청소년의 성문제가 어느 정도 예방될 수 있을 것이다(박정란 외, 2014).

3) 지역사회 차원에서의 예방

지역사회 차원에서 청소년 유해업소 출입금지 운동, 유해환경퇴치 운동, 음란 사이트 단속 운동 등 시민들의 적극적인 참여가 요구된다. 시민단체뿐만 아니라 종교단체, 학교 등이 협력하여 체계적으로 행동화할 수 있도록 구체적인 전략이 필요하다(박정란 외, 2014). 또한 성문화가 올바르게 정착될 수 있도록 지역 정화활동도 요구된다.

4) 정부 차원에서의 예방

성폭력, 임신, 낙태 등의 심각성을 일깨워줄 수 있는 시청각교재 개발을 위한 정부의 재정적인 지원이 필요하며 건전한 청소년 성문화 조성을 위한 국가적인 계몽과 홍보활동이 요구된다(박정란 외, 2014). 법적 규제를 강화하여 청소년유해업소 출입 규제를 보다 철저히 하고 청소년 유해매체에 대한 정부의 적극적인 관리가 필요하다.

05 청소년 성문제 예방 및 개입 기관

청소년의 성문제와 관련하여 운영되고 있는 기관을 살펴보면 다음과 같다.

1) 청소년성문화센터 SAY

우리나라는 2007년부터 「아동·청소년성보호에 관한 법률」 제31조의2에 의거하여 청소년성문화센터를 운영하고 있다. 청소년성문화센터는 청소년들이 자기주도적인 체험학습을 통해 올바른 성지식을 습득하고 성문화에 대한 비판적 지각과 건강한 성정체성을 갖도록 지원하는 데 목적을 둔다. 2021년 말 기준으로 전국 16개 시도 58개소가 운영되고 있다.

청소년성문화센터의 주요사업은 청소년 성교육, 성이야기 작품공모전, 성문화 축제, 성상담 워크숍, 청소년 성심리·성행동·성문제 관련 상담, 성폭력 피해·가해 상담, 성 관련 부모와 자녀 상담, 성교육 전문강사가 직접 찾아가는 성교육 등이 있다.

2) 아하! 서울시립청소년성문화센터

2001년부터 YMCA가 서울시의 지원을 받아 운영하고 있는 청소년 성교육·성상담 전문기관으로, 「서울시 청소년시설 및 설치운영에 관한 조례」, 「아동·청소년 성보호에 관한 법률」에 근거하여 운영되는 청소년 성교육 전문 특화시설이다.

(1) 주요 사업

- 어린이 성교육: 놀이·토론 활동을 통해 또래문화의 평화·소통 감수성을 키우고 정확한 성지식을 습득할 수 있는 어린이 체험형 참여프로그램으로 '성(性)장 놀이터'(몸의 명칭 및 생명탄생의 원리 알기, 성폭력 예방 감수성 높이기, 사춘기 관련 물품을 통해 사춘기에 필요한 성 정보 제공, 평화적 관계 맺기 및 소통법 알기, 몸의 매력과 잠재된 나의 표현력 발견하기 등), 저소득·소외지역을 찾아가 지역 네트워크를 만들고, 어린이/성인 대상 성교육을 진행하며 지역 내 안전한 성문화 환경 만들기를 목적으로 하는 '아하! 해피버스 ting'(사춘기 몸과 마음의 변화에 대한 준비, 또래 성폭력 예방 감수성 키우기, 안전한 우리 마을 만들기 등), 사춘기 자녀와 부모의 성관련 의사소통 훈련인 '부모와 함께하는 사춘기로의 여행'(양육자를 대상으로 하는 자녀와의 성교육 및 의사소통 훈련, 어린이를 대상으로 하는 사춘기 몸과 마음의 변화 준비, 어린이와 부모를 대상으로 하는 몸과 마음 소통), 사춘기 축복의식을 경험함으로써 사춘기 성장을 긍정적으로 받아들일 수 있는 파티형식의 문화 프로그램인 '사춘기 파티' 등이 운영되고 있다.
- 청소년 성교육: 성에 대해 궁금한 아이들을 대상으로 진행되는 '섹슈얼리티 지도 그리기', 중학생 1~2학년만을 위한 프로그램으로 아이들이 떠들고 노는 성교육 프로그램인 '안녕! 섹슈얼리티', 10대 청소년을 대상으로 성에 관하여 이야기를 나눌 수 있도록 하는 '우리끼리 성이야기' 등의 프로그램이 운영되고 있다.
- 캠프 및 성문화활동: 캠프 활동에 의한 '청소년 성교육 또래지도자 캠프', '기·끼·깡 캠프', '남자 청소년 주말 성교육 캠프', '여자 청소년 주말 성교육 캠프', '어린이 성문화 또래지도자 캠프'와 성문화 활동에 의한 '성이야기 작품 공모전'과 '성문화 축제' 등의 프로그램이 운영되고 있다.

- **성교육 및 성상담 워크숍:** 성교육 프로그램 워크숍, 청소년 성문화활동가 워크숍, 섹슈얼리티 아카데미, 대학생 성교육 자원활동가 양성 워크숍, 어린이 성교육 활동가 훈련 및 양성 워크숍, 몸동작 프로그램 매개자 양성 워크숍, 청소년 성상담 전문가 워크숍, 청소년 성상담 사례연구 워크숍, 집단 성상담 전문가 워크숍 등이 운영되고 있다.
- **상담활동:** 청소년 성심리/성행동/성문제 관련 상담, 성폭력 피해/가해 상담, 성 관련 부모/자녀 상담, 심리검사 및 기타상담 등이 운영되고 있다.
- **찾아가는 성교육:** 초중고 및 대학생, 학부모 대상의 성교육과 교직원 연수 및 성상담, 성교육 지도력 양성교육을 위해 아하! 센터 소속의 성교육 전문강사가 방문하여 프로그램을 진행하고 있다.

(2) 상담 대표전화: 02-2677-9220(E-mail: aha@ahacenter.kr)

3) 전국 미혼모의 집

미혼여성이 임신 또는 출산을 하였을 경우에 도움이 필요한 여성들에게 안전분만과 심신의 건강회복 시까지 숙식 및 의료서비스, 상담, 교육 프로그램, 산후조리, 양육지원 등을 제공하고자 운영되고 있는 시설이다.

입소절차를 살펴보면, 시·군·구 한부모가족 담당자와 상담 후 입소하게 되며, 거주 지역 제한 없이 입소대상자가 직접 신청, 입소가 가능하다.

(1) 미혼모의 집

- 미혼모자가족복지시설, 한부모가족복지시설 등으로 미혼여성이 임신하거나 또는 출산(6개월 이내)을 하였을 경우, 안전 분만과 심신의 건강회복 시까지 일정 기간 보호를 하게 되며, 보호 기간은 보통 1년 이내로 필요시 6개월 범위 내에서 연장가능하다.

(2) 모자보호의 집

- 모자가족복지시설, 한부모가족복지시설 등으로 저소득 모자가족과 미혼모가정의 기본 생계보장과 자립기반을 위하여 운영되고 있으며, 18세 미만(취학시 22세 미만)의 아동을 양육하는 무주택 저소득 모자가족과 미혼모자가족복지시설(또는, 미혼모자공동생활가정) 퇴소자 중 스스로 아동을 양육하는 미혼모를 대상으로 운영되고 있다.
- 주요 사업으로 보육시설 이용 시 보육료 감면, 방과 후 아동지도, 아동급식비 지급, 고등학교 학비지원, 생계비 지원, 복지자금 융자지원, 영구임대주택 입주지원 등이 제공되고 있다.

(3) 미혼모지원센터

- 미혼모의 집(미혼모자가족복지시설), 중간의 집(미혼모자공동생활가정), 모자보호의 집(모자가족복지시설)에 들어가지 않고, 도움받기를 원하시는 분들은 각 지역에서 미혼모지원사업을 하며 위기지원사업도 하고 있는 '미혼모지원센터'를 통해서 출산지원, 양육지원, 생필품지원, 아이돌보미서비스 등 여러 가지 지원을 받을 수 있다.
- 관련기관으로 한부모가족지원센터, 건강가정지원센터 등이 운영되고 있다.
- 중앙건강가정지원센터: www.familynet.or.kr

4) 한국여성인권진흥원 '성매매방지중앙지원센터'

여성의 인권을 보장하는 것은 여성 개인의 문제가 아닌 우리 사회와 국가의 중요한 과제이다. '한국여성인권진흥원'은 우리 사회에 존재하는 여성폭력 근절 및 여성인권 향상을 위하여 2009년 출범을 하였다. 한국여성인권진흥원의 조직도를 살펴보면, 여성폭력방지본부와 인권보호본부의 업무를 살펴보면 다음과 같다.

(1) 여성폭력방지본부

① 중앙인신매매 등 피해자권익보호기관

인신매매 등 피해자 지원 정책 대응, 관계기관 및 전문가 협력, 인신매매 등 피해자 지원 종사자 양성교육 개발, 식별지표 교육 실적 취합, 인신매매 등 피해 전화상담 및 대응, 상담매뉴얼 개발, 상담실적 관리, 인신매매 등 식별지표 교육자료 개발, 종사자 역량강화, 대외홍보 등의 업무를 수행한다.

② 통합지원팀(성매매방지중앙지원센터)

역량강화 컨설팅(시설평가 후속, 신규개소) 및 후속지원 관리, 해바라기센터 운영지원(매뉴얼), 해바라기센터 신규개소 컨설팅, 역량강화 컨설팅(시설평가 후속, 주제별 컨설팅) 및 후속지원 관리, 컨설턴트 관리, 5대 폭력 피해자 지원 중앙 총괄기능 수행 사업 운영, 컨설팅 후속지원 관리, 여성폭력방지기관 실적관리(성폭력, 해바라기센터), 성매매 피해아동·청소년 중앙지원센터 운영 등의 업무를 수행한다.

(2) 인권보호본부

인권보호본부에서는 디지털성범죄피해자지원센터, 연계지원팀, 청소년보호팀, 여성긴급전화1366중앙센터 등의 총괄을 맡고 있다.

음란물, 성폭력 대처 성교육은 북부청소년성문화센터로

쉼터

경기도는 '경기북부청소년성문화센터'가 오는 11일부터 북부지역 아동·청소년들을 대상으로 체험식 성교육 프로그램을 실시한다고 6일 밝혔다. 경기북부청소년성문화센터는 지난 2007년 파주시 문산읍 임진각 평화누리에 문을 연 이후 현재까지 31만여 명이 성교육을 받았다. 청소년성문화센터는 센터 내 5개 돔에서 진행되는 '체험관 성교육', 교육현장을 찾아가는 '찾아가는 성교육', 버스를 활용해 농·산촌 등 소외지역을 직접 찾아가는 '큰키나무' 프로그램 등 다채로운 맞춤형 교육을 실시해 왔다. 특히 생식기 모형, 태동 인형, 임신 재킷, 신생아 인형 등의 체험형 교육재를 활용함으로써 흥미와 지식을 함께 불어넣고 있다는 평가를 받고 있다. 지난해에는 북부지역 10개 시·군의 아동·청소년 5만2000여 명을 대상으로 모두 1944회의 교육을 실시해 큰 호응을 얻었다. 올해에는 지난해 신규 교육 사업으로 실시한 초등학교 고학년(5~6학년) 대상 음란물 예방교육을 더욱 확대할 계획이다. '큰키나무' 교육을 원하는 북부지역 기관 및 학교는 청소년성문화센터(031-953-8050, 8052)로 신청하면 된다. 청소년성문화센터는 월~토요일 주 6일, 오전 9시부터 오후 6시까지 운영된다.

출처: 국민일보(2016.01.06.)

5) 사)여성인권지원센터 '살림'

'살림'은 성매매 여성의 인권을 지키고, 성 산업으로 아픈 우리 사회를 살리고자 설립한 단체이다. 성매매 여성의 구조와 자활을 지원하는 동시에 시민들과 더불어 여성 인권을 지키기 위한 다양한 활동을 하고 있다. '살림'은 이 땅의 성매매 구조에서 여성을 구해 '살린다'는 의미와 우리 삶에 없어서는 안 될 '살림'처럼, 소소하지만 중요한 일을 하겠다는 의미가 내포되어 있다.

(1) 주요 사업

'살림'은 상담소, 쉼터, 자활지원센터, 그룹 홈을 운영하고 있다. 상담소는 긴급구조 및 온라인·내방·전화상담, 성매매 고소 및 사기 피소 등 경찰조사 동행, 선불금 등 채무 관련 민형사 소송 지원, 의료비 지원, 성 산업 현장 방문 및 지원정보 제공 등 아웃리치 서비스, 성매매 예방 교육 등의 교육 사업을 진행하고 있다. 그리고 무료 숙식 지원을 위한 피난처 제공, 직업훈련 지원 및 각종 심리치유 등 쉼터 운영, 공동작업장과 인턴십 운영 등의 자활지원센터, 자활 단계 여성들의 자립을 돕기 위한 주거 지원인 그룹 홈 등 다양한 사업을 실시하고 있다.

(2) 상담 대표전화 : 051-246-8297/051-247-8292

6) 서울특별시립 다시함께상담센터

'다시함께상담센터'에서는 성매매 피해자의 인권을 보호하고 통합적 지원과 연계를 통해서 성매매 피해자가 탈성매매의 기반을 마련하여 자립할 수 있도록 돕고 있다.

(1) 주요 사업

'다시함께상담센터'는 상담지원 사업, 예방홍보 사업, 현장기능 강화 사업 등을 진행하고 있다.

첫째, 상담지원 사업은 전화·내방·현장상담 등 상담사업과 성매매 또는 성매매 목적의 고용관계에서 발생한 민형사상의 문제 및 기타 법적 문제해결을 돕기 위한 법률 지원을 하고, 치료 회복 프로그램으로 의료지원을 하며, 자립자활 기초 훈련 프로그램 운영하여 자활지원을 한다. 이외에도 수강 명령 프로그램 '자몽'(성매매방지법 위반으로 보호관찰소에서 수강 명령을 받은 여성을 대상으로 하여 성매매 재유입 방지를 위한 교육 실시)을 운영하고, 네트워크 사업 등을 진행한다.

둘째, 예방홍보 사업으로는 성매매 방지 캠페인, 불법 성 산업 감시 캠페인, 청소년 대상 연합 아웃리치, 불법 성 산업 감시 활동(불법 성 산업 감시 시민활동단, 성 산업 실태 조사 등), 홍보 활동(뉴스레터, 뉴스클리핑 등) 등을 진행한다.

셋째, 현장 기능 강화 사업으로는 집결지 내 성매매 피해 여성에게 현장 접근성을 높인 예비교육 프로그램을 지원하거나, 직업훈련비 및 수당지원 등 탈업 지원 사업을 지원한다.

(2) 상담 대표전화 : 02-814-3660

요약

- 청소년과 관련된 사회문제 중 '성(性)'에 관련된 부분이 증가추세이므로 청소년 성문제와 관련된 예방과 대책이 요구되며, 이를 위한 청소년 성교육 및 자신의 성에 대한 이해와 존중을 위한 적극적인 개입이 요구된다.
- 청소년의 성폭력은 성희롱, 성추행, 강간을 포함하여 청소년이 성폭력 피해자뿐만 아니라 가해자가 되는 경우가 많고 점차 저연령화되고 있다.
- 청소년의 성문제 원인은 대중매체와 청소년 성문화, 현실에 맞지 않는 성교육, 가족기능의 약화, 무분별한 성(性) 정보의 범람 등이 있다.
- 아동·청소년의 성을 사는 행위란 아동·청소년의 성을 사는 행위를 알선한 자 또는 아동·청소년을 실질적으로 보호, 감독하는 자 등에게 금품이나 그 밖의 재산상 이익, 직무와 편의 제공 등 대가를 제공하거나 약속하고 성교행위, 구강·항문 등 신체의 일부나 도구를 이용한 유사 성교행위, 신체의 전부 또는 일부를 접촉, 노출하는 행위로서 일반인의 성적 수치심이나 혐오감을 일으키는 행위를 아동·청소년을 대상으로 하거나 아동·청소년으로 하여금 하게 하는 것이라고 정의하고 있다.
- 청소년 성매매의 원인은 개인적 측면, 가족 측면, 또래집단 측면, 사회적 측면으로 구분할 수 있으며, 이에 대한 개입 방안으로 개인적 측면, 가족적 측면, 또래집단 측면, 학교와 사회에 대한 개입 등으로 나눠 접근할 수 있다.
- 청소년 미혼모는 성에 대한 개방적 태도와 성교육 부재 등으로 발생하여 개인의 부도덕한 성행위의 결과로 간주하여 사회적 지원과 서비스가 매우 제한적이다. 따라서 청소년 미혼모가 학업중단, 불확실한 미래, 빈곤층으로 전락되지 않도록 관심이 요구된다.
- 청소년 성문제와 관련하여 적극적인 개입이 가능하도록 전문가 양성과 더불어 이들이 청소년을 대상으로 교육을 할 수 있도록 교육환경을 조성하고 적극적인 예산지원이 요구된다.

핵심어

청소년 성문제, 청소년 성매매, 청소년 미혼모, 성교육

Exercise

연습문제

1 다음 〈보기〉는 청소년 관련기관 중 어떤 기관에 대한 설명인가?

보기
가) 2007년부터 '청소년의 성보호에 관한 법'에 의거 운영되고 있다.
나) 청소년들이 자기주도적인 체험학습을 통해 올바른 성지식을 습득할 수 있도록 한다.
다) 청소년 성교육, 성문화축제, 성상담 워크숍 등을 주요사업으로 진행하고 있다.

① 청소년자립지원관 ② 청소년쉼터
③ 청소년수련관 ④ 이주배경청소년지원센터
⑤ 청소년성문화센터

정답 ⑤

해설 〈보기〉에 제시된 내용은 청소년성문화센터에 관한 설명이다.

2 청소년 성문제의 원인으로 옳지 않은 것은?

① 성(性)적 대중매체의 쉬운 접근
② 현실에 맞지 않는 성교육
③ 가족기능의 약화
④ 성 정보의 범람
⑤ 청소년의 건전한 성가치관 확립을 위한 교육

정답 ⑤

해설 청소년의 건전한 성가치관 확립을 위한 교육은 청소년 성문제 해결을 위한 접근방법이다.

3 다음 청소년 성매매에 관한 설명 중 옳지 않은 것은?

① 청소년 성매매란 성인이 청소년에게 금품을 주고 성관계를 갖는 행위를 말한다.

② 인터넷 채팅, 스마트폰 채팅을 통해 이뤄지기도 한다.

③ 청소년 성매매는 청소년에게 신체적·정신적 손상을 초래하며 자아발달에 부정적인 영향을 미칠 수 있다.

④ 임신과 낙태 등으로 신체적 건강에 부정적인 영향을 초래할 수 있다.

⑤ 청소년의 성(性)에 대한 주체적인 행동을 사회문제로 보는 것은 잘못된 것이다.

정답 ⑤

해설 청소년은 성인의 보호 아래 건전하게 성장할 수 있도록 해야 된다는 점에서 청소년 성에 대한 주체적인 행동이라도 사회문제로 인식하고 적극적인 개입이 요구된다.

4 청소년 성문화센터의 주요 사업이 아닌 것은?

① 어린이 및 청소년 성교육

② 청소년 성교육 또래지도자 캠프

③ 성심리 및 행동 상담

④ 찾아가는 성교육

⑤ 성교육강사 국가자격 시험 실시 및 운영, 관리

정답 ⑤

해설 성교육 강사는 국가자격 시험에 의해 양성되고 있지 않다.

chapter 11

청소년과 사이버 문화

학습목표

1. 사이버 문화의 개념을 설명할 수 있다.
2. 사이버 일탈의 개념과 유형 및 특성을 설명할 수 있다.
3. 사이버 및 인터넷중독에 대해 파악할 수 있다.
4. 게임중독의 개념, 증상, 발생원인, 치료 및 예방에 대해 이해할 수 있다.
5. 청소년 사이버문제와 관련한 기관을 파악할 수 있다.

청소년은 성인과 달리 새로운 문화를 접하고 익히며 자신의 문화로 쉽게 받아들인다. 그런 점에서 정보통신기술과 인터넷 네트워크의 문화는 성인보다 청소년에게 확산되는 속도는 빠르기 때문에 사이버공간을 통한 네트워크 확산, SNS 사용, 새로운 문화와 여가생활 등의 긍정적인 변화와 더불어 사이버 비행과 인터넷중독 등의 부정적인 변화가 만들어지게 된다.

청소년은 정보통신 활용능력이 다른 세대보다도 뛰어나며 사이버공간의 활용성도 가장 높은 계층이며 정보매체의 영향도 가장 많이 받는 세대로서의 특성을 갖는다(Tapscott, 1998; 천정웅 외, 2013 재인용).

청소년에게 사이버 문화는 매우 익숙한 문화이며, 사이버 문화를 활용한 새로운 문화를 형성하고 있다.

01 사이버 문화

여성가족부(2023)의 「2023 청소년 통계」에 의해 인터넷 이용과 서비스 이용에 대해 살펴보면 다음과 같다.

1) 인터넷 이용

2022년 10대 청소년은 인터넷을 일주일에 24.3시간 이용하며, 10대 인터넷 이용 시간은 전년 대비 0.6시간 감소하였고, 2022년 20대는 인터넷을 일주일에 33.4시간 이용하였다. 20대 인터넷 이용 시간은 증가하고 있으며, 전년 대비 3.0시간 증가하였다.

표 11-1 인터넷 주 평균 이용시간[1)] (단위: 시간)

	2014	2015	2016	2017	2018	2019	2020	2021	2022
10대	14.4	14.5	15.4	16.9	17.8	17.6	27.6	24.9	24.3
20대	20.5	21.0	22.8	23.6	24.2	24.3	29.5	30.4	33.4

출처 : 과학기술정보통신부 · 한국지능정보사회진흥원, 「인터넷이용실태조사」, 10대 및 20대 대상
주 : 1) 이동전화, 스마트폰, 스마트패드, IPTV, 인터넷전화 등을 이용한 인터넷 접속을 모두 포함

2022년 10대 청소년의 인터넷 주이용 목적은 여가활동, 커뮤니케이션, 자료 및 정보획득, 교육·학습이며, 20대는 여가활동, 커뮤니케이션, 자료 및 정보획득, 홈페이지 등을 운영하는 것으로 나타났다. 교육·학습 목적의 인터넷 이용은 10대는 전년 대비 0.1%p, 20대는 12.8%p 증가하였고, 직업·직장 목적의 인터넷 이용은 10대는 전년 대비 1.9%p, 20대는 3.8%p 증가하였다.

표 11-2 인터넷 이용 목적[1)](복수응답) (단위: %)

		여가활동	커뮤니케이션	자료 및 정보 획득	교육 · 학습	홈페이지 등 운영	직업 · 직장
2016	10대	97.5	95.1	88.4	72.4	51.5	7.9
	20대	98.5	99.9	99.8	60.4	74.7	42.2
2017	10대	98.9	97.1	92.6	73.6	53.8	7.8
	20대	99.4	100.0	100.0	64.3	78.2	51.3
2018	10대	99.5	98.2	95.6	83.8	70.1	7.7
	20대	99.7	100.0	100.0	65.5	90.9	59.8
2019	10대	99.5	98.6	96.0	83.5	69.9	8.9
	20대	99.7	100.0	100.0	70.2	91.8	60.8
2020	10대	99.1	98.5	95.2	99.9	64.8	9.4

		여가활동	커뮤니케이션	자료 및 정보 획득	교육 · 학습	홈페이지 등 운영	직업 · 직장
	20대	99.8	99.9	100.0	82.6	87.4	51.5
2021	10대	100.0	99.8	99.9	99.9	47.4	9.4
	20대	100.0	100.0	100.0	77.9	99.8	55.2
2022	10대	100.0	100.0	100.0	100.0	48.9	11.3
	20대	100.0	100.0	100.0	90.7	100.0	59.0

출처 : 과학기술정보통신부 · 한국지능정보사회진흥원, 「인터넷이용실태조사」, 10대 및 20대 대상
주 : 1) 최근 1년 이용자

2) 인터넷 서비스 이용

2022년 초등학생이 이용하는 인터넷 서비스는 인스턴트 메신저(94.0%), SNS(60.5%), 인터넷 뱅킹(40.4%), 인터넷 쇼핑(37.5%), 이메일(32.5%) 순으로 조사되었다. 중학생이 이용하는 인터넷 서비스는 인스턴트 메신저(99.2%), SNS (74.4%), 인터넷 쇼핑(51.4%), 이메일(50.5%), 인터넷 뱅킹(46.0%) 순이었고, 고등학생이 이용하는 인터넷 서비스는 인스턴트 메신저(99.3%), SNS(77.4%), 인터넷 쇼핑(70.3%), 이메일(54.1%), 인터넷 뱅킹(47.9%) 순이었으며, 대학생이 이용하는 인터넷 서비스는 인스턴트 메신저(100.0%), 인터넷 쇼핑(97.1%), SNS(93.5%), 이메일(89.8%)과 인터넷 뱅킹(89.8%) 순으로 나타났다.

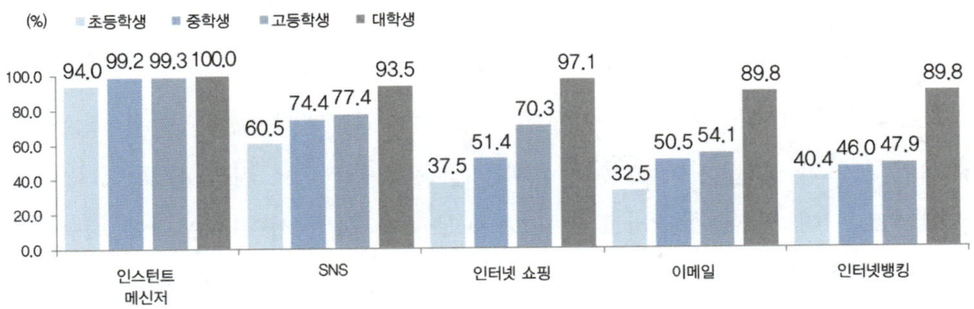

출처 : 과학기술정보통신부 · 한국지능정보사회진흥원, 「인터넷이용실태조사」

그림 11-1 인터넷 서비스 이용률(2022)

표 11-3 인터넷 서비스 이용률[1)](2022, 복수응답) (단위: %)

	인스턴트 메신저[2)]	주이용 서비스			SNS	주이용 서비스			인터넷 쇼핑[3)4)]	이메일	인터넷 뱅킹[4)]
		카카오톡	페이스북 메신저	인스타그램 다이렉트 메시지(DM)		페이스북	카카오스토리	인스타그램			
초등학생	94.0	99.5	9.7	7.4	60.5	18.7	12.0	72.3	37.5	32.5	40.4
중 학 생	99.2	98.4	28.9	25.9	74.4	46.1	14.4	73.5	51.4	50.5	46.0
고등학생	99.3	97.3	34.3	35.6	77.4	56.8	17.0	80.4	70.3	54.1	47.9
대 학 생	100.0	99.0	40.4	38.0	93.5	57.3	15.9	83.1	97.1	89.8	89.8

출처 : 과학기술정보통신부 · 한국지능정보사회진흥원, 「인터넷이용실태조사」, 초 · 중 · 고등 · 대학생 대상

주 : 1) 최근 1년 이용자

2) 컴퓨터, 스마트폰 등으로 온라인상에서 개인 간 실시간으로 메시지, 사진 등의 데이터를 주고받을 수 있는 서비스로 카카오톡, 라인, 네이트온, 페이스북 메신저, 텔레그램 등이 포함

3) 다중 항목 중 복수 응답(3개 항목) 가능 문항이며, 해당 표에는 상위 3개의 주이용 서비스를 제시함

4) 인터넷 쇼핑과 인터넷 뱅킹은 12세 이상임

3) 사이버 문화의 개념

사이버 문화란 “기계화의 최신 국면으로서 정보화가 낳은 문화적 산물이며, 기계문화의 변형이다. 이 문화는 컴퓨터라는 정보처리기계의 허용과 관련하여 나타나는 포괄적인 변화를 함축한다. 인터넷으로 대변되는 컴퓨터 통신이나 오락산업에서 널리 활용되고 있는 가상현실기술은 그 중요한 구성요소이다.”라고 정의하였다(홍성태, 1996).

4) 사이버 문화와 청소년

정보화 사회와 더불어 모든 가정에 컴퓨터와 인터넷이 보급되면서 청소년의 삶 속에 사이버 공간, 사이버 문화는 매우 친숙한 공간으로 자리 잡고 있다. 청소년은 새로운 미디어에 몰입하고 그 안에서 소통을 하며 사이버 문화에 적응하고 있다. 이처럼 성인과는 달리 사이버 문화에 청소년은 쉽게 빠져들게 된다.

인터넷의 발달과 네트워크 확산이라는 변화를 가장 적극적으로 수용한 집단은 청소년이다. 인터넷은 청소년문화의 중심지가 된 지 오래되었으며, 인터넷을 기반으로 하는 사이버 공간은 청소년들에게 중요한 생활 영역이 되었다(신성철 외, 2014).

청소년에게 사이버 공간에 의한 사이버 문화가 급속도로 퍼지게 되는 이유를 살펴보면, 학교생활에 대부분의 시간을 보내는 청소년들은 오프라인 공간 속에서

또래친구들과의 관계형성을 위한 시간을 가질 여력이 없는 점에서 온라인 공간 속에서의 새로운 만남은 매우 흥미와 기쁨을 준다. 또한 사이버 공간 속에서 새로운 놀이문화를 쉽게 접할 수 있으며, 누구의 통제도 없이 자신이 원하는 만큼 정보습득과 청소년의 호기심을 불러일으킬 수 있는 매체들이 많다는 점에서 청소년의 관심을 끌기에 부족함이 없다. 그리고 자신의 생각을 쉽게 표현할 수 있으며, 특히 또래관계를 형성하는 데 어려움이 있었던 청소년들은 더욱 자신의 생각을 표현할 수 있는 공간이 되기도 한다. 이런 점에서 사이버 문화는 청소년에게 새로운 삶과 재미, 미래를 만들어주는 긍정적인 면과 사이버 비행 및 문제행동을 발생시키는 부정적인 면을 만드는 매우 밀접한 관계를 가진다.

청소년들에게 문화생활과 여가활동의 기회가 제한되어 있는 입시 위주의 교육방식과 사회구조에서 사이버공간은 매우 흥미롭고 다양한 세계를 경험하게 해주는 매력적인 활동과 놀이의 장이 될 수 있고, 청소년들의 가치관과 의식구조, 생활 전반에 걸쳐 직·간접적 영향을 미치는 것으로 나타났다(조춘범, 2008; 민정숙, 2013; 천정웅·이지민·성윤숙, 2013).

- 사이버 문화, 사이버 컬처(cyber culture)는 통신, 엔터테인먼트, 비즈니스를 위해 컴퓨터를 이용하는 문화이다. 따라서 사이버 문화를 인터넷 문화라고도 한다(위키백과).

여가부-인터넷기업, 청소년 사이버 문화 캠페인 전개

쉼터

여가부와 한국인터넷기업협회는 청소년들이 인터넷·스마트폰의 유해정보에 노출되는 것을 막고, 건강한 사이버 환경을 조성하기 위한 온라인 캠페인을 실시한다고 밝혔다. 온라인으로 진행되는 이번 캠페인은 루드비코(김석현)의 웹툰 '루드비코와 떠나는 청소년 여행'을 활용해 ▲청소년 보호의 목적과 필요성 ▲음란물과 청소년유해매체물의 차이 ▲미디어 교육 필요성 ▲청소년 보호를 위한 여가부와 인터넷 기업의 노력 등을 전달한다. 또한, 이번 캠페인은 청소년들이 건강하게 성장할 수 있는 인터넷문화가 확산되는 계기를 마련하기 위한 것이며 청소년들이 안전한 디지털환경 속에서 꿈과 끼를 키울 수 있도록 국가와 기업이 협력을 강화해 나가겠다고 관계자는 말했다. 한편 여가부와 인터넷기업은 온라인 캠페인에 이어 5월에 개최되는 '청소년 박람회'를 통해 캠페인을 확대할 계획이다. 인터넷기업과 함께 게임산업계(한국인터넷디지털엔터테인먼트협회)가 청소년 박람회에 참여해 건강한 사이버 환경 조성을 위한 기업의 자율적 노력을 소개하고, 청소년들에게 다양한 인터넷·게임 콘텐츠 체험기회를 제공할 계획이다.

출처: 뉴시스(2015.03.31.).

02 사이버 일탈

청소년이 컴퓨터를 매개로 새로운 공간인 사이버 공간을 만들어 그 안에서 법에 의해 규제되는 범죄를 제외한 규칙 및 규범위반 행위를 사이버 일탈이라고 한다. 사이버 공간은 컴퓨터를 활용한 네트워크가 활성화되면서 성인뿐만 아니라 청소년의 사용이 급증하게 되었고, 그로 인해 발생되는 부정적인 문제행동 혹은 비행을 말한다.

1) 사이버 일탈의 개념

'일탈(deviance)'은 모든 규칙 및 규범의 위반 행위를 의미하며, 형법을 위반한 행위인 범죄(crime)를 포함하는 것으로 이해된다. 협의적 개념은 법에 의해 규제되는 범죄를 제외한 규칙 및 규범위반 행위를 일컫는다.

그리고 '사이버 일탈'은 사이버 공간에서 행해지는 모든 일탈적 행위와 그 현상을 의미하는 것으로 규정한다. '사이버 일탈'은 인터넷으로 대표되는 사이버 공간에서 행해지는 제반 일탈적 현상을 모두 포괄하는 용어로 이론적 관점보다 현상적인 맥락에서 파악하는 것이 타당하다는 점에서도 적절할 수 있다.

2) 사이버 공간의 일탈적 특성

사이버공간에 의해 발생되는 사이버 일탈을 발생시키는 사이버공간의 특성을 살펴보면 다음과 같다.

첫째, 컴퓨터의 매체적 특성은 익명성과 비대면성, 리셋 신드롬과 공동체 유대의 결여, 시간과 공간의 초월성, 빠른 전파성 등이 있다.

둘째, 청소년의 컴퓨터 활용상 특성은 전문적 기술, 놀이공간적 특성, 청소년의 이용동기적 특성 등이 있다.

셋째, 오프라인이 아닌 온라인 공간이 갖는 특성에 의해 청소년 자신이 원하는 것을 쉽게 진행할 수 있고 제약이 없다는 점에서 일탈행위를 하는 데 제한이 없다.

3) 사이버 일탈의 유형과 특성

사이버 일탈의 유형과 특성을 살펴보면 다음과 같다.

첫째, 컴퓨터 몰입과 인터넷중독이다. 예를 들어, 컴퓨터 사용시간이나 작업내용에 대한 거짓말하기, 과도한 피로나 수면습관의 변화, 성적 하락 등의 학업문제, 식욕상실 및 컴퓨터 사용에 대한 부모 관여에 반항과 감정표출 등이 있다.

둘째, 사이버범죄와 청소년 일탈이다. 예를 들어, 컴퓨터 해킹, 컴퓨터 바이러스 유포, 아이디 도용사건, 사이버 성폭력, 사이버 스토킹, 인터넷 매매춘 알선, 인터넷 도박, 게임중독 등이 있다.

셋째, 문제행동으로서의 '부적절한 행위'이다. 예를 들어, 유언비어나 타인 비방, 비속어와 욕설 등의 언어폭력, 음란폭력물의 접촉과 배포, 채팅의 상업적 이용 등이 있다.

<왕따보다 무서운 사이버 학교폭력> 온라인 일탈 놔두면 '오프라인 일탈'로

쉼터

감금, 왕따, 욕설 등 청소년 사이버 학교폭력이 메신저 '카카오톡'에서 주로 발생하고 있지만 카카오톡 측은 이렇다 할 관리 대책을 마련하지 않고 있다. 물론 카카오톡은 커뮤니케이션을 위한 플랫폼일 따름이고 사이버 학교폭력은 청소년에 대한 인성·미디어 교육 등 교육현장이 맡아야 한다는 견해가 다수다. 그럼에도 "사안의 심각성에 비해 카카오톡이 너무 손을 놓고 있는 것 아니냐"는 비판 역시 적지 않다. 2012년 논문 '청소년 스마트폰 메시지 서비스의 사용 실태와 인간관계에 미치는 영향 연구'에 나온 조사 결과를 보면, 중·고생의 98%가 카카오톡을 사용하고 있는 것으로 나타났다. 이와 함께 초·중·고생의 29.2%가 '타인에게 사이버 폭력을 행사한 적이 있다'고 대답한 방송통신위원회의 '2013년 사이버 폭력 실태' 조사 결과도 있다. 또 2012년 방송통신위원회에 따르면 스마트폰 이용자 가운데 79%가 SNG(Social Network Game)를 즐기고, 그 이용률은 역시 12~19세의 청소년이 87%로 가장 높았다. 문제는 이렇듯 청소년들의 사생활에서 큰 부분을 차지하게 된 카카오톡이 청소년 사이버 학교폭력의 주요 무대가 됐다는 점이다. 왕따, 욕설, 이미지 불링 등 다양한 형태의 사이버 학교폭력 행위가 카카오톡 안에서 벌어지고 있다. 최근엔 청소년들이 인터넷 카페를 통해 카톡 아이디를 공유한 뒤 음란한 대화·사진을 서로 나누는 '카톡 애인' 현상도 유행하고 있다. 경기도 소재 모 초등학교 담임교사인 A(29·여) 씨는 "요즘에는 초등학생들도 자신의 성기나 가슴 사진을 찍어 카카오톡으로 주고받는 일까지 벌어지고 있다"고 말했다. 이 같은 '온라인 일탈'이 그대로 방치되면 '오프라인 일탈'로 이어져 더 심각한 비극이 발생할 수 있다고 전문가들은 경고하고 있다.

출처: 헤럴드경제(2014.01.29.).

03 사이버중독 및 인터넷중독

중독은 한 개인의 의지나 욕구를 노예의 상태로 만드는 강박충동, 강박관념, 혹은 집착이라고 할 수 있다. 또한 자신과 다른 사람을 속이도록 유도하는 것, 즉 거짓말하고, 부정하고, 감추는 것이라 할 수 있다(유수현 외, 2011). 최근 인터넷, 도박, 섭식, 쇼핑, 성, 성형 등의 행동에 확장되어 사용되기도 한다(박상규 외, 2009). 인터넷 활용의 긍정적인 면과 사회 전 영역에서 발생되는 대표적인 부작용은 인터넷중독을 들 수 있다. 사이버중독, 인터넷중독에 대해 살펴보면 다음과 같다.

1) 사이버중독의 개념

사이버중독(cyber addiction)이란 인터넷 정보이용자가 지나치게 컴퓨터에 접속하여 일상생활에서 사회적·정신적·육체적 및 금전적으로 심각한 지장을 받고 있는 중독 상태를 가리킨다(두산백과 사전).

1980년대 이후 컴퓨터가 보급되면서 컴퓨터 중독이라는 용어가 새로이 등장하게 되었고, 1990년대를 넘어서자 인터넷의 사용이 널리 퍼져 갔고 1996년에 들어서면서 인터넷 사용이 증가함에 따라 인터넷중독 혹은 사이버중독이 나타나게 되었다. 인터넷중독 혹은 사이버중독은 인터넷중독 장애(IAD: Internet Addiction Disorder), 병적 인터넷 사용(PIU: Pathological Internet Use)이라고 불리며, 인터넷 증후군(Internet Syndrom), 웨버홀리즘(Webaholism)이라 불리기도 한다(시사상식 사전).

2) 인터넷중독

(1) 인터넷중독의 개념

인터넷중독장애(IAD: Internet addiction disorder)는 일상생활에 지장을 초래할 정도로 인터넷을 과다하게 사용하는 장애를 가리킨다. 간단히 인터넷중독(Internet 中毒)이라고 부른다. 이 용어는 1995년에 이반 골드버그가 정신병의 일종으로 처음 제시하였다(최원석 외, 2012).

인터넷중독이란 과도한 인터넷 이용으로 금단과 내성이 생겨 이용자의 일상생활에 장애가 발생하는 현상으로 정의된다(Young, 1997). 그리고 인터넷중독이란 "컴퓨터 및 인터넷 사용에 있어서 자율적 통제가 불가능한 것으로, 인터넷의 과다한 사용으로 학교, 가정, 사회생활 등의 현실생활에 지장을 받을 정도의 신체적·정신적 이상 현상을 경험하는 것"을 말한다. 인터넷을 더 많이 사용해야 만족을 느끼게 되는 '내성', 인터넷 이용을 중단하거나 감소하면 초조나 불안을 느끼거나, 인터넷에 대한 강박적 사고나 환상과 같은 증상이 일어나는 '금단', 인터넷 이용을 위해 중요한 사회적·직업적 활동이 포기되는 '일상생활장애'가 12개월 중에 발생할 시 이를 '인터넷중독'이라고 한다. 인터넷중독은 우울증, 사회적 고립, 충동조절장애와 약물남용 등의 문제를 일으킨다. 유사용어로 사이버중독, 인터넷 과다사용, 인터넷증후군, 인터넷 의존, 컴퓨터 중독, 리셋증후군, 가상중독 등이 있다(최원석 외, 2012).

(2) 인터넷중독의 진단방법

인터넷중독은 미국 피츠버그대학의 킴벌리 영(Kimberly S. Young) 박사 등에 의해 체계화되었다. 인터넷중독의 진단방법으로 킴벌리 영(Young)은 인터넷중독 자가진단을 고안하였으며(인터넷중독 척도), 한국정보화진흥원이 2002년에 개발한 한국형 인터넷중독 자가진단척도 프로그램(가칭 K척도)을 개발, 보급을 하였다.

한국형 인터넷중독 (K)척도는 요인에 따라 일상생활 장애, 현실구분 장애, 긍정적 기대, 금단, 가상대인관계 지향성, 일탈행동, 내성 등으로 구성된다. 일상생활 장애는 생활기능이 저하되고, 갈등이 발생하는 정도를 측정하며, 현실구분 장애의 정도는 현실과 가상세계를 구분하는 것에서 발생하는 어려움의 정도를 측정한다. 긍정적 기대의 정도는 인터넷을 사용함으로써 느끼게 되는 자유감 정도, 인터넷을 사용하지 못하게 되었을 경우 불안이나 초조함을 느끼게 되는 금단의 정도를 측정한다. 가상대인 관계 지향성의 경우 인터넷에서 인간관계를 얼마나 활발히 하고, 그 정도가 어떤지를 진단하며, 일탈행동은 인터넷 사용으로 인한 거짓말, 약속 어김, 속임 등의 경험이 어느 정도인지를 진단한다. 내성 정도를 파악하기 위해 인터넷 사용시간에 따른 만족감과 사용조절에 있어서 실패경험의 정도를 조사한다.

킴벌리 영(Young)은 DSM-Ⅳ의 기초에 근거하여 중독적인 인터넷 사용에 관해 선별할 수 있는 항목을 개발하였으며, 이때 병적인 도박 몰두를 진단할 수 있는 항목을 수정한 8개 항목으로 질문 문항을 제안하였다. 만약 대상자들이 8개의 항목 중에서 5개 이상이 해당되는 것으로 응답하면 중독으로 간주하였다.

표 11-4 킴벌리 영(Young)의 인터넷중독 진단기준

Ⅰ. 장시간 온라인에 접속해야 적성이 풀리는 이
Ⅱ. 인터넷에 접속하지 않은 상태에서 금단 증상을 호소한 이
Ⅲ. 의도했던 것보다 자주 또는 오랫동안 접속 인터넷상에서 장시간을 소모한 이
Ⅳ. 통신 접속을 줄이려 했으나 실패한 이
Ⅴ. 온라인 접속시간을 늘리기 위한 시도(수업시간을 빼먹는다거나 인터넷 접속을 위해서 잠자리에 늦게 들거나 일찍 일어남)를 한 이
Ⅵ. 사회생활, 직장생활 또는 취미활동에 흥미를 상실한 이(의미, 남들과 어울리는 것, 친구와 전화 연락하는 것 등에서)
Ⅶ. 인터넷 사용 때문에 여러 가지 문제가 생겼거나 더 나빠졌어도(직장, 학교, 재정 또는 가족 문제 등) 인터넷을 계속 사용한 이
Ⅷ. 인터넷을 사용하지 않을 때에도 빨리 접속해 보고 싶은 마음에 사로잡힌다. 일이나 휴가 때문에 빨리 접속해 보고 싶은 마음에 사로잡힌다. 일이나 휴가 때문에 통신을 못 하면 초조하고 불안한 이

출처: 제 헌(2013).

(3) 인터넷중독의 유형별 특성

K척도에 의해 일반 인터넷 사용수준을 고위험 사용자군, 잠재적 위험 사용자군 그리고 일반 사용자군으로 유형화하여 이에 맞는 진단 의견을 전문가의 도움을 받아 일반적인 정보제공 등을 포함한 설명과 전문가의 치료까지 인터넷중독에 대해 개입하게 된다.

표 11-5 청소년 인터넷중독의 유형별 특성

구분	주요 행동 특성	진단 의견
고위험 사용자군	• 사이버 공간에서의 대인관계가 대부분이며, 해킹과 비도덕적 행위에 대한 막연한 긍정적 기대가 있고, 현실 생활에서 인터넷에 접속하고 있는 듯한 착각을 하기도 함. • 대개 자신이 인터넷중독이라고 느끼며, 학업에 곤란을 겪음. • 심리적 불안정 및 대인관계 곤란, 우울한 기분 등이 흔하고, 성격적으로 자기조절에 심각한 어려움을 보이며 무계획적인 충동성도 높은 편임. • 인터넷 사용에 대한 금단 현상이 나타나며, 현실세계에서 사회적 관계에 문제가 있으며, 외로움을 느끼는 경우도 많음.	• 인터넷중독 경향성이 매우 높으므로 관련 기관의 전문적 지원과 도움 필요
잠재적 위험 사용자군	• 고위험 사용자에 비해 보다 경미한 수준이지만 일상생활에서 장애를 보이며, 인터넷 사용 시간이 늘어나고 집착을 하게 됨. • 학업에 어려움이 나타날 수 있으며, 심리적 불안정을 보이지만 절반 정도의 학생은 자신이 아무 문제가 없다고 느낌. • 인터넷 이용이 다분히 계획적이지 못하고 자기조절에 어려움을 보이며 자신감도 낮은 편임.	• 인터넷중독에 대한 주의 요망 • 학교 및 관련기관에서 제공하는 건전한 인터넷 활용 지침을 따름
일반 사용자군	• 대부분 인터넷중독 문제가 없음. • 심리적 정서문제나 성격적 특성에서 특이한 문제를 보이지 않고, 주변 사람들과의 대인관계에서도 자신이 충분한 지원을 얻을 수 있다고 느끼며, 심각한 외로움이나 곤란을 느끼지 않음.	• 건전한 인터넷 활용에 대한 자기점검 지속 수행

출처: 한국정보문화진흥원(2010). 2010년 인터넷중독 실태조사.

(4) 인터넷중독의 원인

King(1996)은 인터넷중독의 원인을 다음의 4가지 차원으로 나눠 설명하였다. 첫째, 익명성이다. 내가 누구인지 밝히지 않아도 된다. 둘째, 사이버 공간에서의 나를 향한 사회적 지지이며, 셋째, 새로운 페르소나(persona)의 창출로, 페르소나(persona)는 그리스 어원의 '가면'을 나타내는 말로 '외적 인격' 또는 '가면을 쓴 인격'을 뜻한다. 즉 인터넷상에서는 '실제의 나'가 아닌 자신이 바라는 '이상적인 나'로서 존재할 수 있다는 의미이다. 넷째, 성취감과 자신감으로 인터넷 게임을 통해 일상생활에서 느끼지 못하는 통쾌함과 짜릿함을 느끼게 된다. 이것이 중독이 되는 원인이 된다는 것이다(신성철 외, 2014).

그 외 개인적 요인과 사회적 요인으로 나눠 살펴보면 다음과 같다.

❶ 개인적 요인

타인과의 관계형성이 어려운 개인적 특성과 자신에 대한 자신감이 부족한 경우에 대인관계에 대한 어려움으로 컴퓨터를 활용한 사이버 공간에서의 새로운 나를 만들어 인터넷 사용시간이 증가되면서 인터넷중독에 빠지게 된다.

❷ 사회적 요인

청소년의 인터넷 사용시간이 증가하는 이유로 즐길 수 있는 놀이문화의 부족과 여가시간 활용의 방법 중에 하나이기 때문이다. 또한, 방과 후 함께 어울릴 수 있는 친구가 없고, 맞벌이 가족이 증가되면서 컴퓨터 사용을 조절해 줄 수 있는 보호자가 없기 때문에 자신의 방에서 원하는 만큼 사용할 수 있기 때문에 인터넷중독에 빠지게 된다.

(5) 인터넷중독의 특징

청소년을 대상으로 인터넷중독 실태를 조사한 결과, 청소년들의 인터넷중독 수준은 남학생이 여학생보다 더 높은 것으로 나타났고, 인터넷중독 청소년들이 일반 청소년들에 비해 강박증, 적대감, 공포불안, 편집증, 정신증상을 더 많이 경험하는 것으로 나타났다. 또한 청소년들의 인터넷중독 정도가 심할수록 이들의 정신과적 증상도 심해지는 것으로 나타났으며, 자기통제력이 높을수록, 부모의 부부관계가 좋을수록, 친구지지가 높을수록 청소년들의 정신과적 증상이 낮아지는 것으로 나타났다(남영옥·이재모, 2006). 그러나 인터넷중독 집단에 남학생보다 여학생이 더 많다고 조사되었고, 인문계 고등학생보다 실업계 고등학생들이 인터넷중독률이 높았으며, 실업계 고등학생은 고학년이 될수록 중독될 가능성이 높았고, 인터넷을 사용하는 태도 역시 중독에 영향을 줄 수 있는 요인이다(신영은, 2006).

조제성(2013)은 인터넷에 중독된 청소년의 공격성 점수가 그렇지 않은 청소년에 비하여 높은 값으로 나타났으며, 남자일수록, 성적이 낮을수록, 인터넷중독수준이 높을수록 청소년 공격성에 미치는 영향이 높은 것으로 나타났다. 따라서 인터넷중독이 청소년 공격성 증가 요인 중 하나로 해석될 수 있다고 말하였다.

인터넷중독은 청소년의 학업스트레스와 학교부적응의 관계에서 간접적인 매개효과를 미치는 것으로 확인되었다. 따라서 청소년의 인터넷중독과 학교부적응 문제를 해결하기 위해서는 인터넷중독에 대한 교육을 포함하는 상시적 개입과 함께 학교에서의 청소년 여가확대와 인터넷중독자의 조기발견의 중요하다(아영아·정원철, 2011).

중·고등학생을 대상으로 인터넷 섹스중독에 대해 조사한 결과, 1,742명 중 7.8%가 인터넷 섹스에 중독된 것으로 나타났다. 인터넷 섹스중독의 정도는 중학생이 가장 높았고, 그 다음 실업계 고등학생이며, 인문계 고등학생이 가장 낮게 나타났다. 그리고 청소년이 남학생일수록, 자기통제력이 낮을수록, 부부관계가 나쁠수록, 가족지지와 친구지지가 낮을수록 인터넷 섹스에 더 많이 중독되는 것으로 나타났다. 또한 인터넷 섹스에 중독된 청소년들이 일반이용 청소년들에 비해 정신과적 증상을 더 많이 경험하는 것으로 나타났고, 특히 공포불안에 가장 많은 영향을 미치는 것으로 나타났다(이상준, 2003).

또 다른 인터넷중독에 의한 증상 혹은 특징을 살펴보면 다음과 같다(이소희 외, 2005).

❶ 강박적 집착과 사용

인터넷을 사용하지 않는 시간에도 인터넷 혹은 사이버 공간에 대한 생각에 빠져있거나 하루일과 중 대부분의 시간을 인터넷 사용에 소요하고, 처음에 의도했던 시간보다 더 긴 시간을 사용하게 된다.

❷ 내성과 금단

인터넷 사용하면서 처음에는 신체적·심리적으로 힘들다가 점차 인터넷 사용시간이 증가되면서 인터넷 사용에 대해 내성이 생기게 된다. 예를 들어, 인터넷 사용에 의한 자극에 대해 즐기기 시작하면서 보다 더 자극적인 것을 찾게 되고 사용하게 된다. 그리고 인터넷 사용시간이 점차 증가되면서 오히려 인터넷을 사용하지 않으면 금단 현상이 나타나게 된다. 이것은 결국 인터넷중독에 이르게 된다.

❸ 일상 및 사회생활의 장애

인터넷중독으로 인해 자신의 일상 및 사회생활을 위한 활동에 지장을 주면서 생활에 있어 장애를 경험하게 된다. 예를 들어, 인터넷을 사용하면서 자신이 해야 할 일을 진행하지 못하거나 식사시간과 수면시간을 놓치거나 줄어들게 되면서 일상생활에 지장을 주게 되고, 직장생활 등의 사회생활에 부정적인 영향을 미치게 된다.

❹ 신체적 및 심리적 증상

인터넷 사용에 의한 만성피로와 눈의 피로, 시력저하, 근골격계 장애, 불규칙한 식사로 인한 영양실조 혹은 운동부족과 과식으로 인한 체중 증가, 심장마비 등이 초래될 수 있으며, 심리적으로 안정감을 찾기보다 인터넷을 사용하지 않으면 심리적 불안감으로 인해 인터넷을 사용하기 위한 집착이 강해지기도 한다.

(6) 인터넷중독 청소년 상담의 특성

인터넷중독 청소년을 상담한 전문가들이 인식하는 청소년 상담의 특성을 살펴보면 다음과 같다(배주미 외, 2012).

첫째, 인터넷중독 청소년의 전반적인 심리적 특성은 '우울 및 낮은 자존감', '자기조절력 부족', '대인관계 대처능력 부족'인 것으로 나타났다. 또한 상담자들은 인터넷중독 청소년들이 현실의 불만족을 대리 충족하고자 인터넷을 이용하는 경향이 있으며, 회피적이고 의존적인 상담태도를 갖는 경향이 있다고 보고한다.

둘째, 초기 상담과정에서 인터넷중독 청소년의 '동기부여' 개입에 주력한 것이 효과적이었다고 인식하고 있었고, '인터넷 조절능력 함양'을 공통적인 방법으로 적용하면서, 인터넷 이용 동기와 관련된 심리적 특성에 따라 '긍정적 관점 개발', '사회적 기술 훈련'의 개입을 병행하여 적용한 것이 도움이 되었다고 보고하였다. 후기 및 사후상담은 재발위기에 대처하기 위한 전략들이 효과적이었으며 인터넷중독 청소년의 일상생활 속에서 중독문제를 일관적으로 돕기 위한 전략으로 부모 상담을 병행한 것이 효과적이었다.

셋째, 인터넷중독 문제를 개선하는 과정에서 극복하기 어려웠던 장애요인으로 변화 동기 부족 및 재발 문제와 관련된 청소년의 개인적인 요인, 가족 돌봄 및 모니터링 부족을 중심으로 하는 청소년의 환경 요인이 작용하였다고 보고하였다.

(7) 인터넷중독의 유형과 문제점

❶ 통신중독

전자우편이나 정보검색을 주로 이용하는 일반인들과 달리 채팅, 머드게임, 동호회, 정보서핑, 사이버 트레이딩, 도박, 쇼핑 등 인터넷을 과도하게 즐겨 현실도피의 수단으로 사이버 공간에 빠져드는 것을 말한다.

❷ 게임중독

인터넷 게임에 과도하게 몰입하여 학교, 가정 및 대인관계에 부정적인 영향을 지속적으로 받고 있는 상태를 말한다. 결국, 대인관계의 필요성이 낮아지게 된다.

❸ 사이버 도박중독

사이버 도박은 사이버 공간을 활용하여 게임에 참여하면서 불확실한 결과에 대해 돈을 걸고 하는 내기를 말한다. 혹은 국내외에 개설된 카지노 사이트에 금전을 송금한 후 인터넷상에서 포커, 훌라 등의 게임을 하는 상태를 말한다. '도박중독'은 현재 정신의학에서 '충동조절장애'의 일종으로 분류된다.

❹ 채팅중독

채팅중독은 과도하게 채팅 혹은 메신저 사용에 몰입하여 일상생활에 심각한 사회적·정신적·육체적인 지장을 지속적으로 받고 있는 상태를 말한다. 즉, 인터넷을 사용하여 타인과 대화를 나눔으로써 친밀감을 나누고 관계 형성의 욕구를 충족시키기 위해 채팅에 몰두하는 것을 말한다. 그러나 익명성에 의해 잘못된 결과도 만들어진다.

❺ 음란물중독

인터넷을 사용하여 음란물 사진, 만화, 동영상, 소설을 보거나 음란 채팅 혹은 자신의 신체를 노출하는 동영상 채팅 등의 형태에 과도하게 몰두하며 성적인 욕구를 충족시키는 성도착적 행동이다.

❻ 사이버섹스중독

사이버포르노(cyber-porn)와 사이버섹스(cyber-sex)와 같은 온라인 성적 활동의 몇 가지 형태와 관련된다. 인터넷상의 강박현상이 성행하는 이유는 익명성, 편리성, 그리고 탈출과 현실 대체를 들 수 있다.

❼ 정보검색중독

특별한 목적 없이 인터넷 사이트를 돌아다니면서 다양한 내용의 웹서핑을 하거나 한 가지 관심사만으로도 과도하게 웹서핑을 하는데 몰두하는 행동을 말한다. 또한 웹서핑을 하는 데 있어서 시간 통제가 안 되고 할 일을 미루거나 못할 정도로 인터넷 검색에 몰두한다면 서핑중독이라 볼 수 있다.

❽ 인터넷쇼핑중독

하루의 일과를 컴퓨터 앞에서 쇼핑으로 시간을 보내는 것으로 계속되는 물품 구매의 충동을 이겨내지 못하고 자신의 금전적 여유의 한계를 넘어서는 수준으로까지 쇼핑을 반복하는 형태를 말한다.

❾ 리셋증후군

컴퓨터가 작동하지 않을 때 리셋 버튼을 누르면 시스템을 재시작할 수 있는 것처럼, 자기 맘에 안 들면 지금까지 벌여놓은 일이나 인간관계 등을 쉽게 다시 시작하려는 현상을 말한다. 아이들 사이에 참을성 없는 행동과 타인을 배려하지 않는 자기 위주의 행동으로 두드러지게 나타나고, 심지어 책임감 없는 행동으로까지 이어지기도 한다(두산백과 사전).

(8) 인터넷중독의 문제해결을 위한 대책

❶ 인터넷 사용에 대한 자가진단 의지

청소년 스스로 자신의 인터넷 사용에 대한 자가진단은 매우 중요하다. 인터넷중독에 놓여있는 청소년들은 자신이 인터넷중독인지 아닌지 제대로 자신을 인식하지 못한다. 이는 결국 치료로 연결되는 것이 쉽지 않게 된다. 따라서 인터넷 사용에 대한 자가 점검은 매우 중요하며, 이를 위해 인터넷중독 자가진단을 해보는 마음, 의지가 중요하다.

- 스마트쉼센터(www.iapc.or.kr)에 접속하고서 '중독 진단'을 클릭하면, '인터넷중독진단'이 유아동 대상, 청소년 대상, 성인 대상으로 나눠져 진단할 수 있도록 운영되고 있다. 특히, 청소년 대상(만 10~18세)의 경우 '청소년 관찰자 진단'과 '청소년 자가진단'으로 나눠 운영되고 있다.
- 스마트쉼센터(www.iapc.or.kr)에 접속하고서 '중독 진단'을 클릭하면, '인터넷 이용습관 진단'이 A유형, B유형, C유형으로 나눠 인터넷 이용습관을 알아볼 수 있도록 운영되고 있다. 이때, 자기진단을 위해 기본적인 정보인 성별(여자, 남자), 학교(초등학생, 중학생, 고등학생), 나이(만 10~18세), 거주지역로 나눠 자신에게 해당되는 것을 선택한 다음, 자신의 인터넷 이용습관에 대해 자가진단을 할 수 있도록 하고 있다.

❷ 인터넷 사용에 대한 교육

청소년들은 인터넷을 사용하는 데 있어서 이미 지식과 기술을 갖고 있다. 그러나 인터넷을 사용하는 데 있어서 예절, 에티켓, 사이버 윤리교육이 필요하다. 따라서 인터넷의 올바른 사용을 위한 교육이 필요하다. 그리고 사이버 공간에 대한 지식을 학부모가 이해할 수 있도록 컴퓨터 용어를 이해하고, 인터넷의 유익한 점은 무엇인지, 부작용은 무엇인지를 이해하는 것은 자녀교육을 위해 기본적으로 요구된다.

❸ 인터넷 사용에 대한 가정의 역할

청소년의 인터넷 사용에 의한 중독이나 문제행동이 두려워도 청소년 자녀의 인터넷 사용을 금지시키기 어렵다. 그러나 청소년의 올바른 사용을 위해 인터넷 설치를 모두가 쉽게 접할 수 있는 공동공간(거실 등)에 설치하거나 올바른 사용을 할 수 있도록 부모의 지도가 중요하며, 인터넷 사용에 있어서 합리적인 가정 수칙을 만들어 부모와 청소년이 합의하는 것도 매우 중요하다.

❹ 인터넷 사용의 대안활동을 찾아 활동시간 증가

청소년의 인터넷 사용시간을 줄이거나 막으면 그만큼 스트레스를 경험하게 될 것이다. 따라서 인터넷 사용시간을 줄이기 위해 청소년이 흥미 있어 하는 활동과 취미, 운동 등에 관심을 갖고 활동하는 것은 매우 중요하다.

❺ 인터넷중독 전문 인력 양성

인터넷 이용의 일반화에 따른 인터넷중독 등 사회적 폐해 증가와 함께 이를 대응하기 위한 전문상담 수요가 급증하여 인터넷중독 예방교육 및 상담에 대해 전문적으로 대응할 수 있는 전문상담인력을 양성하여 인터넷중독의 예방·해소에 기여하고자 인터넷중독 전문 인력을 양성해야 한다. 이때, 교육내용으로 인터넷·스마트폰중독의 이해 및 정신건강, 위기상담 및 개인상담 전략, 진단척도 및 생애주기별 상담프로그램 등이 있다.

❻ 예방활동 '인터넷 휴요일'

청소년들이 일주일 중 인터넷을 사용하지 않는 날을 하루 지정하여 인터넷 대신 여타의 건전한 활동을 하도록 장려하는 방법으로 일상생활에서 습관적으로 인터넷을 사용하지 않도록 자신의 인터넷 사용행위를 점검하고 교정할 수 있도록 해주는 역할을 한다.

❼ 그 외 프로그램

• YP(Youth Patrol) 프로그램

청소년 유해환경 치료 프로그램으로 개발된 YP(Youth Patrol) 프로그램을 인터넷중독 청소년을 대상으로 사용하였다. YP 프로그램은 생활 주변에 산재해 있는 청소년 유해 환경에 대한 방지, 치료, 재활 활동을 모두 포함하는 프로그램이다. YP 프로그램을 강의중심형 프로그램과 체험학습형 프로그램으로 나눠 진행한 결과, 인터넷중독 치료 프로그램은 강의중심형보다는 체험학습형이 교육의 지속적 효과를 뚜렷이 보여주었음을 나타냈다. 또한 학생 스스로 체험하면서 인터넷중독의 문제점을 깨닫게 하는 방식의 치료 프로그램이 장기적으로 효과가 있을 가능성이 높다(이충용, 2009).

• 숲 체험 프로그램

한국형 청소년 인터넷중독 자가진단 척도검사 결과 고위험 사용자 군으로 판명된 청소년을 대상으로 숲 체험을 통한 집단상담 프로그램을 운영한 결과, 인터넷중독을 완화시키는 데 효과가 있었으며, 그 효과가 프로그램이 끝난 후 약 2개월 후까지 지속되는 것으로 나타났다(오창홍 외, 2012).

• 음악치료 프로그램

한국형 청소년 인터넷중독 자가진단 척도검사 결과 잠재위험군 이상으로 판명된 청소년을 대상으로 6주간 매주 1회씩 총 6회기의 음악치료 프로그램이 시행된 결과, 인터넷중독 청소년의 회복탄력성 증진에 효과를 보인 것으로 나타났다. 특히, 긍정성 영역(자아낙관성, 생활만족도, 감사하기)에서 뚜렷한 증가를 보여 회복탄력성 증진을 위한 음악치료의 지속적인 시행은 인터넷중독 치료에도 도움을 줄 수 있을 것으로 기대하였다(여정윤, 2012).

• 해결중심 상담 프로그램

한국형 청소년 인터넷중독 자가진단 척도검사 결과, 고위험자 및 잠재적 위험자로 판명된 청소년을 대상으로 해결중심 상담모델을 활용하여 인터넷중독 상담치료를 실시한 결과 자기통제감과 자존감 검사를 실시한 결과 긍정적인 변화와 더불어 해결중심 집단상담 프로그램은 청소년의 인터넷중독 증상을 효과적으로 감소시키는 것으로 나타났다(문현실 외, 2011).

(9) 한국정보화진흥원 스마트쉼센터의 '인터넷중독 예방가이드'

한국정보화진흥원 스마트쉼센터에서 제공하고 있는 '인터넷중독 예방가이드'인 '인터넷중독 예방지침'과 '자녀 인터넷 사용 가이드'를 살펴보면 다음과 같다.

❶ 인터넷중독 예방지침

01. 특별한 목적 없이 컴퓨터를 켜지 않습니다.
02. 컴퓨터 사용시간을 가족들과 협의하여 결정합니다.
03. 컴퓨터 사용시간과 내용을 사용일지에 기록하는 습관을 들입니다.
04. 컴퓨터 옆에 알람시계를 두어 사용시간을 수시로 확인합니다.
05. 인터넷 사용 이외에 운동이나 취미활동시간을 늘립니다.
06. 인터넷 때문에 식사나 취침시간을 어기지 않습니다.
07. 스스로 인터넷 사용조절이 어려울 경우, 시간관리 소프트웨어를 설치합니다.

※ 프로그램 다운로드는 그린아이넷(http://www.greeninet.or.kr) 참고

❷ 자녀 인터넷 사용 가이드

01. 자녀의 학습을 돕는 긍정적인 인터넷 사용을 격려합니다.
02. 인터넷 사용을 일방적으로 통제하기보다는 자녀와 협의합니다.
03. 부모도 인터넷을 활용하여 자녀와의 접촉 기회를 자주 가집니다.
04. 자녀의 인터넷 사용 환경을 자주 체크하고 개선사항을 살펴봅니다.
05. 평소 자녀의 생각이나 고민에 대해 관심을 갖고 대화합니다.
06. 인터넷 이외 자녀의 흥미나 관심사에 적극적으로 함께 참여합니다.
07. 인터넷 사용으로 인해 가족과 학습에 지장이 생길 경우 전문상담기관의 도움을 받습니다.

04 게임중독

집과 PC방에서 컴퓨터와 오락기를 통해 현실에서 할 수 없는 행동을 게임 안에서 공격적이고 진취적인 행동을 하면서 흥미와 재미를 느끼게 되었을 때 게임의 늪에 빠지기 쉽다. 게임중독에 대해 살펴보면 다음과 같다.

1) 게임중독의 개념

게임중독은 게임을 과도하게 하여 정신적·육체적·사회적인 어려움을 초래하는 상태로 정의된다. 게임중독은 비약물중독의 일종이지만, 약물중독처럼 병적 집착, 내성, 금단증상, 일상생활의 장애가 발생한다.

2) 게임중독의 증상(문제점)

게임중독 청소년은 게임시간을 조절하지 못하고 점차 사용시간이 늘어나며 게임을 못하면 불안, 초조증상을 보인다. 학교성적이 떨어지거나 친구들과의 관계가 소원해지며 심한 경우 등교거부가 일어나기도 한다(구혜영, 2013).

온라인상의 게임에 빠져 일상적인 생활을 충실히 못 하는 것뿐만 아니라 게임 속 세상과 현실의 세상을 구분하지 못해 현실 속에서 범죄를 저지르는 상황이 벌어지기도 한다.

(1) 가상과 현실의 혼돈

가상게임세계는 현실과 달리 물리적 공간이 존재하지 않고 현실적인 행위나 신체접촉의 가능성이 존재하지 않는다. 그러므로 온라인 게임은 단지 게임(Game)일 뿐 현실공간과는 분명한 차이가 있음에도 불구하고 게임에 너무 몰입된 일부 청소년들은 가상과 현실의 구분이 어려울 수 있다(구혜영, 2013). 극단적인 경우지만 뉴스를 통해 보도되는 것처럼 게임과 현실을 구분하지 못한 청소년들이 게임 아이템에 등장하는 흉기를 실제로 구입해 살인을 하거나 상대편 게이머 폭행, 게임비용을 충당하기 위한 성매매에 나서는 등 게임중독으로 인한 범죄가 실제로 일어나고 있다.

(2) 폭력 및 공격 성향

현실에서의 외현적 또는 내재적 공격성이 게임에 대한 적절한 몰입으로 이어질 경우 게임을 통해 이러한 폭력성을 해소할 수도 있겠으나 이러한 과정이 오래 지속되고 지나치게 폭력적 게임에 빠질 경우 현실에서의 폭력성으로 충분히 이어질 수 있다(구혜영, 2013, 오봉욱·오혜경, 2012). PC방 비용이나 아이템 거래를 위해 가족들을 위협하며 용돈을 요구하는 사람들이 간혹 있다. 이런 행동의 싹은 사춘기 때부터 키워온 경우가 많다. 분노를 조절하지 못하는 청소년들을 보면 제때에 바로 잡아 주지 못한 채 그 증상을 그대로 키워왔기 때문이다. 태어날 때부터 폭력성을 가지고 태어나는 사람은 없기 때문에 아이들이 자라면서 감정을 통제하고 그것을 적절하게 표현하는 훈련을 하지 않으면 나중에 가족이나 사회가 수용할 수 없을 정도로 폭력성이 커진다(김미화·장우민, 2008).

(3) 사회부적응

히키코모리란 사회생활에 적응하지 못하고 집안에만 틀어박혀 사는 병적인 사람들을 일컫는 용어이다(두산백과). 게임에 지나치게 몰입된 사람들은 보통 밤낮이 바뀌고 게임에만 집중하여 정상적인 사회생활이 어렵기 때문에 '히키코모리' 같은 은둔형 외톨이로 지내는 경우가 많다.

현실에서 타인과의 관계가 배제됨에 따라 타인에 대한 흥미가 감소되고 대인관계를 통한 다양한 사회기능을 습득하지 못해 사회부적응이 발생한다(구혜영, 2013). 정상적으로 사회적 발달과정을 거쳐야 할 시간을 모두 게임에 뺏기게 된다.

(4) 현실적 공허, 우울증

게임에 중독되어 모든 단계를 마스터하기 위해 모든 노력을 경주하고 결국 최상의 위치에 오른 청소년들은 마지막에 게임은 게임일 뿐이라는 것을 깨닫고 공허감, 우울감, 허무함에 빠지게 된다고 한다. 또한 게임의 최대 목표를 달성하기 전까지도 지속적인 불안을 경험한다(구혜영, 2013).

(5) 신체적 악영향

3년간 집안에만 틀어박혀 인터넷 게임만 하던 20대가 사망한 사고가 있었다. 이처럼 게임을 장시간 할 경우 요통, 견통, 손목 및 손가락 근육에 이상이 나타나며 안구건조증, 시력저하, 혈액 순환 장애, 소화 불량 등이 나타난다. 특히 혈액순환 장애는 심장혈관에 이상을 초래하여 돌연사의 원인이 되기도 한다. '마우스 신드롬'으로 불리는 누적 외상성 장애가 나타날 수 있다. 청소년은 신체발달이 활발하게 이뤄져야 하는 시기에 게임에 중독될 경우 영양섭취 저조와 신체의 정상적 발달이 어려울 수 있다(구혜영, 2013).

(6) 게임 금단 현상

금단현상은 특정 약물이나 행위에 중독된 사람이 이를 중단할 경우 겪게 되는 정신 및 신체상의 증세이다. 금단의 원인을 갑자기 끊게 되면 불쾌, 불안, 흥분, 환각 같은 정신적 이상과 설사, 구토, 보행곤란 같은 신체 이상 등 여러 증상이 나타나는데 이를 통틀어 금단현상이라고 한다(두산백과). 게임중독도 이로부터 벗어나고자 할 때 금단현상을 경험하게 된다.

3) 게임중독의 발생원인

우리나라에서 게임문제의 심각성을 해결하기 어려운 이유는 PC방의 존재이다. 청소년들은 길을 걷다가도 언제든지 온라인 게임을 접속할 수 있다. 늦은 밤에야 놀이가 가능한 청소년들은 컴퓨터와 인터넷을 여가시간의 활용수단으로 선택한다. 특히 지나친 학업중심 생활과 입시 스트레스가 아이들을 게임으로 인도한다. 가족놀이가 없는 것, 역시 게임중독의 최대 취약성 중 하나이다(구혜영, 2013).

또한 게임이 게임의 의미를 넘어 대화와 관계형성의 도구로 사용되면서 그 중독 성향이 심화되고 있으나 아직 제대로 된 규제책은 제시되지 않고 있다. 정부는 산업진흥 강조로 이러한 게임산업의 규제에 대해 미온적으로 대처하고 있고, 게임업계는 수요창출에만 집중하고 사회적 책임을 등한시하기 때문에 이러한 게임중독 현상이 가속화되고 있다(김영화·최영진, 2013).

4) 게임중독의 치료와 예방

(1) 개인적 차원

청소년 스스로 게임중독에 걸렸음을 인정하고 벗어나겠다는 의지를 갖는 것에서 치료는 시작된다. 의존성이 높은 게임에서 벗어나기 위해서는 바로 끊는 것은 어렵지만 대신할 수 있는 흥밋거리를 개발하고 스트레스나 우울증 등 신경 증상을 개선하는 것이 선행돼야 한다. 전문적 치료는 인지행동치료, 입원치료, 약물 및 상담치료, 환우모임 등이 있다(구혜영, 2013).

(2) 가정적 차원

부모, 자녀 간의 신뢰관계가 게임중독을 막는 가장 확실한 예방책이다. 평소 부모들의 자녀에 대한 관심, 믿음, 지지, 대화를 통해 형성된 건전한 통제와 신뢰는 게임사용을 효과적으로 억제할 수 있다(구혜영, 2013).

(3) 사회적 차원

게임중독을 막기 위해서 중독 증세를 예방하고 치료해주기 위한 구체적인 프로그램을 실행해야 한다. 부모와 자녀, 청소년 지도자를 대상으로 청소년 게임과 관련된 이해를 위한 연수가 필요하다. 게임에 대한 긍정적인 기능을 강화하기 위해 오락적 기능뿐 아니라 교육기능이 있는 게임을 개발, 보급하는 노력도 필요하다(구혜영, 2013). 또한 게임중독의 심각성을 지역사회에 알려 이 문제를 함께 해결할 수 있도록 다각적인 노력과 협력이 요구된다.

❶ 피로도 시스템

피로도 시스템은 게임 과몰입 예방과 해소, 대책방안의 하나로 제시된 것으로 한번 시작하면 중도에 그만두기가 매우 어려운 게임의 특성을 반영하여 일정 시간이 지나면 게임 진행을 늦추는 시스템이다.

❷ 게임 시간 선택제

청소년이 게임에 지나치게 몰입하는 것을 막기 위해 보호자가 만 18세 미만 청소년의 게임 시간을 선택하여 제한하는 제도이다. 2012년 1월 발효 당시에는 선택적 셧다운제로 불렀지만, 어감이 강압적이라는 이유에서 게임 시간 선택제로 변경되었으며, 그해 7월 1일부터 시행하였다.

셧다운제는 15세 미만의 청소년들이 본인의 의지와는 상관이 없이 게임을 하는 중이라 하더라도 12시 정각이 되면, 게임하던 창이 닫히면서 강제적으로 게임을 중단시켜 버리는 제도이다. 이에 대한 부정적인 여론이 있으나, 게임 시간 선택제를 이용하면 부모와 자녀의 의견을 들어보고 동의를 하여야 신청이 되기 때문에, 많은 청소년들이 받아들일 수 있는 안 좋은 감정을 최소한으로 할 수 있다는 장점이 있다.

게임 시간 선택제를 이용하기 전, 알아봐야 할 것에는 어떤 것이 있을까? 가장 먼저 자녀가 어떤 게임을 주로 하고 있는지를 알아야 한다. 그리고 지녀가 시간을 정해서 게임하기를 원한다면 게임 문화 재단, 즉 게임 시간 선택제 홈페이지(www.gamecheck.org)를 방문을 하면 이용 방법이 제시되어 있다. 모든 게임에 게임 시간 선택제가 적용되는 것은 아니다. 게임 시간 선택제는 중소기업이 서비스하거나 개인 정보(ID, 비밀번호 등)의 확인절차 없이 이용하는 게임에는 적용되지 않는다. ID, 비밀번호를 입력하지 않아도 이용할 수 있는 플래시 게임, 개인정보를 수집하지 않는 스타크래프트 등이 이에 해당한다.

표 11-6 인터넷·스마트폰중독 문제해결을 위한 적절한 수단(1순위)

구분	고위험군 (%)	잠재적위험 (%)	일반사용자군 (%)	유아동 (만 3~9세)	청소년 (만 10~19세)
예방교육 확대	38.5	48.1	46.8	46.4	44.6
상담기관 및 전문상담 서비스 확대	16.1	13.7	14.4	14.3	13.8
유해정보차단서비스 개발 및 보급 강화	8.1	7.7	8.7	8.7	8.9
시간관리 등 과다사용 조절 프로그램 개발 및 보급 강화	7.7	6.5	6.8	5.3	7.4
대국민 홍보 강화	9.5	3.6	5.6	7.1	7.2
중독 극복 후 사후관리 확대	6.6	7.5	5.2	4.9	6.0
전문치료병원 확대	4.6	6.0	5.1	5.6	5.1

<table>
<tr><th>구분</th><th>고위험군
(%)</th><th>잠재적위험
(%)</th><th>일반사용자군
(%)</th><th>유아동
(만 3~9세)</th><th>청소년
(만 10~19세)</th></tr>
<tr><td>인터넷콘텐츠 사업자들에 대한 규제 강화</td><td>6.1</td><td>3.5</td><td>4.7</td><td>5.0</td><td>3.9</td></tr>
<tr><td>인터넷중독 및 스마트폰중독 관련 법제도 강화</td><td>0.7</td><td>2.7</td><td>2.3</td><td>2.4</td><td>2.6</td></tr>
<tr><td>전문연구 강화</td><td>1.7</td><td>0.6</td><td>0.4</td><td>0.3</td><td>0.5</td></tr>
<tr><td>시민들 스스로 자제 필요</td><td>0.5</td><td>0.1</td><td>0.0</td><td>-</td><td>0.0</td></tr>
<tr><td>강력한 규제 마련</td><td>-</td><td>-</td><td>0.0</td><td>-</td><td>0.0</td></tr>
<tr><td rowspan="3">사례 수(명)</td><td>329</td><td>951</td><td rowspan="2">17,220명</td><td rowspan="3">1,256명</td><td rowspan="3">2,998명</td></tr>
<tr><td colspan="2">1,280명</td></tr>
<tr><td colspan="3">18,500명</td></tr>
</table>

출처: 미래창조과학부(2015). 2014년도 인터넷중독실태조사.

청소년과 게임중독 그리고 극복

쉼터

중학생 때까지만 하더라도 특목고를 바라볼 정도로 상위권의 성적을 자랑했던 B(19) 군은 어느 순간부터 게임에 빠졌다. B 군은 점차 부모와의 대화를 거부했고, 등교마저 거부해 부모와의 갈등의 골이 점점 깊어졌다. 보다 못한 B 군의 부모가 게임을 그만하라고 말리자 B 군은 부모가 잔소리를 한다며 집안의 가전제품을 집어던지는 등 소란을 피워, 신고를 받은 경찰관이 집으로 출동하는 일도 있었다. B 군은 학교를 나가지 않으며 한동안 방황을 계속했다. 그러던 중 지난해 3월, B 군은 강제추행 혐의로 현행범으로 체포됐다. 경찰 조사결과, B 군은 높은 성적만을 강요하는 부모님이 자신의 편이 아니라고 생각하며 삐뚤어지기 시작한 것으로 드러났다. 자신을 간섭하고 질책하는 사람이 없는 사이버 세상에 빠져들게 됐던 것이다. (중략) B 군은 상담을 받으며. 진로를 정하고, 학업에 열중했다. B 군은 대학생이 되면 하고 싶은 일들을 버킷리스트로 작성했다. 그 중 하나는 자신처럼 게임중독에 빠진 청소년을 돕는 일. B 군은 힘들고 벅차 포기하고 싶은 순간이 찾아올 때마다 버킷리스트를 이룰 생각으로 이를 이겨냈다고 고백했다.

출처: 뉴스1(2016.1.1.).

05 청소년 사이버문제 예방 및 개입 기관

청소년의 사이버 관련하여 운영되고 있는 기관을 살펴보면 다음과 같다.

1) 스마트쉼센터(전, 인터넷중독대응센터)

한국정보화진흥원 인터넷중독대응센터는 2015년 6월 스마트쉼센터로 명칭을 변경하였으며, 스마트쉼센터는 'Smart한 모든 것을 내려놓고 잠시 쉼을 주는 센터'를 의미한다.

(1) 주요 사업

- 인터넷중독예방상담센터 운영: 인터넷 과다사용과 관련한 학교부적응, 진로, 대인관계, 가족 갈등 등을 상담한다. 이때 상담은 면접·전화·사이버 상담과 심리검사, 집단상담이 실시된다.
- 인터넷중독 조사 및 연구: 인터넷중독 실태조사, 관련 정책 연구, 예방을 위한 교육 콘텐츠 개발, 상담연구회 운영
- 인터넷중독 전문 인력 양성: 인터넷중독 전문상담사 양성과정, 교원 직무연수 과정, 인터넷중독 전문상담사 보수교육 과정
- 인터넷중독 치료 및 재활지원: 인터넷중독자 가정방문 상담 및 인터넷중독 사이버치료센터 운영(www.iapc.or.kr 내)
- 지역별 인터넷중독예방상담센터 설치 및 운영: 정보문화센터 및 인터넷중독예방상담센터 운영
- 인터넷중독 상담협력기관 지원: 16개 지자체를 통한 상담협력기관 선정 및 관리
- 인터넷중독 예방활동: 인터넷 및 스마트미디어중독 예방교육 실시, 예술체험 공연, 스마트문화 청정학교, 인터넷 休(휴)요일 캠페인

(2) 상담 대표전화: 1599-0075

2) 인터넷중독예방상담센터 아이윌(IWill) 센터

인터넷과다사용으로 건강악화 및 학업 지장 등의 어려움을 겪고 있는 아동·청소년에게 인터넷중독예방교육, 상담 및 치료 등의 서비스를 제공함으로 인터넷중독 문제를 해소하고 아동·청소년이 건강한 지역이 되게 하고자 설치되었다.

(1) 주요 사업

- 상담 영역: 인터넷중독 진단 및 상담, 꿈틀이 프로젝트, 힐링스쿨(치료캠프 및 동아리), 전문의 연계, 인터넷중독 전수조사, 공존질환진단 및 치료
- 예방 영역: 예방교육, 부모교육, 강사양성교육, 유해사이트 감시 및 신고, 센터프로그램 연계(상담 및 교육 프로그램)
- 연구 영역: 연구보고대회 및 포럼, 프로그램 개발과 보급, 정책방향 수립, 전문성 향상, 예방강사 및 전문 상담사 양성과정
- 홍보 영역: 건전사이버 문화 캠페인, 다양한 매체를 통한 홍보, 서포터즈단 양성, 유관기관 연계, 자문

(2) 상담 대표전화: 1899-1822

요약

- 인터넷의 보급과 정보화 사회에서 성인과 달리 청소년은 새로운 문화를 쉽게 받아들이고 자신의 문화로 받아들여 새롭게 적응하는 정도가 빠르다.
- 정보통신기술의 발달과 인터넷 네트워크의 문화로 사이버 공간을 통한 새로운 문화를 만들고, 네트워크의 확산과 SNS의 적극적인 사용과 여가생활의 긍정적인 점과 사이버 비행과 인터넷(게임) 중독 등의 부정적인 점이 공존하게 된다.
- 입시 위주의 교육방식으로 지친 삶 속에 사이버 공간은 호기심과 더불어 재미와 흥미를 주게 되어 쉽게 빠져들게 되고 청소년의 가치관과 의식, 생활 전반에 직·간접적인 영향을 미치게 된다.
- 사이버 문화(culture)는 통신, 엔터테인먼트, 비즈니스를 위한 컴퓨터를 이용하는 문화로 인터넷 문화라고도 말한다.
- 일탈(deviance)은 모든 규칙 및 규범 위반 행위를 의미하며, 형법을 위반한 행위인 범죄를 포함하는 것으로 설명되고 사이버 일탈은 인터넷으로 대표되는 사이버 공간에서 행해지는 제반 일탈적 현상을 모두 포괄하는 용어이다.
- 사이버중독은 인터넷 정보이용자가 지나치게 컴퓨터에 접속하여 일상생활에서 사회적·정신적·육체적 및 금전적으로 심각한 지장을 받고 있는 중독 상태를 말한다.
- 인터넷중독은 과도한 인터넷 이용으로 금단과 내성이 생겨 이용자의 일상생활에 장애가 발생하는 현상을 말한다.
- 한국형 인터넷중독 자가진단 척도 프로그램(K 척도)은 일상생활 장애, 현실구분 장애, 긍정적 기대, 금단, 가상대인관계 지향성, 일탈행동, 내성 등으로 구성되어 인터넷중독을 진단한다.
- 인터넷중독의 유형으로 통신 중독, 게임중독, 사이버 도박중독, 채팅중독, 음란물중독, 사이버 섹스 중독, 정보검색 중독, 인터넷쇼핑 중독, 리셋증후군 등이 있다.
- 청소년 인터넷 게임중독 예방을 위한 셧다운제도 등 사회적 개입이 이루어지고 있으며, 청소년 사이버 관련 기관으로 스마트쉼센터(전, 인터넷중독대응센터) 등이 운영되고 있다.

핵심어

사이버 문화, 사이버중독, 인터넷중독, 게임중독

Exercise

연습문제

1 다음 스마트쉼센터(인터넷중독대응센터)의 주요사업이 아닌 것은?

① 인터넷중독예방상담센터 운영
② 인터넷중독 조사 및 연구
③ 인터넷중독 전문 인력 양성
④ 인터넷 보급 확산 및 인터넷 교육
⑤ 인터넷중독 상담협력기관 지원 및 예방활동

정답 ④

해 설 인터넷 보급 확산은 스마트쉼센터의 주요사업이 아니다.

2 청소년의 게임중독의 치료 및 예방을 위한 활동으로 옳지 않은 것은?

① 사회적 차원으로 피로도 시스템, 셧다운제의 적극적인 운영과 지원
② 자녀의 컴퓨터 사용에 대한 부모의 관심과 믿음 등의 가정적 차원의 지원
③ 여가시간 및 스트레스 해소를 위한 컴퓨터 사용시간 증가 및 게임 지원
④ 청소년 스스로 게임중독 예방을 위한 노력과 올바른 컴퓨터 사용 이해

정답 ③

해 설 청소년 게임중독을 예방하기 위해 여가시간 및 스트레스 해소를 위해 컴퓨터 사용시간 증가와 게임 지원보다 적절한 여가 프로그램을 개발하여 보급하는 것이 도움이 된다.

3 청소년의 인터넷중독의 예방 지침으로 옳지 않은 것은?

① 컴퓨터 사용시간을 가족들과 협의하여 결정합니다.

② 특별한 목적 없이 컴퓨터를 켜지 않습니다.

③ 컴퓨터 사용시간과 내용을 사용일지에 기록하는 습관을 들입니다.

④ 운동이나 취미활동 시간을 줄이고 흥미 있는 인터넷 사용시간을 늘린다.

⑤ 인터넷 사용으로 인해 식사나 취침시간을 어기지 않습니다.

정답 ④

해설 청소년의 인터넷중독 예방을 위해 인터넷 사용시간을 줄이고 운동이나 취미활동시간을 늘려야 한다.

chapter 12

청소년과 약물남용

학습목표

1. 약물중독 및 남용의 개념을 이해할 수 있다.
2. 약물의 종류와 남용의 원인을 설명할 수 있다.
3. 약물중독 및 남용의 대처 방안을 모색할 수 있다.
4. 청소년 약물 관련 기관의 프로그램 및 기관을 파악할 수 있다.

약물남용 청소년은 법적 정의에 의하면 위기청소년의 범주에 속한다. 실제로 가시적 위기청소년뿐 아니라 잠재적 위기청소년까지를 포괄하고 있기 때문에 학교, 가정, 사회의 잠재적 위기 상황에 대처하여 상담과 구조 및 보호와 의료, 또한 자립을 위한, 학습과 경제적 지원 등의 사회적 돌봄이 필요한 청소년이라고 할 수 있다. 이들을 위한 사회복지사의 개입을 위해 청소년과 약물남용이라는 주제로 개념, 종류, 원인, 대처에 대해 알아보기로 하자.

01 약물중독 및 남용의 개념

1) WHO(세계보건기구)에 의한 약물의 정의

"사용하기 시작하면 사용하고 싶은 충동을 느끼고(의존성) 사용할 때마다 양을 늘리지 않으면 효과가 없으며(내성) 사용을 중지하면 온몸이 견디기 힘든 이상을 일으키며(금단증상) 개인에게 한정되지 않고 사회에도 해를 끼치는 물질이다(www.who.int)."라고 정의하고 있다. 따라서 약물의 용어는 물질로도 사용되기도 한다. 이에 본 장에서는 약물과 물질이라는 단어를 혼용할 것이다.

2) WHO에서 설명하는 약물의 관련 용어

(1) 약물오용

약물오용(drug misuse)은 사용하는 약물의 용량이나 상황 면에서 그 개인 자신이나 다른 사람에게 위험을 줄 수 있다는 점에서 약물사용과 구별된다. 약물이 사용되는 방식이나 사용량이 치료라는 효과를 가져오는 데 필요한 것보다 더 많이 사용하는 것이 약물오용이다. 약물오용은 약물이 치료적으로 사용되었는지의 여부에 상관없이 그 잠재적 위험성을 증가시킬 수 있는 용량이나 상황에서 복용할 때와 관련된다. 그러므로 엄밀한 의미에서 약물의 사용과 오용은 약물·사람·환경 간 상호작용의 결과와 관련되어 구분되며, 그 도덕성이나 합법성과는 상관이 없다.

(2) 약물남용

약물남용(drug abuse)은 '향정신성 약물의 비의학적 사용'을 말한다. 약물남용은 미국정신과협회의 '한정된 물질의 불법적, 비의학적 사용'을 발전시키는 개념이다. 약물남용은 알코올을 사용하는 것에서부터 아편 유사 약물을 강박적으로 사용하는 것에 이르기까지 모든 행동이 포함된다. 신기한 효과 때문에, 동료집단의 기대에 부응하기 위하여 실험적으로 약물을 사용한 경우와 즐거움을 얻기 위하여 적당량의 약물을 사용하거나 오락용으로 사용하는 경우도 포함되며 혹은 학생이나 트럭 운전사가 식욕을 억제하기 위해 암페타민을 먹는 때처럼 특정 상황에서 도움을 주기 때문에 상황적으로 약물을 사용하는 경우도 포함된다. 약물사용의 목적은 치료적인 기능이지만 약물오용과 약물남용은 쾌락을 목적으로 한다. 따라서 약물사용은 신체적으로 부작용이 작지만 약물오용과 약물남용은 신체적·정신적 손상이 매우 크다. 중독성에 있어서는 약물사용은 장기적일 경우 내성은 생길 수 있으나 중독성은 없다. 하지만 약물오용과 약물남용은 중독성이 매우 강하여 주기적으로 이용할 수밖에 없어 의존성이 높으며 만일 약물이 중단되면 금단현상이 나타난다. 요약하면 약물남용은 치료 또는 예방 목적이 아니라 쾌락이 주된 사용동기이다. 신체적·정신적·사회적인 손상을 가지고 오며 강한 중독성과 의존성을 나타내며 약물이 중단되면 금단현상이 나타난다.

표 12-1 약물 관련 용어의 정리

	약물사용	약물오용	약물남용
목적	치료적	쾌락적	
효과	신체적 부작용이 작다.	신체적 정신적 손상이 크다.	
중독성	장기사용으로 내성이 생길 수 있으나 중독성은 없다.	중독성이 강하며 주기적인 사용과 의존성이 높다. (중단으로 금단현상이 생김)	

3) DSM-5에서 물질남용의 개념[1)2)]

DSM-5에서 말하는 물질남용은 물질 사용 장애(물질의존, 물질남용)와 물질 유도성 장애로 구분된다. 물질사용장애는 물질의존과 물질남용으로 구분되며, 물질유도성장애는 물질중독, 물질금단, 물질 유도성 섬망, 치매, 정신병, 기분장애, 불안장애, 성기능장애, 수면 장애 등이 포함된다. 물질에 따라 약리학적으로 조금씩 다르고 이에 따라 나타나는 임상 양상도 차이를 보이고 있으나, 중추신경계에 미치는 영향이나 중독과정은 유사하다. 참고로 진단을 위해서는 소변약물검사가 유용하다. 약물을 사용한 후, 암페타민은 하루~3일, 대마는 7일~4주, 코카인은 2~5일, 아편은 하루~2일, PCP는 2~8일간 소변에서 검출된다. 아래에 진단을 위한 증상의 목록을 제시한다.

표 12-2 DSM-IV에서 물질남용의 개념(진단을 위한 증상 목록)

(1) 임상적으로 심각한 장해나 고통을 일으키는 부적응적인 물질 사용 양상이 다음에 열거한 항목 가운데 1개(또는 그 이상) 항목으로 지난 12개월 동안에 나타난다.
  ① 반복적인 물질 사용으로 직장, 학교, 가정에서의 중요한 임무를 수행하지 못한다(예: 물질 사용과 관련되어 반복적으로 결근하거나 업무 수행이 불량하다. 물질 사용과 관련되어 결석하거나, 정학, 퇴학을 당한다. 중독으로 인해 자녀를 돌보지 않고, 집안일을 등한시한다.).
  ② 신체적으로 해를 주는 상황에서 반복적으로 물질을 사용한다(예: 물질 사용으로 인해 장해가 초래된 상황에서 차를 운전하거나 기계를 조작한다.).
  ③ 반복적으로 물질 사용과 관련된 법적 문제를 일으킨다(예: 물질 사용과 관련된 탈선 행동으로 체포된 경험이 있다.).
  ④ 물질의 효과로 인해 사회적 문제나 대인관계 문제가 지속적으로 또는 반복적으로 야기되거나 악화됨에도 불구하고 계속 물질을 사용한다(예: 중독의 결과로 배우자와 언쟁하거나 몸싸움을 한다).
(2) 증상이 동일 물질군의 의존(Dependence)의 진단 기준을 충족시킨 적이 없었다.

---

1) ROBERT R. E.(2010). DSM-IV-TR 진단에 따른 아동 청소년 상담 및 심리치료 [2판]. 노성덕, 김호정, 이윤희 역. 시그마프레스.
2) 권준수 외(2023). DSM-5-TR 정신질환의 진단 및 통계 편람. 학지사.

4) 법에서 명시하는 청소년 유해 약물의 개념(청소년 보호법 시행령 제3조, 2023)

「청소년 보호법 시행령」 제3조는 청소년 유해 약물은 다음과 같이 규정한다.

첫째, 청소년의 정신 기능에 영향을 미쳐 판단력 장애 등 일시적 또는 영구적 정신장애를 초래할 수 있는 약물,

둘째, 청소년의 신체기능에 영향을 미쳐 정상적인 신체발육에 장애를 초래할 수 있는 약물,

셋째, 습관성, 중독성, 내성(耐性) 또는 금단증상 등을 유발함으로써 청소년의 정상적인 심신발달에 장애를 초래할 수 있는 약물을 말한다.

5) 청소년 약물중독 및 남용의 단계

청소년 약물중독 및 남용의 단계는 표 12-3과 같이 몇 가지 단계로 볼 수 있다.

표 12-3 청소년 약물중독 및 남용의 단계

청소년의 약물중독 및 남용의 단계			
가. 초기단계	나. 중기단계		다. 최종단계
1) 호기심 2) 친구들의 압력 3) 모방 4) 도피 5) 도전	1) 쾌감 획득 2) 일상의 권태로움 탈피 3) 창의력 획득 4) 현실도피 5) 사교성 증대		1) 의존성 2) 금단증상
실험적 1단계	사회적 사용 2단계	약물남용 3단계	약물의존 4단계
처음 접하고 배움(호기심, 친구 권유)의 시기이다.	가끔 필요할 때, 기분변화용으로 사용된다.	문제가 발생하거나 일정 시간에만 약물을 사용하여 점차 조절과 능력 상실을 초래한다.	약물 없으면 불안하여 매일 사용한다.

위의 단계를 오동열(1996)[3]은 다음과 같이 정리하였다.

3) 오동열(1996). Dextromethorphan Dependence in Adolescence. 합동 Psychiatric Grand Round. 국립서울정신병원. pp. 5-6.

표 12-4 오동열(1996)이 제시한 청소년 약물중독 및 남용의 단계

(1) 0단계 : 실험적 단계(Experimental stage)	(2) 1단계 : 사회적 단계(Social stage)
(3) 2단계 : 도구적 단계(Instrumental stage)	(4) 3단계 : 습관적 단계(Habitual stage)
(5) 4단계 : 강박적 단계(Compulsive stage)	

(1) 0단계 : 실험적 단계(Experimental stage)로서 호기심의 단계

청소년 약물중독 및 남용은 실험적 혹은 사교적 사용으로부터 시작되어 점진적인 과정을 밟는다. 이 과정을 실험적 단계라고 하는데, 약물사용의 기본적인 동기는 호기심(curiosity)과 모험심(risk-taking)이며 동시에 또래의 압력(peer pressure) 등이 있다. 약물을 많이 쓰는 사회는 실험적 사용이 청소년에서 정상적으로 나타날 수 있으나 그들이 이 단계 이상의 약물을 사용하는 성인에 노출된다든지 혹은 기분상의 효과를 경험하게 된다든지 하면 고위험군이 될 수 있다. 이 단계는 약물의 '기분전환의 효과(mood-altering effect)'보다도 약물을 사용한다는 '모험효과(adventure effect)'가 더욱 중요하다.

(2) 1단계: 사회적 단계(Social stage)로서 약물남용으로 기분의 변화를 느끼는 단계

사회적 단계로서 주차장이나 파티 등에서 어울려서 사용하는 단계이다. 일차 동기는 사회적 수용성이다. 또래집단(peer group)에 의해 약물사용이 촉진(facilitation)되는 경향과 동시에 약물사용에 의해 또래집단이 촉진되는 경향 역시 존재한다(즉, 사회적 촉진으로서 작용). 약물사용으로 인한 정서적인 영향과 행동에 미치는 영향을 처음으로 맛보게 되는 시기이다. 가끔씩 숙취(hang-over)가 오는 것을 제외하면, 약물 사용 이후 '정상'으로 돌아온다는 점이 특징이다. 약물사용으로 인한 부정적인 결과에 대하여 부정한다.

(3) 2단계: 도구적 단계(Instrumental stage)로서 기분 고양을 위해 약물을 다시 찾는 단계

기분을 조절하기 위한 목적으로 약물을 사용한다. 이것을 도구적인 사용이라고

한다. 즉 약물을 정서와 행동(emotion and behavior)을 조작(manipulate)하기 위해서 적극적·의도적으로 사용하는 시기이다. 특징은 '추구(Seeking)'라는, 즉 약물의 특정한 정서와 행동의 효과(emotional and/or behavioral effect)를 찾아 나서고, 그러기 위해 여러 가지 약물을 시도해 보기도 한다. 하지만 역시 약물사용 후 주관적인 '정상'적인 느낌으로 돌아간다는 점이 습관적 단계(habitual stage)와 다르다. 쾌락적 사용(Hedonistic use) 혹은 보상적 사용(compensatory use)으로 나눌 수 있다. 부모나 교사가 청소년의 성격이나 행동이 무엇인가 변했다고 느끼기 시작한다. 여기서 보상적 사용은 불쾌한 기분(dysphoric emotions)을 이기기 위해서, 그리고 쾌락적 사용은 호기심을 충족시키거나, 재미를 느끼거나, 들뜬 기분을 느끼기(to get high) 위해서, 즉 약물을 복용하였을 때의 정서적·지각적·인지적 효과(emotional, perceptual, and/or cognitive effect)를 즐기기 위해서이다.

(4) 3단계: 습관적 단계(Habitual stage)로서 약물로 얻은 쾌감을 유지하기 위해 약물에 집착하는 단계

습관적 단계는 약물의 사용이 중독자의 일상생활에 있어서 중심이 되어 가는 적응 상태가 된다. 의존(symptom of dependence)이 나타나기 시작한다. 특징적인 것은 '적응 혹은 조절(accommodation)'이다. 즉 환자의 모든 삶이 대처(coping)를 위해 약물을 사용하기 위한 것으로 재편집되고 이때 또래집단의 이동(peer group drift)도 일어난다. 즉 약물에 의존하고 있거나 약물을 팔거나 하는 또래들로 구성된 새로운 또래집단이 형성되고 기존의 또래집단으로부터 소외되기 시작한다. 또 사용한 후 정서 상태(emotional state)가 정상으로 되돌아가지 않고 '금단증상(withdrawal symptom)'인 불안 등을 느끼게 된다. 또 이들은 사용을 억제하기 위해 '특정 요일만 한 번, 어떤 모임에서만 사용(internal struggle)' 등으로 타협 형성을 하려고 하지만 결국 실패하게 된다. 이때 이들은 약물의 부정적인 결과에 대해 정당화(justify or minimize)하는 경향을 보인다. 전형적인 갈망(craving)이 나타나기 시작한다. 또 내성(tolerance)이 나타나기 시작한다.

(5) 4단계 : 강박적 단계(Compulsive stage)로서 약물의 지속적 사용 없이는 기분유지가 불가한 상태이다.

마지막으로 강박적 단계가 되면 청소년 약물중독 및 남용자의 유일한 관계는 약물을 얻는 것이 된다. 이때 청소년은 충동행동(compulsive behavior), 만성적 무쾌감증(chronic anhedonia), 통제 불능(state of out of control)을 보이며, 다양한 방어적 태도들을 보인다. 가령, 공격적이거나 부조리하거나 저항적, 무차별적이고 자기중심적이 된다.

6) 청소년 약물중독 및 남용의 형태[4)]

(1) 모험 추구형

평소 과잉보호적인 부모에 의해 정상적인 모험에 대한 경험을 못 해본 청소년들은 약물복용을 통해서 해소시키고자 한다.

(2) 평화 추구형

짧은 인생 기간 동안 많은 갈등을 겪어 온 청소년들은 평소 마음이 항상 갈등 속에 머물러 있기 때문에 마음의 평화에 대한 열망이 대단하며 이를 현실적으로는 이룰 수 없다는 것을 깨닫고 그 대신 약물을 복용함으로써 마음의 평화를 느끼고자 시도한다.

(3) 교우관계 추구형

인생을 살기 위해 친구가 반드시 필요하며 친구를 만들기 위해 상당한 기술이 필요하다. 대부분 성장 과정 동안 그러한 기술을 습득하게 되지만 일부는 기술을 습득하지 못한 경우도 있다. 그 결과 그들은 항상 고독하고 우울한 인생을 살아가기도 한다. 이때 청소년들은 종종 친구를 사귈 때 마음의 긴장을 완화시키기 위해서 약물을 이용하게 되며 그 결과 약물을 계속 사용하게 되는 경우가 있다.

---

4) 진태원(1997). 청소년의 약물 남용. 한국지역사회교육협의회. pp. 23-24.

(4) 힘 추구형

청소년뿐만 아니라 모든 사람들은 인생을 살아 나가는 과정에서 상당한 힘을 발휘하고 싶은 욕망들을 가지고 있다. 그러나 정당한 노력을 통해 힘을 얻는 일은 보통 어려운 일이 아니다. 그러나 약물은 어떤 경우 이들에게 강력한 힘을 가진 것 같은 착각을 제공해 주게 된다. 이런 착각을 경험하게 될 경우 이들은 자주 약물을 접하게 되며 그 결과 약물남용자가 되고 만다.

(5) 미적 감각 추구형

청소년들뿐만 아니라 모든 사람들은 미적 감각을 추구하는 경향들이 있다. 이를 느끼기 위해서 가끔 약물을 복용하게 되며 그 결과 약물에 지속적으로 의지하게 되는 경우이다.

(6) 성적 동반자 추구형

청소년기는 사춘기의 신체적 변화와 더불어 성적 충동이 증가하고 이성에 대한 관심이 높아지는 시기이며 성적 주체성을 확립해야 하는 시기이다. 그러나 여러 여건으로 인해서 많은 제약을 받고 있는 이들은 성적 행위를 할 때 많은 불안을 겪게 된다. 그래서 이들은 약물복용을 함으로써 불안을 극복하고자 하며 그 결과 약물에 지속적으로 의존하게 된다.

(7) 초월명상 추구형

복잡하고 갈등이 많은 인생을 살아 나가는 우리 모두는 모든 것을 초월한 인생의 느낌을 경험해 보고 싶은 열망이 있다. 그러나 이러한 열망이 현실에서 도저히 경험할 수 없는 일들이기 때문에 약물을 복용함으로써 경험하려 하고 그 결과 약물에 지속적으로 의존하게 된다.

7) 청소년 약물중독 및 남용의 후유증(www.who.int)

(1) 뇌기능 장애

① 신경의 정보 전달 과정에 영향을 미친다.
② 카페인은 아데노신의 작용을 억제시켜 신경세포를 흥분시킨다.
③ 헤로인이나 LSD(Lysergic acid diethylamide)는 신경전달물질 대신 작용하여 뉴런에서 정보 전달을 방해한다.
④ 펜사이클리딘(PCP)은 수용체를 차단하여 뉴런의 정보 전달을 방해한다.
⑤ 메스암페타민은 신경전달물질인 도파민을 과분비시켜 재흡수를 방해한다.
⑥ 대마초
- 여성의 경우 월경주기를 변화, 난자 생성에 문제, 불임, 미숙아 출산
- 남성의 경우 성기능을 약화, 정자의 수 감소, 정자의 활동 약화,
- 청소년기의 남성의 경우 성적발육과 남성 신체의 특징적 발달에 장애 유발

⑦ LSD는 연수를 과도하게 자극한다.
⑧ 환각제인 펜사이클리딘(PCP)은 뇌의 지방 조직을 녹인다.
⑨ 본드나 부탄가스 등은 휘발성 물질로 뇌에 직접적인 손상을 일으킨다.

(2) 폐기능 장애

① 흡입제 남용으로 호흡기 질환에 쉽게 감염된다.
② 쉽게 치료되지 않는다.
③ 본드의 주성분인 톨루엔은 기관지에 심한 손상을 준다.

(3) 골수기능 저하

① 백혈구 생성이 저하된다.
② 외부 감염의 경우 잘 치유되지 않는다.
③ 쉽게 합병증을 발생시킨다.

(4) 위·장기능 장애

술 등은 위, 장 등의 점막을 자극하여 소화기 계통의 질환을 유발한다.

(5) 간기능 장애

약물이 간에서 분해 대사되므로 심각한 영향을 받아 간염, 간경화, 간암 등 발생, 외부의 세균이나 병원균에 대한 면역기능이 떨어진다.

(6) 기형아 출산 확률 증가

(7) 정신장애

우울증이나 기타 정신병이 발생된다.

8) 청소년 약물중독 및 남용의 후유증을 유발하는 담배 속의 발암물질 예[5]

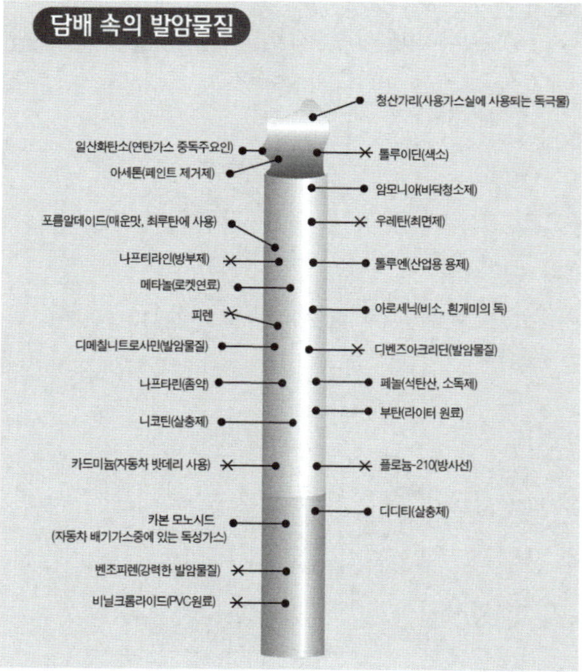

5) 김승희(2011). 청소년과 유해약물. 국립독성연구원.

9) 청소년 음주 및 흡연율 과거 및 최근 실태 보고 : 보건복지부 청소년건강행태온라인 조사(과거) 및 「제18차(2022년) 청소년건강행태조사 통계」(질병관리청)(최근)

보건복지부 청소년건강행태온라인 조사에 의하면 청소년 흡연율은 2014년 9.2%, 2015년 7.8%로 감소 추세를 보이고 있다.

표 12-5 청소년 흡연율 (단위: %)

구분	2005년	2006년	2007년	2008년	2009년	2010년
청소년 흡연율	11.8	12.8	13.3	12.8	12.8	12.1
구분	2011년	2012년	2013년	2014년	2015년	2016년
청소년 흡연율	12.1	11.4	9.7	9.2	7.8	?

출처: 보건복지부(2015). 청소년건강행태온라인조사.

보건복지부 청소년건강행태온라인 조사에 의하면 청소년 음주율은 2013년 16.3%, 2014년 16.7%로 증가하고, 2015년 16.7%를 보이고 있다.

표 12-6 청소년 음주율 (단위: %)

구분	2006년	2007년	2008년	2009년	2010년
청소년 음주율	28.6	27.8	24.5	21.1	21.1
구분	2011년	2012년	2013년	2014년	2015년
청소년 음주율	20.6	19.4	16.3	16.7	16.7

출처: 보건복지부(2015). 청소년건강행태온라인조사.

청소년 음주와 흡연율은 「제18차(2022년) 청소년건강행태조사 통계」[6]에 의하면 다음과 같다. 먼저 흡연율(일반담배(궐련) 현재 사용률)은 남학생 6.2%로 여학생 2.7%에 비해 높았으며, 고등학생(남 10.4%, 여 3.6%)이 중학생(남 2.3%, 여 1.8%)보다 높았고, 2022년 결과는 2021년(남 6.0%, 여 2.9%)과 유사하였다(그림 12-1-a). 액상형 전자담배 현재 사용률은 남학생 4.5%, 여학생 2.2%로 2021년(남 3.7%, 여 1.9%)보다 증가하였고, 고등학생(남 7.0%, 여 2.8%)이 중학생(남 2.0%, 여 1.5%)보다 높았다(그림 12-1-b).

6) 출처 : 교육부/질병관리청. 제18차(2022년) 청소년건강행태조사 통계(국가승인통계 제117058호).

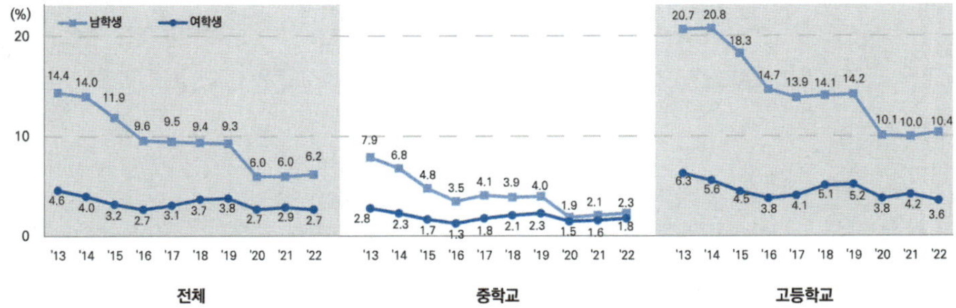

a. 현재 흡연율(일반담배(궐련) 현재 사용률) 추이

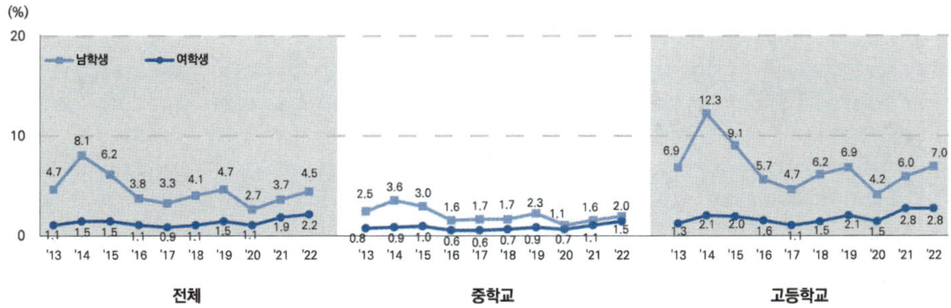

b. 액상형 전자담배 현재 사용률 추이

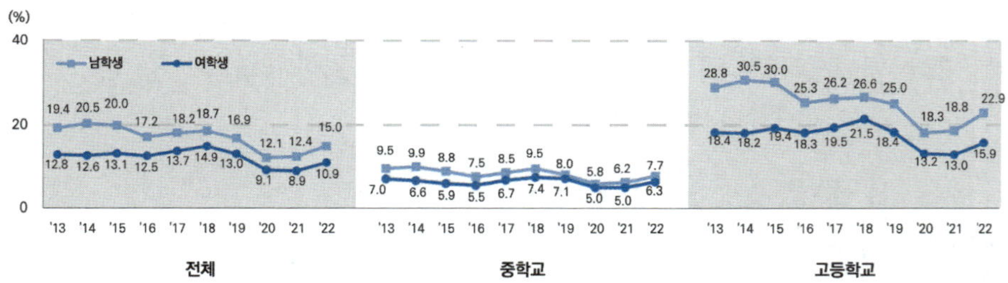

c. 현재 음주율 추이

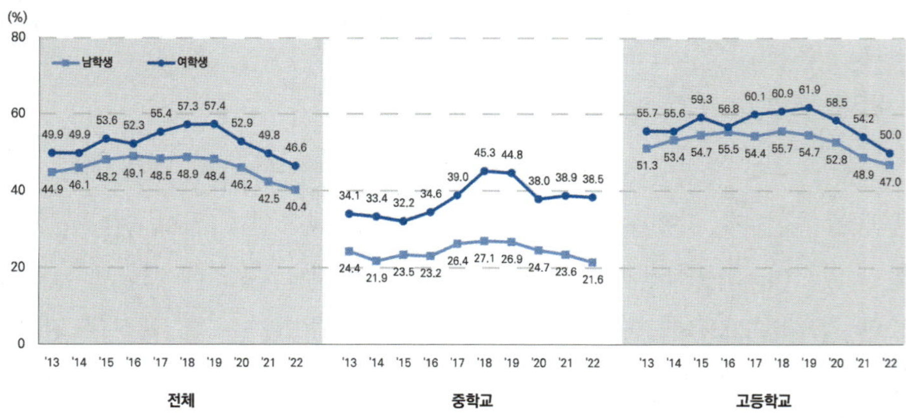

d. 현재 음주자의 위험 음주율 추이

그림 12-1 청소년 흡연율과 음주율

음주율은 남학생 15.0%로 여학생 10.9%보다 높았고, 고등학생(남 22.9%, 여 15.9%)이 중학생(남 7.7%, 여 6.3%)에 비해 높았으며, 2021년(남 12.4%, 여 8.9%)에 비해 증가하였다(그림 12-1-c). 위험 음주율은 남학생 6.1%, 여학생 5.1%로 2021년(남 5.3%, 여 4.4%)에 비해 소폭 증가하였지만, 현재 음주자의 위험 음주율은 남학생 40.4%, 여학생 46.6%로 2021년(남 42.5%, 여 49.8%)에 비해 감소하였다. 고등학생(남 47.0%, 여 50.0%)이 중학생(남 21.6%, 여 38.5%)보다 높았고 특히 고등학교 여학생에서 크게 감소하였다(그림 12-1-d).

02 약물의 종류와 남용 원인

1) 약물의 종류 및 증상

청소년들에 의해서 남용되고 있는 약물은 술, 담배를 비롯하여 본드, 가스 등의 흡입제, 진정제, 환각제 등 다양하다. 이들 약물의 종류 및 증상들은 표 12-7과 같다.

표 12-7 약물의 종류 및 증상들[7]

구 분	종 류	약리학적 분류	신체적 증상 및 행동	독 성
마 약	Opium(아편) Heroin Morphine Codeine Methadine Demerol	중추신경억제제	중추신경 억제로 인한 행복감과 도취감, 신체조정력 상실, 동공축소, 눈물, 콧물, 오한, 발한, 식욕감퇴, 졸림, 수면, 멍청함, 체중감소	정신적 의존(습관성), 신체적 의존(중독성), 내성, 금단증상, 감염, 농양, 파상풍, 간염, 호흡마비, 사망(과량 사용 시)
	Cocaine	중추신경흥분제	흥분, 동공산대, 불안, 초조, 진전(손 떨림), 미약한 환각	강한 정신적 의존, 정신혼돈, 현기증, 감정억제, 경련, 사망(과량 사용 시)

7) 우룡(2004). 청소년 약물남용과 마약류사범 동향. 청소년보호지도연구.

구 분	종 류	약리학적 분류	신체적 증상 및 행동	독 성
환각제	LSD, DMT, DET, STP, LBJ Mescaline Psilocybin Phencyclidine	중추신경흥분제 / 억제제	용량과 개인에 따라 다양함, 불안 초조, 도취감, 감정억제, 동공확대, 착각, 망상, 환각, 지각강화, 지각 왜곡, 오심, 구토, 예측불허의 행동, 공황 또는 공포성 정신병적 반응	신체적 의존은 없으며 정신적 의존 잠재성과 내성이 있다. 정신이상 및 영구 정신이상 가능, 예측불허 행위, 제제가 어려운 위험한 행동, 자살, 살해, 플리쉬백 현상
	대마 Marujuana Hashish	중추신경흥분제 그리고 또는 억제제	투여방법에 따라 효능다양, 안구 충혈, 구강건조, 말이 많음, 웃음, 도취감, 약한 환각, 시간과 공간의 왜곡, 과장된 지각	정신적 의존가능성이 있으며 내성과 신체적 의존은 없다. 공간왜곡에 의한 사고
흥분제 (각성제)	Amphetamines Benzedrine Dexedrine Methedrine 필로폰	중추신경흥분제	동공확대, 식용상실, 흥분, 잠이 많음, 손 떨림, 흥분성, 코·입술·구강의 건조, 호흡곤란, 과로, 피로, 불면증, 다량 정맥주사시 망상, 적개심, 공격적 행위, 환각, 공황증, 편집증	고혈압, 심장마비, 뇌손상가능성, 영양장애, 극도의 피로, 폐렴, 강한 정신적 의존 및 신체적 의존, 내성, 부주의한 행위, 혼수, 사망(과량 사용시)
억제제 (진정제, 수면제)	Barbiturates Phenobarbital Amytal Seconal Nembutal Tuinal	중추신경억제제	동공축소, 취한 행동, 말더듬, 사고산만, 억제, 졸림, 멍청함, 과량 사용 시 무의식, 혼수, 호흡마비로 사망	정신적 의존, 신체적 의존, 오판과 조정력 상실에 의한 위험, 금단증상, 신장장애, 뇌손상, 간장장애, 과량 사용 시 사망(술과 함께 복용시 상승작용)
신경 안정제	Valium Librium Ativan Quaalude	중추신경억제제	중추신경 억제제와 유사한 평온, 즐거움과 안정감, 발한, 감정억제, 정신적 침체, 배뇨장애, 노여움, 긴장, 불안, 정신적 흥분, 언어장애	억제제와 유사(그러나 보다 강함), 정신적·신체적 의존, 술, 마약, 수면제와 겸용시 상승효과, 시각장애, 현기증, 졸림, 금단증상(흥분, 오심, 감정억제, 경련 등)
흡입제 (본드·가스)	Toluene Hexane Acetone Gasoline Thinner	중추신경억제제	술과 유사함, 동공축소, 혼수, 언어장애, 현기증, 도취감, 시각과 청각왜곡, 환각작용이 있다고도 함, 콧물, 눈물, 침, 근조절장애, 취한 행동, 성냄, 흥분, 졸림, 무의식	정신적 의존, 판단장애로 오는 위험, 공격적 행위, 반사회적 행동, 간장장애, 심장장애, 골수장애, 영구적 뇌손상가능, 식욕감퇴, 체중저하, 사망
술	Wine Beer Whiskies	중추신경억제제	음주량과 개인의 정서적 상태에 따라 효과가 다름. 위통, 위염, 오심, 구토, 이뇨, 영양장애, 각종 질환, 불안, 긴장, 공포, 호전성	신체적 의존, 정신적 의존, 조정력 상실, 감상적·공격적 상태 등으로 인한 위험, 사망(수면제와 혼용하면 더욱 위험), 위염, 간경화, 췌장염, 반사회적 행동, 뇌손상, 각종 장기손상
담배	Cigarettes Cigars Pipe-Tobacco Chewing-Tobacco Snuff	중추신경흥분제	타액증진, 기관지분비증진, 혈압상승, 심박수 증가, 동공, 용량의 증가로 진전, 구토 호흡증진이 옴	폐암, 구강암, 후두암, 만성기관지염, 폐기종, 심장질환, 혈관질환, 공기오염

2) 청소년들이 남용하기 쉬운 약물들

① 술: 청소년들이 가장 흔히 남용되는 약물인데 불안과 긴장을 해소하기도 한다.

② 담배: 담배를 이용하는 성인의 수는 줄고 있지만, 청소년들 특히 10대 소녀들의 사용량이 계속적으로 증가되고 있다.

③ 흥분제와 진정제: 진정제와 흥분제의 사용은 합법적인 면과 비합법적인 면을 모두 가지고 있는 복잡한 약물로 우리사회에 널리 만연되고 있다. 그 중에서 ㉠ 흥분제는 많은 사람들이 일의 능률을 올리고 피곤을 줄이고 행복감을 느끼기 위해서는 암페타민과 카페인과 같은 흥분제를 사용한다. 많은 흥분제는 건강을 해칠 수도 있으며 반복적인 사용은 중독으로 이끌 수 있다. ㉡ 진정제는 잠을 유발하는 특성을 가진 것으로 낮 동안의 진정을 위하여, 또한 불안의 제거를 위해 소량의 처방을 하기도 한다.

④ 흡입제(휘발성 물질): 휘발유, 접착제, 수정액과 같은 휘발성 물질의 사용은 초등학생, 중학생 때부터 발견되고 있다. 사용자의 나이와 상관없이 그와 같은 물질들의 남용은 치명적이다. 그러나 최근 판례들을 보면 청소년의 흡입제 사용은 인터넷중독과 같은 다른 중독의 유형으로 줄어들고 있는 상황이다.

3) 법에서 명시하는 청소년 유해 약물의 종류(청소년 보호법 제2조, 2015)

「청소년 보호법」 제2조는 술, 담배, 마약류를 유해 약물로 지정하여 그 종류를 다음과 같이 구분한다.

표 12-8 법에서 명시하는 청소년 유해 약물의 종류(청소년 보호법)

① 「주세법」의 규정에 의한 주류 ② 「담배사업법」의 규정에 의한 담배 ③ 「마약류관리에 관한 법률」의 규정에 의한 마약류 1) 마약류 : 향정신성의약물 및 대마 2) 마 약 : 양귀비, 아편 및 코카엽, 코카인, 헤로인 등 ④ 「화학물질관리법」의 규정에 의한 환각물질 1) 톨루엔·초산에틸 또는 메틸알코올 2) 위 물질이 들어있는 신나(도료의 점도를 감소시키기 위하여 사용되는 유기용제) : 본드, 부탄가스, 신나 등 ⑤ 그 밖에 중추신경에 작용하여 습관성, 중독성, 내성 등을 유발하여 인체에 유해하게 작용할 수 있는 약물 등 청소년의 사용을 제한하지 아니하면 청소년의 심신을 심각하게 손상시킬 우려가 있는 약물로서 대통령령으로 정하는 기준에 따라 관계 기관의 의견을 들어 제36조에 따른 청소년보호위원회(이하 "청소년보호위원회"라 한다)가 결정하고 여성가족부장관이 고시한 것(청소년 보호법 제2조)

4) 법에서 명시하는 청소년 유해 약물의 판례(법무부)

우리나라 법에서 명시하는 청소년 유해 약물의 사례 이해를 위해 2가지의 판례를 제시하면 다음과 같다.

표 12-9 법에서 명시하는 청소년 유해 약물의 판례(법무부)

〈유해약물 등의 판매 · 대여 · 배포 금지〉
누구든지 청소년을 대상으로 하여 청소년유해약물 등을 판매 · 대여 · 배포하여서는 아니 된다. 이 경우 자동기계장치·무인판매장치·통신장치에 의하여 판매 · 대여 · 배포한 경우를 포함한다. 다만, 학습용 · 공업용 또는 치료용으로 판매되는 것으로서 대통령령이 정하는 것은 그러하지 아니하다(법 제26조1항). 이를 위반한 경우 형사처분을 받는다(법 제50조, 51조).
▲ 청소년을 포함한 일행이 함께 음식점에 들어와 술을 주문하였고, 청소년도 일행과 함께 술을 마실 것이 예상되는 상황에서 그 일행에게 술을 판매하였으며, 실제로 청소년이 일행과 함께 그 술을 마셨다면, 이는 청소년 보호법 제51조 제8호 소정의 '청소년에게 주류를 판매하는 행위'에 해당되며, 이 경우 성년자인 일행이 술을 주문하거나 술값을 계산하였다 하여 달리 볼 것은 아니다(대판2004도3999).
△ 음식점을 운영하는 사람이 그 음식점에 들어온 사람들에게 술을 내어 놓을 당시에는 성년자들만이 있었고 그들끼리만 술을 마시다가 나중에 청소년이 들어와서 합석하게 된 경우에는, 처음부터 음식점 운영자가 나중에 그렇게 청소년이 합석하리라는 것을 예견할 만한 사정이 있었거나, 청소년이 합석한 후에 이를 인식하면서 추가로 술을 내어 준 경우가 아닌 이상, 나중에 합석한 청소년이 남아 있던 술을 일부 마셨다고 하더라도 음식점 운영자는 청소년 보호법 제51조 제8호에 규정된 '청소년에게 술을 판매하는 행위'를 하였다고는 할 수 없고, 이 같은 법리는 음식점 운영자가 나중에 합석한 청소년에게 술을 따라 마실 술잔을 내주었다 하여 달리 볼 것은 아니다(대판2001도6032).

5) 청소년 약물중독 및 남용의 원인[8)]

사회적 환경이 청소년에게 미치는 영향은 중요하며 부정적인 사회적 환경에 노출되었을 때 청소년들은 각기 다른 문제행동을 나타낸다. 등교거부, 가출, 학업중퇴, 무단결석, 학교폭력, 음주, 흡연, 약물남용과 같은 행동이 대표적인 예가 된다. 이 중 음주와 흡연과 같은 약물남용은 「청소년 보호법」에 의해 이미 오래전부터 규제하고 있는 문제행동으로 잘 알려져 있다. 그러나 우리나라 청소년 약물중독 및 남용이 다른 문제행동보다 경험 비율이 높을 뿐만 아니라 증가하는 속도도 빨라지고 있고, 음주 및 흡연의 시작 연령이 갈수록 어려지고 있어 다른 문제행동으로의 확산이 우려된다(장정연, 2009).

8) 장정연(2009). 청소년 음주실태 및 요인: 또래관계 중심. 한국알코올과학회. 한국알코올과학회 학술대회 자료집.

청소년은 발달 특성상 아직 미성숙하고 신체·심리·사회적으로 성장해야 하는 단계에 있으며 많은 사회적 보호와 관심이 필요하다. 청소년들의 사회적 보호와 관심은 주로 가족이나 학교로부터 시작된다. 가족과 학교는 발달에 필요한 사회적 유대(social bonds) 요소로 가족이나 학교와의 유대가 약화되었을 때 약물중독 및 남용과 같은 문제행동이 나타난다(Hirschi, 1969; Thornberry, 1987). 인간발달과정의 맥락 모델(person-process-Context Model)에 의하면 청소년의 행동은 개인과 환경적 특성에 의해 영향을 받으며 특히 청소년발달에 가족과 학교의 영향력을 강조한다(Bronfenbrenner, 1979). 이러한 요인은 매우 복잡하며 역동적인 발달에 따라 변화되는 것으로 음주행동이 각 요인들과 어떻게 영향을 미치는지 파악하는 것은 중요하다. 구체적으로 청소년음주행동에 영향을 미치는 가족과 학교, 개인에 관한 요인을 살펴보면 다음과 같다.

(1) 가족요인

가족은 청소년 발달을 이해하는 데 가장 1차적이며 중요한 환경이다. 인간으로서 처음 가족과의 심리적 독립을 경험하는 시기로 청소년기에 부모가 지나치게 허용적이거나 자녀의 행동에 거의 관심이 없는 가정에서 자란 경우에 성인기로 전환하는 데 보다 큰 어려움을 겪는다(Zastrow et al., 2001). 부모의 행동은 청소년의 사회적·감정적·교육적 측면에서 많은 영향을 미치기 때문에(Meyers & Miller, 2004) 청소년들에게 가족환경은 위험요인 혹은 보호요인으로 작용할 수 있다. 가령 부모의 양육태도로 부모의 감독이 높을수록 청소년의 음주행동 수준은 낮아진다. 즉 부모감독은 청소년 약물중독 및 남용과 직접적인 관련이 있으며 효과적인 양육태도는 청소년 약물중독 및 남용을 감소시킬 수 있는 방법이다.

(2) 학교 요인

전통적으로 학교는 "부모를 대신하는 곳"(In Loo Parentis)으로 여겨질 정도로 청소년의 발달과정에 중요한 위치를 점하고 있다(이상균, 2000). 특히 청소년들이 학교에서 보내는 시간이 최소 10시간 이상을 넘고 있다는 점을 고려한다면 학교 요인의 영향력에 깊은 관심을 기울여야 한다. Eitle과 Eitle(2004)은 학교 요인을 중요한 예측변인으로 보고 청소년 약물중독 및 남용과의 관련성을 제시하며 학교 요인의 중요성을 언급하고 있다. 그만큼 학교는 청소년들이 또래, 성인과 상호작용하는 매우 구조적이고 집중적인 환경이다. 학교환경은 구조적 환경과 기능적 환경으로 구분할 수 있다. 구조적 환경은 물리적 환경과 시설환경을, 기능적 환경은 학습환경과 대인관계 환경 및 심리적 환경을 포함한다(한상철, 2003). 실제 청소년 약물중독 및 남용을 보이는 청소년은 학업과 관련된 적응문제에 어려움을 겪게 되고(Patterson, DeBaryshe, & Ramsey, 1989), 학습과정에 방해를 받는다(Dishion et al., 1991). 이에 청소년들의 불충분한 학교생활만족과 낮은 학업기대는 부정적인 행동을 야기할 가능성을 높여준다(Jessor et al., 1977). Farrell 등(1992)의 연구는 학교생활의 불만족으로 인해 나타나는 학교 출석문제와 같은 상황이 청소년 약물중독 및 남용과 깊은 관련이 있는 것으로 나타났다. 따라서 청소년 약물중독 및 남용을 예방하기 위해 학교를 포함한 사회적 맥락에서 봐야 하는 것이 중요하고 학교는 효과적인 예방과 개입노력을 통해 반사회적 행동과 관련되는 위험요인들을 막을 수 있도록 노력해야 한다. 특히 학교는 교사와 학급 구성원들 간의 심리·사회적 유대가 형성되는 곳으로 청소년은 학교 및 교사와의 관계를 통해 사회적 발달에 필요한 보호와 관심을 받게 된다.

(3) 개인 요인

생태체계이론에서 즉각적인 환경 내에 상호관계들의 복합체를 체계라 하는데 그 중 미시체계인 개인적 요인은 가장 기본적인 인간의 행동을 이해하는 데 토대가 된다. 문제행동이론에 의하면 청소년 약물중독 및 남용과 같은 문제행동을 일으킬 위험성이 개인적 요인에 따라 달라진다고 한다. 개인 요인은 문제행동을 일으키는 예측변인 중의 하나로서(Jessor et al., 1977) 청소년 약물중독 및 남용의 위험요인이기도 하고 보호요인이 되기도 한다. 다시 말하면, 성·연령·성격 혹은 성향 등과 같은 개인 요인이 보호요인 또는 위험요인으로서 청소년기 문제행동에 영향을 미친다. Gottfredson과 Hirschi(1990)의 경우 청소년 약물중독 및 남용과 같은 문제행동에 개인적 특성이 매우 중요하다는 것을 강조하고 있다(Vitaro et al., 2000 재인용). 예컨대 개인적 특성이 부정적일수록 문제행동이 더 자주 발생되는 것으로 나타나 약물남용과 같은 청소년 문제행동과의 유의미한 상관관계를 입증하고 있다(Vitaro et al., 2000). 즉 개인적 요인은 청소년 약물중독 및 남용을 유발하는 직접적인 효과가 있다(Brook et al., 1998). 연구자에 따라 아동기 때의 개인적 행동 또는 특성이 청소년음주의 예측요인이 되어 청소년기 문제행동으로까지 이어진다고 언급한다. 연구마다 차이는 있지만 낮은 자존감(Jessor, et al., 1995), 공격성(Vitaro et al., 2000), 낮은 자아통합(Brook et al., 1998), 위험감수(risk-taking)(Brook et al., 1998), 감각추구성향(Otero-Lopez, Luengo-Martin, Miron-Redondo, Carrillo-De-La-Pena, Romero-Trinanes, 1994) 등과 같은 개인 요인들이 청소년 약물중독 및 남용과 관련이 있다고 보고되고 있다.

(4) 또래관계

청소년기의 또래관계는 매우 중요하다(Goldstein et al., 2005). 동일 연령대의 친구들은 청소년들의 사회화와 발달에 중요한 역할을 하며 청소년들은 친구나 또래를 통해 어떤 현상에 대해 판단하고 행동하는 데 필요한 인지적·사회적 자원을 얻는다. 또한 청소년들은 친구를 통해 사회적 기술을 연마하고, 그들이 성인이 되었을 때 할 수 있는 사회적 역할을 연습하기도 한다. 친구들과의 대화 속에서 청소년들은 동료애, 피드백, 현실적인 정보와 정서적 지지를 얻으며 서로 의지하게 된다(한상철 외, 2003; Goldstein et al., 2005). 또래관계는 청소년기 발달단계에서 문제행동에 관여할 위험성을 증가시키거나 감소시킨다.

발달특성상 청소년들은 사회적 맥락 속에 또래선택을 시작으로 또래 간에 영향을 주고받는다. 우선적으로 청소년은 자신과 비슷한 성향을 가진 친구들과 사귀는 경향이 높다. Engels 등(2004)에 따르면, 청소년은 자신과 유사한 특징, 태도, 행동을 지닌 친구들을 선택하며 의견과 행동에 있어서 차이를 보이는 또래와는 접촉을 피하는 것이 일반적이다. 우정발달이 유사성(similarity)에 기반을 두며 결정되기 때문에(Fisher and Bauman, 1988) 청소년들은 관계중심적인 형태로 친구를 신뢰하고 비밀을 터놓을 수 있는 친구를 찾기 마련이다. 다시 말해 친구의 유사한 태도와 행동은 친구선택에 영향을 미치며 대인관계까지 지속된다.

또래관계가 유사성을 근거로 친하게 느끼는 정도 또는 선택의 상호성으로 접근하는 경향이 있으므로 친구관계에서 동일하거나 비슷한 규범(Oetting et al., 1987) 혹은 태도가 서로 공유되었을 때 친구를 선택하고 영향을 주고받는다. Brook 등(1998)은 감각 추구적(sensation seeking)인 행동을 보이는 청소년들이 서로 어울리며 비행또래를 선택하는 경우가 높다고 한다. 청소년들의 유사한 일탈행동이나 비행에 대한 허용적인 태도가 또래관계에 영향을 미치는 주요 변수가 되므로 청소년들이 긍정적인 또래관계를 형성할 수 있도록 관심을 기울일 필요가 있다. 청소년들이 약물중독 및 남용을 보이는 또래와의 관계를 형성하게 된다면 부정적인 결과를 초래할 수 있다. 또래의 문제행동 수준이 청소년들에게 있어서 강력한 예측인자 중에 하나가 되므로 또래행동이 청소년 음주행동의 수준을 높이는 중요한 변수가 된다. 예를 들면 음주행동을 보이지 않는 또래와 어울리는 경우 보통 상대적으로 낮은 문제행동의 수준을 보이게 되고 반대로 음주행동을 보이는 또래가 주변에 많은 경우 높은 수준의 청소년 약물중독 및 남용을 보일 수 있다.

03 청소년의 약물중독 및 남용 대처

청소년의 약물중독 및 남용의 문제를 직시한다면 그들의 약물남용을 예방하기 위한 우리의 근본적인 대책과 프로그램이 한층 요구된다. 현재 청소년을 대상으로 실시되고 있는 예방교육을 보면, 단순히 시청각 자료 등을 이용하여 약물사용의 폐해를 학생들에게 일방적으로 전달하는 방식이 대부분이며 하루 1~2시간 정도로 1회성으로만 운영되고 있다. 현재 실시되고 있는 우리의 예방교육은 효과성이 전혀 없는 것으로 입증된 모델을 답습하고 있는 수준으로 오히려 시간, 에너지, 비용의 낭비일 수도 있다. 외국은 우리와는 매우 대조적이다. 초등학교 입학 전부터 약물남용 예방교육을 실시하며, 예방교육을 장기간에 걸쳐 실시하고 있다. 예를 들면, 중학교 입학과 동시에 학교에서 약물남용 예방교육을 실시하며 졸업 때까지 지속되고 있다. 또한 예방교육의 지속성과 예방의 효과성 간에 밀접한 관계가 있음을 연구를 통해 밝히고 있다. 즉, 예방교육을 조기에 실시하며 지속적으로 실시하고 과학적 방법을 이용하여 청소년 약물남용 예방프로그램의 효과성을 검증하고 효과성이 입증된 예방프로그램을 학교에서 운영하고 있다. 청소년의 약물중독 및 남용의 대처를 위한 사회복지사의 개입을 다음과 같은 내용을 가이드라인으로 제시해본다.

1) 약물중독 및 남용 대처를 위한 청소년 약물남용의 초기 증상의 이해

청소년 약물사용에 적극적으로 대처하고 이를 예방하기 위한 다양한 대책이 마련되어야 하나, 예방교육을 담당할 전문 인력 양성과 예방교육을 실시할 수 있는 장(場)의 마련이 시급하다. 이를 위해 청소년들의 약물남용의 초기 증상의 이해가 필요하다.

표 12-10 약물중독 및 남용 대처를 위한 청소년 약물남용의 초기 증상의 이해

가. 집중이 어려우며 잦은 결석	나. 생활태도의 변화
다. 시선과 대화 회피	라. 기억력, 주의력, 집중력 감소
마. 자기합리화를 위해 노력	바. 남용물질 발견
사. 성격의 변화	아. 흥미 상실
자. 신체적 허약	차. 용돈을 자주 요구
카. 약물에 대한 이야기에 화를 발산	타. 약물남용을 하는 친구들과 어울림

2) 청소년 약물중독 및 남용의 대처를 위한 이론적 틀

청소년 약물중독에 관한 재발예방을 위한 이론적 틀로서 인지행동모델에서 자주 사용되는 틀이다.

(1) 예시

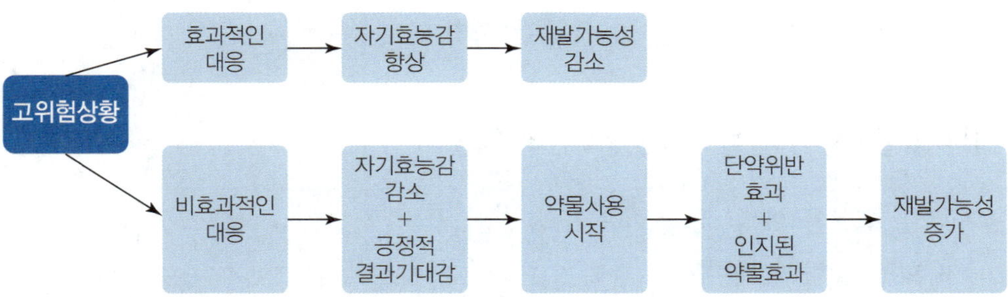

출처: Witkiewitz, K. & Marlatt, G. A.(2004). Relapse Prevention for Alcohol and Drug Problems: That Was Zen, This Is Tao. American Psychologist, 59(4), pp. 224-235.

그림 12-2 재발의 인지행동모델

3) 청소년 약물중독 및 남용 대처를 위한 전문 인력 양성

다른 분야보다도 특히 약물남용분야는 교육 담당자의 전문성이 요구된다. 복잡하고 다차원적인 약물사용의 원인에 대한 이해가 있을 때 이에 기초하여 효과적인 약물남용 예방프로그램을 개발하고 이를 적용시킬 수 있는 능력이 있게 마련이다. 단순히 자원봉사가 담당할 수 있는 분야가 아니다. 약물남용 예방 및 치료 전문 인력을 위한 자격증 제도를 마련하여 그들의 전문성을 높이고 효과적인 교육을 담당할 수 있도록 해야 한다. 보건복지부를 통해 약물남용 예방 전문가(prevention specialist) 자격증 제도를 신설하여 예방 전문가를 양성하고 관리하도록 해야 할 것이다.

4) 청소년 약물중독 및 남용 대처를 위한 부모와 청소년 자신의 역할

(1) 약물남용 예방을 위한 부모의 역할

- 부모의 모범적인 생활습관
- 교육자의 자세
- 행동 규칙을 정하고 반드시 실천
- 친구의 압력에 저항할 수 있는 능력을 갖도록 교육
- 자녀의 행동에 관심
- 다른 학부모와 긴밀한 연락
- 자녀의 약물복용 징후를 알고 즉각 조치

(2) 약물남용 예방을 위한 청소년의 역할

- 약물 오남용 예방 교육 이수
- 사회적 압력에 저항하는 방법 익히기
- 또래 상담 및 선도
- 약물 남용 학생 또는 밀매자를 부모나 학교에 알림
- 끊겠다는 결심
- 약물복용 친구들과 어울리지 않음을 결심

- 심하면 전문가의 도움 요청
- 중독 시 가족의 협조 아래에 치료
- 약물남용의 유혹 시 행동의 합리화
- 여가 선용방법 찾기
- 체내 약물 제거에 도움이 되는 음식물 섭취

5) 청소년 약물중독 및 남용 대처를 위한 공식적인 기관의 역할

(1) 통합적인 학교 교육의 강화

전문 인력이 있고 효과적인 예방프로그램이 있다 할지라도 이를 실시할 수 있는 장이 마련되어야 한다. 최선의 장소로 청소년들을 쉽게 접할 수 있는 학교를 생각할 수 있다.

- 약물 남용을 위한 철저한 교육과 계몽 활동 등을 실시
- 학교 교육에서는 별도의 약물 교육 프로그램을 설정하여 예방 교육을 실시
- 정규 교과목 과정에 약물에 관한 사항을 포함시켜 실제적인 교육을 실시
- 연령별로 하는 교육은 이들 사이에서 남용하는 약물을 중심으로 교육을 실시

(2) 학교 내 예방교육(School-Based Prevention) 실시

지속성 있고 효과성 있는 예방교육을 실시하기 위해 학교당국의 적극적인 협조가 마련되어야 하나, 현행 교육제도하에서는 불가능할 것이다. 교사, 학교장의 인식 전환도 필요하지만, 청소년 약물남용의 심각성과 그로 인한 폐해를 고려한다면, 교육부와 같은 관련 부처가 청소년 약물남용 예방교육의 필요성을 인식하고 보다 적극적인 자세를 가질 때 지속적이고 효과성 있는 약물남용 예방교육을 조속히 실시할 수 있는 대책이 마련될 것이다. 대학입시제도의 개선뿐만 아니라 청소년이 건전하고 건강하게 성장할 수 있는 대책마련에도 관심을 가져야 할 것이다. 외국의 예방교육을 참조하여 우리도 약물남용 예방교육을 정규 교과목화하여 술, 담배를 포함한 약물사용의 폐해에 대한 정보를 학생들에게 제공하는 것뿐만 아니라 약물사용과 관련된 다양한 위험요인에 적극적이고 효과적으로 대처할 수 있는 능력을 증진시킬 때 청소년의 약물사용을 최대한 방지할 수 있을 것

이다. 교육부가 청소년의 약물남용 예방과 정신건강 증진을 위한 뚜렷한 목표를 가지고 획기적인 대책을 마련할 것을 기대한다.

(3) 학교의 역할(예시)

※청소년 약물중독 및 남용 대처 및 예방을 위한 학교의 역할

- 약물사용에 대한 정기적인 실태조사
- 약물사용에 대한 규칙과 벌칙들을 수립하여 실천
- 약물오남용 추방을 위한 적합한 안전대책을 수립
- 약물 오남용에 대항해서 확립된 제도는 공정하고 일관성 있게 시행
- 유치원에서 고등학교까지 지속성과 연계성 있는 교육과정을 운영
- 지역사회로부터 지원과 도움을 받도록 노력

※학교에서의 약물 오남용 예방 프로그램

- 일반적인 프로그램의 개요
  1) 교육 담당자: 가) 또래 나) 교사(약물오남용에 대한 관심과 전문적 지식을 갖추고 있는)
  2) 교육내용: 가) 예방 강조 나) 사회적 압력 대처 방법 다) 거절 훈련
  3) 금연운동 전개: 부모나 교사가 아이들 앞에서 흡연하는 모습은 절대 보이지 않도록 하는 것이 중요
  4) 정규적인 약물교육
  5) 중독자 발견 시 치료기관에 의뢰

6) 청소년 약물중독 및 남용 대처의 사회복지적 접근

(1) 과학적 이론 근거

예방은 위험요인을 밝혀내고 그 요인을 감소 또는 제거시키는 것을 목표로 하기 때문에 프로그램을 개발할 때 선행연구에 대한 충분한 검토가 이루어져야 한다. 더불어 여기서 중요한 점은 위험요인은 프로그램을 통해서 수정 가능한 것이어야 한다. 사회·경제적 요인, 약물남용과 관련된 가족력 등도 청소년 음주의 위험요인으로 밝혀졌지만, 예방프로그램을 통해 이를 수정하기란 불가능하기 때문에 개입을 통해 수정 가능한 요인들을 포함시키도록 한다.

(2) 이론에 기반한 개입방법

보호요인을 강화시키는 개입방법도 이론에 기초해야 하며 최근 예방프로그램

의 기초가 되는 사회학습이론이 유용하리라 생각된다. 약물남용과 관련된 또래집단의 압력, 잠재적 문제 상황 등과 같은 위험요인의 영향을 최소화시킬 수 있는 거부기술훈련, 인지재구조화 작업 등에 대한 교육과 훈련이 필요하다.

(3) 보편적 예방프로그램 우선 고려

예방교육의 효과는 조기에 실시할수록 효과성이 높다. 따라서 문제를 가질 가능성이 평균 이상이거나 혹은 이미 문제를 가지고 있는 일부 학생을 대상으로 하기보다 보편적인 예방프로그램으로 운영할 수 있도록 하여 모든 학생을 대상으로 조기예방교육을 실시해야 한다.

(4) 예방프로그램의 지속기간 연장

현재 우리나라에서 실시되고 있는 청소년 약물남용 예방프로그램은 단기간에 실시되는 경우가 대부분이다. 심지어는 하루 한두 시간 동안 실시되는 경우도 많아 그 효과성을 기대하기는 어렵다. 예방교육이 지속적으로 이루어질 수 있는 방안을 모색하고 이를 실현해야 한다.

(5) 부모 참여 유도

부모가 프로그램에 적극적으로 참여하고 있지 않다는 것이 현실이다. 외국도 마찬가지여서 부모의 적극적인 참여를 요구하는 프로그램의 부모 참여가 저조하다. 부모의 참여를 유도할 수 있는 방법을 고려하여 교육의 효과성을 높이도록 한다.

(6) 상호작용형 프로그램 적용

이와 같은 교육방식을 활용하기 위해서는 대규모 집단보다는 소규모 예를 들면, 1학급 정도의 규모를 대상으로 프로그램이 실시되어야 할 것이다. 이를 위해 교사를 상대로 프로그램 내용과 실행방법에 대한 교육을 실시하고 각 학급의 교사가 프로그램을 운영하는 것이 최선일 것이다. 그러나 학교 내 예방프로그램이 정착화되어 있지 않은 상태이고 학교 측의 절대적인 지원이 있어야 하기 때문에 현실적인 어려움이 있을 것으로 생각된다. 차선책으로 학교사회복지를 실시하고 있는 학교들을 대상으로 프로그램을 시범적으로 실시하고 효과성을 입증하여 약물남용 예방프로그램의 필요성을 학교 측에 전달하는 노력을 기울여야 할 것이다.

(7) 효과성 평가

프로그램에 참여한 학생집단과 프로그램에 참여하지 않았거나 혹은 다른 형태의 프로그램에 참여한 학생집단을 비교함으로써 프로그램의 효과성을 측정할 수 있을 것이다. 프로그램의 효과성을 측정하기 위해 프로그램의 목표가 명확해야 한다. 음주율, 흡연율, 약물에 대한 태도, 거절기술 습득 등이 프로그램의 목표가 될 수 있을 것이며, 이에 대한 사전·사후 조사를 실시 및 비교하여 프로그램의 효과성을 측정하여 효과적인 예방프로그램을 제공하도록 노력한다.

7) 청소년 약물중독 및 남용 대처의 사회복지적 접근 2

(1) 대처를 위한 예시 1: 강북지역 청소년 약물남용예방 공동체

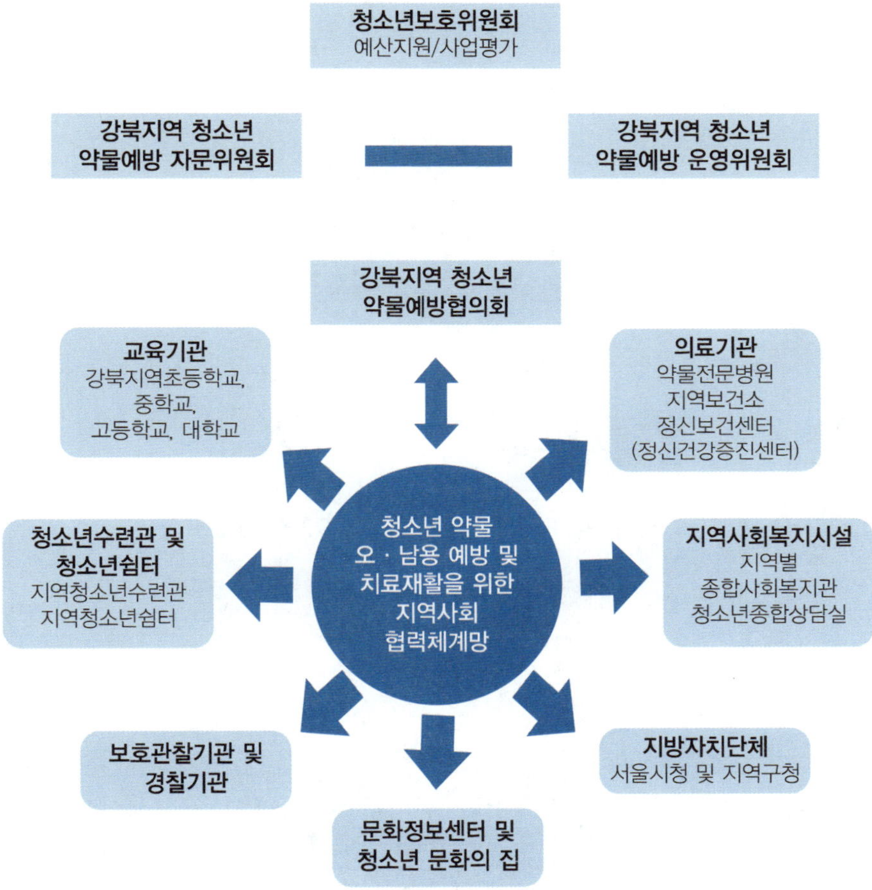

그림 12-3 강북지역 청소년 약물예방 지역사회협력체계(2004년도 참고)

(2) 대처를 위한 예시 2: 지역의 협력체계망의 유형의 개발[9)]

청소년 약물중독 및 남용 대처의 사회복지적 접근으로서 다음과 같이 3가지 협력체계망의 유형을 그림으로 제시해보았다.

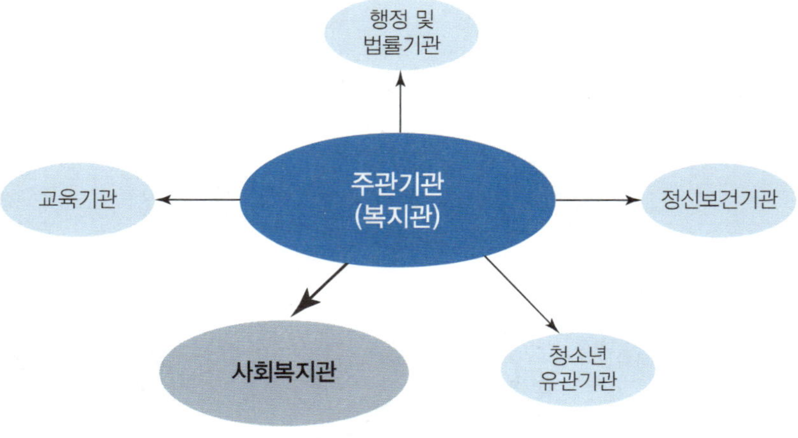

그림 12-4 지역의 협력체계망 1: 복지관 연합형

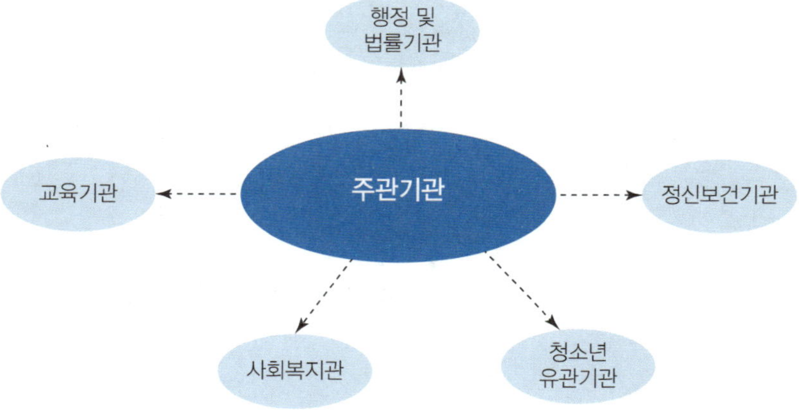

그림 12-5 지역의 협력체계망 2: 주관기관 주도형

9) 청소년위원회(2005). 청소년약물예방과 치료재활을 위한 지역사회협력체계망 사업 평가도구 개발 및 모델구축. 청소년위원회.

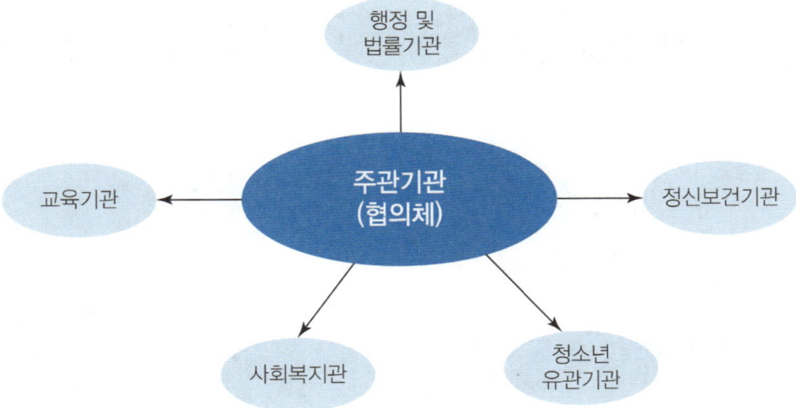

그림 12-6 **지역의 협력체계망 3: 협의체 중심형**

마약 1세대 전문가 고광언 "약물 오남용 없는 청정 제주 만들 것"

쉼터

마약과 약물남용 폐해 홍보와 예방활동을 위한 사단법인 제주 중독예방교육원(원장 고광언)이 20일 개원했다. 고광언 제주 중독예방원장은 경찰 출신인 우리나라 마약 1세대 전문가다. 그는 2003년 도내 최초로 한성대학교 국제대학원에서 국제마약학과를 졸업했다. 1979년 경찰에 입문해 지난 6월 30일 제주청 국제범죄수사대장으로 정년퇴임한 고 원장은 자타 공인 제주 마약수사 1인자라는 평가다. 그는 현직에 재직하는 동안 중독전문가, 사회복지사, 상담사 등 11개의 국가 및 민간 자격증 취득하기도 했다. 그는 공직을 퇴임 후 청소년들의 약물오남용 예방교육에 제2인생을 보내기로 다짐했다. 중독예방교육원의 주요사업은 ▲ 마약류 및 술, 담배 등 약물 남용과 중독예방을 위한 대국민 홍보, 계몽, 교육 ▲ 마약류 및 술, 담배 등 약물 남용 및 중독예방을 위한 홍보계몽 자료의 보급 ▲ 마약류 및 술, 담배 등 약물 남용으로부터 아동 및 청소년의 건전육성 및 보호에 관한 사업 ▲ 마약류 및 술 담배 등 약물남용에 대한 연구 조사 ▲ '마약 없는 청정 제주국제자유도시 건설' 위한 관계기관들과의 연계를 통한 마약류 등 약물 오·남용 예방 캠페인 등 전개 등이다. 고 원장은 "정부 주도의 예방사업과 단속 위주의 정책으로는 마약류 등 약물의 남용 문제를 해결할 수 없다는 분위기가 확산되고 있다"며 "이에 민간단체를 설립, 약물남용의 폐해로부터 우리의 가족과 이웃의 행복을 수호하고 마약 없는 청정 제주를 건설하는 데 최선을 다할 것"이라고 밝혔다. 제주 중독예방교육원은 제주시 삼도2동 소재 제주환경일보 건물 2층에 마련됐다.

출처: 시사제주(2015.10.20.).

04 청소년 약물관련 개입 기관

1) 지정 병원[10]

표 12-11 마약류 중독자 치료보호기관 현황(' 24.1월 기준)

지역	구분	병원명	지정 병상 수(개)	대표번호
서울	은평구	서울특별시 은평병원	25	02-300-8114
	광진구	국립정신건강센터	2	02-2204-0114
부산	연제구	부산의료원	2	051-507-3000
	사상구	부산시립정신병원	8	051-310-7710
대구	서구	대구의료원	2	053-560-7575
	동구	대동병원	25	053-663-1008
인천	동구	인천광역시의료원	2	032-580-6000
	서구	인천참사랑병원	30	032-571-9111
광주	광산구	광주시립정신병원	5	062-949-5200
대전	중구	참다남병원	4	042-222-0122
	서구	마인드병원	2	042-528-6550
울산	남구	마더스병원	10	052-270-7000
경기	의정부시	경기도의료원의정부병원	5	031-828-5000
	용인시	용인정신병원	10	031-288-0114
	의왕시	계요병원	10	031-455-3333
강원	춘천시	국립춘천병원	10	033-260-3000
충북	청주시	청주의료원	2	043-279-0114
충남	공주시	국립공주병원	2	041-850-5700
전북	익산시	원광대학교병원	2	1577-3773
	김제시	신세계병원	32	063-545-8700
	완주군	전라북도마음사랑병원	4	063-240-2100
전남	나주시	국립나주병원	10	061-330-4114
경북	포항시	포항의료원	3	054-247-0551
경남	창녕군	국립부곡병원	90	055-536-6440
	양산시	양산병원	2	055-379-0202
제주	제주시	연강병원	2	064-726-7900
합계		26개 의료기관	301	–

10) 보건복지부(2024). 2024년 1월 기준 마약류 중독자치료보호기관 현황. 보건복지부(www.mohw.go.kr).

2) 청소년 약물남용 수강명령 협력기관(법무부)

	협력기관명	소재지	집행분야(내용)	담당 인원	보호 관찰소
1	국립서울정신병원	서울 광진구 중곡동 30-1	성인마약 및 유해, 알코올사범 수강교육	4	서울보호관찰소
2	한국마약퇴치운동본부	서울 서초구 방배동 1002-6	성인마약 및 유해, 알코올사범 수강교육	3	〃
3	성북정신건강센타	서울 성북구 동선동 2가 120	성인마약 및 유해, 알코올사범 수강교육	2	〃
4	강서정신보건센타	서울 강서구 염창동 275-12	성인마약 및 유해, 알코올사범 수강교육	1	〃
5	서울시립동부아동상담소	서울 동대문구 장안2동 329-1	소년 유해 및 일반사범 수강교육	1	〃
6	신당종합사회복지관	서울 중구 신당2동	소년 유해 및 성폭력사범 수강교육	4	〃
7	광장종합사회복지관	서울 광진구 광장동 472-1	소년 유해 및 일반사범 수강교육	1	〃
8	태화은평사회복지관	서울 은평구 수색동 8-15	소년 유해 및 일반사범 수강교육	1	〃
9	태화장안사회복지관	서울 동대문구 장안1동 395-2	소년 유해 및 일반사범 수강교육	1	〃
10	이화여대사회복지관	소년 유해 및 일반사범 수강교육	소년 유해 및 일반사범 수강교육	3	〃
11	옥수종합사회복지관	서울 성동구 옥수2동 204-8	소년 유해 및 일반사범 수강교육	4	〃
12	성내종합사회복지관	서울 강동구 성내동 508-1	소년 유해 및 일반사범 수강교육	1	〃
13	복지와사람들	서울시 구로구 구로동 612-12 창무빌딩	약물치료강의 미지정	4	〃
16	태화기독교사회복지관	강남구 수서동 741	마약수강	5	〃
17	서울알코올상담센터	서울시 마포구 염리동 172-11	알코올치료강의	4	〃
18	동원병원	동두천시 탑동 149번지	약물치료강의	4	의정부지소
9	인천마약퇴치운동본부	인천시 남동구 구월동1136-10 구월빌딩B동202호	약물치료강의	3	인천보호관찰소
20	부천성가병원	경기도 부천시 원미구 소사동 2번지	약물치료강의	3	인천보호관찰소
21	인하대학교 사회교육원	인천시 남구 용현동 253	약물치료강의	3	〃
22	한라종합 사회복지관	부천시 원미구 중4동 1028	약물교실, 집단상담	1	인천(보) 부천지소
23	한국마약퇴치운동본부 인천지부	인천 남동구 구월1동 1465	약물개별 및 집단상담, 강의	2	〃
24	이천시 청소년상담실	이천시 창전동 139	청소년인성·심리치료, 약물치료	2	수원보호관찰소

	협력기관명	소재지	집행분야(내용)	담당 인원	보 호 관찰소
25	경기다사모	수원시 권선구 세류3동 1075 2층	알코올치료	2	〃
26	용인정신병원	용인시 구성읍 상하리 4	알코올치료, 약물치료	5	〃
27	아주대학교 병원	수원시 팔달구 원천동 산5	약물치료	5	〃
28	수원정신보건센터	수원시 권선구 매산로3가 16-6	정신심리치료 약물치료	2	〃
29	태화기독교사회복지관	서울 강남구 수서동 741	약물치료	5	〃
30	성남시정신보건센타	성남시 분당구 야탑동 349	정신심리치료, 마약치료, 약물치료	3	〃
31	강원도청소년 종합상담실	강원도 춘천시 사농동 277-1	청소년수강(약물치료 수강포함)	5	〃
32	한림대학교부속성심병원	강원도 춘천시 교동 153	약물(알코올)치료수강	8	〃
33	춘천정신보건센터	강원도 춘천시 동면 장학2리 791-16	알코올치료수강	3	〃
34	명륜종합사회복지관	강원도 원주시 명륜2동 705	약물치료수강, 폭력치료수강	10	〃
35	원주가톨릭사회복지회	강원도 원주시 인동 242-16	알코올치료수강	5	〃
36	강릉청소년종합상담실	강원도 강릉시 임당동 126-14	약물치료 수강명령	2	〃
37	공주치료감호소	공주시 반포면 봉곡리 산1번지	시설견학, 사이코드라마, 약물치료 교육	2	〃
38	대덕구 정신보건센터		약물치료교육, 개별상담	2	〃
39	청주의료원	충북 청주시 흥덕구 사직1동 554-6번지	마약·약물 치료	4	청주보호 관찰소
40	현도사회종합복지관	충북 청원군 현도면 상삼리 387번지	마약·약물 치료	3	〃
41	청소년상담실	안동	약물치료강의, 심성순화강의, 성폭력강의	3	〃
42	포항의료원	포항시 북구 용흥동 315	약물치료강의	4	〃
43	구미가족상담센타	구미시 원평동 1071-1	약물치료강의, 가정폭력치료강의, 정신심리치료강의	2	대구(보) 김천지소
44	안영실정신건강상담센터	부산광역시 금정구 장전2동 521-82번지	약물치료	1	〃
45	아미정신건강센터	부산광역시 서구 아미동 2가 89-155번지	약물치료	4	〃
46	한국마약퇴치운동본부	부산광역시 동구 초량3동 1158-7번지	약물치료	8	〃
47	연산정신병원	부산광역시 연제구 연산6동 1849-8번지	약물치료	4	〃

	협력기관명	소재지	집행분야(내용)	담당 인원	보 호 관찰소
48	부산의료원	부산광역시 연제구 연산4동 587-4번지	약물치료	3	〃
49	동래병원	부산광역시 금정구 두구동 308번지	약물치료	3	〃
50	새동래병원	부산광역시 금정구 장전3동 652-12	약물치료	3	부산보호 관찰소
51	금정구정신보건센터	부산광역시 금정구 장전3동 649-8번지	약물치료	3	〃
52	아미정신건강센터	부산시 서구 아미동2가 89-155	약물치료강의, 정신인성 교육	4	〃
53	연산정신병원	부산시 연제구 연산6동 1849-8	약물치료강의	4	〃
54	부산보호관찰소	부산시 금정구 청룡동 283-4	약물치료강의, 심성훈련	8	〃
55	울산광역시청소년상담실	울산 중구 옥교동 160-8	약물, 성폭력프로그램	2	〃
56	창원시정신보건센터	경남 창원시 사림동 36-1	약물치료	2	〃
57	진주정신병원	경남 진주시	정신·심리·약물치료강의	6	〃
58	요한병원 그라나다 알코올치료센터	광주시 북구 임동 67번지	알코올치료강의	9	광주보호 관찰소
59	한국마약퇴치운동본부 광주지부	광주시 북구 신안동 132-8	약물치료강의	4	〃
60	다사랑병원	광주시 서구 벽진동 282-10	알코올치료강의	7	광주보호 관찰소
61	목포대 가족상담센터	전남 무안군 청계면 도림리 61	약물남용, 소년수강, 성폭력, 가정폭력	4	광주(보) 목포지소
62	성요한병원그라나다센터	광주광역시 북구 유동 115-1	알코올치료	10	〃
63	한국마약퇴치운동 본부광주전남지부	광주광역시 북구 신안동132-8 동네빌딩 주1동 201호	약물치료	2	〃
64	성요한병원	광주시 북구 임동 67	알코올치료강의	2	〃
65	(재)한국마약퇴치운동본부 광주전남지부	광주시 북구 신안동 132-8 동네빌딩	약물치료강의	2	〃
66	한국마약퇴치운동본부 전북지부	전주시	햇살교실	2	〃
67	제주정신재활센타	제주시 연동 301-5 덕일빌딩 4층	가정폭력·성폭력 프로그램, 알코올, 약물중독 예방 및 치료, 정신건강 관련 교육	2	제주보호 관찰소

요약

- 약물은 "사용하기 시작하면 사용하고 싶은 충동을 느끼고(의존성) 사용할 때마다 양을 늘리지 않으면 효과가 없으며(내성) 사용을 중지하면 온몸이 견디기 힘든 이상을 일으키며(금단증상) 개인에게 한정되지 않고 사회에도 해를 끼치는 물질"이다.
- 약물오용(drug misuse)은 사용하는 약물의 용량이나 상황 면에서 그 개인 자신이나 다른 사람에게 위험을 줄 수 있다는 점에서 약물사용과 구별된다.
- 약물남용(drug abuse)은 '향정신성 약물의 비의학적 사용'을 말한다. 약물남용은 미국정신과협회의 '한정된 물질의 불법적·비의학적 사용'을 발전시키는 개념이다.
- 「청소년 보호법」에 의하면 약물남용이란 (1) 청소년의 정신 기능에 영향을 미쳐 판단력 장애 등 일시적 또는 영구적 정신장애를 초래할 수 있는 약물 (2) 청소년의 신체기능에 영향을 미쳐 정상적인 신체발육에 장애를 초래할 수 있는 약물 (3) 습관성, 중독성, 내성(耐性) 또는 금단증상 등을 유발함으로써 청소년의 정상적인 심신발달에 장애를 초래할 수 있는 약물이다.
- 청소년들에 의해서 남용되고 있는 약물의 종류는 술, 담배, 본드, 가스 등의 흡입제, 진정제, 환각제 등 다양하다.
- 「청소년 보호법」에서 술, 담배, 마약류를 유해 약물로 지정하여 그 종류를 다음과 같이 구분한다.

① 「주세법」의 규정에 의한 주류
② 「담배사업법」의 규정에 의한 담배
③ 「마약류관리에 관한 법률」의 규정에 의한 마약류
④ 「화학물질관리법」의 규정에 의한 환각물질
⑤ 그 밖에 중추신경에 작용하여 습관성, 중독성, 내성 등을 유발하여 인체에 유해하게 작용할 수 있는 약물 등 청소년의 사용을 제한하지 아니하면 청소년의 심신을 심각하게 손상시킬 우려가 있는 약물로서 대통령령으로 정하는 기준에 따라 관계 기관의 의견을 들어 제36조에 따른 청소년보호위원회(이하 "청소년보호위원회"라 한다)가 결정하고 여성가족부장관이 고시한 것(청소년 보호법 제2조)

핵심어

약물오용(drug misuse), 약물남용(drug abuse), 실험적 단계(Experimental stage), 습관적 단계(Habitual stage), 강박적 단계(Compulsive stage)

Exercise

연습문제

1 약물남용의 개념에 해당하는 사항을 모두 고르시오.

보기
가) 약물오용(drug misuse)은 사용하는 약물의 용량이나 상황 면에서 그 개인 자신이나 다른 사람에게 위험을 줄 수 있다는 점에서 약물사용과 구별된다.
나) 약물남용(drug abuse)은 '향정신성 약물의 비의학적 사용'을 말한다. 약물남용은 미국정신과협회의 '한정된 물질의 불법적·비의학적 사용'을 발전시키는 개념이다.
다) 청소년들에 의해서 남용되고 있는 약물의 종류는 술, 담배, 본드, 가스 등의 흡입제, 진정제, 환각제 등 다양하다.
라) 약물은 사용하기 시작하면 사용하고 싶은 충동을 느끼고(의존성) 사용할 때마다 양을 늘리지 않으면 효과가 없으며(내성) 사용을 중지하면 온몸이 견디기 힘든 이상을 일으키며(금단증상) 개인에게 한정되지 않고 사회에도 해를 끼치는 물질이다.

① 가, 나, 다 ② 가, 다 ③ 나, 라 ④ 라 ⑤ 가, 나, 다, 라

정답 ⑤

해설 약물남용과 관련된 개념은 다양하다. 〈보기〉에 제시된 내용 모두 해당된다.

2 청소년약물남용의 단계를 순서대로 올바르게 나열된 것은 어느 것인가?

① 사회적 단계 → 실험적 단계 → 도구적 단계 → 습관적 단계 → 강박적 단계
② 실험적 단계 → 사회적 단계 → 도구적 단계 → 강박적 단계 → 습관적 단계
③ 실험적 단계 → 사회적 단계 → 습관적 단계 → 도구적 단계 → 강박적 단계
④ 실험적 단계 → 강박적 단계 → 도구적 단계 → 습관적 단계 → 사회적 단계
⑤ 실험적 단계 → 사회적 단계 → 도구적 단계 → 습관적 단계 → 강박적 단계

정답 ⑤

해 설 (1) 0단계: 실험적 단계(Experimental stage), (2) 1단계: 사회적 단계(Social stage), (3) 2단계: 도구적 단계(Instrumental stage), (4) 3단계: 습관적 단계(Habitual stage), (5) 4단계: 강박적 단계(Compulsive stage)

3 다음은 청소년의 약물중독 및 남용의 형태에 대한 설명이다. 유형과 설명이 서로 맞지 않는 것은?

① 모험 추구형 : 평소 과잉보호적인 부모에 의해 정상적인 모험에 대한 경험을 못 해본 청소년들은 약물복용을 통해서 해소시키고자 한다.

② 평화 추구형 : 짧은 인생 기간 동안 많은 갈등을 겪어 온 청소년들은 평소 마음이 항상 갈등 속에 머물러 있기 때문에 마음의 평화에 대한 열망이 대단하며 이를 현실적으로는 이룰 수 없다는 것을 깨닫고 그 대신 약물을 복용함으로써 마음의 평화를 느끼고자 시도한다.

③ 교우관계 추구형 : 인생을 살기 위해 친구가 반드시 필요하며 친구를 만드는 데에는 상당한 기술이 필요하다. 대부분 성장 과정 동안 그러한 기술을 습득하게 되지만 일부분에서는 그렇지 못한 경우도 있다. 그 결과 그들은 항상 고독하고 우울한 인생을 살아가기도 한다. 이때 청소년들은 종종 친구를 사귈 때 마음의 긴장을 완화시키기 위해서 약물을 이용하게 되며 그 결과 약물을 계속 사용하게 되는 경우가 있다.

④ 미적 감각 추구형 : 청소년기는 사춘기의 신체적 변화와 더불어 성적 충동이 증가하고 이성에 대한 관심이 높아지는 시기이며 성적 주체성을 확립해야 하는 시기이다. 그러나 여러 여건으로 인해서 많은 제약을 받고 있는 이들은 성적 행위를 할 때 많은 불안을 겪게 된다. 그래서 이들은 약물복용을 함으로써 불안을 극복하고자 하며 그 결과 약물에 지속적으로 의존하게 된다.

정답 ④

해 설 미적 감각 추구형 : 청소년들뿐만 아니라 모든 사람들은 미적 감각을 추구하는 경향들이 있다. 이를 느끼기 위해서 가끔 약물을 복용하게 되며 그 결과 약물에 지속적으로 의지하게 되는 경우이다. [청소년기는 사춘기의 신체적 변화와 더불어 성적 충동이 증가하고 이성에 대한 관심이 높아지는 시기이며 성적 주체성을 확립해야 하는 시기이다. 그러나 여러 여건으로 인해서 많은 제약을 받고 있는 이들은 성적 행위를 할 때 많은 불안을 겪게 된다. 그래서 이들은 약물복용을 함으로써 불안을 극복하고자 하며 그 결과 약물에 지속적으로 의존하게 된다.]은 성적 동반자 추구형의 설명이다.

chapter 13

청소년과 정신건강

학습목표

1. 정신건강의 일반적 개념을 이해할 수 있다.
2. 청소년기 주요 정서와 건강문제에 대해 이해할 수 있다.
3. 청소년기 스트레스의 현황과 원인에 대해 파악할 수 있다.
4. 청소년 우울의 현황과 원인에 대해 파악할 수 있다.
5. 청소년 자살의 원인과 현황, 대책에 대해 설명할 수 있다.
6. 청소년 정신건강 분야 전문가 및 관련기관에 대해 파악할 수 있다.

학업스트레스로 우울증에 시달리던 10대 청소년이 갑자기 투신자살을 했다는 안타까운 소식은 우리나라 청소년들의 정신건강이 얼마나 심각한 상황인지를 직접적으로 조명해 주고 있다.

서열화된 대학의 졸업장이 엘리트임을 증명하고 그것이 기득권으로 가는 안정된 길이 되는 사회에서 학교교육과 아이들의 성장은 대학입시 경쟁이라는 하나의 제도에 집중될 수밖에 없다(서희원, 2015). 이로 인해 오늘날의 청소년은 다른 모든 정상적인 발달과정을 놓치고 오직 '수험서'라는 작은 사각 프레임 속에 매몰되고 있다. 성적 스트레스 외에도 심각해져 가는 학교폭력, 가정 붕괴 등과 같은 다양한 스트레스로 자살이라는 극단적인 방법을 선택하는 청소년이 점차 증가하고 있다.

청소년기는 신체적·심리적 발달이 급격히 진행되는 시기로 주변 환경에 민감한 반응을 보이는데 특히 외부로부터 받는 심리적 압박감과 감정기복이 많고 부모의 기대와 사회적 요구에 직면하는 시기이며(이근영 외, 2011), 아동기에서 성인기로의 전환기로 인생의 긴장과 혼란을 경험하게 되는 시기이다(김완래 외, 2010).

또한 사회환경과 상호작용이 급격히 증가하지만 성인처럼 환경을 통제하고 조절하는 능력과 기술이 부족하며, 인생의 주기 중 가장 에너지가 넘치는 시기로 인생의 다른 어떤 시기보다 특별히 자살과 같은 위험충동을 충동적으로 저지르는 경향이 있다(박병금, 2006). 이처럼 사회적 환경과 청소년기의 특성상 인생의 어떤 시기보다 더 많이 정신건강에 관심을 쏟아야 하는 시기가 바로 청소년기이다.

01 정신건강의 개념

미국정신위생위원회는 '정신건강이란 다만 정신적 질병에 걸려 있지 않은 상태만이 아니고 만족스러운 인간관계와 그것을 유지해 나갈 수 있는 능력으로 정의하였다. 이것은 모든 종류의 개인적·사회적 적응을 포함하여 어떠한 환경에도 대처해 나갈 수 있는 건전하고 균형 있고 통일된 성격의 발달을 의미한다'고 말했다(김완래 외, 2010).

그러나 정신건강과 정신질환에 대해 전문가들조차도 모든 사람이 공감하는 정의를 내린다는 것은 어려운 일이다. 역사적으로도 이러한 용어에 대한 동의가 이뤄진 적이 없다. 통계적인 측정에 근거하여 내려진 초기의 정의에서 정신질환(mental illness)이라는 용어는 거의 일어나지 않거나 설정된 규범에서 이탈된 '이상(strange)'하거나 '남과 다른(different)' 행동을 기술하는 데 쓰였다. 그러나 이러한 기준은 정신건강이 '순응(confirmity)'이라는 기준을 적용하면서부터 적절하지 않게 되었다. 만일 이러한 기준이 사용된다면 아브라함 링컨이나 간디나 소크라테스 같은 순응하지 않는 사람이나 뛰어난 사상가들이 정신질환자로 판정되어야 하기 때문이다(이경순 외, 2000).

정신건강의 기준은 성취동기, 정서적 균형, 인지적 기능, 사회적 적응 등이 있다. 성취동기는 개인을 정신적·육체적으로 건강하게 발달시켜 주어진 과제를 수행하도록 동기화한 상태를 말하며 정서적 균형은 자신의 감정을 통제할 수 있다는 것을 의미한다. 인지적 기능은 정신적으로 건강한 개인은 외부세력에서 일어나고 있는 내용이나 자신의 심경이 어떠한지를 올바르게 인지하고 있는 것이며 사회적 적응은 타인에 이성적 행동을 할 수 있고 때로는 자기방어적이기도 하며 상호적 관계와 박애적인 신념을 가질 수 있는 능력을 말한다(김완래 외, 2010).

02 청소년기 정서의 특징 및 정신건강 문제

청소년기는 아동기와 다른 정서적 특징을 보인다. 첫째, 청소년들의 정서는 격렬하고 쉽게 동요하는 속성이 있으며 둘째, 대체로 대인관계 문제가 정서를 자극하고 있다. 셋째, 청소년이 되면 정서가 외부에 표출되기보다는 내부에 숨겨진다거나 방어기제에 의해 변화된다든가 하여 외부에서는 쉽게 알 수 없게 된다. 넷째, 이러한 청소년들의 정서적 변화에 영향을 미치는 요인들은 신체·생리적 변화와 심리사회적 변화가 있다. 다섯째, 청소년들은 부모나 교사로부터의 주의나 관심으로부터 이탈하려는 경향이 있다(배규한, 2008).

청소년기에 가장 많이 제기되는 정신건강문제는 우울장애, 자살, 학교공포 등이 있다. 우울장애는 다양한 요인에 의해 발생하게 되는데 무단결석, 약물남용, 가출, 비행 등의 문제로 나타나기도 하고 신체증상이나 성적 저하로 위장하여 우울증상이 '가면성 우울'을 나타내기도 한다. 자살 또한 심각한데 청소년들이 문제해결 방법으로 자살을 선택하고 있다는 점에서 관심이 요구되며 최근에 자살에 영향을 주는 것으로 또래집단의 학교폭력과 집단따돌림, 성적비관 등이 있다. 학교공포증은 가정에 애착을 가진 사람으로부터 분리되어 적어도 4주 동안 학교에 가는 것에 대해 과도한 불안을 가진 상태를 말한다(이현주 외, 2014).

이처럼 청소년은 정신적 발달과정의 특성상 정상과 일탈, 준법과 불법 사이에서 떠다니는 불안정한 존재이기 때문에 그들에게 어떤 상황과 환경이 어떤 힘으로 작용하느냐가 매우 중요하다. 관심 있고 소질 있는 대상에 몰입하고 노력하는 신념이 강할수록, 학교나 공동체의 활동에 참여를 많이 할수록 독서와 사색 그리고 대화를 통해 바른 신념을 굳건히 세울수록 험난한 청소년기의 표류상태에서 자기통제력을 키울 강한 원동력을 키울 수 있다(표창원, 2015).

03 청소년기 스트레스

1) 스트레스 개념

스트레스는 성인뿐만 아니라 아동, 청소년 및 노인 등 전 연령대에서 나타난다. 스트레스는 스트레스를 일으키는 대상에 대한 생리적·정서적 반응으로 개인의 내적 균형 상태를 깨뜨려 스트레스 반응을 유발하는 상황 및 환경이다(김한규·김무겸 공역, 2013).

스트레스라는 용어는 라틴어의 'stringer'에서 유래했으며 '팽팽하게 죄다'의 의미로 공학, 물리학뿐만 아니라 사회과학에서도 인간의 행동 및 경험을 설명하는 데 활용되었다. 하지만 스트레스의 의미는 시대에 따라 다르게 사용되어 왔다. 17세기에는 고난, 역경 등 고통의 의미로 사용되다가 18~19세기에는 물질 혹은 사람의 힘이나 압력과 같은 의미로 쓰였으며 19세기 말부터 20세기 초 의학과 생물학 분야에서 스트레스와 긴장이 질병의 원인으로 작용한다는 주장이 있었다(이현주 외, 2014).

스트레스 반응은 위험한 상황에 처한 개체가 생존하게끔 하고 먹이를 잡을 때 효율을 높이는 데서 시작되었다. 결국 스트레스란 인간이 환경에 잘 적응하고 변화하기 위한 기능이다(하지현·신동민, 2012). 개인이 감당할 수 있는 적당한 수준의 스트레스는 활력과 자기계발, 건강증진에 도움을 주지만 스스로가 만들어낸 과도한 스트레스는 개인에게 정서적·정신적 문제를 일으킨다. 이처럼 잘 관리되지 못한 스트레스는 건강을 해치고 질병을 유발하는 요인이다. 스트레스가 많거나 스트레스에 대처하지 못할 경우 정신적 장애가 발생할 수 있고 많은 연구에서도 스트레스를 유발하는 생활사건 등이 질병요인으로 나타나고 있다(이현주 외, 2014).

스트레스가 심하면 우울증에 걸리거나 극단적인 경우 자살에 이르기도 한다. 이처럼 만성 스트레스는 현대인들에게 만병의 근원이며 일정 수준 이상의 스트레스를 지속적으로 받으면 신체적인 문제가 발생할 수 있다.

2) 청소년 스트레스 현황

여성가족부(2023)의 「2023 청소년 통계」에 의하면, 2022년 중·고등학생 스트레스 인지율은 41.3%로 2021년 대비 2.5%p 증가하였으며, 학교급별로는 고등학생 43.0%, 중학생 39.8% 순으로 나타났다. 성별에 따른 차이로는, 여학생(47.0%)이 남학생(36.0%)보다 높게 나타났다.

(단위: %)

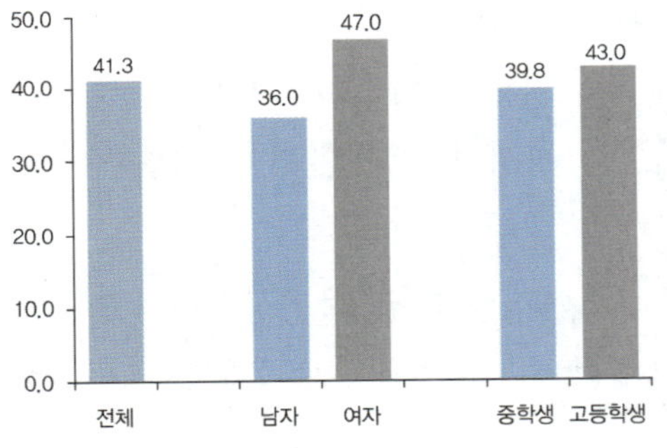

	스트레스 인지율주)	남자	여자	중학교	고등학교
2011	42.0	35.8	49.0	39.0	45.0
2012	41.9	34.8	49.6	38.9	44.7
2013	41.4	34.3	49.3	39.1	43.7
2014	37.0	30.8	43.7	33.4	40.3
2015	35.4	29.6	41.7	31.6	38.7
2016	37.4	30.5	44.9	33.6	40.5
2017	37.2	30.4	44.6	34.1	39.8
2018	40.4	32.0	49.5	37.0	43.4
2019	39.9	31.7	48.8	37.2	42.4
2020	34.2	28.1	40.7	30.4	37.9
2021	38.8	32.3	45.6	36.4	41.2
2022	41.3	36.0	47.0	39.8	43.0

출처 : 교육부·질병관리청, 「청소년건강행태조사」
주) 평상시 스트레스를 '대단히 많이' 또는 '많이' 느끼는 사람의 분율

그림 13-1 스트레스 인지율(2022)

2022년 초(4~6)·중·고등학생은 평일 정규 수업시간을 제외하고 하루에 2~3시간 공부한다고 응답한 비율이 23.1%로 가장 많았고, 다음으로 1~2시간(19.4%), 3~4시간(18.1%), 1시간 미만(17.2%) 순으로 나타났다. 2022년 학습시간이 3시간 이상인 초(4~6)·중·고등학생 비율은 40.4%로 전년과 동일하고, 10명 중 1명 이상은(11.2%) 5시간 이상 학습시간을 가진다고 응답하였다.

3) 청소년 스트레스의 주된 원인

입시 위주의 교육과 이로 인한 경쟁적이고 강박적인 학습 환경이 청소년 스트레스의 주된 원인이라는 사실은 익히 알려져 왔다. 이로 인해 뒤떨어지면 '큰일이 발생한다'는 위기감, '더 열심히 하지 않으면 안 된다'는 불안감(이시형, 2010)은 작은 일에도 불안하고 긴장하게 하여 우리 몸이 견뎌내지 못하게 한다.

우리나라 청소년의 학업 스트레스는 다른 나라보다 높은 수준인 것으로 조사된 바 있다. 한국보건복지포럼의 '한국 아동의 주관적 웰빙 수준과 정책 과제'보고서에 따르면 우리나라 청소년의 학업 스트레스 지수는 50.5%로 나타나 한국 청소년 둘 중 하나는 공부로 스트레스를 받는 것으로 나타났다. 학교생활 만족도도 세계에서 하위권에 속해 전체 평균(26.7%)보다 8.2% 낮은 18.5%에 머물렀다. 이를 바탕으로 분석한 청소년의 삶 자체에 대한 만족도도 조사대상국 27개국 중 가장 낮은 60.3%를 기록했다. 즉 우리나라 청소년의 학업으로 인한 스트레스와 삶의 만족도는 최저 수준이며 이는 학력 위주의 경쟁적 학교 환경이 작용하기 때문이다(소년조선일보, 2015).

과중한 학업과 치열한 입시경쟁 외에도 청소년기의 발달 특성상 겪을 수밖에 없는 스트레스들도 존재한다. 청소년기는 아동에서 성인으로 가는 과도기로 독립된 한 인격체로 성장하기 위해 종잡을 수 없는 감정적 폭풍을 겪는다. 이 시기에 경험하는 강렬한 감정들은 중요한 의미를 가지며 신체적·심리적·사회적으로 많은 변화를 경험하는 과정에서 여러 가지 부적응적 행동들을 나타내기도 한다. 이 밖에 또래집단과의 관계, 학교폭력, 사춘기 신체적 변화, 부모-자녀와의 관계 등이 스트레스 원인으로 작용한다(김윤희 외, 2001).

4) 스트레스 관리방안

(1) 개인 요인

똑같은 상황에 노출되어도 어떤 사람은 스트레스에 유연하게 대처하는 반면 어떤 사람은 그리 힘들지 않은 상황에서도 쉽게 흔들리고 심지어 사소한 스트레스로 인해 심각한 정신 증상을 앓기도 한다. 이는 사람마다 감정을 조절하고 충동을 다스리는 힘인 '자기조절력'에 차이가 있기 때문이다. 스트레스를 불러일으키는 자극은 사람에 따라 어떻게 해석하는가에 따라 강도가 다르다고 느낀다.

청소년의 경우도 마찬가지다. 스트레스로 가득한 사회환경, 대학입시 경쟁이 치열한 우리나라 교육 현실 속에서 청소년들은 다양한 스트레스에 노출될 수밖에 없다. 스트레스를 받지 않겠다고 모든 현실을 무시할 수 없는 상황이라면 주변의 모든 상황이 흔들려도 자신만은 흔들리지 않는 '자신을 다스리는' 기술을 익혀야 한다.

스트레스를 관리하는 데 있어 가장 중요한 것은 '예측가능성'과 '조절가능성'이다. 앞으로 가야 할 길을 예측할 수 있게끔 조정하고 능력에 맞추어 페이스를 조절하며 현재 상황을 장악할 수 있다고 느낄수록 주관적으로 느끼는 스트레스는 훨씬 줄어들고 심리적·신체적 안정감은 커진다. 10대 청소년들은 앞날을 예측하기 어렵다고 느끼고 입시라는 커다란 임무 앞에서 무기력과 스트레스를 느낀다. 그러나 청소년기는 앞으로 해야 할 일이 명확하고 공부와 가족과의 관계도 페이스 조절이 가능하다. 스트레스는 중력처럼 절대 없앨 수 없는 우리 몸의 기본 시스템이며 잘 관리하고 적극적으로 노력해야 스트레스에 대처할 수 있다(하지현·신동민, 2012).

물론 근본적인 교육환경을 바꾸지 않고 청소년 개인에게만 스트레스에 대처하라고 하는 것은 문제가 있으나 외적 요인뿐 아니라 내적 요인도 스트레스 유발에 작용하므로 스트레스 극복을 위해 생각을 바꾸고 변화를 주는 것은 중요한 부분이다. 우선 생각의 변화를 위해 자신의 기대나 욕구가 지나치지 않은지 점검하며 사고를 긍정적으로 전환시킴으로써 스트레스에서 벗어날 수 있다. 또한 생활양식을 점검하여 규칙적으로 생활하고 식사도 규칙적으로 하며 규칙적으로 운동할 때 스트레스를 발산할 수 있어 건강한 생활이 가능한 것으로 나타났다. 운동 역시 스트레스로 인한 몸과 마음의 고통을 해소시키는 역할을 한다(이현주 외, 2014).

(2) 사회·문화 요인

누구나 '열심히' 하지만 유치원 들어가기부터 쉽지 않은 것이 우리나라의 현주소이다. 온갖 과외 열풍에 시달리는 초등학생과 영어 열풍, 명문고에 들어가기 위해 중학교부터 본격적인 경쟁이 시작된다. 그리고 미국 CNN프로그램에 한국 고등학생의 하루가 방영됐을 만큼 대학입시는 청소년들에게 힘겨운 전쟁과 같다(이시형, 2010).

대한민국은 줄서기가 강요되는 사회다. 청소년들의 가장 큰 스트레스 요인은 성적이라는 잣대로 청소년들에게 줄서기를 강요하는 사회다. 청소년들이 성적 외에도 다른 재능을 찾을 수 있도록 진로적성 검사 및 상담이 체계적으로 실시되고 다양한 진로선택이 존중받을 수 있는 사회적 분위기가 확산돼야 청소년들이 성적 때문에 고통받는 일이 줄어들 것이다. 청소년기는 주입식 공부 외에 혼자 사색할 수 있는 시간, 독서 할 수 있는 시간, 친구들과 땀범벅이 되어 뛰놀 수 있는 시간이 필요하며 이를 통해 청소년들이 스트레스를 적절히 해소할 수 있다(대한신경정신의학회).

(3) 가족 요인

자아정체성의 혼란을 겪는 청소년들은 늘 불안정하다. 한편으로는 부모에게서 독립하고 싶기도 하고 다른 한편으로는 의존하고 싶기도 하다. 이런 청소년들을 이해해 주고 묵묵히 옆에서 지켜봐 줄 수 있고 응원해 줄 수 있는 사람이 바로 가족이어야 한다. 가정이 그러한 역할을 다하지 못하면 아이들은 친구들을 가족 삼아 지내게 된다. 좋은 친구와 나쁜 친구, 위험한 친구들을 분별하지 못해 위험한 친구들을 새로운 가족으로 기대게 될 수 있다. 가족이 멘토이면서 지지자가 돼야 청소년들의 스트레스를 줄이고 위험으로부터 보호할 수 있다(대한신경정신의학회).

표 13-1 스트레스 자가 테스트

구분	나타나는 증상	예	아니오
신체	숨이 막힌다		
	목이나 입이 마른다		
	불면증이 있다		
	편두통이 있다		
	눈이 쉽게 피로해진다		
	목이나 어깨가 자주 결린다		
	가슴이 답답해 토할 기분이다		
	식욕이 떨어진다		
	변비나 설사가 있다		
	신체가 나른하고 쉽게 피로를 느낀다		
행동	반론이나 불편, 말대답이 많아진다		
	말의 실수가 증가한다		
	주량이 증가한다		

구분	나타나는 증상	예	아니오
	필요 이상으로 일에 몰입한다		
	말수가 적어지고 생각에 깊이 잠긴다		
	말수가 많고 말도 되지 않는 주장을 펼칠 때가 많다		
	사소한 일에도 화를 잘 낸다		
	화장이나 복장에 관심이 없어진다		
	사무실에서 개인적인 전화를 하거나 화장실에 가는 횟수가 증가한다		
	결근, 지각, 조퇴가 증가한다		
심리 및 감정	언제나 초조해하는 편이다		
	쉽게 흥분하거나 화를 잘 낸다		
	집중력이 저하되고 인내력이 없어진다		
	건망증이 심하다		
	우울하고 쉽게 침울해진다		
	뭔가를 하는 것이 귀찮다		
	매사에 의심이 많고 망설이는 편이다		
	하는 일에 자신이 없고 쉽게 포기하곤 한다		
	무언가 하지 않으면 진정할 수가 없다		
	성급한 판단을 내리는 경우가 많다		

* 각 부분의 항목에서 3개 이하 정상, 4개 이상 스트레스 수준이 심각

출처: 영광군정신보건센터 스트레스 자가 테스트(인터넷 자가 검진).

스트레스, 중딩·고딩이 어른보다 크다.

쉼터

중·고등학교 청소년이 받는 스트레스가 어른보다 큰 것으로 나타났다. 공부에 대한 압박, 외모 스트레스 때문이다. 청소년 중에서도 여자가 남자보다 스트레스를 더 많이 받는 것으로 파악됐다. 통계청이 10일 내놓은 '한국의 사회동향 2015'에 따르면 지난해 기준으로 청소년들의 스트레스 인지율은 37%(2013년 41.4%)로 조사됐다. 성인의 경우 24.4%(2013년)였다. 다만 청소년들의 스트레스 인지율은 2007년 당시 46.5%에서 2010년 43.8%, 2013년 41.4% 등으로 점차 낮아지는 추세다. 연령·성별로는 고등학생이 중학생보다 스트레스 수준이 높았고, 여학생이 남학생보다 스트레스를 더 많이 받았다. 높은 순으로는 여자 고등학생, 여자 중학생, 남자 고등학생, 남자 중학생 차례였다. 청소년들은 공부(52.6%)에 대한 스트레스가 상대적으로 컸다. 외모(13.1%), 직업(10.3%), 건강(5.1%), 용돈부족(4.9%) 스트레스가 그 뒤를 이었다. 우울감을 경험한 비율도 청소년들은 26.7%(2013년 30.9%)로 성인(2013년 10.3%)보다 월등히 높았다. 우울감 경험률도 2006년 당시의 41.4%에서 점점 낮아지는 추세다. 청소년들이 받은 우울한 경험도 여학생이 남학생보다, 고등학생이 중학생보다 높았다. 연령별로는 30대에서 40대까지 낮은 수준에 머물다 50대부터 높아지는 것으로 파악됐다. 우울감 해소방식으로는 '혼자서 참는다'가 52.5%로 가장 많았고 '술을 마신다'(19.3%), '친구나 가족에게 이야기한다'(15.1%), '운동 등 취미활동을 한다'(4.8%) 순으로 많았다.

출처: 파이낸셜뉴스(2015.12.10.).

04 청소년의 우울

1) 청소년 우울의 개념

현대사회에서 가장 흔한 정신건강문제 중 하나는 우울증(Depressive Disorder)이다. 우울증의 과도한 기분장애는 생명을 위협하는 요인으로 널리 알려졌다. 우울증의 주요 증상은 스스로 자기 자신을 부정적으로 인식하여 자신을 징벌하고 비난하며 식욕감퇴, 불면증, 주의력 및 집중력 등의 결여로 정신, 신체적 증상을 가져와 일상생활기능을 저하시키고 자살로 이어지는 원인이 된다. 우리나라에서 우울증으로 인한 자살률이 증가하고 사회문제도 대두되고 있음에도 사회적 차별, 낙인 등의 이유로 치료와 재활을 회피하는 경향이 강하다(이현주 외, 2014).

우울증은 유전적 소인이 있는 사람에게 있어 상실경험에 대한 첫 반응으로 나타난다. 상실에 대한 민감성은 발달과정상의 경험에 따라 개인차가 있는 것으로 보인다. 우울증의 인지적 모형은 부정적 사고와 태도가 우울증의 핵심양상이라고 본다. 우울증에 잘 걸리는 사람을 보면 박탈당하는 것에 대해 아주 과잉반응을 보이는데 부모가 없거나 부모가 아동을 싫어하거나 아동을 무시하는 경우 등이 인생 초기경험 박탈의 예이다. 우울증과 관련된 다른 이론은 학습된 무력감으로 청소년은 그들의 힘으로는 조절할 수 없는 불행한 환경에 압도당하는 경우가 있다. 그들은 지속적인 자신감 결여와 우울증에 빠지게 된다(이경순 외, 2000).

성인과 달리 청소년들은 우울한 경우에 여러 가지 문제행동을 보이는 것이 특징이다. 청소년 우울증의 주요특징은 첫째, 심각한 슬픔, 비애감, 좌절감 등에 빠져 있으며 감정의 기복이 심하고 화를 잘 내거나 이유 없이 행복하거나 칭찬해도 반응이 없다. 둘째, 인지·사고적인 측면에서 볼 때 자아개념이 낮으며 자기비하적인 태도를 취하고 삶이 가치가 없다고 생각해서 자살이나 죽음에 대한 생각을 자주 하게 된다. 셋째, 행동적인 측면에서 무기력감에 빠져 있고 일에 집중하는 의욕이 떨어진다. 일의 생산성이 떨어지고 자주 울게 된다. 넷째, 신체적인 극도의 피로감을 느끼고 불면증으로 고생하거나 두통 등의 고통을 자주 호소한다(김완래 외, 2010).

청소년기 우울장애의 증상은 때때로 행동화로 나타난다. 행동화는 긴장에 대한 내구성이 약하고 학습행동 또는 언어적 기술이 부족할 때 발생한다. 자살은 극단적인 행동화이다. 자살을 시도하기 전에 언어적·비언어적 단서들은 매우 다양하게 나타나며 우선 청소년이 예전과 다른 행동을 하는지 조사하는 것이 중요하다(이경순 외, 2000).

2) 청소년 우울현황 및 주요 요인

여성가족부(2023)의 「2023 청소년 통계」에 의하면, 2022년 중·고등학생 28.7%는 최근 1년 내 우울감을 경험하였으며, 학교 급별로는 고등학생(29.3%)이 중학생(28.2%)보다 소폭 높았다. 성별에 따른 차이로는, 여학생(33.5%)이 남학생(24.2%)보다 높게 나타났다.

(단위: %)

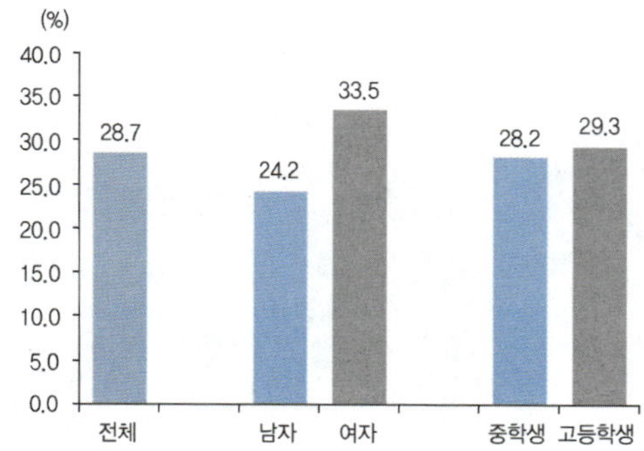

	우울감 경험률주)	남자	여자	중학교	고등학교
2011	32.8	28.0	38.2	30.0	35.5
2012	30.5	25.5	36.0	28.2	32.6
2013	30.9	25.2	37.1	29.0	32.6
2014	26.7	22.2	31.6	24.4	28.8
2015	23.6	19.7	27.8	21.2	25.6
2016	25.5	20.9	30.5	22.7	27.7
2017	25.1	20.3	30.3	23.5	26.4
2018	27.1	21.1	33.6	25.2	28.7
2019	28.2	22.2	34.6	26.9	29.4
2020	25.2	20.1	30.7	22.9	27.4
2021	26.8	22.4	31.4	25.9	27.7
2022	28.7	24.2	33.5	28.2	29.3

출처 : 교육부·질병관리청, 「청소년건강행태조사」
주) 최근 1년 동안 2주 내내 일상생활을 중단할 정도로 슬프거나 절망감을 느낀 적이 있는 사람의 분율

그림 13-2 **우울감 경험률(2022)**

표 13-2 연령대별 우울증 유발요인

연령대	유발요인
10대	과도한 학업스트레스, 집단따돌림 같은 학교 내 갈등
20~30대	연애와 취직 등의 목표를 달성하지 못한 데서 오는 좌절감
40~50대	여성은 폐경에 따른 신체변화, 자식들이 장성해 품을 떠난 후 허전함을 느끼는 '빈둥지 증후군'
60~70대	경제적 빈곤과 독거생활로 인한 외로움 등

출처: 박정희(2011).

위 표와 같이 청소년들은 주로 과도한 학업스트레스, 집단따돌림 같은 갈등으로 우울증에 시달리는 것으로 나타났다. 우리나라 학생들의 하루 평균 공부시간은 세계에서 가장 길다. 그러나 '삶의 질'과 '삶의 만족도' 지수는 하위권이고 자살률은 세계 1위이다. 우리는 행복을 위해 열심히 공부한다고 생각하기는 하나 내면의 행복보다 외형의 성공만을 지향하는 우리 사회의 가치가 청소년들을 우울증과 같은 병에 걸리게 만들고 있는지도 모른다(박정희, 2011).

3) 청소년기 우울증 대처방안

청소년기 우울증은 몸과 마음을 동시에 병들게 하는 질환이다. 검사결과 특별한 소견이 없음에도 불구하고 두통, 복통, 현기증, 어지러움 등의 증상을 호소하기도 한다. 또한 학업 및 일상생활에 심각한 장애를 가져오는 동시에 다양한 발달이 지속적으로 일어나야 하는 중요한 시기에 발달의 과정을 순조롭게 이행하지 못하게 할 수 있으며 비행문제, 자살까지도 발생할 수 있기 때문에 적절한 시기의 도움이 필요하다(대한신경정신의학회).

도움을 주려는 사람이 청소년들이 지니고 있는 건강한 면, 긍정적인 면을 인정하게 되면 청소년은 자신들이 힘겹게 지켜나가고 있는 건강한 부분을 스스로 인식할 수 있게 된다. 나아가 어른이나 사회의 부정적 판단으로부터 스스로를 보호할 수 있게 된다. 청소년을 수동적으로 인식해 일방적으로 교정하려는 것이 아니라 부모와 학교, 지역사회가 청소년을 치료파트너로 여기고 함께 문제해결의 실마리를 찾으려고 노력할 때 우울증을 극복할 수 있다(대한신경정신의학회).

청소년기 우울증을 치료하기 위해서는 전문의가 처방하는 항우울제, 신경안정

제, 기분안정제 등의 약물 치료와 인지행동 치료, 대인관계 치료, 정신분석 치료 및 상담치료 등 심리적 치료, 명상과 이완훈련, 운동과 독서요법, 요가 등 자기치료 등의 다양한 서비스가 지원되고 있다. 또한, 청소년기의 우울한 감정을 이해하기 위해서는 청소년과 대화를 시작하여야 한다. 청소년의 우울증은 주로 좌절감과 부모 상실 경험, 박탈감 등으로 인하여 발생하는 경우가 많은데, 이때 격려를 한다는 생각으로 계속 다가가려고만 한다면 오히려 부정적인 영향을 줄 수 있다. 따라서 청소년 편에 서서 본질적인 스트레스 원인이 무엇인지 찾아보려는 노력이 필요하다. 그리고 청소년이 겪는 스트레스를 공감하거나 지지해 줌으로써 개선의 효과를 얻을 수 있다.

표 13-3 우울증(BDI) 자가진단

연번	문 항	항상 그렇다	자주 그렇다	가끔 그렇다	거의 그렇지 않다
		3	2	1	0
1	자꾸 슬퍼진다				
2	스스로 실패자라는 생각이 든다				
3	앞날에 대해 비관적이다				
4	일상생활에서 만족하지 못한다				
5	죄책감을 자주 느낀다				
6	벌을 받고 있다는 생각이 들 때가 많다				
7	나 자신이 실망스럽다				
8	다른 사람보다 못하다는 생각이 들 때가 많다				
9	자살을 생각한 적이 있다				
10	평소보다 많이 운다				
11	평소보다 화를 많이 낸다				
12	다른 사람에게 관심이 없다				
13	집중력이 떨어지거나 결정을 못 내린다				
14	내 모습이 추하게 느껴진다				
15	일할 의욕이 없다				
16	평소보다 잠을 자지 못한다				
17	쉽게 피곤해진다				
18	식욕이 떨어진다				
19	몸무게가 줄었다				

연번	문 항	항상 그렇다	자주 그렇다	가끔 그렇다	거의 그렇지 않다
		3	2	1	0
20	나는 건강에 자신감이 없다				
21	성생활에 대해 관심이 없다				
합계					

- 0~9점: 우울하지 않은 상태
- 10~15점: 경우울증. 정상적이지만 가벼운 우울상태. 자신의 기분을 새롭게 하려는 노력 필요
- 16~23점: 우울증. 무시하기 힘든 우울상태. 우울을 극복하기 위한 적극적인 노력 필요. 2개월 이상 지속시 전문가의 도움이 필요함
- 24~63점: 중우울증. 심한 우울상태. 전문가의 도움이 필요함

출처: 임혁·채인숙(2011). 정신건강의 이해.

저녁 8 ~ 11시 되면 中高생은 우울하다

쉼터

3년간 빅데이터 분석 결과 - 월 ~ 수요일도 높은 수치

청소년들은 신학기인 4월에 우울감을 가장 많이 느낀다는 빅데이터(big data) 분석 결과가 나왔다. 한국보건사회연구원 송태민 연구위원은 "청소년들이 온라인 매체에 남긴 문서를 연구한 결과, 우울증은 3월부터 높아져 4월에 정점을 찍고 감소한 뒤 8~9월 다시 올랐다가 11월에 줄어드는 것으로 분석됐다"고 21일 공개한 '소셜 빅데이터를 활용한 우리나라 청소년의 우울 현황과 위험 요인 분석'에서 밝혔다. 하루 중에는 오후 10시를 정점으로 오후 8~11시, 요일로는 월~수요일에 우울증이 가장 높은 것으로 조사됐다. 2012~2014년 3년간 온라인 뉴스 사이트 199개, 블로그 4개, 트위터 등 총 215개 온라인 채널에서 청소년이 작성한 것으로 추정해 수집한 문서 16만1581건을 분석한 결과다.

출처: 조선일보(2015.10.22.).

05 청소년의 자살

1) 자살의 개념

자살은 개인의 문제뿐만 아니라 개인을 둘러싸고 있는 가족, 지역사회, 국가적 문제로 그 심각성이 날로 커지고 있다. 자살은 그 원인이 개인적이든 사회적이든 상관없이 '스스로 자신의 목숨을 끊는 행위'를 말한다(이현주 외, 2014).

자살은 스스로가 지니고 있는 문제해결을 위해 자신의 생명을 스스로 끊는 행위이지만 자살자 가족이나 친구 등 주변인은 자살행위자를 지키지 못했다는 미안함과 죄책감으로 인해 우울증을 경험하기도 한다. 따라서 자살은 개인적 측면뿐만 아니라 사회적 측면에서 치명적인 영향을 미치는 매우 심각한 정신적·사회적 문제이다(이현주 외, 2014).

청소년은 특유의 인지적·정서적·행동적 특징으로 인해 성인들과는 다른 이유로 자살을 시도할 수 있다. 청소년은 성인과 달리 자살이 정신질환의 표현이라고만 볼 수 없으며 사전 계획 없이 충동적이며 자신의 괴로움을 극단적으로 표현하는 수단으로 자살을 선택하는 경우가 많다(고지홍·윤경란, 2007).

자살을 선택하는 청소년은 대부분 현실에 대한 인지적인 숙지에 의한 것보다 정서적·감정적 동요에 의한 일시적인 충동감, 분노감, 자기조절능력 저하 등에 의해 일어날 수 있다(우채영 외, 2011).

청소년기의 자살은 성인과는 달리 자살을 예측하기 어려울 뿐 아니라 한 번의 자살시도로 인해 치명적인 결과를 가져올 수 있어 무엇보다 자살시도 이전단계에서 자살시도 위험성과 관련된 요인을 파악하는 것이 중요하다(유재순 외, 2008).

2) 자살현황

여성가족부(2023)의 「2023 청소년 통계」에 의하면, 2021년 청소년(9~24세) 사망자 수는 전년 대비 1.3%(24명) 증가한 1,933명으로, 성별 비중은 남자가 60.9% (1,178명), 여자가 39.1%(755명)로 남자가 높게 나타났다.

청소년 사망원인은 고의적 자해(자살), 안전사고, 악성신생물(암) 순으로 나타났는

데, 2010년에는 안전사고가 청소년 사망원인의 1위였으나, 2011년 이후 고의적 자해(자살)가 계속해서 사망원인 1위를 차지하고 있다. 그리고, 고의적 자해(자살)로 인한 사망률은 2020년 대비(11.1명) 2021년(11.7명)에 증가하였다.

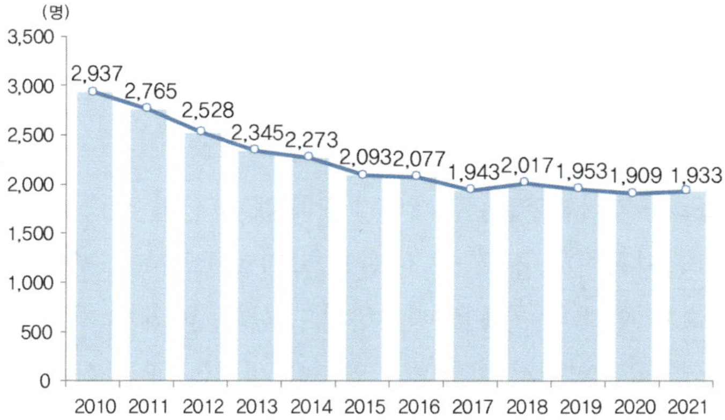

출처 : 통계청, 「인구동향조사」, 「사망원인통계」

그림 13-3 청소년(9~24세) 사망자 수

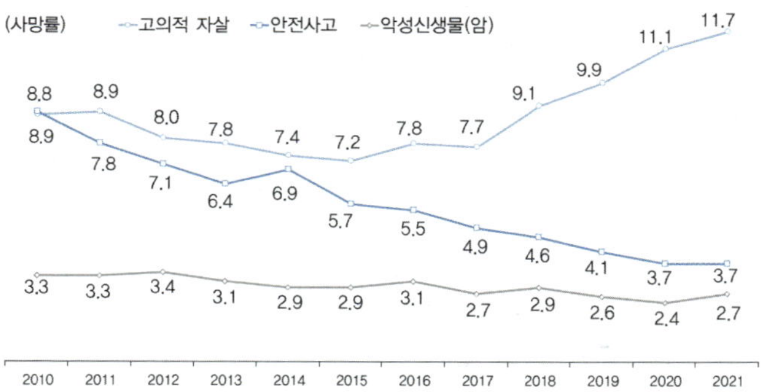

출처 : 통계청, 「인구동향조사」, 「사망원인통계」

그림 13-4 청소년(9~24세) 사망원인

표 13-4 청소년(9~24세) 사망자 수 및 사망원인 (단위: 명, 청소년 인구 10만 명당 명)

	사망자 수(명)	사망원인(사망률)[1]		
		1위	2위	3위
2010	2,937	안전사고[2] (8.9)	고의적 자해(자살) (8.8)	악성신생물(암) (3.3)
2011	2,765	고의적 자해(자살) (8.9)	안전사고 (7.8)	악성신생물(암) (3.3)
2012	2,528	고의적 자해(자살) (8.0)	안전사고 (7.1)	악성신생물(암) (3.4)
2013	2,345	고의적 자해(자살) (7.8)	안전사고 (6.4)	악성신생물(암) (3.1)
2014	2,273	고의적 자해(자살) (7.4)	안전사고 (6.9)	악성신생물(암) (2.9)
2015	2,093	고의적 자해(자살) (7.2)	안전사고 (5.7)	악성신생물(암) (2.9)
2016	2,077	고의적 자해(자살) (7.8)	안전사고 (5.5)	악성신생물(암) (3.1)
2017	1,943	고의적 자해(자살) (7.7)	안전사고 (4.9)	악성신생물(암) (2.7)
2018	2,017	고의적 자해(자살) (9.1)	안전사고 (4.6)	악성신생물(암) (2.9)
2019	1,953	고의적 자해(자살) (9.9)	안전사고 (4.1)	악성신생물(암) (2.6)
2020	1,909	고의적 자해(자살) (11.1)	안전사고 (3.7)	악성신생물(암) (2.4)
2021	1,933	고의적 자해(자살)(11.7)	안전사고(3.7)	악성신생물(암)(2.7)

출처 : 통계청, 「인구동향조사」 및 「사망원인통계」, 9~24세 대상
주 : 1) ( ) 안의 수치는 사망률, 사망률 = (사망자수/당해 연도 9~24세 연앙인구)*10만 명
2) 운수사고, 추락, 익사, 화재, 중독, 기타 외인

3) 자살원인

자살 및 자살충동을 느끼게 하는 원인은 다양하다. 실업으로 인한 소득감소, 빈곤, 급격한 경기변동, 도시화, 핵가족화 등 환경변화로 상대적 스트레스가 증가하고 삶에 대한 가치변화 및 생명경시 풍조 심화, 각종 사회적 요인으로 인한 우울증 증상이 자살에 직접적인 영향을 미친다. 특히 10대의 자살원인을 살펴보면 성적, 진학문제가 가장 많았고 그 외에는 외로움과 고독, 경제적 어려움, 친구불화, 따돌림 등이 있었다(이현주 외, 2014).

유효숙 외(2016) 연구 결과, 청소년이 자살하는 이유로 전체 응답자의 46.5%가 학업 부담을 지적하였다. 그 다음으로는 힘들어서, 자신에 대한 회의, 진로 문제, 친구 관계, 가정불화 등의 순으로 나타났다. 조인숙·채철균(2016)은 남학생보다는 여학생이, 그리고 중학생이 자살을 생각하는 빈도가 높은 집단이라 하였다. 즉, 여학생은 남학생에 비해 감정 및 심리적 변화에 민감하며, 중학생은 청소년기 초

반에 오는 심리적·정서적 불안감이나 신체적 변화 등으로 인하여 자살하려는 생각이 높은 것으로 해석된다. 또한, 가족과 동거하지 않거나 고민 상담자가 없는 때도 청소년은 자살에 대한 생각이 높아지는 것으로 나타났다. 특히 부모나 선생님, 교우 관계에서 겪는 스트레스 또한 청소년에게 자살을 떠올리게 하는 요인이었다. 따라서 이를 근거로 청소년의 자살 예방대책을 세우는 것이 필요하다.

국민건강영양조사도 청소년이 자살을 생각하는 가장 주된 이유로 학업문제로 나타났다. 12~14세 청소년이 15~18세 청소년보다 학업문제로 인한 자살생각을 더 많이 했으며 가정문제로 인해 자살생각을 하는 경우는 12~14세보다 15~18세 청소년이 더 많이 경험하는 것으로 나타났다. 12~14세 청소년의 경우 진로문제가 세 번째로 큰 자살생각 이유로 나타나 청소년들이 중학생 때부터 진로에 대한 고민이 많은 것으로 나타났다.

청소년 자살의 원인에 대한 다른 연구는 자살을 유발하는 강력한 요인으로 고려되는 것은 우울을 꼽았다(유용식, 2014). 자살을 시도했거나 지속적인 자살경험을 한 청소년의 40%는 우울증 주요 증상이 발견된 바 있다(김현주, 2008). 청소년 우울증의 증상들은 성인 우울증과 유사하여 자살에 대한 계획이나 사고가 주요 증상이며 자살이나 자살기도는 우울증의 가장 심각한 합병증으로 우울증 환자의 15%가 자살한다(이경순 외, 2000).

청소년 자살의 고위험군은 주요 우울증, 조울증, 약물의존, 품행장애 등이다. 또한 높은 지능, 남성, 충동적이고 분노에 찬 공격적 행동, 죽음이나 상실 경험, 청소년 후기나 20대 초기의 연령층 등의 요인이 자살위험과 관련이 높다(이경순 외, 2000).

4) 청소년 자살 예방

(1) 가정에서의 대책

자녀에 대한 과잉기대를 지양하고 자녀와 대화 기회를 늘리며, 가정의 고유기능을 발휘해 자녀를 세심하게 관찰하고 자녀의 성장과 발달을 지원하며 정서적 지지를 충분히 제공하며 부모의 모범적인 생활을 보여주어야 한다(김완래 외, 2010). 부모나 가족구성원이 자살을 시도한 경우나 이혼 등으로 가정 기능이 붕괴되어 보호, 양육, 교육기능을 다하지 못할 때 청소년의 자살시도율이 높아지므로 이러한 청소년 가정에 대한 관리가 필요하다.

(2) 학교에서의 대책

지금도 일부 학교에서 전교 학생들의 성적을 공개하는 등 문제가 되는 경우가 있다. 이처럼 학교에서 학생들에게 성적의 우수성만 강조한다면 학생들은 친구나 놀이, 독서 등 정신적 자양분을 섭취하지 못하고 '공부 기계'가 되고 극단적인 경우 정신적인 문제를 겪을 수 있다(표창원, 2015).

학교는 부모, 교사, 학생들에게 청소년기 특성과 자살에 대한 예방교육을 철저히 해야 하며 청소년기의 가치관 정립을 지도하며 상담활동을 강화해야 한다. 즐거운 학교생활 풍토를 조성해야 하며 성적에 대한 중압감을 해소하고 학생 자살의 원인을 분석해 자살예방 지도를 위한 유인물과 책자를 발간해야 한다(김완래 외, 2010). 청소년들이 가고 싶어 하는 학교가 만들어질 수 있도록 학교구성원 모두의 관심이 요구된다.

(3) 사회에서의 대책

청소년 자살이 충동적이고 우발적이어서 예측이 불가능하더라도 자살 징조를 파악해서 미연에 방지하는 방안이 강구돼야 한다. 자살 고위험군으로 관리해야 할 청소년은 자살하겠다고 위협하거나 과거에 자살을 시도한 일이 있었던 경우, 학교 등교 같은 일상생활을 거부하거나 입시실패 및 학업성적이 떨어지는 경우 등이다(김완래 외, 2010). 이러한 고위험군 청소년에 대해 학교, 청소년 상담전문기관, 전문병원 등에서 특별 상담과 관리를 제공해야 한다.

(4) 지지체계의 개발과 유지

자살은 궁극적으로 절망감과 누구도 나를 도울 수 없다는 무기력 상태에서 이뤄진다. 어떤 형태든 정서적 지지체계가 제 기능을 하고 있다면 자살은 일어나지 않는다. 가장 중요한 지지체계는 가정이므로 정상적인 가정기능을 유지하고 문제가 있다면 가족상담 등을 통해 가족의 기능을 회복해야 한다. 또래집단의 관심과 학교의 역할도 중요하다. 학교는 상담전문가가 상주하고 인성교육을 정기적으로

시킴으로써 청소년들이 힘든 상황에서 자살이라는 극단적인 선택을 하지 않도록 도와야 한다(김완래 외, 2010).

(5) 자살에 대한 인식개선

사회적 차원에서 TV, 라디오, 신문 등 다양한 매스컴 수단과 기타 커뮤니케이션 활동을 통해 생명의 존엄성, 존재의 이유 같은 가치성, 인생 경력의 다양한 선택, 문제해결방법, 자살충동을 이겨낸 사례 등 인식개선을 위한 다양한 홍보와 교육 사업을 펼쳐야 한다.

하지만 자살예방은 무엇보다 자신을 가장 소중히 여기며 존재 자체로도 충분히 가치가 있음을 깨닫는 개인의 인식에서 출발해야 한다. 또한 어느 누군가 한 사람이라도 소중한 사람과의 지지관계를 갖고 있다면 자살은 충분히 예방될 것이다.

5) 자살예방 관련 기관

현재 자살예방을 위하여 자살예방센터가 설립돼 있다. 중앙자살예방센터는 자살예방 프로그램 인증, 유해정보 신고센터, 응급실 사후관리, 자살예방 주간행사 등의 사업을 수행하고 있으며 각 시군구별로 자살예방센터가 설치돼 있어 자살 및 정신건강 상담, 심리검사, 자살예방교육, 응급전화, 사이버 상담 등을 일선에서 제공하고 있다. 전국에 설치된 정신건강증진센터도 자살예방을 위한 교육과 상담, 자가진단 프로그램 등 자살예방을 위한 생명사랑 캠페인 등을 운영하고 있다.

06 청소년 정신건강 분야 전문가 및 개입 기관

청소년의 정신건강과 관련하여 전문가 및 운영되고 있는 기관을 살펴보면 다음과 같다.

1) 청소년 정신건강 분야 전문가

많은 건강전문인 집단이 정신건강문제를 경험하고 있는 대상자에게 서비스를 제공하기 위해 함께 일하고 있다. 이들의 전문영역은 다르지만 대상자에게 도움을 제공한다는 같은 철학과 이론적인 배경을 가지고 서로 협력하고 있다. 의사, 간호사, 심리학자, 사회복지사, 정신건강사회복지사, 작업치료사 등이 함께 일하며 상호 보완관계를 유지하고 있다(이경순 외, 2000).

정신과 의사는 정신과 환자의 입·퇴원, 진단, 임상검사, 약물요법 등을 담당하고 간호사는 사례관리, 건강교육, 약물관리 및 교육, 증상관리 등을 수행한다. 심리학자는 개인, 가족, 집단을 대상으로 정신요법과 심리검사, 평가를 실시하고 있으며, 사회복지사는 대상자의 사회력을 조사하고 사례관리, 집단 정신요법 진행, 재활을 위한 활동을 수행하고 있다(이경순 외, 2000).

2) 청소년 정신건강 관련기관

예방으로서 정신건강증진을 목적으로 하는 일차 건강관리기관인 보건소 및 보건지소, 보건진료소, 정신과 외래 및 응급실, 청소년 상담기관, 자살예방센터에서는 질병예방, 사회환경적 요인 관리, 위기중재, 결손가족관리, 가족관계상담, 소년원 청소년 상담, 학교지지, 부모교육 및 훈련 등의 프로그램을 운영하고 있다(이경순 외, 2000).

이차 예방 건강관리기관인 정신과 의원 및 정신과 병동은 정신질환의 조기발견, 조기치료, 만성화 예방, 응급전화, 24시간 응급실 운영, 개인 및 가족 상담 등의 서비스를 제공하고 있다(이경순 외, 2000).

삼차 건강관리기관 중 정신건강복지센터는 보건소와 지역정신보건활동의 거점으로서 정신보건에 관한 지식의 보급·조사연구, 복잡 또는 곤란한 상담과 지도 그리고 보건소에 대한 기술지도나 연수 등의 역할을 수행하고 있다(이철수, 2013). 광역소아청소년정신보건센터와 서울시 정신건강복지에서는 청소년 유관기관 협력체계 구축 및 교육자료 개발, 정신건강 문제 조기발견 및 조기개입사업을 진행하고 있고 홈페이지를 통한 자가 검진 및 온라인 캠페인을 시행 중이다. 이와 함께 청소년 자살예방을 위한 위기관리서비스와 함께 자살위험 학생을 조기 발견하여 위험군으로의 발전을 예방하고 학교 기능을 최대한 정상화시키는 데 주력하고 있다.

3) 정신건강복지센터

아동과 청소년을 대상으로 진행되는 정신건강증진 사업은 아동·청소년의 건강한 성장을 돕기 위해 정신건강 상담 및 약물복용 교육, 치료 연계, 사례관리, 집단 프로그램, 지역사회 자원연결 등의 사업으로 성인기 질환으로의 이행방지와 건강한 성장발달을 도모하고자 운영되고 있다. 또한, 학교를 기반으로 조기발견 체계를 구축하여, 최적기에 정신건강 문제에 대한 평가, 치료, 사례관리로 정서·행동 문제에 대한 해결과 또래관계 어려움의 문제해결, 사회성 증진과 부모교육을 통한 아동청소년에 대한 이해고취, 양육스트레스 해소 기회를 제공하여 보다 나은 양육환경을 조성할 수 있도록 도모하고자 한다.

(1) 주요 사업

- 아동·청소년 등록 및 사례관리 사업: 고위험군 발굴, 사례발굴 및 사례회의, 심층 사정평가 등이 진행되고 있다.
- 아동·청소년 검진 사업: 아동·청소년 정신건강 선별검사 및 상담, 치료비 지원 등이 진행되고 있다.
- 등록 아동청소년 프로그램 사업: 아동 및 청소년 집단 프로그램을 운영하고 있다.
- 미등록 아동·청소년 프로그램 사업: 미등록 초등학생·중학생·고등학생을 대상으로 예방 프로그램을 운영하고 있으며, 지역아동센터를 방문하여 방문교육을 실시하고 있다.
- 아동·청소년 가족지원사업: 부모 집단상담 교육과 부모 교육 등을 실시하고 있다.

- 아동·청소년 강좌 사업: 아동·청소년기 나타날 수 있는 정신건강과 관련된 정보제공과 문제해결의 방향성 안내, 정신보건사업에 대한 이해 등을 위한 정신건강 강좌를 실시하여 아동·청소년의 정신질환의 조기발견 및 예방의 목적을 두고자 진행되고 있다.

(2) **상담 대표전화:** 지역별 정신건강복지센터 문의

4) 자살예방센터

중앙자살예방센터와 지역별 자살예방센터는 다음과 같은 사업을 운영하고 있다.

(1) 주요 사업

- 선별검사(스크리닝) 및 조사연구: 지역 내 자살생각이 있거나 위기에 처한 지역주민을 적극 발굴하여 우울 및 자살생각 정도, 자살위험 긴급 및 위기 정도를 파악하는 초기 스크리닝과 심층상담, 평가를 진행하고 있다.
- 통합사례관리 및 상담: 스크리닝과 심층상담, 전문가 평가를 통해 자살 고위험군(자살사고자, 자살시도 경험자)과 자살위험군에 맞춤형 통합사례관리와 상담, 프로그램을 진행한다. 이때, 청소년 위험군 상담 및 사례관리가 진행되며, 긴급위기 대상자 심리검사비 및 우울증 치료 및 검사비, 약물치료비를 지원하고 있다.
- Hot-Line: 자살 및 위기상황 등으로 도움을 필요로 하는 지역주민을 위한 Hot-Line(긴급전화) 상담 서비스와 자살자 유가족 상담, 24시간 응급전화상담 등을 진행하고 있다.
- 마음돌봄 프로젝트: 지역 주민들로 구성된 마음돌보미와 자살 및 우울로 정서적인 지지가 필요한 어르신과의 1:1 결연을 통한 지속적이고 따뜻한 생명사랑 이웃되기 프로젝트로, 안부전화 및 가정방문, 정기모임과 간담회, 온라인 커뮤니티를 통한 활동 및 정보교류, 자살 없는 지역 마을 공동체 만들기 등의 사업을 진행하고 있다.

- **생명사랑교육**: 지역주민을 대상으로 눈높이 자살예방교육을 진행하여, 자살예방의 필요성과 인식을 증대시키며, 청소년 생명존중 교육은 지역 내 초, 중, 고등학교 학생, 학부모, 교사들을 대상으로 자살에 관한 올바른 자살예방을 위한 대처능력을 향상시키며 생명존중 의식을 함양하도록 돕는다. 이때 교육 내용으로 생명의 소중함, 생명 경시 행동 찾기, 청소년 우울에 대한 이해와 대처, 자살에 대한 생명지킴이, 생명존중 서약 등이 있다.
- **홍보 및 캠페인**: 자살예방의 필요성과 인식을 증대시키고 지역주민이 자살에 대한 편견을 없애고 자살위험이 있는 대상자를 조기에 발견할 수 있도록 홍보 및 캠페인을 진행하고, 노란리본을 통해 자살예방의 의미와 자살자 유가족을 상징하는 의미로 사용되는 것을 알리기 위한 캠페인 등을 실시하고 있다.
- **자살예방 네트워크**: 자살예방을 위한 직접 및 간접, 긴급 및 위기 서비스 민관 네트워크를 구축하여 사례관리형 자살예방 사업을 실시한다.

그 외 한국생명의 전화는 전문상담기관으로서의 생명의 전화로 고독과 갈등, 위기와 자살 등 삶의 복잡한 문제에 빠져 있는 이들에 대해 전문교육을 받은 자원봉사상담원들이 전화상담, 의료상담, 종교인생상담, 일반면접상담, 법률상담, 사이버상담 등이 진행되고 있으며, 자살예방전문교육으로 자살예방 상담전문가 양성과정(AIR Training: Awareness, Intervention, Referral Training), 지역사회 자살예방교육, 청소년 생명존중 프로그램 지도자 양성 워크숍, 자살예방과 관련된 세미나 및 출판 사업, 연구 사업, 생명사랑 캠페인, 생명사랑 밤길걷기, 대학생 생명지킴이 봉사단('자살예방버스' 운영), 자살시도자 및 생존자 지원사업, 자살자 가족 자조모임 등을 진행하고 있다.

요약

- 청소년기는 신체적·심리적 발달의 급격한 진행으로 외부로부터 받는 심리적 압박감과 감정기복이 많고, 부모의 기대와 사회적 요구에 직면하여 긴장과 혼란을 경험하게 되는 시기이다.
- 사회적 환경과 청소년기의 특성상 인생의 어떤 시기보다 더 많이 정신건강에 관심을 쏟아야 하는 시기가 바로 청소년기이다.
- 정신건강이란 정신적 질병에 걸려 있지 않은 상태만을 말하는 것이 아니라 만족스러운 인간관계와 그것을 유지해 나갈 수 있는 능력을 의미한다.
- 청소년기에 가장 많이 언급되는 정신건강문제는 우울장애, 자살, 학교공포 등이 있다.
- 청소년기의 우울장애는 다양한 요인에 의해 발생되며, 무단결석, 약물남용, 가출, 비행 등의 문제로 나타나기도 하고, 신체증상이나 성적 저하로 위장하여 우울증상이 '가면성 우울'을 나타낸다.
- 청소년들이 정신건강의 문제를 해결하기 위해 자살을 선택하고 있다는 점에서 청소년 자살에 대해 사회적 관심이 요구되며, 청소년 자살의 원인은 성적문제, 외모문제, (이성)친구 문제 등이 있다.
- 청소년 스트레스의 주요 원인은 입시 위주의 교육과 이로 인한 경쟁관계, 강박적인 학습 환경 등이 있으며, 과중한 학업과 치열한 입시경쟁, 청소년기의 발달 특성 등을 고려하여 체계적인 개입이 요구된다.
- 청소년의 우울증 유발요인은 과도한 학업스트레스, 집단따돌림 등의 학교 내 갈등이 있으며, 이를 해결하기 위해 부모와 학교, 지역사회가 청소년을 치료 파트너의 협력 주체자로 인식하고 문제해결을 위한 공동의 노력이 요구된다.
- 청소년의 자살 원인은 학업문제(성적), 진학문제, 외로움과 고독, 경제적 어려움, 친구관계의 불화 등으로 이와 관련된 적극적인 개입이 요구된다.
- 청소년 정신건강을 위한 정신건강복지센터, 자살예방센터, 생명의 전화 등의 활동 지원과 전문 인력 양성이 필요하다.
- 청소년의 건강한 신체와 건강한 정신을 유지하기 위한 청소년 관련기관의 다양한 노력이 요구되며, 이를 위한 청소년 활동·복지·보호·상담이 연계되어 적극적인 개입이 필요하다.

핵심어

청소년 정신건강, 청소년 우울, 청소년 자살, 청소년 스트레스, 청소년 상담

연습문제

Exercise

1 다음 〈보기〉는 어떤 기관에 대한 설명인가?

보기

가) 아동·청소년 정신건강 고위험군 발굴 및 사례회의, 검진 사업
나) 아동·청소년 가족지원사업(집단상담 및 교육 등) 및 강좌 사업
다) 아동·청소년 정신보건사업

① 청소년 재활치료센터　　② 청소년수련관
③ 청소년상담복지센터　　④ 정신건강증진센터

정답 ④

해설 정신보건 및 정신건강에 관한 사업을 진행하는 기관으로 정신건강증진센터의 주요 사업에 관한 설명이다.

2 다음 청소년 스트레스의 원인이 아닌 것은?

① 입시 위주의 교육방식
② 과중한 학업
③ 치열한 입시경쟁
④ 아동에서 성인으로 넘어가는 과정에서의 감정적 변화
⑤ 여가활동 및 야영 캠프

정답 ⑤

해설 여가활동과 야영은 청소년의 스트레스 감소 및 건강한 정신건강을 위한 활동으로 진행된다.

3 다음 청소년의 우울증의 특징으로 옳지 않은 것은?

① 감정의 기복이 심하고 화를 잘 내며 이유 없이 행복하거나 칭찬해도 반응이 없다.
② 인지, 사고적 측면에서 자아개념이 낮고 자기비하적인 태도를 취한다.
③ 삶의 가치가 없다고 생각하여 자살 혹은 죽음에 대해 자주 생각하기도 한다.
④ 신체적 피로감을 느끼지 못하고 수면시간이 길어져 불면증은 경험하지 않는다.

정답 ④

해설 청소년의 우울증은 신체적인 극도의 피로감을 느끼고 불면증으로 고생하거나 두통 등의 고통을 자주 호소한다.

4 다음 10대 청소년의 우울증 유발 요인은 무엇인가?

① 경제적 빈곤과 외로움
② 신체적 변화와 빈둥지 증후군
③ 취업 등의 좌절감
④ 과도한 학업스트레스
⑤ 자녀양육과 부모 돌봄 부담

정답 ④

해설 10대 청소년의 우울증 유발요인은 과도한 학업스트레스, 집단 따돌림 같은 학교 내 갈등 등이 있다.

chapter 14

청소년과 일상생활

학습목표

1. 청소년 고민에 대해 이해할 수 있다.
2. 청소년의 안전 인식에 대해 이해할 수 있다.

청소년과 일상생활이라는 새로운 주제를 갖고 무엇을 담아서 배움을 가지면 좋을까 생각하면서 그동안 자주 다루지 못했던 주제에 대해 잠시 이야기를 해보고자 한다. 청소년의 일상생활 속에서 청소년의 고민은 무엇이며, 청소년의 안전 의식에 대해 살펴보고자 한다.

01 청소년과 고민

1) 청소년의 고민과 상담 대상

여성가족부(2023)의 「2023 청소년 통계」에 의하면, 2022년 청소년(13~24세) 중 90.8%가 고민이 있다고 응답하였으며, 가장 고민하는 문제는 공부(31.7%), 직업(26.7%), 외모(10.6%) 순으로 나타났다. 그리고 연령별로는 13~18세 청소년이 가장 고민하는 문제는 공부(50.8%), 외모(13.3%), 직업(7.4%) 순인 반면, 19~24세 청소년은 직업(40.9%), 공부(17.6%), 외모(8.6%) 순으로 나타났다.

표 14-1 청소년이 고민하는 문제(13세~24세) (주된 응답) (단위: %)

	계	공부(성적, 적성)	직업	외모	신체적 정신적 건강	용돈 부족	가계 경제 어려움	가정 환경	친구(우정)	기타[1]	연애상대와의 관계[2]	고민 없음
2018	100.0	29.6	30.2	10.9	5.4	4.9	4.8	1.7	2.5	1.8	1.8	6.4
2020	100.0	29.7	28.1	10.2	8.2	4.5	4.4	1.9	1.9	1.9	0.7	8.5
2022	100.0	31.7	26.7	10.6	6.4	4.5	3.5	1.2	3.5	1.7	1.1	9.2
남자	100.0	32.3	26.2	9.0	6.9	4.6	2.9	1.1	2.8	2.4	1.0	10.8
여자	100.0	31.0	27.2	12.4	5.9	4.4	4.2	1.3	4.2	0.8	1.2	7.5
13~18세	100.0	50.8	7.4	13.3	4.9	4.8	1.2	1.1	6.1	2.3	0.4	7.7
19~24세	100.0	17.6	40.9	8.6	7.5	4.3	5.3	1.3	1.6	1.1	1.6	10.3

출처 : 통계청, 「사회조사」

주 : 1) '학교·학원 폭력', '흡연, 음주', '인터넷 중독' 포함

2) 2020년부터 '이성교제'→ '연애 상대와의 관계'로 명칭 변경

청소년이 고민을 상담하는 대상은 친구·동료(43.7%)가 가장 많고, 그 다음으로는 부모(29.7%), 스스로 해결(18.1%), 형제자매(4.8%) 등의 순으로 나타났고, 13~18세의 경우 19~24세에 비하여 부모에게 상담하는 경우가 상대적으로 비중이 크다.

표 14-2 청소년의 고민 상담 대상(13세~24세) (단위: %)

	계	친구·동료	부모			형제자매	인터넷(SNS)[1]	스승	기타[2]	선후배	스스로 해결
				아버지	어머니						
2018	100.0	49.1	28.0	4.1	23.9	5.1	–	1.5	1.0	1.5	13.8
2020	100.0	43.4	27.1	4.2	23.0	6.1	1.4	1.0	0.9	0.8	19.1
2022	100.0	43.7	29.7	4.2	25.5	4.8	0.6	1.0	0.9	1.3	18.1
남자	100.0	44.5	27.5	5.6	21.9	3.3	0.6	1.5	0.4	1.7	20.5
여자	100.0	42.9	31.9	2.7	29.2	6.4	0.5	0.5	1.4	0.8	15.5
13~18세	100.0	38.1	36.5	4.4	32.1	3.7	0.7	2.0	0.7	0.6	17.8
19~24세	100.0	48.0	24.5	4.0	20.5	5.7	0.5	0.2	1.0	1.8	18.3

출처 : 통계청, 「사회조사」

주 : 1) 2018년 '스스로 해결'에 포함. 2020년부터 '인터넷(SNS 등)'을 분리하여 별도 항목으로 조사

2) '전문 상담가' 포함

2) 청소년 고민 상담유형

2022년 청소년 상담(1388) 건수는 83만 6천 건으로 청소년 고민 상담유형은 정신건강(24.5%), 정보제공(19.2%), 대인관계(15.4%), 학업진로(9.9%) 순으로 나타났다. 이때, 청소년 고민에 대해 전화, 모바일, 인터넷 채팅·게시판으로 상담을 제공하는 서비스를 말한다. 그리고 대인관계, 학업진로 등과 관련된 상담 건수는 '21년 대비 증가하였고, 근로, 가족, 성 등과 관련된 상담은 감소하였다.

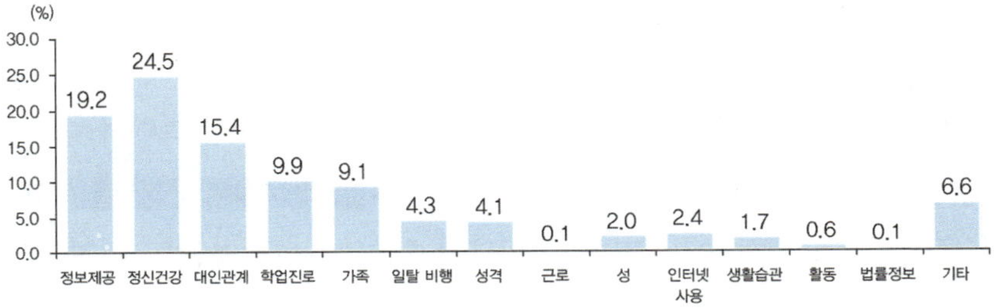

출처 : 여성가족부, 「청소년 상담(1388) 실적」

그림 14-1 상담유형별 구성비(2022)

표 14-3 청소년 고민상담 (단위: 천 건[1], %)

	상담건수	정보제공	정신건강	대인관계	학업진로	가족	일탈비행	성격	근로	성	인터넷사용	생활습관	활동	법률정보	기타
2016	833	143	93	146	98	127	38	29	5	29	17	16	11	2	79
2017	863	168	118	157	101	94	39	30	7	30	22	16	17	2	61
2018	878	152	150	157	99	101	41	27	16	31	20	16	12	2	54
2019	902	165	163	150	111	82	39	36	26	26	24	16	10	2	54
2020	936	171	190	128	85	98	32	32	18	27	24	16	8	2	107
2021	852	171	205	118	80	85	31	32	3	20	21	12	7	1	67
2022	836	161	205	128	83	76	36	35	1	16	20	14	5	1	55
구성비	100.0	19.2	24.5	15.4	9.9	9.1	4.3	4.1	0.1	2.0	2.4	1.7	0.6	0.1	6.6

출처 : 여성가족부, 「청소년 상담(1388) 실적」, 9-24세 청소년 및 청소년 학부모 상담
주 : 1) 백 단위에서 반올림하였으며, 구성비는 원 수치로 산출

청소년의 고민 중 공부, 직업, 외모 순으로 조사된 바를 고려할 때, 이와 관련하여 교육 관련 기관, 진로탐색 관련 기관, 상담 기관 등이 연계하여 청소년의 고민에 대해 상담할 수 있도록 사회적 관심이 요구된다.

02 청소년과 안전

1) 사회안전 인식

1999년 6월 30일 경기도 화성군(현 화성시)에 위치한 청소년수련시설인 놀이동산 씨랜드 청소년수련원에서 화재가 발생하여 유치원생 19명과 인솔교사 및 강사 4명 등 23명이 숨진 사고가 있었다. 2013년 7월 18일 충청남도 태안군 안면도에서 열린 사설 해병대 캠프에 참가했던 고등학교 학생들이 구명조끼를 벗고 바다로 들어갔다가 숨진 사건이 발생하였다. 그 뒤 2014년 4월 16일 전라남도 진도군 병풍도 앞 인근 해상에서 세월호의 침몰로 수학여행을 떠났던 안산 단원고 2학년 학생 중 250명이 희생된 '세월호 참사' 등 청소년과 관련된 안전사고가 끊임없이 있었던 것은 안전에 대한 무감각과 무관심이 발생시킨 점에서 청소년과 관련된 안전에 대한 관심이 높아졌다.

여성가족부(2023)의 「2023 청소년 통계」에 의하면, 2022년 우리 사회가 안전하다고 생각하는 청소년(13~24세)은 40.4%로 2년 전보다 2.3%p 증가하였다. 특히, 사회가 안전하다고 생각하는 비중은 남자 45.2%, 여자 35.2%로 10%p 차이 나며, 연령대별로 보면 13~18세 42.7%, 19~24세 38.7%로 4%p 차이가 났다.

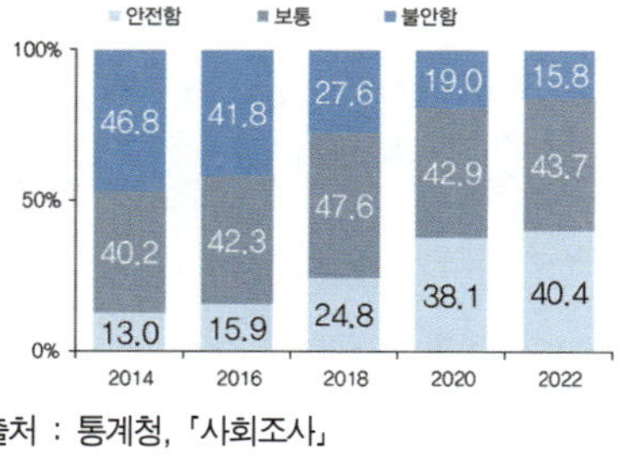

출처 : 통계청, 「사회조사」

그림 14-2 안전 인식 수준

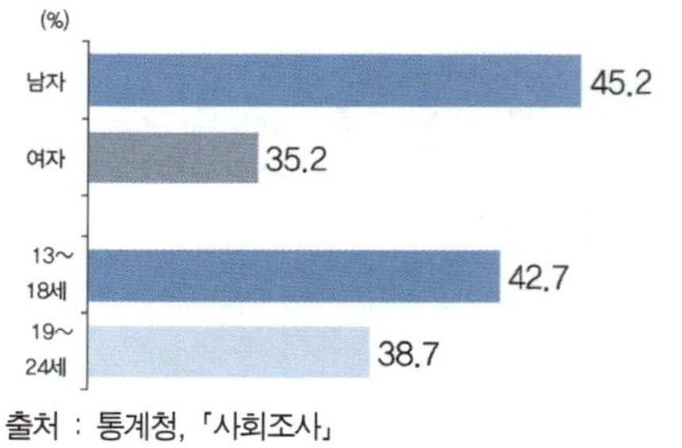

출처 : 통계청, 「사회조사」

그림 14-3 안전함 비율

표 14-4 사회안전에 대한 인식도 (단위: %)

	안전함[1]	보통	불안함[2]
2014	13.0	40.2	46.8
2016	15.9	42.3	41.8
2018	24.8	47.6	27.6
2020	38.1	42.9	19.0
2022	40.4	43.7	15.8
남 자	45.2	42.4	12.4
여 자	35.2	45.3	19.5
13 ~ 18세	42.7	43.1	14.3
19 ~ 24세	38.7	44.3	17.0

출처 : 통계청, 「사회조사」
주 : 1) '매우 안전함'과 '비교적 안전함'을 합한 수치임
2) '매우 불안함'과 '비교적 불안함'을 합한 수치임

2022년 청소년(13~24세)이 생각하는 우리 사회의 가장 주된 불안 요인은 범죄발생(19.6%), 신종질병(19.2%), 국가안보(13.8%), 경제적 위험(11.6%) 순으로 조사되었다. 2년 전에는 코로나19 확산으로 신종질병이 가장 큰 비중을 차지하였으나 2022년에는 범죄발생이 가장 큰 비중을 차지하였다. 성별에 따른 차이로는, 남자의 경우 신종질병(20.2%)을 여자는 범죄발생(29.0%)을 우리사회의 가장 주된 불안 요인으로 나타났다.

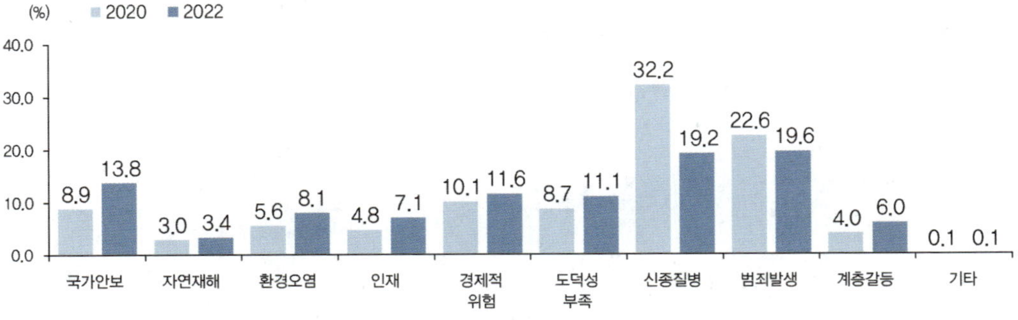

출처 : 통계청, 「사회조사」

그림 14-4 사회의 불안 요인

표 14-5 사회의 가장 주된 불안 요인 (단위: %)

	계	국가 안보	자연 재해	환경 오염	인재	경제적 위험	도덕성 부족	신종 질병	범죄 발생	계층 갈등	기타
2018	100.0	17.0	5.4	10.4	7.6	10.2	11.6	2.3	30.1	5.2	0.3
2020	100.0	8.9	3.0	5.6	4.8	10.1	8.7	32.2	22.6	4.0	0.1
2022	100.0	13.8	3.4	8.1	7.1	11.6	11.1	19.2	19.6	6.0	0.1
남자	100.0	17.6	3.6	8.0	7.6	12.9	12.7	20.2	10.9	6.3	0.1
여자	100.0	9.7	3.1	8.1	6.5	10.2	9.3	18.1	29.0	5.8	0.1
13~18세	100.0	13.1	3.8	11.1	5.9	7.3	9.8	22.6	20.5	5.7	0.1
19~24세	100.0	14.3	3.1	5.9	7.9	14.7	12.0	16.7	19.0	6.3	0.2

출처 : 통계청, 「사회조사」

2) 안전과 안전관리, 안전교육의 개념

안전이란 온전 및 편안하여 걱정이나 위험이 없는 상태의 구현이며, 단지, 재해나 사고가 발생하지 않고 있는 상태를 안전이라고는 할 수 없으며, 잠재 위험의 예측을 기초로 한 대책이 수립되어 있어야만 안전이라고 할 수 있다. 즉, 만들어지는 상태를 뜻한다(두산백과). 안전관리란 위험성을 없애고 사고를 제거하는 것을 목적으로 하는 인간 자체의 행동변화와 물리적 환경변화의 설계라 할 수 있다. 즉, 안전관리란 우리의 건강과 생명을 지키며, 국민의 생명, 신체 및 재산을 각종 재해 등과 같은 위험으로부터 보호하기 위한 활동을 말한다. 안전교육이란 일상생활에서 개인 및 집단에 대해 각 분야의 안전에 필요한 지식, 기능, 태도를 이해시키고 자신과 타인의 생명을 존중하며, 안전하고 건강한 생활을 영위할 수 있는 습관을 육성하기 위한 교육을 말한다.

3) 학교안전사고 사례분석 연구

김형태(2015)는 전북지역 초등학교 안전사고 다발학교 10개교를 선정 및 분석한 결과, 첫째, 학생들이 학교생활 중 발생하는 안전사고 대부분은 학생들의 부주의가 원인인 것으로 나타났다. 주입식 교육이 아닌 학교공동체의 구성원인 학생 및 교직원이 모두 참여하여 학교안전사고로부터 안심하고 교육활동에 전념할 수 있는 여건조성을 위한 구체적이고 정책적인 노력이 필요하다. 둘째, 학교시설물의

하자로 인한 학교안전사고가 발생하고 있다는 점에서 기본적인 교육여건인 시설, 환경 등의 정비와 교육 기회의 균등한 보장을 적극적으로 요구할 수 있는 권리가 필요하다. 이를 위해 학교 관리자인 교장, 행정실장에게 시설물 안전관리 및 사고 예방교육을, 교사 및 학생들에게는 학교시설 관련 사고에 대한 사례 중심 교육을 실시하고 학교시설 안전 매뉴얼을 개발 보급하여 학교공동체 구성원들의 안전에 대한 대처 능력을 높여야 한다. 셋째, 주기적인 학교 안전전문교육의 필요성 등 학교시설 관련 연수과정을 만들거나 위탁교육을 실시하여 학교시설 관련 담당자들의 자질을 향상시켜야 한다고 말하였다.

4) 청소년의 안전한 활동을 위한 예방

청소년이 안전하게 활동할 수 있도록 우리 모두의 관심과 참여가 요구되며, 이를 위한 방안을 제시하면 다음과 같다.

첫째, 청소년 자신이 안전에 대한 관심과 일상생활 속에서의 안전을 기본으로 한 생활태도를 갖는 것이 필요하다.

둘째, 청소년이 이용하는 청소년복지시설 및 관련기관에 대한 안전실태조사와 더불어 안전조치가 이루어질 수 있도록 정부 및 지방자치단체의 예산지원이 필요하다.

셋째, 청소년을 둘러싼 지역사회와 학교, 가정에서 청소년과 더불어 성인을 대상으로 한 안전 교육과 맞춤식 실습에 참여하여 다양한 안전사고에 능동적으로 대처할 수 있는 역량을 강화하고 안전이 보장된 사회가 만들어질 수 있도록 모두의 관심과 참여가 필요하다.

청소년활동 안전정보 한눈에…안전센터 홈페이지 오픈

쉼터

한국청소년활동진흥원(KYWA) 청소년활동안전센터는 청소년활동 안전정보를 한곳에 모아 제공하는 '청소년활동안전센터' 홈페이지(www.yas.or.kr)를 구축하고 23일부터 본격 운영한다고 18일 밝혔다. 올해 4월 문을 연 청소년활동안전센터는 청소년활동 안전전문기관으로, 청소년활동 안전에 대한 다양한 정보를 보다 효율적으로 국민들에게 제공하기 위해 홈페이지를 개설했다. 홈페이지에서 지역별 청소년활동 안전정보와 관련 법규, 안전관리 매뉴얼, 청소년활동 운영기관 및 인증·신고 프로그램 정보 등을 확인할 수 있다. 특히 기상청, 국민안전처와 연계해 기상정보는 물론 자외선, 식중독 등 생활안전지수 및 산불과 산사태, 해안침수 등 재난안전지수를 실시간으로 확인할 수 있으며, 이를 종합한 '청소년 안전기상도'를 지역별로 한눈에 볼 수 있다. 또한 청소년활동 프로그램 지도자와 관리자를 위해 안전사고를 예방하고, 사고 발생 시 피해를 최소화할 수 있는 시설관리 및 활동 안전매뉴얼과 관련 법규에 대한 정보도 제공한다. 아울러 국가가 인증한 청소년활동 프로그램과 청소년활동 신고 프로그램, 프로그램 운영기관 정보 등을 찾아볼 수 있다. 이○○ 청소년활동안전센터장은 "향후 청소년지도자와 청소년, 학부모 모두가 유용하게 활용할 수 있는 '안전정보의 플랫폼'으로 운영할 계획"이라고 말했다.

출처: 뉴스1(2015.11.18.).

요약

- 청소년 고민 중에는 공부, 직업, 외모 순으로 조사되었고, 고민을 상담하는 대상은 친구·동료(43.7%)가 가장 많고, 그 다음으로는 부모(29.7%), 스스로 해결(18.1%), 형제자매(4.8%) 등의 순으로 나타났다.
- 청소년 고민 상담유형은 정신건강(24.5%), 정보제공(19.2%), 대인관계(15.4%), 학업진로(9.9%) 순으로 나타났다.
- 안전이란 온전 및 편안하여 걱정이나 위험이 없는 상태의 구현이며, 단지, 재해나 사고가 발생하지 않고 있는 상태를 안전이라고는 할 수 없으며, 잠재 위험의 예측을 기초로 한 대책이 수립되어 있어야만 안전이라고 할 수 있다.
- 안전관리란 위험성을 없애고 사고를 제거하는 것을 목적으로 하는 인간 자체의 행동변화와 물리적 환경변화의 설계라 할 수 있다.
- 안전교육이란 일상생활에서 개인 및 집단에 대해 각 분야의 안전에 필요한 지식, 기능, 태도를 이해시키고 자신과 타인의 생명을 존중하며, 안전하고 건강한 생활을 영위할 수 있는 습관을 육성하기 위한 교육을 말한다.

핵심어

청소년고민, 사회안전

연습문제

Exercise

1 다음 「2023 청소년 통계」에서 청소년의 고민 중 가장 높은 순위를 차지한 것은?

① 외모 ② 직업
③ 공부 ④ 이성 친구

정답 ③

해설 「2023 청소년 통계」에서 청소년 고민 중 공부, 직업, 외모 순으로 조사되었다.

2 다음 청소년과 안전에 관한 설명 중 옳지 않은 것은?

① 청소년의 안전은 청소년보다는 성인의 몫이다.
② 청소년의 안전사고에 대한 예방이 매우 중요하다.
③ 여성가족부는 청소년정책관 내 '청소년활동안전과'를 두었다.
④ 안전교육은 안전에 필요한 지식, 기능, 태도를 이해시키고 건강한 생활을 영위할 수 있도록 습관을 육성하기 위한 교육을 말한다.

정답 ①

해설 청소년의 안전은 성인만의 몫이 아니라 누구나 관심을 갖고 실천해야 한다.

chapter 15

청소년복지의 발전방향

학습목표

1. 한국 청소년의 현황에 대해 이해할 수 있다.
2. 청소년복지의 전망과 과제에 대해 파악할 수 있다.

청소년복지의 발전방향을 논의하는 것은 그 나라가 처한 청소년의 모습은 어떠한가에 따라 다르게 만들어질 것이다. 그런 점에서 한국 청소년의 현황은 어떠한지 통계청(2020)에서 제시한 「2023 청소년통계」를 통해 살펴보고, 그에 따른 청소년복지의 전망과 과제를 제시해보고자 한다.

학자들이 제시한 청소년복지의 전망과 과제는 그 현실에서 처한 상황을 고려하여 제시되기도 하고, 학자가 경험한 청소년복지 현장에 맞는 변화가 무엇인지 고민하고 그 방향을 제시하기도 한다.

우리가 경험한 청소년기의 고민이 지금의 청소년이 경험하게 되는 고민과는 분명 차이가 있으며, 그 고민을 해결하는 접근 방법도 다르다. 그러나 중요한 점은 청소년의 의사표현이 반영된 참여가 이루어지면서 그들과 함께 청소년복지를 위한 방향을 결정하는 것은 매우 중요하다. 우리는 간혹 청소년복지에 관한 프로그램이 개발할 때 어떤 프로그램을 개발하면 좋을까 고민한다. 그러나 그 고민 속에 청소년의 의견이 반영되었는가를 생각해보는 습관을 가졌으면 한다. 그렇지 않으면 결국 청소년이 없는 청소년복지가 될 수 있기 때문이다.

01 청소년복지의 전망

통계청(2023)의 「2023 청소년통계」를 근거로 청소년복지가 나아갈 방향에 대해 살펴보고자 한다.

첫째, 통계청(2023)의 「2023 청소년통계」를 살펴보면, 다문화가정의 학생 수가 지속적으로 증가하고 있다. 청소년복지 영역의 전문가들은 청소년 복지사업과 서비스 제공과정에 있어서 다문화가정 청소년에 대한 이해와 욕구를 파악하여 그에 따른 사회복지서비스가 요구되며, 활동적 측면에서는 다문화에 대한 인식개선과 함께 어울려 참여할 수 있는 다양한 프로그램이 개발이 요구된다. 특히 다문화가정의 청소년이 초등학생에서 중·고등학생으로 성장하는 과정에서 경험하게 되는 다양한 상황을 충분히 이해할 필요가 있다.

둘째, 청소년의 정신건강실태조사에 의한 결과를 토대로 청소년의 건강한 정신건강을 위한 고민 상담과 스트레스 감소 및 해결을 위한 청소년 복지·문화·상담·활동 등의 전문화되고 다양한 접근이 요구되며, 성적 및 학업에 관한 상담, 또래관계에 관한 상담, 진로에 관한 상담 등 상담영역의 전문화와 특히 청소년의 사망원인으로 '고의적 자해(자살)'이 가장 높다는 점에서 청소년 자살예방을 위한 국가 및 민간단체 간의 협력과 이를 위한 정부와 지방자치단체, 학교 및 가정의 역할이 더욱 요구된다.

셋째, 청소년의 가출과 성매매 등 심각한 사회문제가 대두되면서 이들에 대한 보다 적극적인 예방과 대처방안이 마련되어야 한다는 목소리가 커졌다. 청소년의 가출을 예방하기 위한 부모와 자녀 간의 소통을 위한 프로그램 개발, 함께하는 밥상문화 등의 다양한 프로그램이 개발되어 청소년 개인만이 아닌 가족단위의 프로그램이 요구된다. 그리고 청소년에게 유해한 흡연과 음주 등의 약물오남용, 인터넷 및 스마트폰 중독에 대한 예방을 위한 다양한 활동과 더불어 전문가를 양성하여 적재적소에 배치함으로써 접근성을 높여 문제발생 이후의 접근이 아닌 예방적 접근이 가능하도록 보다 '찾아가는 서비스'가 진행될 수 있도록 적극적인 개입이 요구된다.

넷째, 청소년 대상의 세계시민교육, 인성교육, 통일교육 등 필요성이 인식되면서 다양한 민간단체가 자연발생적으로 생겨나고 있다. 따라서 청소년 단체에 대한 전문적 육성과 지원, 교육이 요구된다. 하지만 이를 위한 제도적인 뒷받침과 더불어 예산지원, 관련 단체에 대한 체계적인 관리와 지원이 없이는 제대로 운영될 수 없다는 점에서 관심이 요구된다.

다섯째, 청소년복지를 실현하기 위한 사회복지사, 청소년지도사, 청소년상담사 양성과 더불어 영역별 전문가 양성을 통해 전문지식을 갖춘 전문 인력이 보다 청소년이 활동하는 현장에 접근이 될 수 있도록 국가 및 지방자치단체의 관심이 요구되며, 이를 위한 초등학교, 중고등학교 등 교육기관의 관심이 확대되어 청소년이 학습하는 교과과목에 대한 편성을 다양화하여 보다 전문성을 고려한 전문가가 학교 현장에 참여할 수 있도록 해야 할 것이다.

2018년 11월 23일 사회복지사업법이 개정되면서 정신건강, 의료, 학교 등 특정 영역에서 활동하고 있는 사회복지사의 전문성을 바탕으로 정신건강사회복지사, 의료사회복지사, 학교사회복지사 국가 자격을 신설한다. 이로 인해 2020년 연말부터 학교사회복지사는 학교, 교육복지센터 등에서 사례관리, 지역사회자원 개발, 학교폭력 대처 및 예방, 아동학대, 인터넷중독 등 업무를 담당하여 학생 복지를 증진할 것으로 기대된다. 따라서 국가자격화와 더불어 학교사회복지사가 활동하는 교육현장에서 보건복지부와 교육부의 협력을 통한 청소년의 문제 예방을 위해 전문가가 활동할 수 있는 여건을 개선될 수 있도록 노력해야 하며, 학교사회복지사의 배치와 처우 개선 등에 관심이 요구된다. 이를 통해 보다 청소년과 함께 하는 사회복지전문가가 많아질 수 있다는 점에서 기대된다.

02 청소년복지의 과제

청소년복지를 실현하기 위한 과제는 청소년을 어떻게 보고 있는가에 따라서 다르게 접근하게 된다. 즉, 생애주기에 따른 청소년기의 과업을 잘 수행할 수 있도록 하기 위한 과제, 청소년과 관련된 사회문제의 예방과 해결을 위한 과제를 생각해볼 수 있다.

첫째, 생애주기에 따른 청소년기의 과업을 잘 수행할 수 있기 위한 과제로는 청소년기에 대한 신체적·정서적·심리적 발달특성에 대한 이해를 돕기 위한 교육과 발달특성에 맞는 프로그램 운영, 청소년의 성에 대한 올바른 이해, 이성 친구를 포함한 또래관계 형성, 자아정체성 형성을 돕기 위한 접근 등이 청소년복지를 위한 과제가 될 것이다.

둘째, 청소년과 관련된 사회문제의 측면에서 본다면 본 교재에서 다룬 주제처럼 인권, 임파워먼트, 비행, 학교폭력, 성, 사이버문화, 약물남용, 정신건강, 고민, 다양한 가족유형에 구성원으로 존재하는 청소년 외에도 지역특성을 고려한 도시와 농촌지역 청소년, 북한이탈청소년, 청소년의 참여, 장애청소년, 시설보호청소년 등에 대한 전문화된 접근이 이루어질 수 있도록 전문인력의 지속적인 훈련과 교육, 영역별 예방과 문제해결을 위한 전문화된 프로그램 개발과 관심이 높아질 수 있도록 하는 것이 청소년복지를 위한 과제가 될 것이다.

셋째, 청소년은 '우리의 미래다'라고 말하면서 청소년에 대한 관심이 어떻게 생각하고 느끼는가를 묻지 않고 그저 성인의 입장에서 판단하고 결정한 것을 따르기를 원하고 있는 현실이 청소년의 삶을 되돌아보게 만든다. 청소년복지가 잘 만들어지기 위해서는 지속적인 청소년에 대한 관심 속에 청소년복지를 위한 제도적 뒷받침과 더불어 정부와 민간단체, 지역사회 구성원 모두의 관심이 있을 때 청소년복지를 실현할 수 있다는 점을 간과해서는 안 된다. 또한 청소년은 가정과 학교에서 많은 시간을 보낸다는 점에서 부모와 교사의 역할이 매우 중요하다. 부모는 청소년 자녀의 삶에 부모 자신의 기준으로 자녀의 삶의 방향을 정하고 따르기를 원하는 경우가 있다. 이는 부모자녀 관계와 자녀의 삶에 부정적인 영향을 미칠 수 있다. 자녀가 무엇을 생각하고, 무엇을 고민하고, 원하는지를 비판하지 않고 소통하며 함께 대화할 수 있는 파트너가 되어야 한다. 그리고 교사는 학업성적뿐만 아니라 교육의 목적과 의미가 무엇인지, 진로와 학업이 어떤 관계가 있는지 등을 설명하면서 교육과정에서 파트너가 되어야 한다. 마지막으로 지역사회에서는 청소년 기관과 연계될 수 있도록 부모와 교사는 청소년 기관의 이해가 매우 중요하다(오봉욱, 2021).

넷째, 우리나라 청소년들을 대하는 기성세대의 태도가 변해야 한다. 오늘날의 청소년들은 지금 기성세대가 겪었던 청소년 시기와는 너무 다른 환경 속에 청소년기를 보내고 있다. 고도의 경제성장을 경험하며 물질만능주의와 부모의 지나친 과보호 속에서 자라온 아이들이며, 반면에 경제적 빈곤과 이혼과 같은 가족해체를 체험하며 차별문화를 체험한 아이들이다. 돈, 권력, 외모, 학벌이라는 몇 가지

가치가 한 인간의 행복의 척도가 되는 것을 보면서도, 저항하거나 극복하려고 몸부림치기보다 청소년 스스로 차별을 받아들이는 문화 속에 자라고 있다. 본인의 노력으로 미래를 설계할 수 있다는 희망과 자신감보다는 부모의 경제적 능력과 학벌, 외모에 따라 아직 도전해보지도 않고 포기하는 청소년들이 있다는 것이 매우 안타깝다. 따라서 기성세대는 오늘날의 청소년들을 충분히 이해하면서, 청소년 개개인의 소질과 꿈을 펼칠 수 있는 사회적 지원을 마련해 줄 수 있어야 한다. 청소년복지도 청소년들의 목소리에 귀 기울이며, 청소년 스스로 자신의 삶을 건설할 수 있는 사회적 환경을 만들기 위해 노력해야 한다(하태선, 2016).

다섯째, 청소년복지의 발전 방안으로 관련 법령의 개정을 통한 보다 적극적인 청소년복지의 실천이라고 말하였다. 예를 들면, 청소년복지지원법 제29조의 청소년상담복지센터, 제30조의 이주배경청소년지원센터와 청소년보호법 제27조의 인터넷게임중독 등의 피해 청소년 지원, 제35조의 청소년보호·재활센터의 설치 운영 등은 의무조항으로 규정되어 있지 않다. 따라서 청소년상담복지센터, 이주배경청소년지원센터, 청소년보호센터와 청소년재활센터 등의 설치 및 운영에 대한 필요성에는 공감하나 예산이나 전문인력의 충원 등의 이유로 설치되지 않은 경우가 많다. 특히 청소년보호센터나 재활센터의 경우 상대적으로 거의 설치되어 있지 않은 실정이다. 예산 등의 문제로 인하여 의무조항으로 규정하는 것이 어렵다는 현실은 이해할 수 있으나 청소년복지의 실현을 위한 보다 강력한 정부 차원의 의지를 위해서라도 실천 기관에 대한 의무조항으로 법 개정이 요구된다. 중앙정부 차원에서의 관련 기관 설치 및 운영이 바람직할 수 있지만, 현실적인 측면에서 민간 기관의 위탁 운영 등도 대안이 될 수 있을 것이다(유우경, 2016).

참고문헌

강병연·황수주(2011). **청소년육성제도론**. 경기: 양서원.

강성국(2007). **학교에서 가르쳐 주지 않는 학과 선택법**. 서울: 케이펍.

강유미(2011). 학교폭력에 대한 실태분석 연구. 고려대학교 석사학위논문.

강차연·손승아·안경숙·윤지영(2010). **청소년 심리 및 상담**. 경기: 교문사.

고지홍·윤경란(2007). **한국청소년연구, 18**(1), 185-212.

곽금주·윤진·문은영(1993). 한국청소년 비행 연구의 동향과 심리적 과제. **한국심리학회지: 사회, 7**(1), 12-27.

곽미정·김형모(2013). 청소년 임파워먼트 프로그램의 효과성 분석. **청소년학연구,** 20(1), 129-156.

교육과학부(2012). **학교폭력 실태조사 분석결과 보도자료**.

교육부(1995). 교육개혁 추진 홍보자료집(Ⅰ). 교원복지신보, **초·중·고교 종합생활기록부 관리지침**(전문), 4-5.

교육부(2020). **제4차 학교폭력 예방 및 대책 기본계획 발표**. 2020년 1월 14일 보도자료.

구본용(2000). **남북한의 변화와 청소년의 도전과제**. 서울: 한국청소년상담원.

구혜영(2013). **청소년복지론**. 서울: 신정.

권이종(2003). **학교 내에서의 집단 따돌림의 발생원인과 해결방안에 관한 연구**. 청소년학연구.

기술사랑연구회(2007). **Basic 중학생을 위한 기술·가정 용어사전**. 서울: 신원문화사.

김동일(1996). 한국특수교육의 발전과제 비행청소년을 위한 특수교육적 접근. **한국특수교육학회, 10**, 1-42.

김두연(2006). 빈곤과 핵가족 해체: 빈곤층 조손가족 사례연구. 동국대학교 석사학위논문.

김미화·장우민(2008). **인터넷 게임중독으로부터 내 아이를 지키는 59가지 방법**. 서울: 평단문화사.

김병찬(2012). 학교폭력 문제의 원인과 대책. **강원교육, 통권 190호**.

김선남(1994). 청소년 비행 관계 변인간의 인과적 분석. 전남대학교 박사학위논문.

김성이(2004). **청소년복지학**. 서울: 집문당.

김성이·노충래(2004). 청소년복지 실천방법의 방향에 관한 연구: 임파워먼트 및 권익옹호 접근방법을 중심으로. **이화사회복지연구, 4**, 51-82.

김성이·조학래·노충래·신효진(2011). **청소년복지학**. 경기: 양서원.

김승희(2011). **청소년과 유해약물**. 서울: 국립독성연구원.

김영화·최영진(2013). **오늘의 청소년 그들은 누구인가? 청소년복지론**. 경기: 정민사.

김예성(2014). 조손가정 아동의 심리사회적 적응 상태 및 심리사회적 적응에 영향을 미치는 요인. **청소년문화포럼, 37**, 7-30.

김완래·김동현·임순길(2010). **청소년복지론**. 서울: 동문사.

김유나(2011). **서울시 청소년드림센터 설치 및 운영에 관한 연구**. 서울: 서울시여성가족재단.

김융일 외(2003). **사회복지학개론**. 서울: 동인.

김익균·박은미·이정남(2009). **가족복지론**. 서울: 동문사.

김정민·유안진(2005). 부모의 이혼과 청소년의 우울과 외로움: 부모애착과 또래애착의 매개효과를 중심으로. **인간발달연구, 12**(4), 159-176.

김정민·장재홍(2008). 일반가정 청소년과 이혼가정 청소년에서 부모애착과 이성애착간의 관계. **미래청소년학회지, 5**(4), 151-172.

김정열·김산용(2014). **청소년복지론**. 경기: 공동체.

김제한·공석영·김충기(1981). **청년발달심리학**. 서울: 세광공사.

김향초(2015). **청소년복지론**. 서울: 학지사.

김현주(2008). 청소년 자살위험성에 영향을 미치는 요인. **한국아동복지학, 27**, 69-93.

김형태(2015). 학교안전사고 사례분석 연구. 한국교원대학교 석사학위논문.

김희화(2004). 청소년의 방과 후 활동과 문제행동과의 관계: 청소년의 자기통제력 및 어머니 감독의 중재효과. **청소년학연구, 11**(1), 75-94.

남영옥(2010). 이혼가정 자녀와 양부모가정 자녀의 학교적응 비교 연구. **한국청소년연구, 21**(3), 219-243.

남영옥·이재모(2006). 인터넷중독 청소년의 정신건강과 보호요인. **인간발달연구, 13**(2), 21-36.

남재봉(1992). 청소년 비행의 원인에 관한 경험적 연구. 중앙대학교 사회대 사회과학연구소, **사회과학연구, 9**(1), 193-248.

남정자(1993). 청소년 비행 유형별 관련요인 분석. 한국보건사회연구원, **보건사회연구 보건사회논집, 13**(2), 33-53.

노혁(2002). **청소년복지론**. 서울: 대학출판사.

노혁(2009). **청소년복지론**. 경기: 교육과학사.

노혁(2010). 청소년복지실천에서 임파워먼트의 재해석: 언어를 활용한 구성주의접근의 미시적 실천방법을 중심으로. **미래청소년학회지, 7**(3), 205-222.

대한신경정신의학회. **대한민국의 청소년들을 위하여·우울한 청소년과 대화하는 법**. 네이버건강백과.

문현실·김옥희·고영삼·배성만(2011). 인터넷중독 청소년에 대한 해결중심 상담프로그램의 치료효과 연구. **한국가족치료학회지, 19**(3), 123-140.

미래창조과학부(2015). **2014년도 인터넷중독실태조사.**

민정숙(2013). 청소년의 부모자녀 의사소통, 또래관계가 인터넷중독에 미치는 영향. 배

재대학교 석사학위논문.
박경애·김혜원·주영아(2010). **청소년 심리 및 상담**. 경기: 공동체.
박병금(2006). 청소년의 자살생각에 관한 생태체계요인 탐색. 충북대학교 박사학위논문.
박아청(2006). **성격발달심리의 이해**. 경기: 교육과학사.
박재근(2015). 학교폭력이 아동 청소년의 정서에 미치는 영향과 사회자본의 조절효과 연구. 성균관대학교 박사학위논문.
박정란·서홍란·장수한(2014). **청소년복지론(개정판)**. 경기: 양서원.
박정희(2011). 현대인의 불안·우울·자살에 대한 실존 의미 치료-빅터 프랭클의 로고테라피 중심으로. 철학논총, **새한철학회, 63**(1), 248-269.
박정희·김민(2007). 청소년자원봉사활동 참여도에 영향을 미치는 개인변인 연구. **미래청소년학회지, 4**(1), 85-103.
박지인(2008). 저소득 조손가족 아동의 사회적지지 지각과 정서·행동문제의 관계. 숙명여자대학교 석사학위논문.
박찬걸(2010). **비범죄화의 유형에 관한 연구**. 저스티스.
박창득(2003). 초등학교 학교폭력 현상에 관한 교사와 학생의 인식비교. 금오공과대학교 석사학위논문.
박철웅(2006). 청소년문화의 이해. **2006 청소년지도사 3급 자격연수 자료집**.
박현동(2014). 청소년 쉼터의 발달 과정을 통한 일시 청소년 쉼터의 역할 찾기. 서울특별시립청소년이동쉼터 개소 10주년 세미나 자료집, 2014. 12. 17. 자료집.
배규한(2008). **청소년심리학**. 경기: 교육과학사.
배주미·조영미·김경은(2012). 상담자들이 인식하는 인터넷중독 청소년 상담의 특성 분석. **상담학연구, 13**(6), 통권 72호, 2733-2761.
보건복지부(2011). **제3차 국민건강증진종합계획**.
보건복지부(2013). **2013 국민건강통계**.
보건복지부(2014). 2014년 정신건강사업 안내. **마약류 중독자 치료보호사업**.
보건복지부(2014). **청소년건강행태온라인조사**.
보건복지부(2015). **청소년건강행태온라인조사**.
서울시중부교육지원청(2012). **학교폭력예방교육 자료집**.
서희원(2015). **싱크홀(잠실동 사람들 서평)**. 서울: 한겨레출판.
성민선 외(2005). **사회복지개론**. 서울: EM커뮤니티.
손병덕·황혜원·전미애(2008). **가족복지론**. 서울: 학지사.
송정부(1999). **사회복지학연구**. 서울: 법지사.
신성철·이동성·장성화·김정일·임순선(2014). **청소년 문제와 보호**. 경기: 정민사.
신영은(2006). 인터넷중독 청소년 집단의 MMPI(다면적 인성 검사) 특성 연구. 건양대학교 상담심리학 석사학위논문.

심응철(1992). 심리적 성장환경과 자아개념이 청소년 비행에 미치는 영향. 중앙대학교 박사학위논문.

심응철(1996). 비행청소년의 실태와 문제. **제11회 한국특수교육학회 심포지엄.**

아영아·정원철(2011). 청소년의 학업스트레스와 학교부적응 관계에서 인터넷중독의 매개효과 검증. **청소년학연구, 18**(2), 27-50.

아하청소년문화센터(2007). **아하청소년문화실태조사.**

양희택·최영·이승민(2011). **장애인복지 이해와 실천.** 경기: 정민사.

여성가족부(2010). **2010 청소년백서.**

여성가족부(2010). **청소년 유해환경 접촉 종합 실태조사 보고서.**

여성가족부(2012). **전국 다문화가족 실태조사.**

여성가족부(2012). **청소년 유해환경 접촉 종합 실태조사 보고서.**

여성가족부(2014). **2014 청소년백서.**

여성가족부(2015). **청소년 유해환경 접촉 종합 실태조사 보도자료.**

여성가족부(2018). **제6차 청소년정책기본계획.**

여성가족부(2019). **2019 청소년백서.**

여성가족부(2019). **2018 청소년 매체이용 및 유해환경 실태조사 보고서.** 한국청소년정책연구원.

여성가족부(2023). **2023 청소년 통계.**

여정윤(2012). 음악치료활동이 인터넷중독 청소년의 회복탄력성에 미치는 효과. **한국음악치료학회지, 14**(1), 21-40.

염동훈 외(2007). 조손가족실태조사 및 지원방안에 관한 연구. **여성가족부 보고서.**

오동열(1996). Dextromethorphan Dependence in Adolescence, 합동 Psychiatric Grand Round, **국립서울정신병원**, 1996. 10. 22. 5-6.

오병선·박종보·김비환·홍성필·박경서(2011) **인권의 해설.** 국가인권위원회.

오봉욱·신기원·김윤진·김태식(2015). **학교사회복지론.** 서울: 동문사.

오봉욱·오혜경(2012). 인터넷 의존 인간관계와 청소년 범죄에 관한 고찰. **교정사회복지연구, 4**, 21-37.

오봉욱·조상윤(2010). 청소년 자원봉사활동 경험과 (숨은) 비행 간의 상관관계. **한국인간복지실천연구, 5**, 193-216.

오세한(2007). 학교폭력의 예방 및 대처 방안에 관한 연구: 경기도 평택, 안성시 고등학생을 대상으로. 극동대학교 석사학위논문.

오정수(1999). 청소년문제해결을 위한 자원봉사활용 전략. 자원봉사 전국지도자 대회 학술자료집, **한국자원봉사단체협의회**, 84-92.

오창홍·박상규·박태수·오인자(2012). 인터넷중독 청소년을 위한 숲 체험 프로그램 개발 및 효과. **상담학연구, 13**(5), 2395-2415.

우룡(2004). 청소년 약물남용과 마약류사범 동향. **청소년보호지도연구, 5**, 21-36.

우채영·김관희(2011). 청소년의 자살생각을 예측하는 변인들 간의 다차원적 구조분석. **청소년학연구, 18**(4), 219-240.

유길준(2005). **논술특강자료집**.

유용식(2014). 우울 및 스트레스, 사회적 지지가 청소년 자살 생각에 영향을 미치는 요인. **한국콘텐츠학회논문지, 14**(10), 189-197.

유재순·손정우·남민선(2008). 청소년의 자살생각에 영향을 미치는 요인. **지역사회간호학회, 19**(3), 419-429.

유효숙·서경희·박영신·이창주(2016). 청소년의 우울과 자살 생각의 경험 및 이유. 한국심리학회 학술대회 자료집. **한국심리학회**, 311.

윤찬영(2000). **더불어 사는 사회를 위한 이론과 실천**. 전주: 전주대학교출판부.

윤태영(1999). 비행청소년과 사회봉사명령제도. 자원봉사 전국지도자 대회 학술자료집. **한국자원봉사단체협의회**, 101-123.

이경순·하양숙·김명자·노춘희·양수·이정섭·임영숙 외(2000). **정신건강간호학**. 서울: 현문사.

이근영·최수찬·공정석(2011). 부모-자녀 간 역기능적 의사소통과 학업스트레스가 청소년의 자살생각에 미치는 영향. **청소년학연구, 18**(5), 83-107.

이민경(2010). 다문화 관련 정책용어의 한계와 대안모색. 다문화 관련 정책용어 개선과 제안을 위한 토론회 자료집, **한국청소년정책연구원**.

이봉철(2001). **현대인권사상**. 서울: 아카넷.

이상균(2000). 청소년의 학교비행에 대한 생태체계적 영향요인. **사회복지연구, 15**, 109-132.

이상균(2005). 가출·비행청소년을 위한 효과적인 사회복지실천 전략의 모색. **가톨릭대학교 사회복지연구소 사회복지리뷰, 10**, 87-112.

이상준(2003). 인터넷 섹스중독 청소년의 심리사회적 특성과 정신건강 연구. **한국사회복지학, 55**, 341-364.

이소희·도미향·정익중·김민정·변미희(2005). **청소년복지론**. 서울: 나남.

이시형(2010). **세로토닌하라**. 서울: 중앙북스.

이용교(2010). 청소년봉사활동의 과거, 현재, 미래. **시민청소년학연구, 1**(2), 61-84.

이용교(2012). **디지털청소년복지론**. 서울: 인간과 복지.

이윤정(2015). **아이의 적성을 찾아라**. 서울: 우먼센스.

이윤희(2015). 상담자가 인식한 청소년 인터넷중독 증상: 개념도 방법을 중심으로. 서울대학교 박사학위논문.

이재상(2006). **형사소송법**. 서울: 박영사.

이정우(2008). **신족과 거인족의 투쟁**. 서울: 한길사.

이정우(2009). **개념의 뿌리들 2**. 서울: 산해.

이종길(2008). 학교폭력의 원인과 실태 및 대처방안 연구, **윤리연구, 69,** 305-334.

이창훈(2015). 통합학급교사가 인식하는 장애학생 학교폭력 유형과 관련 요인 간 관계 분석. 창원대학교 박사학위논문.

이철수(2013). **사회복지학사전**. 서울: 혜민북스.

이춘재·곽금주(1999). **학교에서의 집단따돌림: 실태와 특성**. 서울: 집문당.

이충용(2009). 인터넷중독 청소년에 대한 치료프로그램(YP 프로그램)의 효과에 관한 실험연구. 경성대학교 석사학위논문.

이해주·곽삼근·최윤진(2011). **자원봉사론**. 서울: 한국방송통신대학교출판부.

이현주·전수미·강석임·오봉욱·김한나·전동일(2014). **정신건강의 이해**. 경기: 공동체.

임선영·김선우·박준희(2010). **청소년 문제와 보호**. 서울: 구상.

임재현·이선숙·박종효(2015). 학교폭력 피해유형이 학교적응에 미치는 영향. **한국청소년연구.**

임혁·채인숙(2011). **정신건강의 이해**. 경기: 공동체.

장성화·구승신·정옥희·이주연·신성철·정희정(2012). **청소년심리 및 상담**. 경기: 정민사.

장인협·오정수(2004). **아동·청소년복지론**. 서울: 서울대학교출판부.

장정연(2009). 청소년 음주실태 및 요인: 또래관계 중심. **한국알코올과학회 학술대회자료집,** 85-107.

정규석·김영미·김지연(2014). **청소년복지의 이해**. 서울: 학지사.

정석용·이규은(2010). **자기계발과 직업**. 서울: 동문사.

정순둘·김경미·박선영·박형원·최혜지·이현아(2007). **사회복지와 임파워먼트**. 서울: 학지사.

정종진(2012). 생태학적 특면에서 본 학교폭력의 유발요인. **초등상담연구, 11**(3).

제 헌(2013). 청소년의 인터넷중독과 정신건강간의 관계. 원광대학교 석사학위논문.

조인숙·채철균(2016). 대도시 청소년의 자살생각과 영향요인에 관한 연구. **청소년시설환경,** 45-55.

조제성(2013). 인터넷중독이 청소년 공격성에 미치는 영향. **보호관찰, 13**(1), 321-351.

조춘범(2008). 가족기능이 청소년의 폭력비행에 미치는 영향과 인터넷 게임중독의 매개효과 검증. 연세대학교 박사학위논문.

조한혜정(2000). **학교를 찾는 아이 아이를 찾는 사회**. 서울: 또 하나의 문화.

조현진·박성수(1991). 가정교육과 청소년 비행의 관계. **한국심리학회지 발달, 4**(1), 55-72.

조흥식(1992). 가족과 청소년정책. **한국가족학회, 가족과 문화, 4**, 239-259.

조흥식·김인숙·김혜란·김혜련·신은주(2009). **가족복지학**. 서울: 학지사.

진태원(1997). 청소년의 약물 남용. **학교보건, 20,** 37-45.

채선미·이영순(2011). 부모의 이혼을 경험한 청소년의 정서, 자아 강도 및 사회적 지지가 학교생활 적응에 미치는 영향. **놀이치료연구, 15**(1), 1-16.

천정웅·김윤나·이채식·전경숙(2013). **청소년복지론**. 서울: 신정.

천정웅·이지민·성윤숙(2013). **청소년문제와 보호**. 경기: 양서원.

청소년위원회(2005). **청소년약물예방과 치료재활을 위한 지역사회협력체계망 사업 평가도구 개발 및 모델구축**. 청소년위원회.

청소년 폭력예방재단(2012). **전국학교폭력 실태조사 결과보고서**.

최원석·고경은·선필호·김동주(2012). **청소년복지론**. 경기: 정민사.

통계청(2015). **2015 청소년통계**.

통계청(2020). **2020 청소년통계**. 2020년 4월 27일 보도자료.

평택시 청소년문화센터(2005). **청소년인권활동가 교육자료**.

표갑수(2010). **사회문제와 사회복지**. 서울: 나남.

표창원(2015). **왜 나는 범죄를 공부하는가**. 서울: 다산북스.

하지현·신동민(2012). **청소년을 위한 정신의학 에세이**. 서울: 해냄.

하태정·강현아(2012). 가족빈곤이 청소년의 심리사회적 적응에 미치는 영향: 지역사회 환경과 부모우울의 매개효과를 중심으로. **한국아동복지학, 40**, 139-166.

한국교육개발원(2013). **학교폭력 예방을 위한 학교문화 형성요인 분석 연구**.

한국보건사회연구원(2015). **2014년 장애인 실태조사**. 보건복지부·한국보건사회연구원.

한국여성개발원(1994). **청소년 자원봉사활동**. 중학교 교사용 참고자료.

한국직업능력개발원(2014). **한국의 직업지표 연구**.

한국청소년개발원(2004). **청소년심리학**. 경기: 교육과학사.

한국청소년개발원(2006). **청소년육성제도론**. 경기: 교육과학사.

한국청소년정책연구원(2004). **청소년 참여를 통한 정치·사회 임파워먼트 형성에 관한 연구**.

한국청소년정책연구원(2007). **청소년학개론**. 경기: 교육과학사.

한국청소년정책연구원(2014). **청소년 대상 범죄피해조사**.

한국청소년정책연구원(2014). **한국 아동·청소년인권실태 연구 Ⅳ: 총괄보고서**.

한국청소년정책연구원(2019). **아동·청소년 권리에 관한 국제협약 이행 연구 - 한국 아동·청소년인권실태 2018 총괄보고서**. 한국청소년정책연구원.

한국형사정책연구원(1993). **청소년가출과 비행의 관계에 관한 연구**.

한상철(2004). **청소년학: 청소년 이해와 지도**. 서울: 학지사.

한상철·조아미·박성희(2001). **청소년심리학**. 경기: 양서원.

한상철·김혜원·설인자·임영식·조아미(2003). **청소년문제행동**. 서울: 학지사.

한혜정(2014). **일반 고등학교의 직업교육 지원을 위한 교육과정 편성·운영방안**. 한국교육과정평가원.

홍봉선·남미애(2007). **청소년복지론**. 경기: 공동체.

홍봉선·남미애(2014). **청소년복지론**. 경기: 공동체.

홍성태(1996). **사이버 공간 사이버 문화**. 서울: 문화과학사.

황혜원·신정이·박현순(2006). 초기 청소년의 학교폭력에 대한 생태체계적 요인들 간의 경로분석. **아동과 권리, 10**(4), 497-526.

Adams, R.(2003). [임파워먼트와 사회복지실천](최명민 역, 2007). 서울: 나남.

Astor, R. A., & Meyer(2001). Where girls and women won't go: female student's teacher's and social worker's view of school safety, *Social Work in Education, 21*.

Bronfenbrenner, U.(1979). *The Ecology of Human Development: Experiments by Nature and Design*. [인간발달생태학](이영 역, 1992). 서울: 교육문화사.

Brook, J. S., Whiteman, M., Balka, E. B., Win, P. T., Gursen, M. D.(1998). Similar and different precursors to drug use and delinquency among African Americans and Puerto Ricans. *Journal of Genetic Psychology*. 159(1), 13-29.

Chinman, M. J. & Linney J. A.(1998). Toward a Model of adolescent empowerment. *The Journal of Primary Prevention*. 18, 393-410.

Cohen, M. B.(1998). Perceptions of power in client/worker relationships. *Families in Society*, Jul/Aug.

Cower, C. D., & Sniverly, C. A.(2002). Assessing client strengths: Individual, family, and community empowerment. In D. Saleebey(ed.). *The Strengths perspective in social work practice.*(3rd ed.) 106-123. New York: Longman.

Carnegie, D.(2007). *How to stop worrying and start living*[자기관리론](강성복 역, 2009). 서울: 리베르.

Dishion, T. J., Patterson, G. R., Stoolmiller, M., & Skinner, M. L.(1991). Family, School, and Behavioral Antecedents to Early Adolescent Involvement With Antisocial Peers. *Developmental Psychology*. 27(1), 172-180.

Eitle, D. J., Eitle, T. M.(2004). School & County Characteristics as Predictors of School Rates of Drug, Alcohol, and Tobacco Offenses. *Journal of Health and Social Behavior*. 45(4), 408-421.

Farrell, A. D., Danish, S. J., & Howard, C. W.(1992). Relationship Between Drug Use and Other Problem Behaviors in Urban Adolescents. *Journal of Consulting and Clinical Psychology*. 60(5), 705-712.

Fisher, L. A., & Bauman, K. E.(1988). Influence and selection in the friend adolescent relationship: Findings from studies of adolescent smoking and drinking. *Journal Applied Social Psychology*. 18, 289-314.

Furlong, M., & Morrison, G.(2000). The school in the school violence. *Journal of Emotional and Behavioral Disorders,* 8.

Goldstein, S. E., Davis-Kean, P. E., & Eccles, J. S.(2005). Parents, Peers, and Problem

Behavior: A Longitudinal Investigation of the Impact of Relationship Perceptions and Characteristics on the Development of Adolescent Problem Behavior. *Developmental Psychology.* 41(2), 401-413.

Griffin, R. S.(1978). Why children participate in youth sports. Paper presented at American Alliance for Health, *Physical Education and Recreation(AAHPER) Convention.* Kansas City, Missouri.

Gutierrez, L. M., Parsons, R. J., & Cox, E. O.(1998). *Empowerment in social work practice*. CA: Brooks/Cole Publishing Company.

Hannah Arendt(1958). [인간의 조건](이진우 역, 1996). 서울: 한길사.

Hinnant, L. W.(2001). Developing a definition of youth empowerment youth's experiences of empowerment and the role of collective involvement. North Carolina State University. Doctoral Dissertation.

Hirschi. T.(1969). *Causes of delinquency.* Berkeley: The University of California Press.

Hurley, J. A.(2000). *Teen Pregnancy.* Opposing viewpoints Resource Center.

Jessor, R., & Jessor, S.(1977). *Problem Behavior and Psychosocial Development*. NY: Academic Press.

Jessor, R., Bos, J. V. D., Vanderryn, J., Costa, F. M., & Turbin, M. S.(1995). Protective Factors in Adolescent Problem Behavior: Moderator Effects and Developmental Change. *Developmental Psychology*. 31(6), 923-933.

Shrand, J., & Devine, L. M.(2012). [스트레스 사용설명서](김한규·김무겸 공역, 2013). 서울: 중앙북스.

King, S. A.(1996). Is the Internet Addictive, or Are Addicts Using the Internet? http://www.concentric.net/~astrom/iad.html.

Lee, J.(2001). *The Empowerment Approach to Social Work Practice*. New York: Columbia University Press.

Mritza Manresa.(2014). [나는 왜 거절을 못하는가](이진원 역, 2014). 서울: 아비요.

Meyers, S. A., & Miller. C.(2004). Direct, Mediated, Moderated, And Cumulative Relations Between Neighborhood Characteristics And Adolescent Outcome. *Adolescence,* 39(153), 121-144.

Mullender, A. & Ward, D.(1991). Self-directed Groupwork: User Take Action for Empowerment, London, Whiting & Birch.

Olweus, D.(1993). *Bullying at school: what we know and what we can do*. Malden.

Otero-Lopez, J. M., Luengo-Martin, A., Miron-Redondo, L., Carrillo-De-La-Pena, M. T., Romero-Trinanes, E.(1994). An empirical study of the relations between drug abuse and delinquency among adolescents. *British Journal of Criminology*. 34(4), 459-478.

Patterson, G. R., DeBaryshe, B. D., & Ramsey, E.(1989). A Developmental Perspective on Antisocial Behavior. *American Psychologist*. 44(2), 329-335.

Ress, S.(1998). Empowerment of youth. In L. M. Gutierrez, R. J. Parsons, & E. O. Cox(eds.). *Empowerment in social work practice.* 139-145. CA: Brooks/Cole Publishing Company.

Rifkin, J.(2000). *Age of access*. [소유의 종말](이희재 역, 2009). 서울: 민음사.

Robert, R. E.(2007). [**DSM-IV-TR 진단에 따른 아동 청소년 상담 및 심리치료 2판**](노성덕, 김호정, 이윤희 역, 2010). 서울: 시그마프레스.

Saleeby, D.(2002). The strenth perspective in social work practice(3rd ed.). New York: Longman.

Thornberry, T. P.(1987). Toward an Interactional Theory of Delinquency. *Criminology*. 25, 863-891.

Vitaro, F., Brendgen, M., & Tremblay, R. E.(2000). Influence of Deviant Friends on Delinquency: Searching for Moderator Variables. *Journal of Abnormal Child. Psychology*. 28(4), 313-325.

Voss, L. D., & Mullign, J.(2000). Bullying at school: are short pupils at risk? questionnaire study in a chort. *British Journal of Medicine*, 320.

Witkiewitz, K. & Marlatt, G. A.(2004). Relapse Prevention for Alcohol and Drug Problems: That Was Zen, This Is Tao. *American Psychologist, 59*(4), 224-235.

World Health Organization (http://www.who.int/en/)

Young, K. S.(1997). [인터넷중독증](김현수 역, 2000). 서울: 나눔의 집.

Zastrow, C., & Kirst-Ashman, K. K.(2001). *Understanding human behavior and the social environment*(5th ed.). Illinois: Nelson-Hall.

Zimmerman, et al.(1992). Self-motivating for Academic Attainment: the Role of Self-efficacy Beliefs and Personal Goal Setting. *American Educational Research Journal, 29*, 663-706.

<참고사이트>

건강가정지원센터 www.familynet.or.kr

교육복지우선지원사업 eduzone.kedi.re.kr

국가법령정보센터 www.law.go.kr

학교 밖 청소년 지원사이트 꿈 드림 www.dodreamhaemil.or.kr

도란도란 www.dorandoran.go.kr

두산백과사전 www.doopedia.co.kr

법무부 www.moj.go.kr.

법제처 www.moleg.go.kr

서울시립청소년문화교류센터 www.mizy.net
서울시립청소년성문화센터 www.ahacenter.kr
서울특별시교육청 학생인권교육센터 studentrights.sen.go.kr
성북구 자살예방센터 www.salja.or.kr
여성가족부 홈페이지 www.mogef.go.kr
이주배경 청소년지원재단 무지개청소년센터 www.rainbowyouth.or.kr
인터넷중독예방상담센터 아이윌(I Will)센터 www.iwill.or.kr
전국 미혼모의 집 www.missmom.info
청소년 희망센터 hope.kyci.or.kr
청소년방과 후 아카데미 www.youth.go.kr
청소년인권행동 이수나로 cafe.naver.com/asunaro.cafe
청소년자원봉사 두볼 dovol.youth.go.kr
청소년종합정보서비스 www.youth.go.kr
청소년활동안전센터 www.yas.or.kr
청소년활동정보서비스 e-청소년 www.youth.go.kr
큐넷 홈페이지 www.q-net.or.kr
푸른나무 청예단 www.jikim.net
한국사회복지사협회 자격관리센터 lic.welfare.net
한국사회복지사협회 www.welfare.net
한국산업인력공단 www.hrdkorea.or.kr
한국생명의 전화 www.lifeline.or.kr
한국여성인권진흥원 www.stop.or.kr
한국정보화진흥원 스마트 정보문화포털 www.digitalculture.or.kr
한국정보화진흥원 스마트쉼(인터넷중독대응)센터 www.iapc.or.kr
한국청소년단체협의회 www.ncyok.or.kr
한국청소년상담복지개발원 www.kyci.or.kr
한국청소년정책연구원 www.nypi.re.kr
한국청소년지원센터 www.kyva.or.kr
한국학교사회복지사협회 www.kassw.or.kr
헬프콜 청소년전화 1388 www.cyber1388.kr:447/new_/main/main.asp

<신문기사>
경기일보. 청소년의 꿈 찾기, 진로교육의 시작. 2015. 12. 4.
서울신문. 청소년 마약에 노출, 마약사범 급증, 성폭력 범죄도 갈수록 심각. 2011. 8. 23.
소년조선일보. 한국청소년, 학업스트레스(50.5%) 세계 최고. 2015. 3. 12.

찾아보기

저자 소개

오봉욱

가톨릭대학교 사회복지학 문학석사, 문학박사
현, 국제사이버대학교 노인복지학과 객원교수
　케이(K) 디지털선배시민복지관 관장
전, 서원대학교 미래대학 사회복지학과 조교수
　경기과학기술대학교·김포대학교 사회복지과 조교수
　국제사이버대학교 사회복지학과 실습전담 교수
　청주서원노인복지관 관장
　사회복지법인 살레시오수녀회 법인 이사
　충북 청소년 중장기·단기 청소년쉼터 운영위원
　초록반디의 집(장애인공동생활가정) 원장
　동작자원봉사센터 사회복지사

전동일

가톨릭대학교 사회복지학 문학석사, 문학박사
현, 강원대학교 사회복지학과 교수
전, 한국장애인개발원 선임연구원
　한국장애인재활협회 사회복지사
　춘의종합사회복지관 사회복지사 등 근무

장정연

가톨릭대학교 사회복지학 문학석사, 문학박사
현, 세계사이버대학교 사회복지학과 교수
전, 서울시립 수서청소년수련관·청소년미디어센터
　청소년 상담팀 사회복지사 및 팀장
　법무부 서울보호관찰소 수강명령팀 프로그램 강사 등

하태선

숭실대학교 사회복지학 석사, 박사(임상사회사업 전공)
현, 아신대학교 사회복지선교학과 교수
　서울가정법원 화해권고위원
　서울보호관찰소 보호관찰위원
전, 시립동부아동상담치료센터 상담원
　인천시아동보호전문기관 팀장
　천애원 희망의 집 시설장

유우경

명지대학교 청소년지도학과 석사, 박사(교육학)
현, 한국온라인게임중독예방연구소 소장
　한양사이버대학교 외래교수
　정화예술대학교 교양학부 겸임교수
　천애원 희망의 집 운영위원
전, 한국청소년개발원(현, 한국청소년정책연구원) 위촉연구위원
　국가평생교육진흥원 청소년학 인증 평가위원
　명지대학교 학생생활연구소 전임연구위원

김병년

가톨릭대학교 사회복지학 문학석사, 문학박사
현, 연성대학교 사회복지경영과 조교수
전, 서울예술종합직업전문학교 사회복지학과 전임교수
　국민대학교 행정대학원 겸임교수
　한국아동가족심리상담연구소 아동가족중독상담센터 연구원
　㈜엔씨스콤 사회공헌컨설팅 연구원

주선영

가톨릭대학교 간호학사, 보건대학원(건강증진학) 석사
현, 국제사이버대학교 노인복지학과 객원교수
전, 국립중앙의료원 연구원
　서울특별시 치매센터 간호사
　대한간호협회 과장

청소년복지론 제3판

초　판 1쇄 발행 / 2016년 2월 25일
초　판 2쇄 발행 / 2017년 2월 15일
개정판 1쇄 발행 / 2020년 8월 30일
개정판 2쇄 발행 / 2021년 8월 31일
제3판 1쇄 발행 / 2024년 3월 5일
제3판 2쇄 발행 / 2025년 3월 15일

●

공저자 / 오봉욱 · 전동일 · 장정연 · 하태선
유우경 · 김병년 · 주선영
발행인 / 이　중　수
발행처 / 동　문　사

●

서울특별시 서대문구 홍제원 1길 12
(홍제동 137-8)
Tel : 02)736-3718(대), 736-3710, 3720
Fax : 02)736-3719
등록번호 : 1974.04.27 제9-17호
가격 : 24,000원

●

ISBN : 979-11-6328-582-3(93330)
E-mail : dong736@naver.com
www.dongmunsa.com